Mario Radinger

SOUL JOURNEYS

Band 2

Mario Radinger

SOUL JOURNEYS

STARSEEDS UND DIE NEUE ERDE

BAND 2

Impressum

Umschlaggestaltung: Liesbeth Schukowski
Lektorat/Korrektorat: Konstantin Pagonas
Weitere Mitwirkende: Khi Robertson

Herstellung: Bookmundo, Niederlande
Gedruckt in Deutschland

ISBN: 978–9–4037–3977–9

Bibliografische Information der Deutschen Nationalbibliothek: Die Deutsche Nationalbibliothek verzeichnet diese Publikation in der Deutschen Nationalbibliografie; detaillierte bibliografische Daten sind im Internet über http://dnb.dnb.de abrufbar.

Dieses Buch ist all den Seelen gewidmet,

die aus Liebe die Entscheidung getroffen haben,

ihre lichtvollen Ebenen und Welten hinter sich zu lassen,

um diesem Planeten und der Menschheit zu helfen.

Mögen sie alle ihren Weg nach Hause finden.

Jegliche medizinischen Informationen in diesem Buch sind ausschließlich informativer Natur und kein Ersatz für die Diagnose oder die Behandlung durch eine/n ausgebildete/n Psychotherapeutin/en, Heilpraktiker/in oder eine/n Ärztin/Arzt. Der Autor kann weder persönlich noch rechtlich oder finanziell haftbar gemacht werden für jegliche Handlungen, die auf Grundlage des Materials durchgeführt werden.

Um die Anonymität der Reisenden und der ihnen nahestehenden Menschen zu wahren, sind alle genannten Namen geändert bzw. unkenntlich gemacht worden. Zugunsten einer besseren Lesbarkeit des ursprünglich gesprochenen Materials können Sätze in ihrer Struktur angepasst worden sein, ohne deren Sinn oder Aussage zu verändern. Aus demselben Grund sind irrelevante Dialogteile, Nachfragen bei akustischen Verständigungsproblemen und daraus resultierende Wiederholungen im Material durch Auslassungszeichen in eckigen Klammern ([...]) ersetzt worden. Gleiches gilt auch für persönliche bzw. private Informationen.

An einigen Stellen des Materials sind Abschnitte platziert, in denen ich zuvor erwähnte Punkte/Themen aufgreife und Ergebnisse meiner eigenen Recherchen dazu anführe. Häufig enthalten sie Verweise auf das metaphysische Standardwerk *The Law of One (Ra Material)* bzw. Zitate daraus. Letztere sind von mir für dieses Buch aus dem englischen Originaltext ins Deutsche übersetzt worden. Die entsprechenden Abschnitte sind mit doppelten Sternen (**) gekennzeichnet. Sie sind an sich nicht Teil des Sitzungsmaterials, runden jedoch die jeweilige Seelenreise ab und fügen die Informationen in einen größeren Kontext ein. Sie dürfen gerne zum Nachdenken und zur eigenen Forschung inspirieren.

Inhaltsverzeichnis

Ein Wiedersehen

Als ich im Jahre 2014 mit der Quantenhypnose begann, hätte ich mir nicht träumen lassen, an welch wundersame Orte mich die Seelenreisen mit meinen Klient:innen führen würden. Seelenreisen sind Bewusstseinsreisen in tiefer hypnotischer Trance, auf denen die Menschen, mit denen ich arbeite, in andere Leben ihrer Seele eintauchen und sich mit ihrem Überbewusstsein (oder auch: Höheren Selbst) verbinden können. Als Quantenhypnose-Praktizierender helfe ich ihnen beim Erreichen der erforderlichen Ebenen von Trance, begleite sie auf ihrem Abenteuer und vermittle zwischen den beteiligten Bewusstseinsebenen. Manche meiner Reisenden können sich im Anschluss an fast alles erinnern, was während ihrer mehrstündigen Reise geschehen ist, viele nur an Teile davon – und einige an gar nichts. Sie bringen die Veranlagung mit, so tief in Trance gehen zu können, dass ihr Wachbewusstsein komplett »ausgeschaltet« ist und die Interaktion zwischen den anderen Aspekten ihres Selbst und mir nicht mehr mitbekommt. Für diese Menschen ist die digitale Aufnahme ihrer Seelenreise, die ich ohne Ausnahme jedes Mal mache, sehr wichtig und der einzige Weg, um ihr Erlebnis im Nachhinein bewusst zu integrieren. Das Material in diesem Buch stammt aus der Zusammenarbeit mit einer Mischung der erwähnten Trance-Typen und beweist, dass, egal wie empfänglich man für Hypnose ist und wie bewusst oder unbewusst man sich in tiefer Trance fühlt, jeder Mensch wundervolle, faszinierende und erleuchtende Reisen erleben kann.

Aufgrund der fantastischen Bücher meiner Lehrerin Dolores Cannon hatte ich zu Beginn meiner Laufbahn zwar eine vage Ahnung davon, was mit Quantenhypnose möglich ist, aber es ist etwas ganz anderes, letztendlich »live dabei« zu sein. Bis heute habe ich das Gefühl, an vielen Plätzen und in vielen Zeiten wirklich gewesen zu sein, die ich mit meinen Reisenden besuchen durfte; so lebendig haben sie sich in meinem Gedächtnis – und in meinem Herzen – verankert. Die Erinnerungen an sie sind für mich genauso intensiv wie auch Erinnerungen an reale Ereignisse in meinem Leben oder Reisen, die ich physisch unternommen habe.

Innerhalb meiner Familie wird oft gesagt, dass ich ein verträumtes Kind gewesen sei, geistig abwesend bzw. mit den Gedanken häufig »woanders«. Obwohl ich das selbst nur schwer beurteilen kann, macht es durchaus für mich Sinn, da ich im Vergleich mit meinen Geschwistern nur sehr wenige Erinnerungen an Ereignisse in meiner Kindheit habe. Ich kann mich jedoch noch sehr gut an die Welten erinnern, in die ich über Tagträume, Bücher und Filme eingetaucht war. Freude daran, mithilfe des Bewusstseins die Grenzen von Zeit und Raum zu überwinden, schien ich also schon von klein an gehabt zu haben. Wahrscheinlich besitzen diese Freude mehr oder weniger alle Kinder. Ihr Bewusstsein ist noch offen und flexibel, weshalb sie im Vergleich mit den meisten Erwachsenen einen starken Zugang zu ihrer Vorstellungskraft genießen und so ihrer Fantasie intuitiv freien Lauf lassen können. Wenn sie dann über die Schule in das bestehende System integriert werden und von ihnen erfordert wird, hauptsächlich ihren Verstand und Intellekt zu verwenden, verlernen viele von ihnen diese wahrlich magische Fähigkeit, bis sie letztendlich verkümmert. Hinzu kommt, dass in einer Gesellschaft, die vor allem auf Materialismus und Produktivität ausgerichtet ist, Vorstellungskraft und Fantasie keinen wirklichen Platz haben und daher außerhalb der künstlerischen und kreativen Bereiche bei Erwachsenen oft belächelt werden.

Umso glücklicher macht es mich, dass es mir mit dem wundervollen Werkzeug Quantenhypnose heutzutage möglich ist, erneut die Grenzen von Zeit und Raum zu überwinden – diesmal jedoch nicht mithilfe der Fantasie, sondern mithilfe von Erinnerungen. Erinnerungen, die sehr lange Zeit tief im Bewusstsein meiner Klient:innen verborgen gewesen sind und nun wieder an die Oberfläche kommen dürfen, um ihnen dabei zu helfen, ihr Leben besser zu verstehen, ihr Potenzial zu entfalten und so in ihre Bestimmung einzutreten. Der Schlüssel dafür liegt in der Vorstellungskraft, denn sie ist die Brücke zwischen dem, was ist, und dem, was sein kann bzw. darf, zwischen Begrenzung und Offenheit, zwischen Oberfläche und Tiefe.

Die Menschen, mit denen ich im Rahmen von Quantenhypnose-Sitzungen arbeite, bringen diese Kraft mit, denn sie können sich vorstellen, dass sie nicht nur eine Persönlichkeit in einem Körper sind, sondern auch eine Seele. Sie können sich vorstellen, dass sie als solche bereits andere Leben gelebt haben, mit anderen Persönlichkeiten und in anderen Körpern. Da das, was sich Menschen vorstellen können, eng mit dem verbunden ist, was sie sich selbst erlauben, öffnet eine solche Vorstellung eine Türe im Bewusstsein zu den eigenen vergangenen Leben, die uns verschlossen bleibt, solange wir diese Möglichkeit gar nicht erst in Betracht ziehen. Der Grund: Unser Unterbewusstsein möchte uns vor Dingen schützen, die uns überfordern oder verstören könnten, und würde dieser Tür daher einen Riegel vorschieben. Diejenigen Menschen, die mit mir arbeiten möchten, weisen jedoch in der Regel die erforderliche Offenheit auf, und deshalb gibt ihr Unterbewusstsein die Erinnerungen für sie frei.

In den meisten Fällen tauchen diese Reisenden dann in menschliche Inkarnationen ein, die sich zu den unterschiedlichsten Zeitpunkten unserer Geschichte zugetragen haben. In *SOUL JOURNEYS Band 1: Auf Seelenreise mit dem Überbewusstsein* (2021) gebe ich Einblick in derartige Leben und erkläre, von welchen metaphysischen Mechanismen sie – genau wie auch unsere aktuellen Leben – beeinflusst werden. Das Buch dient als eine Einführung in die Quantenhypnose, erklärt grundlegende Konzepte, die einem bei dieser Arbeit begegnen, und enthält zahlreiche Tipps und Inspirationen für die eigene Bewusstseinsentwicklung. Ich empfehle es Ihnen, falls Sie die Buchreihe erst mit dem Band, den Sie gerade in den Händen halten, begonnen haben sollten.

Es gibt Sitzungen, in denen sich für einige Reisende noch eine andere Tür öffnet. Diese Tür führt nicht etwa in ihre menschliche

Vergangenheit auf diesem Planeten, sondern über die Erde hinaus in das große Unbekannte: an andere Orte im Sonnensystem, in der Galaxie und im gesamten Universum. In andere Welten, andere Körper und andere Bewusstseinsformen. Auf andere Dimensionen und Realitätsebenen. Das ist natürlich nur möglich, wenn die Seele bereits Erfahrungen außerhalb der Erde gemacht hat und lediglich für eine bestimmte Zeit auf ihr »zu Besuch« ist. Im Inkarnationsarchiv von Seelen, die ihren Entwicklungsweg hier begonnen und noch keine andere Welt erlebt haben, finden sich dagegen erwartungsgemäß nur irdische Erfahrungen. Der Ihnen vorliegende zweite Band der SOUL JOURNEYS-Reihe fokussiert sich auf die Erinnerungen der Seelen meiner Reisenden, die *außerhalb* der Erde geformt wurden. Wir verlassen diesmal also bekanntes Territorium und erweitern unseren Horizont!

Wenn Sie dieses Buch in den Händen halten, haben sie höchstwahrscheinlich den ersten Band gelesen und sind bereit für mehr: mehr Seelenreisen, mehr Abenteuer, mehr Perspektiven, mehr Erkenntnisse und mehr Informationen vom Überbewusstsein. Willkommen zurück! Falls Sie den ersten Band noch nicht kennen und die Themengebiete Quantenhypnose und Metaphysik für Sie komplettes Neuland darstellen, haben Sie mit diesem zweiten Band direkt Fortgeschrittenen-Terrain betreten. Zu Ihnen sage ich: Willkommen an Bord! Machen Sie es sich bequem und schnallen Sie sich an! Bevor es losgeht, tauchen wir allerdings noch in ein paar essenzielle Konzepte ein, die in diesem Band eine große Rolle spielen.

Starseeds

Im Laufe unserer gemeinsamen Reise werden wir faszinierende Welten betreten und den unterschiedlichsten nicht-irdischen Existenzformen begegnen. Dabei lernen wir Seelen kennen, die alle eines gemeinsam haben: Sie sind aus anderen Sonnensystemen und Galaxien zur Erde gekommen, um hier zu wirken und sowohl der Spezies Mensch als auch dem Planeten selbst bei deren Entwicklung zu helfen. Ihre Intentionen sind Beistand und Unterstützung, ihre Werte tiefes Mitgefühl und profunde Liebe.

Genau wie die Seelen, die ihren Erfahrungsweg auf der Erde begonnen haben, sind auch sie hier in menschlichen Körpern inkarniert und führen – in den meisten Fällen – ganz normale Leben. Aufgrund ihrer Herkunft nennt man sie in spirituellen Kreisen *Starseeds* (im Deutschen: »Sternensaat«). Dolores Cannon prägte den alternativen Begriff *Volunteers* (»Freiwillige«), als sie das Konzept in ihrem grandiosen Buch *The Three Waves of Volunteers and the New Earth* (2011) vorstellte. In diesem zeigte sie anhand von Informationen, die sie über viele Jahre hinweg in den Sitzungen mit ihren Klient:innen erhalten hatte, dass es während der zweiten Hälfte des 20. Jahrhunderts drei systematische Massen-Inkarnationswellen von speziellen Seelen auf der Erde gegeben hat mit dem Ziel, den Kurs der Menschheit von innen heraus positiv zu beeinflussen. Dem Material nach charakterisiert diese Seelen, dass sie ihre Erfahrungswege an anderen Orten im Universum begonnen haben und dem Ruf der Erde gefolgt sind, um hier zu helfen. Das tun sie freiwillig, ähnlich wie Entwicklungshelfer, die für eine gewisse Zeit lang in Krisenregionen stationiert sind, um die dortigen Einwohner mit ihren Kompetenzen und Ressourcen zu unterstützen. Sie haben einen objektiveren Blick von außen auf das, was wir gerade erleben, und sind dadurch wertvolle Quellen von Wissen, wenn es um das Verstehen unserer Situation geht.

Im metaphysischen Standardwerk *The Law of One: The Ra Material* (1981) führt das von Carla Rueckert bei kompletter Bewusstlosigkeit gechannelte höherdimensionale Kollektiv Ra den (im Englischen und Deutschen identischen) Begriff *Wanderer* ein. Damit beziehen sie sich ebenfalls auf Seelen, die sich entschieden haben, auf der Erde zu inkarnieren, um die Schwingungen auf unserem Planeten anzuheben. Der Name bringt einerseits zum Ausdruck, dass sie ihre Dienste bereits an anderen Orten im Universum geleistet haben, und andererseits, dass sie im Anschluss an ihren Aufenthalt hier wieder weiterziehen werden. Wanderer unterliegen, wie alle anderen auf der Erde inkarnierten Seelen auch, dem Schleier des Vergessens bei ihrer Geburt, weshalb es keine offensichtlichen Unterschiede zwischen ihnen und den hier heimischen Seelen gibt. Viele von ihnen fühlen sich jedoch von Erlebnissen wie etwa Quantenhypnose-Sitzungen oder auch Akasha-Lesungen angezogen, da sie im Inneren den starken Drang verspüren, sich daran zu erinnern, wer sie wirklich sind. Im *Law of One* liegt bei der Beschreibung dieser Seelen der Schwerpunkt weniger auf einer geographischen Verortung ihrer Herkunft im Universum, sondern vielmehr darauf, dass sie aus höheren »Dichten« (seelischen Entwicklungsstufen) stammen, was bedeutet, dass sie das, was wir gerade durchmachen, bereits hinter sich haben. Dieser Aspekt macht Wanderer ebenfalls – wenn nicht sogar noch mehr – zu idealen Gesprächspartnern, um unsere Situation auf der Erde besser verstehen zu können. Im Rahmen meiner Arbeit begegne ich immer häufiger inkarnierten Seelen, die sich als Starseeds/Freiwillige/Wanderer entpuppen, denn die Quantenhypnose ermöglicht es, hinter die menschliche Identität einer Person zu sehen und die Geschichte ihrer Seele offenzulegen.

Wenn sich in einer Sitzung herausstellt, dass jemand zu dieser Seelengruppe gehört, ist das in der Regel ein sehr bestätigendes und vor allem erleichterndes Erlebnis für die Person, da sie bestimmte Aspekte ihres Lebens nun besser einordnen und akzeptieren kann. Häufig fühlen sich inkarnierte Starseeds bereits ihr ganzes Leben lang merkwürdig einsam und nicht dazugehörig, ohne zu wissen, warum. Dies mag für die Außenwelt gar nicht erkennbar sein. Viele von ihnen besitzen aufgrund ihrer Qualitäten und Fähigkeiten eine besondere Anziehungskraft und daher nicht selten große soziale Zirkel, was jedoch nicht dem entspricht, was sie im Inneren empfinden. Hinzu kommt in vielen Fällen ein unterschwelliges Gefühl von Melancholie, das von den Betroffenen oft als Heimweh oder Sehnsucht umschrieben wird – wonach, können sie jedoch nicht greifen. Viele von ihnen schauen sich auf der Erde um und wollen hier einfach nur weg! Das ist verständlich: Sie kommen in der Regel aus friedvolleren, harmonischeren Welten und sind von der vorherrschenden Gewalt, der Gier und der großen Negativität hier irritiert und oft überfordert. Stellen Sie sich vor, von einem friedlichen Wellness-Resort in der Karibik direkt auf ein mittelalterliches Schlachtfeld transportiert zu werden, und sie erhalten eine vage Vorstellung davon, wie stark sich der Kontrast für diese Seelen anfühlen kann. Weil bei ihrer Geburt als Menschen die Erinnerungen an das »Davor« im Unterbewusstsein verborgen werden, können sie die Abneigung gegenüber ihrem Umfeld oft nicht einordnen. Wenn diese immer weiter wächst, kann sie im Laufe des Lebens zu Zynismus oder einer Depression führen. Starseeds gehen also mit ihren Inkarnationen hier auch ein gewisses Risiko ein, sehr unangenehme Erfahrungen zu machen, sind oft sensibler als andere und dadurch auch verwundbarer. Das gilt nicht nur für die emotionale und mentale Ebene, sondern auch für die physische: Viele Starseeds sind von Symptomen geplagt, die – anders als bei Erdseelen – in der Regel nichts mit symbolischen Botschaften ihres Unterbewusstseins, energetischen Blockaden oder Karma zu tun haben, sondern vielmehr eine Konsequenz davon sind, dass der menschliche Körper nicht mit der Menge und Stärke an Licht zurechtkommt, die diese Wesenheiten mitbringen.

Um besser verstehen zu können, warum in den letzten Jahrzehnten so viele Starseeds auf der Erde inkarniert sind und welche Rolle sie für den zukünftigen Verlauf unserer Geschichte spielen, müssen wir uns den größeren Kontext ansehen, in dem wir uns als Menschen gerade auf diesem Planeten befinden.

Neues Terrain

Haben Sie schon einmal vom Konzept der »Neuen Erde« gehört? Ob durch Eckhart Tolle, Dolores Cannon oder Dr. Joe Dispenza – in spirituellen Kreisen besitzt es schon seit vielen Jahren enorme Bedeutung. Der Begriff drückt aus, dass wir uns als Menschheit gerade in einer Zeit der großen Transformation befinden und auf etwas hinbewegen, das sich stark vom bisher Bekannten unterscheidet. Hierbei geht es, je nachdem, wen man fragt, um einen Bewusstseinswandel, eine Neuordnung gesellschaftlicher Strukturen, einen technologischen Evolutionssprung, eine Besinnung zurück zu natürlicheren Lebensweisen, das Etablieren eines Kollektivs mit liebevolleren Werten, einen spirituellen Aufstieg in höhere Dimensionen, einen Umzug auf einen komplett neuen Planeten – oder auch all das Genannte zusammen.

Weil wir uns als Menschen inmitten dieser Transformation befinden, ist es für uns schwierig, wirklich zu wissen, wo die Reise hingeht. Um ein klareres Bild zu erlangen, benötigen wir also Informationen von anderen, die entweder diese Erfahrung bereits gemacht haben und daher wissen, wovon sie sprechen, oder sich zumindest in einer Position befinden, von der aus sie von außen auf das Geschehen blicken und es uns beschreiben können. Wir selbst können nur mutmaßen, denn wer sich in einer laufenden Waschmaschine befindet, hat definitiv nicht den Überblick. Von daher möchte ich nicht behaupten, ich wüsste, was genau diese »Neue Erde« sein wird und in welcher Form wir sie erleben werden. Mein Verständnis davon beruht lediglich auf Informationen, die ich von Wesenheiten aus höheren Dimensionen erhalten habe – sei es vor allem durch das Überbewusstsein meiner Reisenden oder auch durch qualitativ hochwertiges gechanneltes Material, das ich als exzellent und absolut authentisch erachte – wie beispielsweise das erwähnte *Law of One*. Letzteres hat mich persönlich überzeugt, weil es von dem bestätigt wird, was ich über die Jahre hinweg in Sitzungen erhalten habe. Ich werde im Folgenden meinen derzeitigen Kenntnisstand skizzieren und versuchen, mich dabei so kurz wie möglich zu fassen – was nicht leicht ist, da das Thema an sich locker ein ganzes Buch füllen könnte! Vorweg eine Bitte: Nehmen Sie mit, was mit Ihnen resoniert, und lassen Sie den Rest zurück. Im Zweifelsfall betrachten Sie meine Ausführungen einfach als interessante Theorien. In jedem Fall werden sie Ihnen dabei helfen, die in diesem Buch enthaltenen Seelenreisen besser zu verstehen.

Meinem Verständnis nach geht es bei dem kollektiven Prozess, in dem wir uns alle gerade befinden, um den Übergang des Planeten und der darauf lebenden Spezies Mensch in die nächste »Dichte« und damit in das nächsthöhere Frequenzband unseres Universums. Eine Dichte ist im metaphysischen Kontext so etwas wie eine Entwicklungsstufe auf dem Erfahrungsweg von Seelen und wird manchmal synonym mit dem Begriff Dimension verwendet. Dabei repräsentiert jede Dichte eine andere Ebene des Seelenwachstums. Sie bietet einzigartige Erfahrungen und Herausforderungen, die eine Seele lernen und meistern muss, um in die nächste Dichte weitergehen zu können – ähnlich unserem menschlichen Schulsystem mit den verschiedenen Klassenstufen. Wer genug Verständnis integriert hat, um den Anforderungen der nächsthöheren Stufe gerecht zu werden, geht weiter. Das in vielen spirituellen Traditionen zentrale Konzept des »Aufstiegs« bezieht sich auf diesen Prozess, bei dem sich die abgespaltene, individualisierte Seele immer weiter »nach oben« Richtung Quelle bewegt, um letztendlich wieder in die Vereinigung zu gehen.

Ganz konkret befinden wir uns als Menschen auf der Erde gerade im Übergang von der dritten Dichte in die vierte in einer Oktave von insgesamt sieben Dichten. Auf einem Piano können Sie sich das vorstellen wie der Sprung von der dritten weißen Taste einer Oktave zur vierten, und damit vom E zum nächsthöheren Ton F. In einem Regenbogen entspräche dies dem Übergang von Gelb zu Grün, im Chakrensystem vom Solarplexus zum

Herzchakra. Sowohl die musikalische Oktave mit ihren Grundtönen als auch das Farbprisma des Lichts mit den Spektralfarben oder das klassische Chakrensystem mit den Hauptenergiezentren weisen jeweils sieben Stufen bzw. sieben Kernfrequenzen auf. Alle drei spezifischen Systeme enthalten den symbolischen Schlüssel für dieselbe Struktur auf der Makroebene: Als Seelen steht uns in unserem Universum eine Oktave von sieben Evolutionsebenen zur Verfügung, die wir nacheinander durchlaufen, bevor es in der nächsthöheren Oktave weitergeht. Vom Konzept her könnte man den Abschluss unserer Oktave etwa mit dem Absolvieren der Grundschule vergleichen, bevor man seine Ausbildung auf der weiterführenden Schule fortsetzt.

Wo beginnen Seelen ihren Entwicklungsweg in unserer Oktave? In der ersten Dichte, der Ebene simplen Bewusstseins, in der wir als Elemente (Feuer, Erde, Wasser, Luft) und scheinbar unbelebte Materie überhaupt erst die Grundlagen für physisches Leben schaffen. Ich habe bereits mit einigen Menschen gearbeitet, die auf ihren Seelenreisen vergangene Existenzen als Steine, Luftpartikel oder auch Wassertropfen erkundet haben, wodurch alle Beteiligten lernen durften, dass alles in der Natur »beseelt« ist und ein zumindest rudimentäres Bewusstsein besitzt. Die zweite Dichte ist die Ebene des Wachstums und damit die Arena organischer Lebensformen, von einzelligen Mikroorganismen bis hin zu komplexen Tieren und Pflanzen. Hier erleben wir eine erste Berührung mit Trieben, Instinkten und simplen Emotionen. Nicht wenige meiner Klient:innen erfahren auf ihren Seelenreisen, dass sie in anderen Leben ein Teil der irdischen Flora und Fauna gewesen sind, und erinnern sich an das Bewusstsein, mit dem sie aus den unterschiedlichsten Tier- und Pflanzenkörpern heraus die Welt wahrgenommen haben. (Ich plane, diesen faszinierenden Geschichten einen zukünftigen Band zu widmen, um unseren Blick auf die Natur um uns herum zu verändern. Denn durch meine Arbeit durfte ich erkennen: Die Seelen, die heute Erfahrungen als Gewächse und Kreaturen der zweiten Dichte machen, werden eines Tages in Menschenkörpern inkarnieren.)

Alle Seelen, die sich heute bereits in einem menschlichen Körper befinden, haben es in die dritte Dichte, die Ebene der Selbsterkenntnis und Selbsterfahrung geschafft. In dieser lernen wir, ausgestattet mit einem freien Willen, als individualisierte Persönlichkeiten bewusste Entscheidungen zu treffen. Eine Welt wie unsere, in der jede Entscheidung zu einer Konsequenz führt, ist das perfekte Spielfeld dafür! Als Vorbereitung auf die nächste, vierte Dichte lernen wir in unseren Leben zudem die Lektionen der Liebe und damit, unser Herz zu öffnen für uns selbst und andere – vor allem in Situationen, in denen es uns schwer fällt oder es uns vermeintlich schwer gemacht wird. Dieser »Lehrplan« bestätigt sich auch in meiner Praxis: Wenn meine Reisenden vergangene menschliche Leben gezeigt bekommen, geht es für sie fast immer um das Integrieren negativer Entscheidungen oder um Heilung durch Verständnis, Mitgefühl und Vergebung.

Im Laufe der Jahre bin ich den unterschiedlichsten Meinungen und Ansichten bzgl. unseres Aufstiegsprozesses begegnet. Einiges hat mit dem resoniert, was ich in Sitzungen erhalten habe, anderes nicht. Im Folgenden werde ich fünf zentrale Aspekte nennen, die meinem aktuellen Kenntnisstand nach wichtig sind, um unsere Situation auf der Erde einordnen zu können. Möglicherweise unterscheiden sie sich von dem, was Sie aus anderen Quellen über dieses Thema gehört haben, oder auch von Ihren eigenen Überzeugungen diesbezüglich. Hier bitte ich Sie erneut darum, mitzunehmen, was resoniert, und den Rest einfach zurückzulassen.

(1) **Der Prozess des Aufstiegs ist nichts Außergewöhnliches.** Er erfolgt andauernd im Universum auf allen Existenzebenen und stellt damit so etwas wie das Fließband dar, das die Entwicklung von Bewusstsein überhaupt erst ermöglicht. Was den Prozess auf der Erde außergewöhnlich macht, ist, dass wir ihn hier hinter dem Schleier des Vergessens durchlaufen müssen und damit unter erschwerten Bedingungen. Besagter Schleier senkt sich, wenn wir geboren werden, und bewirkt eine Art spirituelle Amnesie: Wir vergessen unsere Identität als Seelen und dass wir Funken der

göttlichen Quelle mit einem multidimensionalen Bewusstsein sind. Meines Wissens ist dies eine grundlegende Besonderheit unserer Situation und das, was uns so interessant für viele andere, höherentwickelte Spezies im Universum macht. Sie fragen sich: »Wie gehen die Menschen mit dieser Erschwernis um? Werden sie es trotzdem schaffen?« Viele von ihnen schauen uns zu und feuern uns an! Es ist auch einer der Gründe, warum die Erde als eine der schwierigsten Schulen im Universum angesehen wird. Soweit ich weiß, gibt es nur sehr wenige Spezies auf anderen Welten, die die dritte Dichte ebenfalls hinter dem Schleier des Vergessens erleben.

(2) **Nicht nur wir Menschen durchlaufen diesen Prozess.** Auch die Erde selbst hat ein Bewusstsein mit Ambitionen: Gaia. Dieses Bewusstsein entwickelt sich ebenfalls, und zwar von einem Planeten, der Lebensformen bis zur dritten Dichte beheimatet, weiter zu einem Planeten für Wesenheiten der vierten Dichte. Gaia hat entschieden, diesen Sprung zu machen. Ob wir als Spezies mitgehen, ist eine andere Frage. Fakt ist: Gaia wird nicht auf uns warten, denn als großzügige Gastgeberin unserer Evolution hat sie schon mehr als genug einstecken müssen. Es ist durchaus möglich, dass es sich bei der Neuen Erde konkret um die aufgestiegene Erde handeln wird, also um Gaia als Planet in der vierten Dichte.

(3) **Der Übergang erfolgt nicht automatisch/in jedem Fall.** Er stellt lediglich ein Potenzial dar, das die Beteiligten nutzen können – oder auch nicht. Wie bereits erwähnt, nutzt Gaia es definitiv, denn die Gelegenheit zum Abschluss einer Dichte besteht nicht etwa andauernd, sondern nur am Ende bestimmter kosmischer Zyklen, die strikt getaktet sind. Der berühmte Maya-Kalender markierte das Jahr 2012 lediglich als das Ende eines solchen Zyklus (und nicht etwa, wie weithin verbreitet, als das Ende der Welt). Zum Ende des Zyklus öffnete sich ein Zeitfenster, in dem der Aufstieg in die nächste Dichte möglich ist. Dieses Zeitfenster wird noch eine Weile offenbleiben. Alle Seelen, die aktuell hier inkarnieren oder es innerhalb der nächsten 100 bis 200 Jahre tun,

haben also noch die Gelegenheit, den Aufstieg gemeinsam mit Gaia zu vollführen. Dies ist meines Wissens der metaphysische Hintergrund des großen Bevölkerungsanstiegs der letzten Jahrzehnte. Babys entstehen letztendlich nur, wenn es auch Seelen gibt, die als Babys geboren werden wollen. Und es gibt aktuell *sehr viele* Seelen, die diese besondere Chance nutzen!

(4) **Der Übergang erfolgt (wahrscheinlich) nicht kollektiv.** Das Konzept der Neuen Erde ist aufgrund der damit verbundenen Vorstellung einer besseren, harmonischeren Welt ein leichtes Opfer für romantische Verklärung. Dies hat in der Vergangenheit zu Interpretationen geführt, nach denen die gesamte Menschheit gemeinsam aufsteigen würde, wofür es lediglich nötig sei, dass die Mehrheit von uns eine gewisse Schwingung trüge. Diese würde dann den Rest quasi »mitziehen«. Während ein kollektiver Aufstieg meinem Wissen nach grundsätzlich möglich ist und auch auf vielen anderen Welten ohne den Schleier des Vergessens stattgefunden hat, empfinde ich die Wahrscheinlichkeit dafür auf der Erde eher gering – nicht zuletzt aufgrund der erschwerten Bedingungen und des extremen Spektrums an unterschiedlichen Bewusstseinsstadien innerhalb der Spezies. Ich vermute daher, jede Seele wird für sich in die nächste Dichte aufsteigen. Wann genau entscheidet sich das? Im Anschluss an ihre letzte menschliche Inkarnation im aktuellen Zyklus. Und wie? Indem sich erweist, ob sie die erforderliche Frequenz erreicht hat, um in der nächsten Dichte wirken zu können. Anders als in unserem menschlichen Schulsystem, entscheiden jedoch nicht etwa andere, höhergestellte Wesenheiten, ob wir weitergehen dürfen. Es ist vielmehr eine simple Frage der Resonanz mit dem Frequenzband der nächsthöheren Dichte, die eine Seele entweder aufweist oder nicht, und somit ein System, das sich selbst reguliert. Ist die Seele nicht dazu in der Lage, das Licht der nächsten Dichte zu halten, ist der Aufstieg für sie noch nicht möglich. Sie begibt sich dann in einen weiteren Inkarnationszyklus, in welchem sie die erforderliche Entwicklung machen kann, um an dessen Ende erneut die Gelegenheit zu bekommen.

(5) **Der Aufstieg erfolgt nicht nur für positive Seelen.** Es gibt innerhalb der spirituellen Gemeinschaft den vielleicht etwas naiven Fehlglauben, dass alle Wesenheiten, die auf höheren Dichten existieren, automatisch positiv sind. Durch meine Arbeit weiß ich aus erster Hand, dass es auch höherdimensionale Wesenheiten gibt, die negativ polarisiert sind, woraus sich folgern lässt, dass sie sich ebenfalls in einem Aufstiegsprozess befinden.

Meines Wissens steht dieser Prozess – zumindest bis zu einem gewissen Punkt – beiden Polaritäten zur Verfügung. Das macht auch Sinn: Wie das Überbewusstsein so oft in Sitzungen erklärt, führt die Interaktion von Seelen beider Polaritäten zu äußerst interessanten Spielen und hocheffektiven Lernerfahrungen – auch auf höheren Dichten. Für negativ polarisierte Seelen scheint der Aufstieg durch die Dichten allerdings um einiges schwerer zu sein. Warum? Weil Liebe und Einheit letztendlich die Essenz von Allem-was-ist darstellen und auch das überzeugteste negativ polarisierte Bewusstsein diese Wahrheit irgendwann nicht mehr vor sich selbst verbergen kann. Bis dahin wird jedoch leidenschaftlich miteinander »getanzt«. Und dieser Tanz ist extrem bedeutsam: Weil das Erfahrungs- und Lernpotenzial in einer Welt, in der ausschließlich vereinigende Liebe herrscht, begrenzt wäre, erklären sich einige Seelen dazu bereit, temporär eine negative, »dunkle« Maske aufzuziehen, um das Ganze ein wenig aufzumischen und interessanter zu machen. Statt wie positiv polarisierte Seelen zu unterstützen, zu fördern und zu vereinen, um anderen auf deren Entwicklungsweg zu helfen, ist es also ihre Aufgabe, zu manipulieren, zu unterdrücken und zu spalten, um sich selbst zu bereichern. Beide lernen die Lektionen der Liebe – die einen durch den »Dienst an Anderen«, die anderen durch den »Dienst am Selbst«. Da sie alle verschiedene Teile desselben gigantischen Ganzen sind, dienen letztendlich beide Wege eben diesem vereinten Ganzen, nur aus unterschiedlichen Perspektiven.

Das Schulsystem, in dem wir uns befinden, erlaubt negativ polarisierten Seelen, ihre Fertigkeiten – zumindest bis zu einem bestimmten Punkt – auszubauen, und so befinden sich auch negativ polarisierte Seelen auf einem Entwicklungsweg durch die Dichten, bis sie letztlich ihrer Quelle so nahe kommen, dass sie nicht mehr länger ignorieren können, was sie wirklich sind: Liebe und Einheit. Dann müssen sie ihre Masken ablegen und stoßen wieder zu ihren positiv ausgerichteten Geschwisterseelen, um gemeinsam die Ebenen der Polaritäten hinter sich zu lassen.

Mit diesem Verständnis offenbart sich den Seelen auf dem positiven Pfad eine wundervolle Gelegenheit, ihren Aufstieg zu fördern, indem sie in bedingungsloses Verständnis und Mitgefühl eintreten: sowohl für Mitmenschen auf dem negativen Pfad, die andere manipulieren, kontrollieren und spalten *müssen*, um durch Selbstbereicherung die nächste Entwicklungsstufe des »Dienstes am Selbst« zu erreichen, als auch für negativ polarisierte Wesenheiten in höheren Dichten, die ganze Spezies manipulieren, kontrollieren und spalten müssen, um sich weiterzuentwickeln. (Haben Sie schon einmal vom gnostischen Konzept der »Archonten« gehört? Von den Anunnaki oder Reptilianern?) Wir müssen jedoch nicht auf andere Dimensionen gehen, um unsere negativ polarisierten »Tanzpartner« zu finden. Wir alle kennen Menschen, die in diese Kategorie fallen und daher häufig mehr oder weniger stark ausgeprägte narzisstische, psychopathische oder auch soziopathische Züge haben. Das können Familienmitglieder, Partner und Bekannte, aber auch Geschäftsleute, Politiker und Berühmtheiten sein. Wenn sich negativ polarisierte Menschen in global einflussreichen Positionen befinden, ist es absolut nachvollziehbar, dass höherdimensionale, nicht-physische Wesenheiten derselben Polarität mit ihnen kollaborieren möchten, um die Geschehnisse auf unserem Planeten ihren Zielen entsprechend zu lenken.

Können Sie sich vorstellen, was für einen Triumph die Manipulation und Spaltung einer gesamten Spezies für negativ polarisierte Wesenheiten höherer Dichten darstellt? Mit diesem Verständnis machen viele globale Ereignisse und Entwicklungen der letzten Jahre bzw. Jahrzehnte auf einmal sehr viel mehr Sinn. Das Zeitfenster, in dem der Aufstieg möglich ist, gilt für alle!

Die positiv polarisierten Starseeds sind dagegen auf der Erde inkarniert, um so vielen Seelen wie möglich dabei zu helfen, ihre Schwingung im Sinne der Liebe und Einheit zu erhöhen und so noch während des aktuell geöffneten Zeitfensters aufzusteigen. Viele Seelen sind sehr motiviert: Ein erfolgreicher Aufstieg würde ihnen einen erneuten Zyklus und damit viele Jahrtausende an weiteren Inkarnationen ersparen. Manche versuchen es bereits seit mehreren Zyklen und sind der Erde fast schon überdrüssig. Es ist nicht einfach, ein Spiel zu spielen, dass von seinen Mitspielern erfordert, immer wieder zu vergessen, dass sie sich in einem Spiel befinden. In jeder Runde geht es erneut darum, sich daran zu erinnern, wer man ist, warum man hier ist und was es zu tun gilt. Ein System der Ablenkungen, das uns tagtäglich mit Negativität bombardiert und versucht, uns so zu spalten, dass wir unsere Einheit nicht erkennen, ist dabei sicherlich keine große Hilfe. Genau deshalb haben sich zahlreiche wundervolle Seelen aus dem ganzen Universum aus Liebe heraus dazu bereiterklärt, zur Erde zu kommen und uns dabei zu helfen, das Spiel zu gewinnen!

Wie die Informationen zeigen werden, die in den folgenden Geschichten an die Oberfläche kommen, leisten Starseeds diese Hilfe auf vielerlei Weisen: indem sie spirituelles Wissen lehren und verbreiten, mit ihren Gaben und Fähigkeiten Heilung erleichtern, hilfreiche Ideen manifestieren und deren Entwicklungen vorantreiben, andere dabei unterstützen, den Schleier zu lüften und sich daran zu erinnern, wer bzw. was sie wirklich sind – oder in vielen Fällen auch einfach nur, indem sie hier sind. Alleine durch ihre Anwesenheit werden bereits höhere Frequenzen und Licht auf der Erde verankert, was das Öffnen unserer Herzen fördert und damit die Präsenz von mehr Liebe, Mitgefühl, Verständnis, Vergebung und Einheit in unserem täglichen Miteinander.

Nachdem Sie nun mit dem größeren Kontext vertraut sind, in dem Starseeds und somit auch die Geschichten in diesem Band zu betrachten sind, bleibt mir nur noch, ihnen die Instanz vorzustellen, die bei den Seelenreisen, die ich begleite, Regie führt und sie so überhaupt erst möglich macht: das Überbewusstsein.

Höhere Führung

Im ersten Band dieser Reihe (*Auf Seelenreise mit dem Überbewusstsein*) habe ich dem Aspekt des Selbst meiner Klient:innen, mit dem ich in Quantenhypnose-Sitzungen zusammenarbeite, ein längeres Kapitel gewidmet. Ich nehme an, dass die meisten von Ihnen damit vertraut sind, weshalb an dieser Stelle eine kurze Erklärung genügen soll. Wenn Sie es noch nicht gelesen haben und tiefer in die Natur und die Aufgaben des Überbewusstseins einsteigen möchten, lege ich Ihnen die Lektüre sehr ans Herz. In der Einführung beschreibe ich unter anderem, wie meine Lehrerin, die große US-amerikanische Quantenhypnose-Koryphäe Dolores Cannon (1931-2014) auf das Überbewusstsein ihrer Klient:innen stieß und worin ich speziell heute das enorme Potenzial der Arbeit mit dieser faszinierenden Quelle von Wissen und Weisheit sehe, die uns allen innewohnt. Damit ich mich hier nicht wiederhole, werde ich die Gelegenheit nutzen und das Überbewusstsein dieses Mal auf eine andere Weise erklären, und zwar mithilfe der Konzepte und Begriffe, die wir eben betrachtet haben.

Zu diesen gehörte unter anderem die Oktave von sieben Dichten, die wir in unserem Universum durchlaufen. Sie erinnern sich? Stellen Sie sich nun vor, wie Sie sich, kurz bevor Sie als Seele die siebte Dichte abschließen und in die nächsthöhere Oktave weitergehen, in die »Vergangenheit« umdrehen und ihrem Selbst in der dritten Dichte ein sehr wertvolles Geschenk machen. Dieses Geschenk besteht aus dem Zugang zu Ihrem Erfahrungsschatz und damit zu dem Wissen und Verständnis, das Sie auf Ihrem bisherigen Weg erworben haben. Es ist so ähnlich, als ob Sie heute eine Zeitreise zu Ihrem Teenager-Selbst unternehmen würden und diesem ein magisches *Walkie-Talkie* überreichen, über das Sie ihm bzw. ihr helfen können, all die Herausforderungen zu bewältigen, die Sie bereits gemeistert haben. Und hier schließt sich der Kreis:

Das Teenager-Selbst sind Sie *jetzt gerade*, und das erwachsene, erfahrene Selbst aus der Zukunft, das Ihnen das magische Walkie-Talkie überreicht, ist Ihr Überbewusstsein (oder auch: Ihr Höheres Selbst). Das Ganze macht nur Sinn, wenn Sie Zeit als ein nicht-lineares Konstrukt betrachten, in dem alles tatsächlich »gleichzeitig« in einem riesigen, all-umfassenden Jetzt geschieht. Was viele nicht wissen: Sie können das Walkie-Talkie benutzen und jederzeit auf die Weisheit Ihres Höheren Selbst zugreifen, indem Sie sich in einen veränderten Bewusstseinszustand begeben und sich in die entsprechende Frequenz einstimmen. Genau dabei helfe ich Menschen in Quantenhypnose-Sitzungen.

Für das Überbewusstsein eines Menschen stellt eine solche Sitzung eine besondere Gelegenheit dar, denn sie bietet den perfekten Rahmen, in dem eine intensive Zusammenarbeit und damit auch eine direkte Kommunikation zwischen den Bewusstseinsebenen erfolgen kann. Da die Unterstützung von Seiten des Überbewusstseins an den freien Willen der inkarnierten Persönlichkeit gebunden ist, erhalten »sie« mit deren Entscheidung für das Erlebnis quasi grünes Licht! Sie können nun die Seelenreise gestalten und deren Inhalt genau auf die aktuellen Bedürfnisse der Persönlichkeit abstimmen. Ich wechsle an dieser Stelle in den Plural, wenn ich vom Überbewusstsein spreche, da ich es durch meine Arbeit so gewohnt bin. Warum? Weil das Überbewusstsein von sich selbst fast immer im Plural spricht. Sie beschreiben sich selbst gewöhnlich nicht als singuläre Entität, sondern als ein Kollektiv, das nicht nur das Höhere Selbst, sondern unter anderem auch noch Wesenheiten wie Geistführer, Aufgestiegene Meister, Energien, die wir als Engel bezeichnen würden, Ahnen und befreundete, gerade nicht inkarnierte Seelen umfasst – kurz gesagt: das gesamte höherdimensionale »Team« einer Person.

Bei Starseeds kommen hier in der Regel noch Mitglieder ihrer jeweiligen kosmischen Familie dazu. Das sind enge Vertraute auf Seelenebene, mit denen sie ihre galaktische Herkunft und vor allem auch Existenzen in ihren Heimatwelten teilen. Wir werden im Verlauf dieses Buches einigen solcher Wesenheiten begegnen.

Die Seelenreisen

Falls Ihnen die beleuchteten Konzepte nicht schon vorher bekannt gewesen waren, sind Sie spätestens jetzt mit allem vertraut, was Sie wissen sollten, um die nachfolgenden Seelenreisen zu verstehen.

Eine Seelenreise bringt immer genau das ans Licht, was die jeweilige Person, die sie erlebt, zum aktuellen Zeitpunkt benötigt. Während es die Aufgabe des Wachbewusstseins ist, den gegenwärtigen Moment zu erfassen, und die des Unterbewusstseins, die Erinnerungen und Glaubenssätze des gesamten aktuellen Lebens zu verwalten, hat das Überbewusstsein Zugriff auf alle Existenzen, die den Erfahrungsweg einer Seele bilden. Weil »sie« über den Tellerrand der gegenwärtigen Inkarnation hinausschauen und nicht den Grenzen von Zeit und Raum unterliegen, an die unser Wachbewusstsein gebunden ist, können sie Reisenden Einblicke in andere Leben geben, die ihnen dabei helfen, ihr aktuelles – und sich selbst – besser zu verstehen.

Wie bereits erwähnt, fokussiert sich das in diesem Band präsentierte Material speziell auf nicht-menschliche Existenzen meiner Klient:innen, deren Ursprung *außerhalb* der Erde liegt. Wir werden auf unserer gemeinsamen Reise also Welten besuchen, die ganz andere, faszinierende Merkmale und Lebensbedingungen aufweisen, und erstaunlichen Wesenheiten begegnen, die uns extrem fremdartig erscheinen werden und dennoch Rollen erfüllen, die uns auch auf der Erde vertraut sind: von königlichen Nachfahren, Kriegshelden und Diplomaten über Wissenschaftler, Forscher und Reparateure bis hin zu Einsatzleitern, Spionen und Gärtnern. Wir werden zudem Raumschiffe und Raumstationen betreten, durch kosmische Portale reisen, Dimensionen wechseln und sogar der Galaktischen Föderation einen Besuch abstatten.

Der Fokus dieses Buches trägt uns weit hinaus ins Unbekannte. Nichtsdestotrotz werden sich einige der ausgewählten Abenteuer auch auf der Erde entfalten und so die komplexen Verbindungen zwischen Starseeds und Menschen offenbaren, welche die Geschichte unserer Spezies seit jeher geprägt haben – viel mehr, als uns je bewusst gewesen ist. Es scheint, als ob uns der Schleier des Vergessens auch für all das blind gemacht hat, was durch das

Zutun vieler unterschiedlicher Gruppen aus anderen Welten und höheren Dichten um uns herum geschehen ist – manchmal aus Wohlwollen und Liebe, manchmal aus Gier und Selbstsucht. In den meisten Fällen wurde entweder im Verborgenen Einfluss genommen, wodurch wir Menschen es schlichtweg nicht mitbekommen haben, oder wir konnten es aufgrund unseres zum damaligen Zeitpunkt eher primitiven Bewusstseins nicht greifen und schrieben es stattdessen dem Wirken allmächtiger Götter zu. Es ist nun an der Zeit, diese Ereignisse aus dem Verborgenen zu holen und im Licht der Erkenntnis zu betrachten.

Die Menschheit ist bereit. Die Welt, die wir kennen, befindet sich in einem großen spirituellen Wandel. In den kollektiven Gedankenformen der Spezies finden enorme Veränderungen statt, und das wird noch einige hundert Jahre so weitergehen. Indem Sie die Geschichten in diesem Buch lesen und in ihr Feld integrieren, tragen Sie neue Gedanken und Konzepte in die Welt, mit deren Hilfe sich die Menschheit aus ihrer Unmündigkeit erheben wird. Der Weg ist klar: Um die Energie und die Chancen dieser und zukünftiger Zeiten nutzen zu können, müssen wir Seelenqualitäten wie Liebe, Klarheit, Mitgefühl und Verständnis aktivieren und entwickeln. Ich hoffe, das Material wird Ihnen dabei helfen.

Noch ein Hinweis: In jedem Kapitel gehe ich zunächst mit der jeweiligen Person in dic Erkundung einer Existenz, bevor dann das Überbewusstsein die Relevanz für deren aktuelles Leben erklärt. Dabei werden zahlreiche interessante Phänomene erläutert und Informationen gegeben werden, von denen viele Menschen profitieren können. Der Großteil des Materials ist jedoch immer individuell auf die jeweilige Person zugeschnitten und lässt sich nicht ohne Weiteres auf andere übertragen. Das Wiedererkennen von vertrauten Mustern und Zusammenhängen kann jedoch dazu beitragen, Aspekte des eigenen Lebens ein wenig klarer zu sehen. Und nun geht es los! Sie wissen Bescheid: Nehmen Sie entlang des Weges mit, was mit Ihnen resoniert, und lassen Sie alles andere einfach zurück. Ich wünsche Ihnen eine wundervolle Reise voller Erkenntnisse und Expansion – und natürlich viel Vergnügen!

Zurück zum Anfang

Louisa (36) war meiner Arbeit in den Sozialen Medien gefolgt und interessierte sich schon seit einiger Zeit für das Potenzial von Quantenhypnose. Schließlich hatte sie den Mut gefasst und einen Termin für eine Online-Sitzung gebucht. (Ich führe äußerst gerne Online-Sitzungen durch, weil sie mir erlauben, mit Menschen auf der ganzen Welt zu arbeiten. Zudem beweisen sie immer wieder, dass es bei Bewusstseinsarbeit keine Rolle spielt, ob sich die Beteiligten physisch am gleichen Ort befinden oder nicht. In diesem Phänomen kommt der »Quanten«-Aspekt in Quantenhypnose wunderbar zum Vorschein.) Louisa befand sich, wie auch ich zum Zeitpunkt des Termins, in Deutschland und damit in der gleichen Zeitzone – was die Planung der Sitzung sehr einfach machte. Und so verbanden wir uns an einem sonnigen Frühlingsmorgen inmitten der Corona-Pandemie (April 2021) über das Internet und begannen mit dem Vorgespräch. Weder Louisa noch ich ahnten zu diesem Zeitpunkt, was bei dieser besonderen Seelenreise an die Oberfläche kommen würde. Aufgrund ihres Inhalts stellt sie den idealen Start in diesen Band dar.

Die Intention der jungen Ingenieurin für ihre Erfahrung war es, mehr über ihre Bestimmung für die aktuelle Inkarnation zu erfahren, um ihren beruflichen Weg darauf auszurichten. Weitere Themen auf Louisas Liste beinhalteten diverse körperliche Symptome sowie eine mysteriöse Phobie vor Schlangen.

Nachdem sich Louisa mit meiner Hilfe in die erforderliche Ebene von hypnotischer Trance begeben hatte, landete sie zunächst in einer wüstenartigen Landschaft, in der sie um sich herum erst einmal nur Erde und Gestein wahrnahm. »Da ist sonst nichts außer brauner Erde, die leicht matschig ist. Keine Vegetation. Vulkanartige Berge ... Eigentlich sehe ich nur einen. Der ist groß, aber weiter weg. Vielleicht hundert Kilometer, vielleicht auch nur fünfzig? Ganz schwarz und rot. (Pause.) Auch der Himmel ist noch sehr rot. Es gibt keinen blauen Himmel. Er hat rote Töne ... grau-rote Töne.« Ich bat Louisa, mir das Klima und die Luft an dem Ort zu beschreiben, an dem sie sich befand.

[...]

L: Es ist warm. So um die zwanzig Grad. Man friert nicht, aber es ist auch nicht übermäßig heiß. Es ist gut auszuhalten. Es gibt keinen Sauerstoff. Ich weiß nicht, wie ich atme. Es ist noch nicht fertig ... Es gibt noch keine Lebewesen.

M: Was meinst du damit: »Es ist noch nicht fertig«?

L: Als würde da irgendetwas erst entstehen. Es muss erst noch ein paar Vulkanausbrüche geben. Da sind nur ein paar ... ich weiß nicht, ob das Bakterien sind oder kleine Käfer oder irgendetwas in der Art? (Pause.) Ich bin kein Mensch. Ich bin nicht wie die Erde unter meinen Füßen. Ich kann sie zwar spüren und auch darin ... matschen, aber nicht so, wie ich das sonst kenne. Ich schaue einfach.

M: Wie fühlt sich der Untergrund an?

L: Sehr weich. Er ist noch nicht fest. Als wäre es noch eine Art Brei aus verschiedenen Sachen. Aber es fühlt sich richtig angenehm an. Ich möchte sogar probieren, wie es schmeckt ... (Kichert.) ... und meine Hände darin– (Unterbricht sich.) Es hat die richtige Konsistenz und die richtigen Inhaltsstoffe. Alles ist gut, so wie geplant.

[...]

Louisa wirkte zufrieden mit dem, was sie wahrnahm – wie eine Gärtnerin oder Köchin, die die Entwicklung einer Kreation begutachtete. Ich bat sie als nächstes, sich selbst zu betrachten und mir ihr Äußeres zu beschreiben.

L: Die Füße sind irgendwie klobig, aber nicht hässlich. Ich empfinde mich eher als weiblich, aber irgendwie gehöre ich da nicht wirklich hin. Ich gucke nur nach, ob alles in Ordnung ist! Ich habe ein weißes Gewand an. (Erstaunt.) Es ist aber eher eine Hülle aus Licht. Vielleicht auch aus Nebel oder Dunst. Ich kenne das nicht ... (Pause.) Ich habe wie eine Kordel um die Hüfte. (Grübelt.) Ich kann gar nicht sagen, ob ich wirklich weiblich oder männlich bin. Ich glaube, eher weiblich. Ich bin mittelgroß und habe sehr dunkle, lange Haare.

M: *Wie würdest du deinen Körperbau beschreiben?*

L: Irgendwie quadratisch. (Kichert.) Also schon menschlich, aber nicht ... (Grübelt.) Ich sehe mich nur von hinten. Arme. Sie haben eine helle Farbe und sind frei. Ja, die Arme sind frei und die Beine so ab Kniehöhe. Ich schaue einfach auf das Land.

M: *Kannst du mir deine Hände beschreiben?*

L: Sie sind ganz normal. Vielleicht ein bisschen so wie die von jemandem, der viel werkelt und viel mit ihnen tut. Sie sind nicht zart, sondern etwas kräftiger. Ich habe einen Stock in der Hand. Da ist oben etwas drauf, wie ein ... Baum. Als würden sich oben aus dem Stock feine Äste ... verästeln. Da sind ganz zarte, feine grüne Blätter mit roten Beeren.

M: *Erzähl mir ein wenig mehr über diesen Stock.*

L: Er ist etwas höher als ich und eher schmal. Ich kann ihn ganz gut in der Hand festhalten. Ich bin wahrscheinlich so ein Meter fünfzig oder sechzig groß und der Stock ist etwas größer als ich. Als wäre der Stock da, um die Bäume oder Pflanzen ... um das alles zu beleben mit Grün. Aber wahrscheinlich muss die Erde erst noch reifen. Mhm, die Erde unter meinen Füßen. Ich überprüfe gerade, ob das so von der Konsistenz her alles passt. Es reift noch. Es braucht noch seine Zeit.

M: *Es gibt noch keine Pflanzen oder Bäume?*

L: Nein.

[...]

Ich fragte sie, wie sie vorgehen würde, sobald der Zeitpunkt für dieses Vorhaben gekommen sei.

L: Ich werde den Stock in die Erde setzen und einen Impuls ausgeben. Dabei geht ein Impuls von dem Stock weg, und dadurch können dann die ersten Informationen in den Boden gegeben werden. Ich lasse die ersten Keime dort. Der Stock hat Wurzeln ... oder sie entstehen vielmehr, wenn ich den Stock in die Erde setze. Sie breiten sich komplett aus über das ganze Land – sogar noch weiter, als ich das erfassen kann – und hinterlassen Informationen.

M: Macht das der Stock selber? Hat er eine Form von Intelligenz?

L: Das geht über meine Hand. Ich muss ihn halten und habe eine Verbindung nach ... oben. Dann geht das über mich in den Stock, aber ich darf selber kreativ sein. Es ist nicht so, dass ich einfach nur dazwischen bin, sondern ich bin wie ein Gärtner, der spielen darf.

M: Der Stock ist so etwas wie dein Werkzeug?

L: Genau. Ich gebe dem Stock die Informationen, was er einpflanzen darf.

M: Womit besteht diese Verbindung, von der du eben gesprochen hast?

L: Da ist ein Strahl über meinem Kopf. Gold. Ich habe Ideen, aber damit es dann leben und atmen kann, brauche ich diese Verbindung. Das ist dann quasi das Beleben.

M: Ist dir dieses Vorgehen vertraut? Hast du das schon einmal gemacht?

L: Ich war schon mal dabei, aber das waren andere Projekte. Jetzt darf *ich* es machen! Auf meine Weise. Es ist ganz anders – neu, aber ähnlich.

M: Wie fühlt es sich an, dieses Projekt zu haben?

L: Ich bin total glücklich darüber ... wie ein Kind. Vielleicht konnte ich deshalb noch nicht sagen, ob ich weiblich oder männlich bin? Irgendwie hat diese Gestalt etwas Kindliches. Wie jemand, der selber noch am Anfang steht, dem aber auch etwas zugetraut wird. Ich darf jetzt auch mal! Und mir macht das richtig Spaß. Ich bin sehr zufrieden.

M: Bist du alleine für dieses Projekt verantwortlich?

L: Für das, was ich da mache, bin ich die Einzige. Es gibt aber welche, die unterstützen und begleiten mich, damit ich da nicht auf mich alleine gestellt bin.

M: Erzähl mir von ihnen.

L: Das sind Ältere. Ich kann sie nicht wirklich beschreiben. Sie fühlen sich an wie ältere Wesen. Es ist eine Gruppe und sie haben verschiedene Farben. Sie haben sich alles hier ausgedacht und wollen– (Unterbricht sich. Zögert.) Also sie selber gehen nicht runter. Ich kann immer wieder zu ihnen zurückkehren, und sie haben immer wieder Informationen darüber, wie es weitergeht, aber sie selbst gehen nicht runter.

M: So etwas wie Projektleiter?

L: Ja. Es gibt verschiedene. Es gibt welche, die für andere Bereiche zuständig sind. Und während ich hier arbeite, machen sie andere Sachen. Ich kenne sie nicht alle, und es ist auch noch nicht für alle die Zeit gekommen. dass sie ihre Aufgabe kennen.

M: Wie würdest du deine Aufgabe beschreiben?

L: Die Pflanzenwelt und die ersten Mikroorganismen hierherbringen. Es werden nicht gleich Bäume oder Pflanzen sein, sondern erst kleine, die aus den Wurzeln herauskommen. (Nickt.) Mhm. Wie kleine Steinchen oder Samen, die eingeimpft werden in die Erde, in den Boden, um die Basis zu setzen. Was dann später daraus gemacht wird, dafür kommen die anderen. Da gibt es dann Vielfalt.

M: Das klingt nach einer sehr wichtigen Aufgabe.

L: Ich mache es sehr gerne. (Lächelt.)

M: Und es klingt wie ein Prozess, der ein wenig Zeit brauchen wird.

L: Mhm. Aber bald kommen schon die ersten. Bald kann ich es in den Boden einpflanzen.

[...]

Sie wirkte sehr konzentriert und gewissenhaft. Ich wollte mehr über die Wesenheit herausfinden, mit der ich sprach, und fragte sie, wie sie zu dem Körper gekommen war, den sie zuvor beschrieben hatte. Sie stutzte, als ob sie etwas überrascht feststellte.

L: Die Haare sind doch nicht schwarz! Sie sind dunkelblond. Vielleicht hatte sich das ein wenig mit dem Himmel und der Umgebung vermischt. (Grübelt.) Diese Gruppe, diese verschiedenfarbigen Wesen, sie haben mich gemacht ... haben mich geformt. Ein paar von ihnen – nicht alle.

M: Und das ist die Form, in der du dich gerade dort befindest?

L: Mhm. Ich war früher etwas kleiner – am Anfang, als sie mich gemacht haben –, bin aber jetzt gewachsen.

M: Wo hast du die Zeit verbracht, in der du gewachsen bist?

L: (Pause.) Ich war mit den Sternen. Im Universum. Am Anfang war ich einfach nur Licht, und dann habe ich gesammelt, gesammelt, gesammelt ... und irgendwie war ich dann da ... dank einem dieser Wesen.

M: Erinnerst du dich an eine Zeit, bevor du in diesem Körper gewesen bist?

L: Ja, als Lichtklumpen. (Kichert.) Ein Lichtball. Eine Kugel. Klein ... blau und lila ... und weiß. (Pause.) Ich kann diese anderen Wesen nicht gut sehen, aber eines erscheint mir als violett.

M: Erzähl mir von diesen Wesen.

L: Sie sitzen wie in einem Kreis – so fühle ich das. (Zählt.) Vielleicht sieben? Und sie sind wie Lichtstriche. Sie klügeln da irgendetwas aus, überlegen und wollen etwas ... Sie haben zu allem Verbindung, was um sie herum im Universum ist. Und diese Erde haben sie sich ... ausgedacht. Sie haben sie kreiert. Aber sie sind nicht die Oberhäupter, sage ich mal. (Kichert.) Sie haben die Aufgabe, das zu machen. Und sie überlegen sich, wie sie es machen. Sie haben unter anderem ein paar Lichtstrahlen und Kugeln auserwählt ... geformt ... und machen diese dann zu ihren Helfern.

M: So wie dich? (Ja) *Und warum, glaubst du, haben sie dich für diese Aufgabe auserwählt?*

L: Weil ich sehr fröhlich bin. Dieses Licht ist sehr frei und unvoreingenommen, voller Liebe und – wie ist das Wort? – selbstlos. Es will alles verschenken!

M: Ich verstehe. Wenn du wie eben von Erde sprichst, was meinst du genau damit? Den Untergrund, auf dem du dich befindest?

L: Den Planeten Erde, aber auch die Erde, aus der diese Schichten und Konsistenzen, dieses Schwere aber auch sehr Fruchtbare der Erde gemacht ist. Das oberste zumindest. Ein Teil davon.

[...]

Ich bat sie, mir ein wenig mehr über dieses Projekt zu erzählen, und fragte sie, ob sie wisse, was der Plan für den Planeten sei, um den sie sich kümmerte.

L: Ich frage da nicht viel nach. Die Erde habe nicht ich gemacht. Sie war schon da und ich kam einfach hin. Ich weiß nur, dass es etwas Superschönes werden soll – oder ist –, und ich bin total glücklich darüber und freue mich, es einfach nur anzusehen! Für mich ist es bereits superschön – auch, wenn es noch dunkel und braun ist. (Kichert.) Ich bin fokussiert auf meine Aufgabe und bin einfach glücklich, dass ich das machen und sie unterstützen darf! Ich kenne nicht alle Details dazu, was die anderen vorhaben. Es soll aber sehr schön werden. (Begeistert.) Etwas Besonderes. Etwas noch nie Dagewesenes!

M: Das klingt sehr spannend.

L: Ja, sie haben viel gelernt. Die anderen Wesen haben zuvor schon viel gemacht, viel gesehen und ausprobiert. Und jetzt soll es vollkommen sein. (Freudig.) Es ist einzigartig, dieses Projekt!

M: Was macht es so einzigartig?

L: Diese Erde. Der Boden. Diese verschiedenen Schichten. Aus was sich dieser Planet zusammensetzt, hat eine ganz spezielle und besondere Energie. Und da wird noch mehr dazukommen: noch mehr Vielfalt, noch mehr Wunder. Es wird einfach wunderschön sein! Woraus der Planet besteht – auch im Inneren. Dieses Spiel unter den einzelnen Elementen. (Pause.) Ich kann den Wind spüren, obwohl er noch nicht da ist. (Pause.) Es sind alle sehr zufrieden mit dem Fortschritt.

M: Weißt du, wie lange du dieses Projekt begleiten wirst? Gibt es irgendwann einen Punkt, an dem deine Arbeit getan ist?

L: Ja. Wenn die einzelnen Schichten fertig sind, sich das soweit ausgebildet hat und ich die ... Keime für die Pflanzen oder Mineralien und alles, was da noch aus dem Boden entstehen wird, »eingeimpft« habe, bin ich fertig.

M: Was wirst du dann tun?

L: Das ist mir frei überlassen. Ich kann dann mitbeobachten, zurückkehren in das Licht, einfach wieder ein Lichtstreifen sein, der im Universum umherschwirrt und mit anderen spielt – oder was auch immer ich will –, und mich einfach darüber freuen, dass ich ein Teil vom Projekt war.

[...]

Um mehr über den Verlauf des Projektes in Erfahrung zu bringen, wies ich Louisa an, die Szene zu verlassen und zu einem bedeutenden Ereignis in der Existenz des Wesens zu springen.

L: Ich sehe, wie der Planet, die Erde, komplett durchnetzt und verzweigt ist mit ganz vielen Wurzeln. Aber diese Wurzeln sind aus Licht ... und grün. Es ist, als ob eine glitzernde Flüssigkeit durch diese Kanäle, dieses wurzelartige Geflecht strömt und es durchtränkt und ernährt. (Pause.) Ich bin jetzt etwas älter. In der menschlichen Vorstellung von Alter war ich vorher vielleicht zehn und bin jetzt zwanzig. (Pause.) Ich bin bei den Wesen, die das alles in Gang gebracht haben, und wir gucken gemeinsam, wie jetzt diese Energie, dieses flüssige Licht, diese flüssigen Kristalle über dieses Geflecht fließen, das die gesamte Erde umspannt, um sie bereitzumachen. Es ist schon alles in den Boden eingebracht worden und wird jetzt auf diese Art bewässert – aber eben mit Licht.

M: Erzähl mir mehr über das flüssige Licht, das durch dieses Netz fließt.

L: Das haben weder die Wesen noch ich gemacht. Es kommt von der höchsten Quelle und bringt das jetzt alles in Gang. So fühlt sich das an. Wir haben alles vorbereitet, damit jetzt die volle Kraft– (Unterbricht sich.) Damit es leben und atmen kann. Damit der Planet atmen kann. Und wenn er atmen kann – denn es gibt noch keine Atmosphäre –, dann entsteht die richtige Umgebung für die Pflanzen und Tiere. Das darf dann atmen. Aber jetzt gerade wird es noch eingeflößt und durchtränkt.

M: Durch diese Flüssigkeit wird Atmosphäre entstehen?

L: Ja. Das teilt sich dann. Ein Teil bleibt auf der Erde und ein anderer ... verdampft oder spaltet sich ab, und dann entsteht diese Atmosphäre wie ein Schutzfilm um die Erde herum und macht sie belebbar, bewohnbar. Ich brauche das nicht, aber die anderen Wesen sagen, dass wir es für die Zukunft brauchen. (Pause.) Sie brauchen es ebenfalls nicht, um auf der Erde zu sein, aber für das, was diese Projektleiter – oder auch: meine »Chefs« (Kichert.) – da vorhaben oder was ihnen zu kreieren aufgetragen wurde, dafür brauchen sie es später.

M: *Du meinst, ihr benötigt das nicht, wenn ihr den Planeten besucht?*

L: Genau. Ich und die anderen brauchen das dafür nicht. Aber wir können bald auch nicht mehr einfach so drauf! Momentan können wir es noch, aber wenn sich das dann weiter verdichtet, können wir da nicht mehr einfach so ... durch. Zumindest nicht mehr so wie vorher.

M: *Weil es nicht mehr möglich ist oder weil es nicht mehr erlaubt ist?*

L: Beides. (Lacht.) Es ist so, dass ich in dem Zustand, in dem ich vorher auf die Erde gereist bin, nicht ganz Materie bin, aber auch nicht nur Licht. Ich brauche keine Nahrung, ich brauche keinen Sauerstoff zum Atmen und keine anderen Gase, damit mein Körper funktioniert. Der ist einfach ... wie ein Anzug, den ich mir anlege. Ich kann aber auch als Licht da sein. Wenn meine Arbeit fertig ist, darf ich das dann nicht mehr in dem Anzug! Ich komme da dann nicht mehr durch. Es ist nicht möglich. Ich kann zwar weiterhin als Licht kommen, aber das darf ich nicht einfach so. (Kichert.) Ich spiele dann einfach nur, aber eigentlich darf und soll ich das nicht so häufig machen ...

M: *Weißt du, warum?*

L: Weil ich manchmal zu frech bin. (Kichert.) Es könnte vielleicht etwas stören. Ich könnte Sachen verändern, denn ich kann mich nicht immer zurückhalten. (Kichert.) Aber ich soll nichts verändern! Meine Aufgabe ist dann schon abgeschlossen.

M: *Es scheint dich noch zu interessieren.*

L: (Lächelt.) Ich bin immer in der Nähe und gucke. Manchmal bin ich auch noch woanders. Ich komme aber immer wieder und schaue. (Pause.) Es gibt auch noch die Möglichkeit, dass ich – aber das ist erst viel, viel, viel, viel später – komplett auf die

Erde gehen und einen Ausflug als Gast machen kann, um das auszuprobieren.

M: Du meinst, in einer Form, die dann zu dieser Erde passt?

L: Ja, aber bis dahin ist noch viel zu tun!

[...]

Ich fragte sie, ob der Planet zu dem Zeitpunkt, an dem die Lichtflüssigkeit zugeführt wurde, an der Oberfläche immer noch ausschließlich Erde und Vulkane aufwies.

L: Nein, die Vulkane sind gar nicht mehr da. (Gestikuliert.) Es ist jetzt wirklich ein Geflecht, wie wenn oben und unten jeweils ein riesiger Baum wäre – aber Bäume sind noch nicht da – und die Äste die Erde von Süd und von Nord wie Wurzeln umspannen würden, die sich dann gleichzeitig gegenseitig treffen. So, dass sie jeder unabhängig voneinander von den beiden Polen ausgehen. Sie sind aber nicht braun, sondern leuchtend smaragdgrün ... grün-gold und glitzernd. Und was da drunter ist, das können wir noch nicht sehen. Es verändert das Untendrunter. Es ist wie eine Art ... Treibhaus – aber ein schönes! (Kichert.) Die Funktion ist die eines Treibhauses, um notwendige Prozesse anzustoßen. Alles wird quasi durchtränkt und ... »gebacken«. Es sind die ersten Vorbereitungen für das, was kommen soll. Die Basis.

M: Welche Farben würde man zu diesem Zeitpunkt sehen, wenn man auf den Planeten schaut?

L: Grün. Es ist ein helles, leuchtendes Grün. Gold und Silber schimmern auch noch dazwischen.

M: Und die Hauptprozesse, die ablaufen, dienen weiterhin der Vorbereitung?

L: Ja. Aber ich bin fertig.

M: Wie denken deine Chefs und du über den Fortschritt zu diesem Zeitpunkt?

L: Über dieses Geflecht, das da ist, sind wir total erstaunt – wahrscheinlich auch, weil wir das nicht selbst initiiert haben, sondern mit Hilfe. Das war für uns selber etwas Neues. Das hatten die anderen so auch noch nicht gesehen.

[...]

Wir sprangen erneut vorwärts zu einem weiteren bedeutenden Ereignis in der Existenz des Wesens. Louisas Gesichtsausdruck und ihre Stimme, die bis zu diesem Zeitpunkt sehr freudig und zufrieden gewesen waren, wurden plötzlich ernster.

L: Ich bin nicht mehr so ein Jüngling. Ich bin jetzt eine größere Kraft oder Wesenheit. (Grübelt.) Ich habe noch etwas anderes gemacht ... Ich weiß gerade nicht, was, aber ich werde jetzt von den anderen, den Chefs, sehr geschätzt und fast schon als gleichwertig angesehen. (Pause.) Ich habe auch wieder einen Stab, aber das ist jetzt ein anderer.

M: Beschreib ihn mir.

L: Ich stehe auf einer Wolke. Das erinnert mich ein bisschen an Figuren aus der römischen Zeit, aber ich bin nicht auf der Erde. (Pause.) Vom Gewand her kennt man das von Bildern, wenn man Malereien aus der Zeit anguckt. Eine Art Hemd, das etwas länger ist.

Ich hatte das Gefühl, sie beschrieb eine Art Toga.

L: Ich erscheine aber nur so. Ich habe das nicht. Ich bin recht ... kraftvoll und habe dieses ... Hemd an – immer noch mit einer Kordel um die Hüfte. (Konzentriert.) Ich halte diesen Stab in der Hand. Er ist golden, sehr schmal und dünn. Und da ist wie ein Ring drumherum. (Pause.) Oben spitzt sich das zu, aber mit einer abgerundeten Spitze. (Verwirrt.) Ich frage mich, warum ich diese Fahne brauche ... (Kichert.) Warum ist denn da eine Fahne drauf?! Eine kleine, die flackert. Rot mit Gold. Ich weiß gar nicht, was ich damit machen soll. Ich stehe da ganz stolz und gucke und beschütze!

M: Wen oder was beschützt du?

L: Ich habe eine schützende Funktion für diesen Planeten erhalten. (Grübelt.) Mit anderen zusammen? Oder nur für einen Teil? Ich kann das gerade nicht erkennen... Ich stehe aber ganz stolz da und ganz kraftvoll! (Entschieden.) Ich bewache. Überwache.

M: Wie tust du das?

L: Ich schaue, dass nichts hineinkommt, was da nicht hingehört. Das stellt eine große Bedrohung dar! Alle wollen dahin ... auf diesen Planeten.

M: Warum?

L: Weil er so schön und einzigartig ist. Und weil alles noch sehr jung und manipulierbar ist, sehr einfach aus dem Gleichgewicht zu bringen. Gerade die Lebewesen und Bewohner darauf sind noch sehr naiv und sehr leicht zu beeinflussen und herauszulocken aus ihrem Paradies.

M: Ist das schon mal passiert?

L: Noch nicht, aber es wollen immer wieder welche drauf. (Seufzt.) Mir ist allerdings nur ein gewisser Grad an Einmischung oder Handlung erlaubt, und ich muss immer in Rücksprache, in Kontakt mit dem Höheren sein. Es sind vier oder fünf ... vielleicht sechs, die so ähnlich sind wie ich und wachen. Wir haben nur eine beschränkte Eingriffsmöglichkeit – auch, wenn wir mehr helfen wollten.

M: Was ist euch zu tun erlaubt?

L: Ich weiß nicht genau, was die anderen dürfen. Jeder hat seine Aufgabe. Meine Aufgabe ist es, so etwas wie einen Schild zu halten vor diese schweren und dunklen Schwingungen, die von ganz woanders herkommen und ... hungrig sind und ... hinterlistig. (Leicht angewidert.) Aufsaugend.

M: Weißt du, was sie auf der Erde wollen?

L: Sie wollen das Licht. Sie können es nicht von uns oder ähnlichen Wesen wie mir bekommen, können es aber aus der Erde »heraussaugen« und auch aus Lebewesen. Wenn sie nicht an die Menschen rankommen – denn das ist schwieriger –, dann saugen sie das manchmal sogar aus den Tieren!

M: Das heißt, einige von ihnen haben es bereits durch den Schild geschafft?

L: Manche haben sich durchgebohrt, sind wie durchgeflitzt. Aber die Quelle ist darüber nicht böse.

M: Es wird gestattet, dass das passiert?

L: Bis zu einem gewissen Grad, ja. Ihnen wird so die Möglichkeit gegeben, sich zu wandeln. Denn sie müssten nicht betteln und hinterlistig sein, sondern könnten die Schönheit betrachten und ein Teil von diesem Licht werden. Aber sie wollen nicht ein Teil von diesem Licht werden. Sie wollen in ihrem Dunkel bleiben. Sie sind wie ... schwarze Würmer. (Aufgebracht.) Ich finde sie furchtbar! Und ich werde wütend! Ich würde sie am liebsten mit meinem Stab zerquetschen! Aber die anderen Wesen sagen mir: »Du musst noch ein wenig wachsen.« Ich bin wohl noch ein wenig euphorisch und ... »junges Blut«. (Lacht.) Sie sind wie schwarze kleine Schlangen. Da werde ich ganz aufgeregt!

M: Dir scheint viel an diesem Planeten zu liegen.

L: Sie wollen da alle einfach drauf und alles auffressen. (Emotional.) Es sind jetzt ganz viele! Und ich darf nur zuschauen ... (Tränen fließen.)

M: Du darfst nichts dagegen tun?

L: (Traurig.) Nein. (Schluchzt.) Das gehört zum Prozess, sagen die anderen.

M: Ich verstehe, wie frustrierend das sein muss.

[...]

**Ich war perplex. Die Szene, die Louisa beschrieb, erinnerte mich an etwas, wovon ich einige Zeit zuvor im *Law of One* gelesen hatte. In diesem erwähnt das höherdimensionale Kollektiv »Ra«, welches in den Jahren 1981 bis 1984 durch die sich in kompletter Bewusstlosigkeit befindliche Carla Rueckert spricht, eine Art Schutz, eine »Quarantäne«, unter die unser Planet seit seiner frühen Geschichte gelegt worden sei. Mit diesem Schutz vor willkürlichen Eindringlingen seien bestimmte Wesenheiten, sogenannte »Wächter«, beauftragt worden. In Sitzung Nr. 12 heißt es hierzu: »Es werden alle Anstrengungen unternommen, um diesen Planeten unter Quarantäne zu halten. [...] Die Wächter tasten die Energiefelder eurer Erde ab und versuchen, alle sich nähernden Wesenheiten zu erkennen. [...] Allerdings hindert das Netz der Wächter, ähnlich wie jede andere Patrouille auf welcher Ebene auch immer, nicht jede einzelne Entität daran, die

Quarantäne zu durchdringen. [...] Die einzigen Wesen, die in der Lage sind, die Quarantäne zu durchbrechen, sind diejenigen, die Fenster oder Verzerrungen in den Raum/Zeit-Kontinua entdecken, welche die Energiefelder eures Planeten umgeben. Durch diese Fenster kommen sie. Diese Fenster sind selten und unvorhersehbar.« Es war faszinierend! Louisa schien als die zu einem Wächter beförderte Wesenheit zu erleben, was Ra vierzig Jahre zuvor beschrieben hatte.**

Ich fragte den Wächter, was nun mit den Bewohnern des Planeten passieren würde, nachdem mehr und mehr dieser dunklen Wesen gekommen waren.

L: Einige beachten es nicht, sehen es nicht. Andere nehmen sie in sich hinein. Ein paar wenige ziehen sich zurück. Sie wenden sich an die Quelle und kommen ganz stark in die Verbindung, richten sich komplett auf die Quelle aus und sind dadurch unantastbar für diese ... Würmer, die mit einigen Lebewesen auf der Erde jetzt auf eine Art ... vereint sind. (Pause.) Sie haben ihre Gebiete, ihre Zentren. Aber es gibt einige Bewohner, die sind in der Verbindung mit uns geblieben. Sie sind verbunden und beschützt und vertrauen. Deswegen sind sie für die anderen nicht erreichbar. Sie können ihnen nichts tun. Manche von den Würmern ziehen auch ab. Sie sagen: »Das hat keinen Zweck. Hier kommen wir nicht weiter.« Sie ziehen weg. Andere bleiben. Es reizt sie, die Bewohner vielleicht noch zu ... kriegen.

M: Warum würden einige von ihnen weiterziehen?

L: Sie suchen etwas anderes, weil sie gemerkt haben, dass sie nicht mehr weiterkommen. Sie kommen nicht mehr an die heran, die sehr stark verbunden sind mit der Liebe und dem Vertrauen.

M: Welches Ziel verfolgen diejenigen, die entschieden haben, zu bleiben?

L: Einige finden es einfach schön hier und wissen nicht, wohin. Andere reizt es, durch diesen Schutz zu kommen und einige hier noch zu »kriegen«. Aber das wird nicht passieren. Sie werden zwar noch ein Stück weiterkommen, aber nicht bis zum

Letzten. (Entschieden.) Dafür lieben wir sie zu sehr, diesen Planeten und dessen Bewohner!

M: Gibt es etwas, das ihr tun könnt, um die Bewohner zu unterstützen?

L: Wir können Helfer schicken oder – wie ich – einen Teil von uns runterschicken. Manche können auch komplett runter.

M: Was meinst du mit »runterschicken«? So wie am Anfang, als du dir den Körper geformt hattest?

L: Nein. Wir könnten zwar auch so vor den Menschen erscheinen, aber nicht jeder würde uns glauben. Wir können sie mehr bestärken, wenn wir ein Teil von ihnen sind. Sie können dann besser mit uns umgehen.

M: Du meinst, ihr müsst Menschen werden, um das zu tun?

L: Ja, aber wir sind dann natürlich viel schwächer. Wir unterliegen dann ihren Gebrechen und Schwächen. Aber es ist auch schön! (Lächelt.) Es ist ganz anders, das Mensch-Sein.

M: Was ist das Schöne daran?

L: Verletzlich zu sein. Das alles zu erleben. Wir können es von außen betrachten. Aber die Früchte, die es auf der Erde gibt, kann man nur in menschlicher Form richtig genießen. Und mit Früchten meine ich nicht etwa nur Beeren, sondern auch, wenn man jemandem etwas schenkt und der andere erfreut ist. Wenn man etwas lernt oder jemandem etwas beibringt, jemanden zum Lachen bringt. *Das* ist am schönsten! Oder was man fühlt, wenn man über Gras läuft. (Lächelt.) Das gibt es sonst nirgendwo ...

M: Ich verstehe. Es scheint viele schöne Facetten zu geben an einer menschlichen Existenz auf diesem Planeten. Sind die Bewohner des Planeten sehr beeinträchtigt von diesen Wesen, die unerlaubt gekommen waren, oder sind ihr Einfluss und die Auswirkungen eher nebensächlich?

L: Auf die, die verbunden geblieben sind, hat das kaum Auswirkungen. Andere haben sich dagegen bewusst auf sie eingelassen, weil sie es so ... reizend fanden. Die Wesen haben ihnen gesagt, sie können noch mehr und sie würden ihnen zeigen, wie das geht. Die meisten, die in der Liebe und Verbundenheit stehen, sind so ... zart – wie Kinder, die nur an das Gute glauben und leicht mitzunehmen sind, wenn man ihnen ein Bonbon zeigt. Manche von ihnen lassen sich verführen und gehen mit. Und manche, die schon älter sind, langweilen sich; immer lachen und springen ... Ich weiß nicht, was das bei ihnen auslöst und warum sie sich entscheiden, mit den anderen mitzugehen, und sich ihnen öffnen. Faszination? Neugierde? Ja, das ist etwas, wovon die Menschen viel haben: Neugierde. Sonst würden sie sich nicht weiterentwickeln ...

M: Es dient ihnen also auch, diese Erfahrung zu machen?

L: Ja, aber sie müssen das nicht tun, um sich weiterzuentwickeln. Sie können neugierig sein und mit ihnen »mitgehen«, aber es wird so wahrscheinlich länger dauern, bis sie aus dem Zustand herauskommen, in dem sie vorher waren: auf der Stelle tretend, sich vieler Sachen nicht bewusst.

M: Was hat sich daran durch diesen Einfluss verändert?

L: Ihnen ist bewusst geworden, was für helle Wesen sie sind. Mit wem sie verbunden sind. Was ihre Quelle ist. Sie sind bewusst. Das Bewusstsein für ihr Sein, für ihr Wesen, ist gewachsen.

M: Gilt das für alle?

L: Das gilt erstmal für alle – auch für die, die sich mit den anderen verbunden haben und sich auf sie eingelassen haben. Aber sie wollen das irgendwie nicht wahrhaben oder halten sich für besser. Es sind halt die ersten Prozesse.

[...]

Ich wollte mehr über diese »dunklen« Wesenheiten erfahren, die durch den Schutzschild der Erde geschlüpft waren, und fragte, wie sie nach ihrer Ankunft hier vorgegangen waren.

L: Erst krochen sie nur, dann haben sie getrunken von den Tieren und irgendwie auch aus den ... Adern der Erde ... aus dem ... Saft der Erde. Dadurch sind sie kräftiger und stärker geworden. (Pause.) Um dann an die Menschen ranzukommen, haben sie ihnen irgendetwas versprochen und sie mit Magie und Lichtern fasziniert. Die Menschen kannten das nicht. Sie haben unbedeutende Lichtfeuerwerke und kleine Wunder – oder was sie zumindest als solche bezeichnet haben – vollbracht. Kleine

Explosionen. Die Menschen fanden das toll. Und sie sagten ihnen: »Du kannst das auch! Du musst mich nur in dich aufnehmen. Ich verleihe dir Macht!« Und die Menschen waren so neugierig und wollten das auch können. Sie fanden nichts Schlimmes dabei. Sie waren nicht böswillig, nur neugierig. Sie haben sich einfach darauf eingelassen und waren dadurch dann nicht mehr so sehr mit der Erde, mit den anderen Menschen und mit uns, den lichtvollen Wesen, verbunden. Sie könnten das zwar noch, aber es ist nun schwieriger für sie. Sie sind sich dessen auch nur noch zum Teil bewusst. Manche wollten auch einfach weg aus dem Heilen und sich mit den ... schwarzen Gestalten verbinden. Ihnen war langweilig. Es war ihnen nicht wirklich bewusst, was sie hatten.

M: Und das ist dann eine Weile so gelaufen?

L: Es ist immer noch so. Diese schwarzen Wesen kommen allerdings nicht mehr. Es sind nur noch die »Überbleibsel« da.

M: In welcher Form existieren sie hier auf dem Planeten?

L: Als Energie. Sie sind wie ... eingeprägt. Die Menschen sind durchtränkt mit ihrer Energie. Fast jeder trägt sie – wenn auch nur als Energiestaub. Wenn man durch einen Menschen geboren wird, hat man das automatisch. (Grübelt.) Ich weiß nicht genau, wie das funktionierte. Über viele, viele Jahre ...

M: Man trägt es automatisch, wenn man als Mensch geboren wird?

L: Ja. Das wird einem mitgegeben, weil das jetzt einfach hier ist. Es hat sich mit der ursprünglichen Erde verbunden. Das kann gereinigt werden, aber es ist noch nicht so weit!

M: Wie kann – oder wird – diese Reinigung erfolgen, wenn es so weit ist?

L: Sich voll und ganz zur Liebe und zur Quelle hinwenden und das auch in die Erde umsetzen. Es wirkt so, als ob die Menschen, die Lebewesen selbst, die Erde davon reinigen müssen – mit Hilfe, aber sie müssen sich entscheiden, sich selbst zu reinigen, indem sie das Licht in sich hineinfließen lassen. So wie das Licht, das ich am Anfang beschrieben hatte ... das kristalline, flüssige. Auf diese Art.

M: Wie können sie das tun? Wie müssen sie vorgehen?

L: Einfach darum bitten und sich öffnen. Es ist alles in ihnen.

[...]

Ich fragte sie, was sie nun tun würde, nachdem sie vom Gärtner zum Wächter befördert worden war und die Entwicklung der Menschheit für eine Weile beobachtet hatte.

L: Ich durfte später auf die Erde und helfen – aber nur ein Teil von mir, denn ich beobachte und schütze ja, soweit es geht, und schicke Energie und Schutz, um die Balance einigermaßen zu halten. *Das* darf ich.

M: Du meinst, du bist zum größten Teil noch außerhalb der Erde geblieben und hast einen Aspekt von dir hinabgesendet?

L: Ja. Immer wieder mal, zu verschiedenen Zeiten. Am Anfang, als eine große Spaltung stattgefunden hatte. Und vor allem, wenn es sehr düster war. Wann immer die dunklen Mächte die Oberhand gewinnen wollten und es überwog. Das war dann nicht mehr fair. Sie griffen zu sehr ein! Ich durfte dann auf die Erde und mitunterstützen. Mich dagegenstellen. Auch führen.

M: In menschlicher Form?

L: (Nickt.) Ich hatte auch Kräfte mitgebracht, die ich aber erst entwickeln musste.

M: In den jeweiligen Leben?

L: Mhm. Ich kann mich an eine frühere Zeit erinnern ... (Ernst.) Da haben auch einige dieser Dunklen geherrscht. Sie herrschten und unterdrückten. (Schweres Atmen.) Einer von ihnen hatte eine schwarze, Kobra-artige Gestalt, die an den Menschen ... haftete .... (Aufgebracht.) Ich merke ... immer, wenn ich ihnen begegne ... fühle ich mich ... als ob ich ... ersticke ... (Flüstert angestrengt.) Damit ich nicht mehr rede ... Damit ich aufhöre, mit den Menschen zu reden ...

[...]

Louisa hatte mittlerweile eine sehr tiefe Ebene von Trance erreicht. Sie schien voll in die Erinnerung an eine Konfrontation mit den anderen Wesenheiten eingetaucht zu sein, die sich in einer der angesprochenen Inkarnationen ereignet hatte. Was auch immer sie erlebte, rief starke körperliche Reaktionen hervor; vor allem eine Beeinträchtigung im Halsbereich, die ihr das Sprechen merklich erschwerte. Wie in derartigen Fällen üblich, gab ich geeignete Suggestionen, um ihr System zu beruhigen. Obwohl die Wirkung sofort eintrat, wirkte Louisa dennoch sehr angestrengt, als wir fortfuhren. Wie jemand, der während der Ausübung schwerer körperlicher Arbeit zu sprechen versuchte.

L: Ich muss meine Flügel ausbreiten! Aber das ist so schwer hier ...

M: Was ist dafür nötig?

L: Daran glauben, wo ich herkomme. Vom großen ... vom *größten* Licht! Meine geistigen Soldaten helfen mir, standhaft zu sein! (Flüstert angestrengt.) Aber das ist so schwierig auf der Erde ... Und er ist so stark, weil viele Menschen ihm folgen! Und je mehr ihm folgen, desto stärker ist er. (Schwach, aber entschlossen.) Ich ersticke, aber ich lasse das nicht zu! Und meine Flügel werden immer größer! Ich schirme alles ab! Die Menschen vertrauen mir. So viel Licht ... Ich muss das reinigen! (Pause. Erleichtert.) Er ist jetzt gelöst von denen, die er beherrscht hat. Er kriecht jetzt, zieht sich zurück, versteckt sich. (Flüstert.) Ich muss weiter das Licht ausbreiten ...

M: Was wird mit ihm geschehen?

L: Er kriecht, versteckt sich, läuft weg. (Zufrieden.) Und meine Begleiter, die mich auf geistiger Ebene unterstützen, jubeln und freuen sich. (Pause.) Ich bin erschöpft ... Das hat mich sehr viel Energie gekostet ... aus dem Rücken. (Seufzt.) Und ich weiß, dass das nur vorübergehend wirkt. (Flüstert.) Bis ihm wieder jemand die Tür öffnet ... ihn reinlässt ... und ihm die Macht gibt. (Entspannter.) Jetzt ist es erstmal gut.

[...]

Sie hatte sich merklich beruhigt. Die Auseinandersetzung mit der anderen Wesenheit schien abgeschlossen zu sein. Der erste Impuls meines inneren Forschers war es, mehr darüber in Erfahrung zu bringen, mit wem oder was genau sie zu tun gehabt hatte. Letztendlich entschied ich aber, erstmal weiterzugehen und stattdessen einfach später das Überbewusstsein dazu zu fragen.

L: Ich kann aber nicht für immer bei den Menschen auf der Erde bleiben und sie beschützen.

M: In welcher Form beschützt du sie?

L: Ich gebe ihnen Kraft und erinnere sie daran, wer sie sind. Dass sie immer bei der Quelle bleiben können und ihnen dann nichts passiert. (Pause.) Ich schirme sie ab mit Vertrauen – die, die bei mir bleiben und glauben, was ich ihnen sage. So beschütze ich sie. Es ist aber ihr Wille, ob sie bleiben wollen.

M: Ich verstehe. Bist du den Menschen bekannt?

L: Ja. Ich bin aber kein König oder Herrscher oder so etwas. Ich bin eine Art Wanderer, der da ist, aber gleichzeitig auch nirgends. Ich lebe hier unter den Menschen in einer schönen, saftigen Landschaft. Alles ist harmonisch und jeder geht seiner Arbeit nach. (Pause.) Ich bin kein Führer, sondern eine Art Weiser. Jemand, der sie unterrichtet. Und sie wissen, dass sie immer zu mir kommen können. Sie holen sich Rat, fühlen sich wohl und bleiben in dieser Ruhe.

[...]

Louisas Bewusstsein schien sich in eine Existenz in menschlicher Form begeben zu haben. Ich fragte sie, ob sie mir sagen könne, in welcher Zeit oder Kultur sie sich befand.

L: Ich muss gerade überprüfen, ob ich nur bei einem Stamm bin oder ob ich zu verschiedenen gehe ... (Pause.) Es gibt noch ein paar andere wie mich in verschiedenen Regionen, die wie ich Menschen unterstützen, das aber auf ihre Weise tun. Sie bringen ihnen bei, wie sie sich versorgen. Die Menschen, bei denen ich bin, sind schon weiter. Sie leben in einer warmen, fruchtbaren Gegend. Dadurch sind sie recht unabhängig, weil sie mit den Gezeiten und Pflanzen umzugehen wissen und wissen, wie sie ihr Zuhause bewirtschaften. Sie haben ihren eigenen Ältestenrat; eine Art politischer Zusammenschluss, der das Zusammenleben in der Siedlung regelt und führt. Was sie jetzt brauchen – und das ist der Grund, warum ich da bin –, ist, dass sie nicht außer Acht lassen, woher sie kommen, und sich nicht von diesen dunklen Wesen verführen lassen!

M: *Du und die anderen versuchen, diesem Einfluss entgegenzuwirken?*

L: Ja, aber die verschiedenen Lebewesen und Stämme auf der Welt sind unterschiedlich weit entwickelt. Ich bin in einer recht weit entwickelten Zivilisation – oder Gesellschaft –, die sich hier aufgebaut hat. Es ist eine Zeit, noch bevor es die Pharaonen gab. Kurz davor.

M: *Sind das Kulturen, die sich unabhängig voneinander entwickelt haben?*

L: Ja, weil sie weit voneinander entfernt sind. Es gab auch verschiedene Einflüsse von ... anderen Lebensformen, die kamen und sich in den Austausch mit den Menschen begeben haben. Sie sind aber nicht bösartig. So wurden auch andere Einflüsse und Vielfalt eingebracht.

M: *Sind sie auch durch die Löcher geschlüpft oder war das erlaubt?*

L: Das war erlaubt. Ein gewisser Austausch wurde erlaubt. Sie haben die Energie nicht ausgesaugt und ausgenutzt, sondern das war ein Geben und Nehmen. Sie haben etwas mitgebracht und durften daher auch etwas mitnehmen, lernen und die neue Art Planet sehen.

M: *Weil es so ein besonderer Ort ist?*

L: Ja. Und auch die Art der Menschen hier ist besonders. Ihre Art und Weise ist ungewöhnlich. Die, die kommen, verstehen nicht, warum der Mensch so selbstlos sein und einfach verzeihen kann. Das größte Rätsel für sie ist, bedingungslos zu lieben. Liebe ist sowieso ein Rätsel für die meisten; sie können das nicht richtig fassen. Aber auch viele Menschen vergessen das.

M: *Es kann hier sehr herausfordernd und schwierig sein.*

L: Ja! Sie fragen sich: »Warum machen die das alles mit?« (Lacht.)

[...]

Ich wies Louisa an, die Zeit zu verdichten und nochmal vorwärtszuspringen zu einem weiteren bedeutenden Ereignis für die Wesenheit, in deren Weg wir eingetaucht waren. Sobald sie angekommen war, bemerkte sie, dass sie sich nun außerhalb des Planeten befand.

L: Kein Teil von mir ist mehr auf der Erde. (Pause.) Etwas Schönes ist passiert ... Ein Kind ist geboren und wir freuen uns alle!

M: Erzähl mir von diesem Kind.

L: Es ist anders. Wir haben schon länger darauf gewartet – oder es vielmehr erhofft! – wussten aber nicht, ob es tatsächlich passiert oder wer das letztendlich macht.

M: Jemand hat sich entschieden, zu inkarnieren?

L: Ja. Es gab die Möglichkeit, eine Wendung herbeizubringen. Aber es war nicht klar, wer das macht und ob es überhaupt jemand macht. Es haben auch schon andere versucht, aber diesmal ist es irgendwie anders ... (Pause.) Das macht mich ganz ruhig ... diese Gewissheit, dass das jetzt eingetreten ist. Es macht mich ruhig und stimmt uns alle hoffnungsvoll – auch, wenn wir nicht wissen, ob das tatsächlich alles so wie erhofft laufen wird. Aber es ist eine große Hoffnung! Das Kind ist anders und hat es irgendwie geschafft, ohne diese– (Unterbricht sich. Verzieht das Gesicht.) Mir wird schlecht, wenn ich nur an diese dunkle Energie denke, die überall drinsteckt, nachdem sie sich eingepflanzt hat ... Irgendwie hat es dieses Kind geschafft. Es wurde so vorbereitet, dass es– (Unterbricht sich. Erstaunt.) Ah, deshalb hat das auch so lange gedauert! Deswegen hat das länger gedauert und bei anderen zuvor nicht funktioniert. Die, die den Raum und den Zustand geben, mussten vorbereiten. Es war ein Trick! Aber wir kennen ihn nicht. (Flüstert.) Das ist nur auf der höchsten Ebene bekannt, wie das Kind auf die Erde kommen konnte, ohne diese Essenz von den Würmern in sich zu haben. Dadurch ist der Junge nicht so angreifbar!

[...]

**Als sie das Wort Junge erwähnte, hatte ich das Gefühl, dass sie hier möglicherweise über Jesus/Yeshua und seine Geburt sprach. Wie immer wartete ich jedoch ab, wie sich alles entwickeln würde, ohne auf irgendeine Weise zu beeinflussen. Mir kam in dem

Moment jedoch ein Gedanke: Zuvor hatte Louisa erwähnt, dass man bei der Geburt als Mensch automatisch einen Anteil der dunklen Energie mit sich trüge. Falls es sich bei dem erwähnten Jungen um Jesus/Yeshua handelte, fragte ich mich, ob sich in der berühmten Legende der sogenannten »unbefleckten Empfängnis« möglicherweise ein Hinweis darauf verbarg, dass auf höherer Ebene eine Lösung gefunden worden war, die Seele frei von besagtem Einfluss auf der Erde inkarnieren zu lassen?**

Ich erkundigte mich nach dem Ziel, das mit diesem Ereignis angestrebt wurde.

L: Damit es leichter fällt, die ganze Erde zu reinigen. Selbst in das, was ich eingepflanzt habe, ist die Essenz dieser Würmer hineingegangen. Fast bis in diese Keime! Es hat nicht mehr viel gefehlt und dann wäre es wahrscheinlich nicht mehr umkehrbar gewesen. Aber das Kind weiß das und hat schon viel gereinigt! Es hat auch eine Art Schutz gelegt um das, was sich durch die anderen einpflanzen konnte, um das nochmal zu sichern. (Lächelt.) Es ist ein Schild voller Rosa – wie das Morgenrot. (Flüstert.) Oh, das gefällt mir.

M: Wie nehmen die Menschen auf dem Planeten diesen Jungen wahr?

L: Die wenigsten haben ihn bisher überhaupt wahrgenommen. Es gibt nur ein paar Eingeweihte, und das sind auch nicht normale Menschen, sondern höhere Wesen, die mit ihm mitgekommen sind, um das Kind zu begleiten, bis es so weit ist. Er braucht diesen Schutz, weil er noch so klein ist. Und weil er hier ein Mensch ist, braucht er am Anfang diese Unterstützung.

M: Merken die Menschen, dass er anders ist?

L: Manche schon. Manche wundern sich, und viele, die ihm begegnen, lieben ihn auf Anhieb. (Kichert.) Als Jugendlicher ist er schon ganz schön unbequem für manche! (Lacht.) Es gibt einige, die denken, sie sind superschlau und allwissend. Er stellt ihnen nur eine Frage und schon sind sie die dümmsten Böcke. (Kichert.) Nun ja, ich darf das eigentlich nicht so sagen ... Aber sie haben sich so arrogant und oberschlau gegeben und mussten einfach mal ein bisschen zurechtgewiesen werden!

M: Weiß er selbst, dass er anders ist?

L: Noch nicht. Er ist einfach so, wie er ist. (Pause.) Seine Mutter ist sehr liebevoll, aber sie will von ihm auch, dass er sich ein bisschen mehr anpasst ... reinquetscht in den Rahmen dessen, was erwartet wird von einem Kind, einem Menschen, einem Jugendlichen in seinem Alter. Sie meint es nur gut.

M: Um es für ihn einfacher zu machen?

L: Es gehört sich einfach so. Sie weiß zwar, da ist etwas Besonderes in ihm, und sie denkt, sie wüsste, auf welchen Weg sie ihn bringen soll, aber es ist nicht so, wie sie denkt. Seine Mutter denkt, dass es einen bestimmten Weg für ihn gäbe, weil er etwas Besonderes ist, und will ihn eigentlich nur unterstützen, aber es ist alles ganz anders ... (Seufzt.) Sie muss ihn einfach lassen. Er weiß das. Es fällt ihr am Anfang schwer.

M: Wissen die dunklen Geschöpfe von ihm?

L: Oh, sie erkennen ihn sofort! Sie wissen, dass er irgendwo ist. Und wenn sie ihm begegnen, dann wissen sie es sofort, verziehen sich und schmieden Pläne. Sie wollen nicht, dass er das alles durchdringt. (Aufgebracht.) Sie sind wie Schlangen! Wie Klapperschlangen winden sie sich und warten auf den Moment, wenn sie zubeißen können. Sie manipulieren und schmieden Pläne. Sie sind viele. Er ist relativ alleine – wenn man die geistigen Helfer und Begleiter nicht berücksichtigt. Aber an sich ist er ziemlich alleine, weil niemand ihn versteht und dahinterblickt. Die Menschen, die ihn am Anfang begleitet haben, die inkarnierten höheren Wesen, sind jetzt nicht mehr da. Er kann sich nur noch auf seine Freunde verlassen, die ihm vertrauen müssen. Aber darauf baut das auch auf. Seine Mission baut darauf auf, dass er die Menschen überzeugt. Und das soll dann so in den Menschen sein, dass sie von sich aus rausgehen. Das ist der Plan! Er muss sie überzeugen und gleichzeitig Mensch sein – Mensch *bleiben*. Das ist das Schwierige! Er hat keine übernatürlichen Kräfte oder so etwas, wie man sich das vielleicht vorstellen würde bei einem Gott. Er kann es nur über sein Handeln und seine Zuneigung, über seine Liebe zu den Menschen tun, um sie zu überzeugen, ihm zu folgen. (Pause.) Es gibt viele gute Seelen, die schon weiter entwickelt sind und ihm beistehen, aber sie sind bei Weitem noch nicht so stark. Es muss ohne Übernatürlichkeit gehen, weil das nachhaltiger ist.

M: *Ich verstehe. Und du beobachtest seinen Werdegang?*

L: Genau. Ich unterstütze von außen, damit keine zusätzlichen Störfaktoren hineinkommen.

M: *Es scheint, als ob viele Wesen an dem Weg dieses Kindes interessiert sind.*

L: Er ist die größte Hoffnung, der beste Plan. Und das Tolle ist, dass das tiefste und innerste Geheimnis dieses Plans nur der Quelle bekannt ist. Es ist gut, dass auch ich nicht davon weiß. Und auch die sieben Wesen, die zu meinen Chefs gehören und an der Schöpfung beteiligt waren, wissen das nicht. (Flüstert.) Dieses Geheimnis ist aus der Tiefe der Quelle entstanden, und es ist noch nicht zu Ende ...

M: *Der Plan läuft noch?* (Ja) *Gibt es mehr Informationen, die du zu diesem laufenden Plan geben darfst?*

L: Dass alles gut ist so, wie es ist. Ich darf nicht »bald« sagen. (Kichert.) Das versteht keiner auf der Erde. Aber mir wird Licht gezeigt. Ich sehe viel Freude und Frieden. (Pause.) Es wird vielleicht nicht für alle so sein. Es geht immer noch um die Entscheidung. Aber es wird für die, die sich dafür entscheiden, auch so bleiben: friedlich. Und die anderen werden abziehen von hier, von der Erde.

M: *Das klingt, als ob es um eine Entscheidung jedes Einzelnen für sich geht.*

L: Richtig.

**Die Entscheidung, von der sie sprach, die jeder Mensch für sich zu treffen habe, erinnerte mich stark an die zentrale Entscheidung, die auch laut Ra im *Law of One* von jedem Menschen gegen Ende der dritten Dichte zu treffen sei: entweder für den Weg des lichtvollen »Dienstes an Anderen« – und damit für die positive Polarität – oder für den Weg des manipulativen »Dienstes am

Selbst« – und damit für die negative Polarität. In Sitzung Nr. 77 heißt es dazu: »Die Polarisierung oder Entscheidung eines jeden Geist/Körper/Seele-Komplexes ist notwendig, um aus der dritten Dichte heraus geerntet werden zu können. Die Arbeit in den höheren Dichten wird auf Grundlage der Polarität verrichtet, die bei dieser Wahl angenommen wird.«

Bezog sie sich hier möglicherweise auf diese Entscheidung? Falls ja, schien es, als ob sich die inkarnierte Wesenheit, bei der ich mir aufgrund von Louisas Beschreibungen mittlerweile relativ sicher war, dass es sich um Jesus/Yeshua handelte, auf die Erde begeben hatte, um den Menschen den Weg des Dienstes an Anderen quasi in Verkörperung vorzuleben. Die Eindringlinge, die Louisa als »dunkle Würmer« beschrieb, hatten dagegen offensichtlich die Werte der negativen Polarität in der Erde und in den Menschen verankert. Somit machten sie Letzteren ein alternatives Angebot. Wurde ihr Durchbrechen des Schutzschildes der Wächter möglicherweise deshalb geduldet? Gab dies den Menschen vielleicht eine faire Gelegenheit, sich mithilfe ihres freien Willens für eine der zwei Polaritäten zu entscheiden? Im *Law of One* sagt Ra über negative Wesenheiten aus höheren Dimensionen, die den Drang verspürt haben, zur Erde zu kommen: »Die meisten von ihnen sind nicht in der Lage, diese planetarische Einflusssphäre zu betreten, und können die Fenster der Zeit/Raum-Verzerrungen nur insofern nutzen, als es einen Ruf danach gibt, den positiven Ruf auszugleichen. Sobald sie hier sind, ist ihr Wunsch die Eroberung« (Sitzung Nr. 72).

Eine gewisse Balance der Polaritäten scheint also ermöglicht bzw. gefördert worden zu sein. Hatten die negativen Kräfte im Laufe der Zeit vielleicht einfach überhandgenommen, was mithilfe der Inkarnation dieses besonderen Kindes nun wieder ins Gleichgewicht gebracht werden sollte? Auf faszinierende Weise schienen sich während Louisas Seelenreise verschiedene Puzzleteile, die mir im Laufe der Zeit auf meinem eigenen Weg des Erwachens und Lernens begegnet waren, zusammenzufügen.**

M: Wenn du auf die gesamte Inkarnation dieses Kindes blickst, wie würdest du den Effekt seines Wandelns und Wirkens auf der Erde beschreiben?

L: Er musste viel einstecken und auf vieles verzichten. Aber er hat etwas geschafft, was keiner vorher geschafft hat und wahrscheinlich auch niemand mehr machen wird – weil es auch nicht mehr nötig sein wird, wenn das alles so aufgeht. Und er ist immens gewachsen! Er ist aus der Liebe entstanden ... und das hat sich einfach unglaublich potenziert. Es gibt keine andere Kraft außer der Ur-Quelle – oder auch: Gott –, die höher und stärker ist. Es ist fast gleich, vielleicht etwas kleiner.

M: Was ist etwas kleiner?

L: Das Kind. Er hatte das am Anfang noch nicht. Er hatte das erst im Übergang aus seiner Mission auf der Erde heraus ... Erst dann hat er diese Kraft gewonnen; zwischen seiner Anwesenheit auf der Erde und dem Weg »zurück ins Licht«. Da gibt es einen Zwischenraum, und da ist diese Kraft explodiert und hat dann auch die Erde umhüllt.

M: Meinst du damit den Austritt aus der Inkarnation?

L: Ja, aber man kann seinen Austritt aus der Inkarnation nicht damit vergleichen, wie das normalerweise bei Menschen abläuft. Sie gehen dann vollständig weg, aber er ist seitdem in der Quelle *und* um die Erde! Er ist also irgendwie noch da ... aber gleichzeitig auch in der Quelle.

M: Das klingt, als ob er hier noch wirkt – oder nachwirkt.

L: Definitiv! Der Plan ist aufgegangen: dass er in das Bewusstsein vieler Menschen – ich will nicht »eingedrungen« sagen, weil das so gewaltsam klingt – eher übergegangen oder eingeflossen ist. Das aber auf freiwilliger Basis der einzelnen Menschen.

M: Im Gegensatz zum eher manipulativen Vorgehen der anderen Gruppe?

L: Genau. Sie sind über falsche Wege eingedrungen. Hier war es dagegen eher ein Öffnen.

M: Das klingt, als ob der Plan ein Erfolg war – oder es immer noch ist.

L: Es gibt mal solche und mal solche Zeiten. Es ist nicht immer einfach, weil von den anderen immer neue Tricks gefunden werden, um das Einfließen dieses wohltuenden, liebevollen

Geistes in die Menschen zu verhindern – über Jahrhunderte. (Lacht.) Sie sind kreativ, um das zu verhindern, weil sie an den Menschen sonst nicht mehr ... herantreten können. Sie werden dann immer mehr eingeengt und kommen nicht mehr an die Seelen ran. Sie »verlieren« Seelen, an denen sie vorher dran waren, weil diese wie ... gereinigt sind. Wenn sich Seelen mit dieser Christus-Energie durchströmen lassen, verlieren sie sie. Dann müssen sie einen Ersatz finden, und wenn sie es nicht schaffen, werden sie immer mehr eingeengt und ... verpuffen. (Lächelt.) Die Menschen, die diese rosa Energie in sich aufgenommen haben, leuchten so schön! Wie die Erde am Anfang, nur noch schöner ...

[...]

Wir verließen die Geschichte des besonderen Jungen, der schließlich von Louisa als Christus identifiziert worden war. Ich wies sie an, die Zeit zu verdichten und zum Zeitpunkt der Vorbereitung ihrer aktuellen Inkarnation zu springen. Als wir angekommen waren, bezeichnete sie ihre Umgebung als eine Art »himmlischen Rat«. Sie wirkte ein wenig erstaunt.

L: Zu den anfänglichen Chefs sind noch ein paar dazugekommen! Es sind jetzt in etwa doppelt so viele. (Zählt.) Ungefähr fünfzehn ... vielleicht auch zwanzig. Sie überlegen. Sie müssen die Weichen stellen. (Pause.) Die Zeit, die nun kommen wird, ist wichtig! Viele Entscheidungen stehen an ... Ich soll wieder zur Erde gehen, weil ich von Anfang an dabei war. Ich weiß, wie es ist, auf der Erde zu leben. Ich habe dort von Anfang an gedient. Sie können sich auf mich verlassen. (Nickt.) Ich habe aber auch ein wenig Sorge und Angst, weil alle, die jetzt mitkommen und eine Aufgabe erhalten, gut aufeinander abgestimmt sein müssen. Es dürfen keine Fehler passieren! Ich habe ein wenig Sorge, ob ich das schaffe. Ob es nicht besser wäre, zuzuschauen. Ob ich nicht lieber von außen schauen und von dort unterstützen sollte. (Pause.) Aber sie sind sich einig.

M: Was sind die Beweggründe dafür, dich erneut hineinzubegeben?

L: Ich soll unterstützen. Ein weiterer Beweggrund ist, dass ich den starken anderen Mächten schon begegnet bin. Ich kenne die Entstehungsgeschichte. Ich kenne ihre Schwächen. Ich habe es selbst als Mensch durchgestanden. Aber ich glaube, meine letzten Inkarnationen haben mir irgendwie nicht so gut getan ... Das ist der Grund, warum ich Angst habe, es wieder zu erleben.

M: Um was für eine Erfahrung geht es?

L: (Pause.) Als ich erneut die Aufgabe hatte, die Menschen zu unterstützen – allerdings in einer Zeit, in der sehr stark gegen alles vorgegangen wurde, was Menschen vorwärtsbrachte. Ich habe damals meinen Mund nicht gehalten, immer die Wahrheit gesagt und an der Verkündung dieser Wahrheit gearbeitet. Ich habe Menschen aufgeklärt. (Pause.) Sie wollten das nicht und mich deshalb zum Schweigen bringen. Sie hatten mich gewarnt. (Pause.) Ich habe als eine junge Frau alleine in einem Waldhäuschen gelebt und war für die Menschen da. Sie konnten immer zu mir kommen und ich habe sie bei allem unterstützt – auch bei Eheproblemen, obwohl ich gar nicht verheiratet war! (Lacht.) Die Männer fanden das nicht gut, denn ich habe viele Frauen in ihrer weiblichen Kraft gestärkt – und in ihren Rechten. Diese wurden ihnen jedoch genommen, und irgendwann erinnerte sich eine ganze Generation nicht mehr daran, dass ihre weiblichen Vorfahren ganz anders behandelt wurden und komplett frei gelebt hatten ... Sie wurden unterdrückt, spürten aber noch diese Schätze in sich. Viele wollten nicht mehr so leben und kamen zu mir. (Emotional.) Aber sie haben mich verraten! (Tränen fließen.) Die *Frauen* haben mich verraten! (Entsetzt.) Es waren nicht die Männer!

M: Warum haben sie das getan?

L: (Schnieft.) Sie hatten Angst bekommen, weil sie das Gefühl hatten, aus ihrem Dasein nicht so wie ich ausbrechen zu können. Ich war sehr stark und habe mein Leben und meine Wahrheit gelebt. Und ich wollte ihnen dabei helfen! (Emotional. Schluchzt.) Aber sie hatten einfach so große Angst vor sich selbst und konnten nicht damit leben, dass jemand in der Nähe ihren Traum tatsächlich gelebt hat ... Sie hatten es also immer vor Augen, dass sie das auch anders hätten haben können, aber sie selbst kamen da einfach nicht raus. (Seufzt.) Sie hatten sich einzwängen lassen in ihre Rollen.

M: Es war wohl ein riskantes Unterfangen, in dieser Zeit so zu wirken.

L: (Lacht weinend.) Ja. Aber es war so schön, mein Häuschen im Wald! Ich hatte alles, was ich brauchte ... Da war auch ein junger Mann, der mich oft besucht hat. Er konnte aber nicht immer da sein, weil er Männeraufgaben hatte ... auch etwas mit Natur. Für ihn war das selbstverständlich, dass ich so frei und so entschlossen gelebt habe. Das war für ihn total natürlich. Er war sehr angesehen, weshalb man mich auch relativ lange in Ruhe gelassen hat. Aber es gab da eine Frau, die immer mehr und mehr gegen mich gehetzt hatte. Irgendwann sagte sie, ich würde alle manipulieren und hätte sie ... verhext? (Verwirrt.) »Hexen«? Ich weiß gar nicht, was das ist!

M: Das war die Anschuldigung?

L: Ja. Ich sehe diese eine Frau. Sie war in einer größeren Stadt und hat dort mitbekommen, dass ganz viele beschuldigt werden, Hexen zu sein ... (Verwirrt.) Ich habe keine Ahnung, wovon sie redet! Sie hat aber jetzt diese Möglichkeit gefunden, mich loszuwerden. Sie kann es nicht mitansehen, dass ich glücklich bin und mein Leben so leben kann. Sie ist sehr eifersüchtig und an ihrem Mann geht kein Rock vorbei ... (Angewidert.) Er war auch schon mal bei mir, aber ich habe ihn natürlich weggeschickt. Einige Frauen versuchen, mich zu unterstützen, aber sie sind sehr jung und haben keinen großen Einfluss. Die Frau hat einen größeren Einfluss und nutzt das aus in einem Moment, in dem der junge Mann, in den ich verliebt bin und mit dem ich zusammenlebe, nicht da ist. (Grübelt.) Hat sie ihn weggeschickt? Sie ist so etwas wie seine Vorgesetzte und nutzt das aus, um mich auszuschalten, mir den Prozess zu machen. Es gibt sonst niemanden. (Traurig.) Die jungen Frauen waren auf einem guten Weg in die Selbständigkeit! Und es gab auch eigentlich nicht viel Widerstand in dem Dorf, an dem Ort, gegen diese Bewegung, dieses Gedankengut. Es gab viele edle junge Männer, die sie hätten so leben lassen, aber diese Frau wollte das nicht, weil sie diese Möglichkeit nicht hatte – und sie sich auch jetzt nicht selbst geben will. Sie macht alle mundtot.

[...]

Hier wechselte Louisa in der Erzählform von der Vergangenheit zum Präsens. Dies ist gewöhnlich ein Hinweis darauf, dass sich die Persönlichkeit noch mehr in das Geschehen hineinbegibt und es quasi »live« miterlebt. Ich bat sie, mir zu beschreiben, was nun mit ihr geschehen würde.

L: Sie bringt mich vor ein Gericht. (Pause.) Und die, die dort sitzen und über den Fall entscheiden, sind sehr verunsichert, weil es so viel Gerede gibt über diese ... Hexen. (Empört.) Aber eigentlich ist die Frau die Hexe! Sie ist durchdrängt von diesen schwarzen Würmern.

M: Sie arbeitet in deren Interesse?

L: Ja. Aber sie verspricht sich auch etwas dadurch. Sie lässt sich blenden und blendet damit auch alle drumherum. Sie macht das sehr gut! Und ich muss mir eingestehen, dass ich keine Chance habe. (Traurig.) Ich hatte doch noch so viel vorgehabt ...

M: Ich verstehe. Wie wird dieses Leben enden?

L: Sie foltern mich. Sie brechen mir irgendwie den Rücken.

[...]

Ich gab Louisa sofort geeignete Suggestionen, um es ihr zu ermöglichen, in die reine Beobachterperspektive zu wechseln. So konnte sie berichten, was geschah, ohne jegliche unangenehme körperliche Empfindungen verspüren zu müssen.

L: Sie peitschen mich am Rücken aus. Und sie sollen mir das Gesicht verunstalten und mir die Haare abschneiden. Ich soll richtig hässlich aussehen! (Pause.) Jetzt setzen sie mir eine Art Maske – oder Helm? – mit so einer ekligen langen Nase auf. (Pause.) Sie nehmen mir meine Kleider und ... köpfen mich. Die Frau will meinen Kopf nicht mehr sehen. Das soll als

Abschreckung für die anderen dienen. (Pause.) Es sind natürlich auch einige Männer dabei, die meine Widersacherin unterstützt haben, weil sie Angst hatten, die Macht über ihre Frauen zu verlieren. Und mein Kopf soll für diese Frauen jetzt eine Abschreckung davor sein, meinen Geist und meine Lehren zu leben und zu verbreiten. (Flüstert.) Sie sind alle eingeschüchtert. Aber ich weiß, dass sie das damit nicht ausmerzen können. Die Energie und die Wahrheit werden wiederkommen! (Lacht.) Und die Frau ärgert sich. Sie denkt, selbst mein geköpfter Kopf ist noch zu schön! (Wir lachen.)

[...]

Nach diesem Einblick in das Leben bat ich Louisa, den Körper der hingerichteten Frau zu verlassen und sich wieder in den Rat für die Vorbereitung der aktuellen Inkarnation zu begeben. Ich erkundigte mich, inwiefern das bereits Betrachtete in die Entscheidung für die aktuelle Inkarnation als Louisa hineinspielte.

L: Weil ich von Anfang an dabei gewesen bin und viel Wissen habe. Ich weiß, wie die Menschen ticken und wie es ist, selbst als Mensch dabei zu sein und zu leiden. Ich bringe sehr viel Wissen mit; Wissen über das Wesen der Menschen und über die Quelle. Ich habe auch eine gute Verbindung zu dem Kind, das die Welt verändert hat, und zu dem Plan. Ich habe ihn wirken sehen – wenn auch nicht alles im Detail. (Grübelt.) Manche Aspekte sind für mich nicht zugänglich, aber das soll so sein. Ich stehe außerdem in Verbindung mit vielen anderen starken Wesen. Sie bilden eine Kette, einen Kreis, einen Zusammenschluss, der jetzt komplett zusammen wirken darf. Und so ist der Plan. Ich habe also eigentlich gar keine andere Wahl, als wieder auf die Erde zu gehen! (Lacht.) Sie versprechen mir, dass ich nicht mehr so Schlimmes erleben werde wie in dem Leben als die Frau, weil das jetzt eine andere Zeit ist. Ich darf anders leben.

M: Diese Gefahr besteht also nicht mehr?

L: Nein. Natürlich ist es nicht immer ungefährlich, Wahrheiten auszusprechen, aber das erfolgt nun in einer anderen Form.

Und dadurch, dass jetzt auch die Bedingungen drumherum anders sind, sollen viel mehr auf die Erde. Dadurch unterstützen wir noch mehr! Die allgemeine Unterstützung ist so viel größer und stärker. Damals, als ich als die Frau lebte, waren wir nur ganz wenige und die Menschen waren noch viel stärker in ihrer Angst gefangen.

M: Deine Bedenken können dir also genommen werden?

L: (Kichert nervös.) Ich habe trotzdem noch Skepsis. Aber ich vertraue ihnen.

M: Gibt der Rat dir noch etwas mit?

L: Dass sie immer da sind und sich zu gegebener Zeit wieder melden werden. Ich weiß aber nicht, wann das sein wird. Ich soll vertrauen. Sie werden Informationen schicken. Ich muss mich nur öffnen. (Lacht.) Sie wissen, dass das als Mensch nicht so einfach ist.

[...]

Ich fragte die Mitglieder des Rates, ob sie sich bewusst seien, dass die geplante Inkarnation mittlerweile in vollem Gange war und wir uns gerade in der Erinnerung an den Moment der Vorbereitung befanden. Als Louisa dies bejahte, beschrieb sie, wie zwei Wesenheiten aus dem Rat hervortraten.

L: Es sind zwei. Einer in Violett und einer in Grün. (Pause.) Da ist zum einen die Heilung und die Transformation – das ist derjenige, der mich am meisten geprägt und geformt hat. Und das grüne Wesen ist das Leben, die Lebendigkeit und der Sinn. Diese Energie durchdringt alles, was auf der Erde ist.

[...]

Aus Erfahrung wusste ich, dass die Mitglieder des Hohen Rates einer Seele mehr als qualifiziert dafür sind, die Fragenliste der inkarnierten Persönlichkeit zu besprechen. Nichtsdestotrotz entschied ich, auch das Überbewusstsein einzurufen, damit Louisa eine umfassende Betrachtung ihrer Themen erhalten würde.

Nachdem alle Energien präsent waren, erkundigte ich mich zunächst beim Überbewusstsein, warum sie Louisa Einblick in ihre

Existenz als die Wesenheit gegeben hatten, die aktiv an der frühen Entwicklung der Erde beteiligt gewesen war.

ÜB: Damit sie ihren Ursprung kennt. Damit ihr bewusst wird, dass sie ein großer Teil dieser Erde ist und welche Schöpferkraft sie besitzt. Sie muss nur in die Verbindung gehen. Das weiß sie. Aber manchmal ist sie wie ein Kind und macht stattdessen, was sie will. Sie soll vertrauen und wissen, was für eine Kraft sie hat. Sie muss sich nur mit uns in Verbindung setzen. Wir wissen, wir sind von ihr aus betrachtet sehr weit »oben«, aber sie ist einfach viel zu häufig mit anderen Dingen wie Putzen, Waschen und Geldverdienen beschäftigt.

M: Warum ist es wichtig, dass Louisa sich zum aktuellen Zeitpunkt erinnert?

ÜB: Wir wollen schon lange, dass sie die anderen auf dem Planeten dabei unterstützt, die Erde zu regenerieren. Aber sie denkt, sie hat keinen grünen Daumen! (Seufzt.) Und sie ist sehr manifestiert in ihre Umgebung, im Materiellen. Sie soll sich an ihre Kindheit erinnern und sich bewusst werden, warum wir sie an diesem wunderbaren Ort haben aufwachsen lassen! Sie weiß und sagt selbst, dass es das Paradies für sie gewesen ist: Wald, Berge, ihre Freundin, die mit den Waldwesen sprechen konnte – das war kein Spiel! Sie hat wirklich mit ihnen gesprochen. (Pause.) Es gehörte zwar zum Plan, Louisa die Verbindung zur Erde vergessen zu lassen. Aber es ist schon lange an der Zeit, sich zu erinnern und wieder mit der Erde zu verbinden. Sie darf gerne ihre Hände einfach in den Mutterboden hineingeben, um sie so zu heilen. Sie weiß, wie gut ihr das tut. Und sie braucht den Stock von damals nicht mehr dafür! (Lacht.)

[...]

Louisa hatte im Vorgespräch erwähnt, dass sie sich von der Notwendigkeit des Geldverdienens gefangen fühlte. Aufgrund ihres anspruchsvollen Berufs im technischen Bereich fand sie nicht genügend Zeit, um sich mit ihren metaphysischen Interessen und spirituellen Gaben auseinanderzusetzen. Da das Überbewusstsein selbst die Ablenkung durch das Geldverdienen angesprochen hatte, fragte ich, was sie zu diesem Dilemma, das viele andere Menschen mit Louisa teilen, zu sagen hätten.

ÜB: Wir sehen hier kein Dilemma. Sie muss nur den richtigen Job finden. Er ist da. Es wird sich fügen. Sie muss nur vertrauen. Es wird sich noch einiges ändern und sie wird sehen: Beides gehört zusammen, denn auch die Technik muss geheilt werden! Da gibt es viele Aspekte, die der Welt, der Erde und dem Menschen schaden. Wir verstehen, dass die Welt und der Mensch keinen Rückschritt machen können. Es gibt aber neue Optionen, und sie darf sich nicht von vermeintlichen Umweltprojekten blenden lassen, die so scheinen, als ob sie gut wären für Mensch und Planet ... Sie muss sich mehr damit beschäftigen und mehr mit ihrem Geist lenken, damit sich die anderen Ideen manifestieren. Die meisten technischen Umwelt-»Lösungen« sind nur Schein. Sie wird die richtigen Menschen treffen, die mit ihr gemeinsam die Technik heilen. Dafür braucht sie ihr altes Wissen. Es ist alles da. Sie hat den Grundstein mitgelegt und weiß, wie das funktioniert. Aber die Menschen selbst müssen auch geheilt werden, damit sie, wenn sie erkannt haben, was gut für sie ist, auch im Außen wirken können. Damit auch ihr Außen heil und sauber wird. Es ist ein Kreislauf: Die Menschen können nur gesund und heil sein, wenn rundherum Heilung und Gesundheit herrscht – und umgekehrt. Ich hoffe, du verstehst, was wir meinen. Oder benötigst du noch ein anderes Bild?

M: Ich glaube, ich verstehe, aber beschreibt gerne noch ein anderes Bild.

ÜB: Alles ist miteinander verbunden. Du weißt das. Man nimmt genau das auf, was man säht. Wenn man als Mensch einen negativen Gedanken loslässt, kommt er irgendwann wieder zu einem zurück, und das beeinflusst alle Ebenen im Körper – die sichtbaren und die unsichtbaren. Man kann dann wiederum nach außen wirken durch schlechte Laune, Worte oder Zerstörung usw. und diese Energie wird dann andere beeinflussen und krank machen. Das zieht Kreise. Aber man kann auch in die umgekehrte Richtung arbeiten und auf seine Worte, Gedanken und Visionen achten. Sich vorstellen, wie man leben will: in sauberem Wasser, in sauberer Luft. Diese Vorstellung bringt man nach außen – die liebevollen, frischen Ideen – und sie kommen von außen wieder und bestärken diese Vision ... mit Kraft! Die immer mehr in die Kraft kommende Wirkung geht nach außen und steckt die anderen an. Es ist immer die Entscheidung der anderen, aber man hat Einfluss auf das Umfeld, und so kann man es erhellen und reinigen. Es bedarf nur einiger Mutiger! Und ihr zwei gehört dazu. (Lächelt.)

[...]

Ich fragte das Überbewusstsein, warum sie Louisa die Szenen als Wächter des Planeten, als Wanderer *auf* der Erde sowie als Beobachter und Beschützer des besonderen Kindes, mit dessen Geburt ein neues Zeitalter eingeleitet worden war, gezeigt hatten.

ÜB: Es ist der gleiche Grund wie vorhin. Sie soll sich an ihren Ursprung erinnern. Daran, dass sie die Menschen schon immer unterstützt hat und dass sie ein großes Wissen von den Anfängen besitzt. Das gibt es nicht so oft! Und sie sollte erfahren, woher ihre Verbindung zu Jesus kommt. Sie fühlt sich von ihm sehr angezogen [...] – obwohl sie sehr unreligiös aufgewachsen ist. [...] Sie hat sich daher gefragt, woher diese natürliche Verbindung stammt, diese Zuneigung, dieser Sog. Weil sie es vergessen hat, kämpft sie damit und wendet sich häufig von Jesus ab. Sie bringt ihn mit der Kirche in Verbindung, die, wie sie heute erfahren durfte, in ihren anderen Leben, nicht immer gut zu ihr war ... Und weil natürlich auch in der Kirche dunkle Mächte lauern. Aber: In ihrem Misstrauen verliert sie die Verbindung zum Höheren. Sie braucht keine Angst haben. Sie soll ihren Fokus nur auf das Wesentliche richten. Sie geht mit und ist mitten im Plan – so wie bei der Erschaffung der Welt nun auch bei deren Heilung.

[...]

Ich nutzte die Gelegenheit und fragte das Überbewusstsein, wie sie den aktuellen Stand dieses globalen Heilprozesses beschreiben würden und wie Louisa ihn unterstützen könne.

ÜB: Es ist viel in Aufruhr. Vieles bricht momentan zusammen. Viele alte Strukturen. Es ist sehr schmerzhaft für viele ihrer Mitmenschen. Deswegen zieht sie sich zurück und möchte sich nicht beeinflussen lassen. Aber sie darf sich aus diesen Prozessen nicht komplett rausziehen, denn es wird gerade entschieden, wohin es weitergehen soll. Sie braucht nicht nur in die ihr bekannten und gewohnten Umgebungen und Zeremonien zu gehen, sondern soll sich vertrauen und die Verbindung auch an neuen Orten schaffen ... Lichtungen finden. In Meditation und Gebet. [...] Sie soll keine Angst haben vor dieser weiblichen Kraft, dem Wissen und der Güte, die sie in dem gezeigten Leben gelebt hatte und für die sie sterben musste. (Zu Louisa.) Sie dürfen vollkommen und in größter Kraft wieder zu dir geholt und gelebt werden. Wir schicken sie zu dir, Louisa! Nimm sie an! Sie sind jetzt wichtig! Heilung passiert. Heilung ist weiblich. [...] Neue Wege der Heilung. An sich sind es keine neuen Wege, aber sie sind sehr, sehr stark vergraben. Du darfst dich entfalten und zeigen! Wir sind alle bei dir. Es ist jetzt nötig! Alle Bereiche, in denen du wirkst, sind nötig. Die Naturwissenschaft, die Quantenphysik, die unsichtbare elektromagnetische Welt. Körperliche Heilung, Annahme, Segnung. Alles kommt jetzt ins Spiel. Mach dich auf die Suche! Verbinde dich mit den anderen! Lass es zu und heile! Die Bestimmung ist: Heilung auf allen Ebenen. Da darf alles, was zum Wohle aller ist, benutzt werden. (Wieder zu mir.) Es wird sich alles fügen. Sie wird den Weg finden.

[...]

Während ich meine Notizen durchging, erinnerte ich mich an die dramatische Szene während der Erkundung, in der Louisa einem intensiven, höchst bedrängenden Angriff von einem Wesen ausgesetzt war, das sie als Kobra-artig beschrieben hatte. Da das

Überbewusstsein nun zur Verfügung stand, erkundigte ich mich nach dem Kontext des Ereignisses.

ÜB: Das waren die dunklen Mächte – um das symbolisch zu unterstreichen und klarzumachen, was gemeint ist, denn *wir* würden sie nicht »dunkel« nennen. Sie wussten aber genau, warum sie die Schlange als äußere Erscheinungsform benutzten: die Kobra, die Königin. Das machte einen mächtigen Eindruck. Und ihre Kraft *ist* sehr stark! Sie wollten den Ort, an dem sich Louisa zur damaligen Zeit befand, vereinnahmen und die Herrschaft, die Oberhand, darüber gewinnen. Dieser Ort war sehr magisch und ein großes Kraftfeld auf dem Planeten! Wenn der Ort von den gegenpoligen Mächten erobert worden wäre, wäre es vermutlich für die Erde noch viel früher und schlimmer in die Abwärtsspirale gegangen. Dann hätte es nicht die Zeit gegeben, um die Vorbereitungen für ihre Rettung zu treffen. Deswegen musste Louisa dort sein. Um den Ort und damit auch die Menschen zu schützen.

M: Dürfen wir erfahren, um welchen Ort es sich handelte?

ÜB: Das ist nicht wichtig. Es war ein Ort mitten auf der Erde – die aktuell bekannten Kontinente waren damals allerdings noch anders. Deswegen gibt es den Ort nicht mehr. Um Zeit zu gewinnen, bis der Rettungsplan für die Erde bereit war, musste Louisa »runter« und als Schutzschild fungieren, denn es war einer der wenigen Orte, der noch voller Licht war. Das andere Wesen war sehr, sehr mächtig und wollte alles Leben, alle Kraft und Stärke der Person, als die Louisa zum Teil inkarniert war, schröpfen, um noch stärker zu werden und noch mehr Macht über die Erde zu gewinnen. Es war ein Energieangriff, ein Herausziehen aus ihrer Seele, aus ihrer Lebensenergie.

M: Könnt ihr diese Auseinandersetzung zeitlich einordnen?

ÜB: Atlantis war am Entstehen. Deshalb war es so wichtig, dass die Gruppe von Menschen an diesem Ort nicht ausgerottet wurde, denn sie haben letztendlich mit ihrem Bewusstsein dazu

> beigetragen, dass Atlantis weiter aufstieg. [...] Weil sie schon sehr weit in ihrer Entwicklung waren, hatten diese Menschen nach dem Ende von Louisas damaliger Inkarnation entschieden, sich zu verteilen, um ihre Ideen und Erfahrungen – das, was sie von ihr gelernt hatten – weiterzutragen. Unter anderem ist ein großer Teil nach Atlantis gewandert. Ein Teil hatte sich noch weiter entfernt und ist ins heutige Nordeuropa gegangen. Dort prägten sie die keltischen Urkulturen. Ein Teil ist auch in die Siedlungen des heutigen Indiens gegangen. Gesellschaftskulturelle Bereiche, die man heute Hinduismus und Buddhismus nennt, sind von ihnen geprägt worden. Deshalb gibt es so viele Überschneidungen, obwohl sich die späteren Gelehrtengruppen dieser ethnischen Gruppen und Zivilisationen nie begegnet sind.

[...]

Nachforschungen ergeben, dass viele Pharaonen sowie dynastische Könige und Königinnen des alten Ägyptens die Kobra als Symbol der Herrschaftlichkeit und göttlichen Autorität verwendeten. Sie trugen vor allem das sogenannte *Uraeus*-Symbol, eine aufrecht stehende oder sich aufbäumende Kobra, als Kopfschmuck oder als Teil ihrer Krone. Da die frühe Besiedlung der Region Nordafrikas laut Ra im *Law of One* sowohl Überlebenden des Untergangs von Lemuria/Mu als auch Flüchtlingen aus Atlantis zugeschrieben wird (Sitzung Nr. 24), lassen die Ausführungen des Überbewusstseins hier vermuten, dass sich das Symbol möglicherweise nicht nur auf das Tier an sich und dessen respekteinflößende Merkmale bezog, sondern auf etwas, das schon lange Zeit zuvor existiert hatte, und über die Kulturen und Jahrtausende hinweg überliefert worden war.

Ich dankte dem Überbewusstsein für diesen hochinteressanten Exkurs in die vergessene Geschichte der Menschheit, bevor wir zu den körperlichen Themen übergingen, die sich auf Louisas Liste befanden. Nachdem wir zunächst einige andere Leiden besprochen hatten, erkundigte ich mich nach dem Hintergrund mysteriöser Schmerzen im Rücken, die Louisa bereits seit

Längerem begleiteten. Das Überbewusstsein erklärte, dass der Ursprung des Symptoms während der Seelenreise an die Oberfläche gekommen war.

ÜB: Das sind noch Schmerzen von der Folter. Sie ist da ganz unglücklich auf den Rücken gefallen. Das ist während der Folter passiert, wobei wir statt Folter eher Missbrauch sagen wollen ... oder körperliche Gewalt. Man wollte ihr Rückgrat brechen – im wahrsten Sinne des Wortes. Wir und ihr gesamtes geistiges Team wollen sie in diesem Leben in ihrem Engagement und Willen bestärken und werden die Schmerzen von damals auflösen. Aber auch Bewegung wird ihr guttun! [...]

M: Wann wird Louisa eine Verbesserung im Rücken wahrnehmen können?

ÜB: In den nächsten Wochen. Wir werden sofort beginnen.

M: Ich danke euch dafür und bitte um eine kurze Erklärung, warum dieses Echo des damaligen Traumas im aktuellen Körper Ausdruck findet?

ÜB: Sie hätte sonst nicht danach gefragt und hätte das hier nicht erfahren. Es war wichtig, dass sie sich nochmal an dieses Leben erinnert, und es war wichtig, dass sie es und die schmerzhaften Erfahrungen von damals loslässt, damit sie im Hier und Jetzt wieder mit voller Kraft agieren kann.

[...]

Im Anschluss erkundigte ich mich nach dem Hintergrund eines erst seit kurzem sporadisch und an unterschiedlichen Stellen des Körpers auftretenden Hautausschlags. In der Erklärung des Überbewusstseins wurde deutlich, dass das Symptom bei Louisa einen Bezug zum damaligen globalen Geschehen zu haben schien.

ÜB: Das sind Schadstoffe, die ihr Menschen in die Körper einbringt – auf sehr schwere und unbegründete Weise. Ihr lasst Substanzen, die experimentell und sehr hartnäckig sind, direkt in eure Lebensbahnen. Dort setzen sie sich fest, wandeln sich und verursachen verschiedene Probleme. Bei Louisa sind das Hautausschläge. Der Körper entgiftet diese Stoffe immer noch, und das über die Haut. Es ist nicht mehr viel, aber es ist noch da. Und es passiert an den relevantesten Stellen.

M: Worin besteht die Relevanz genau dieser betroffenen Stellen?

ÜB: Dass es ihr endlich die Augen öffnen soll. Dass sie nicht wegschauen soll. Sie hat das Prinzip verstanden, aber viele sind noch geblendet. Sie soll darüber reden – behutsam, nicht besserwisserisch. Diese weltweite Vergiftung lässt sich nicht so leicht aus dem Körper entfernen wie die Gifte, die aus der Nahrung kommen. Diese Vergiftung stört Prozesse im Hirn. Louisa braucht das nun nicht mehr für sich. Sie kann beim nächstmöglichen Prozess entgiften, es loslassen und nicht mehr nur als eine Privatsache behandeln. Auch das ist ein Teil des Heilungsprozesses.

M: Gibt es etwas, das wir hier und heute tun können, um ihn zu unterstützen?

ÜB: Wir können ihr die Angst davor nehmen, offener darüber zu reden – was auch mit der vorhin gezeigten Inkarnation der Frau verbunden ist. Die Angst ist nicht mehr nötig. Dann wird sie auch nicht mehr ständig von uns daran erinnert werden ...

[...]

Schließlich erkundigte ich mich noch für Louisa nach spezifischen Empfehlungen von Seiten des Überbewusstseins in Bezug auf Gesundheit, Lebensgewohnheiten, Ernährung, etc. Sie nutzten die Gelegenheit, um auf die Besonderheiten des Planeten aufmerksam zu machen, bei dessen Entstehung die Seelenreise begonnen hatte, und schlossen so auf elegante Weise den Kreis.

ÜB: Sie soll sich keine Sorgen machen. Es gibt so viel im Außen ... viel zu viel! Sie soll in sich hineinspüren und lernen, was gut für sie ist, denn das kann sie ihren Mitmenschen beibringen: sich inmitten der Informationsflut zu finden und bei sich zu sein. Das gehört zur aktuellen Heilung! Es gibt nicht das *eine* Kraut oder Unkraut, das *eine* Allerheilmittel für jeden. Das sollen die Menschen verstehen, und das kann Louisa nur rüberbringen, wenn sie selbst verstanden hat und den Weg gegangen ist. Sie ist auf einem guten Weg. Jeder ist individuell. Sie weiß, welche

Vielfalt sie selbst dem Planeten »eingeimpft« hat. Und jeder Einzelne hat seine eigene Essenz. Aus der Vielfalt des Planeten, der Erde, darf jeder das schöpfen, was er für seine Essenz braucht. Das ist das Wunderbare hier! Und so entsteht ein Gleichgewicht, in dem alles für jeden in ausreichender Form vorhanden ist. Es kann kein Mangel entstehen, wenn Menschen dieses Naturgesetz beachten: dass jeder seine Essenz und dadurch individuelle Bedürfnisse hat.

[...]

Letzte Worte: »Mach dich bereit! Es ist nicht mehr die Zeit, um von außen zu beobachten. Es ist Zeit, aktiv zu werden: aktiv im Gebet, aktiv in der Vision, aktiv – *inter*aktiv – mit den Menschen. Aktiv das umzusetzen, was du bereits weißt. Darauf zu vertrauen. Sich das bewusst zu machen und daran zu glauben, wer du bist: groß und leuchtend. Denn auch du bist der Weg – ein Weg, der zu *dem* Weg führt. Ein Wegbereiter. Ein Lichtbringer. Jetzt ist die Zeit, aktiv zu werden! Wir danken dir von Herzen für die Bereitschaft, dich zu öffnen und diesen Weg zu gehen.«

»Projekt Menschheit«

Diego (48) hatte sich zur Buchung einer Online-Sitzung entschlossen, nachdem eine Arbeitskollegin von ihm einige Wochen zuvor ihre Seelenreise unter meiner Begleitung erlebt und ihm von ihrer Erfahrung berichtet hatte.

Der sehr herzliche und feinfühlige Mann befand sich nicht zuletzt aufgrund seines Berufs in der Luftfahrtbranche häufig auf Reisen und arbeitete bereits seit vielen Jahren mit eigenen Klient:innen im spirituellen Bereich. Der erste Lockdown der Corona-Pandemie im Frühjahr 2020 hatte jedoch dafür gesorgt, dass Diego – wie so viele andere Menschen auch – plötzlich mehr Zeit als sonst für sich zur Verfügung hatte. Somit waren perfekte Bedingungen für die Intention geschaffen, mit der er in seine Sitzung gekommen war: Diego wollte sein gegenwärtiges Bewusstsein erweitern und unter der Führung seines Höheren Selbst mehr Klarheit in Bezug auf seinen aktuellen Weg erlangen.

Zunächst begaben wir uns jedoch in den Erkundungsteil der Seelenreise, in dem das Überbewusstsein stets die Gelegenheit hat, relevante Erinnerungen aus dem Erfahrungsarchiv der Seele zu offenbaren. Nachdem Diego ohne jegliche Schwierigkeiten den erforderlichen Trancezustand erreicht hatte – was aufgrund seiner Vertrautheit mit diversen Rückführungsmethoden zu erwarten gewesen war –, fand er sich direkt in einer sehr heißen und trockenen Umgebung wieder. Vom ersten Moment an war eine starke emotionale Anspannung wahrzunehmen: »Es ist überall Wüste. Ich fühle, ich bin in so etwas wie einer Ausnahmesituation, denn am liebste möchte ich schreiend wegrennen ... Ich habe richtig Angst.« Bevor ich den Grad von Diegos Unwohlsein bestimmen und Maßnahmen zu seiner Beruhigung ergreifen konnte, versicherte er mir jedoch, dass alles in Ordnung war und wir problemlos weitermachen könnten. Also fuhren wir fort.

[...]

D: Es ist auszuhalten, keine Sorge. (Pause.) Vor mir sind mehrere ... Menschen? Und die haben alle so etwas wie ... eine Kutte an. Sie ist um den Bauch mit einem Seil zusammengebunden, dunkelbraun und am Kopf spitz. Man sieht keine Gesichter. Sie rennen. (Pause.) Im rechten Hintergrund sehe ich eine große Pyramide ... und ich meine, auch noch zwei andere erkennen zu können. Ich vermute mal, das sind die in Ägypten? Zumindest würde ich sie mit denen vergleichen. (Pause.) Und diese Menschen – ich glaube, das sind knapp zwanzig – laufen auf diese Pyramide zu. Der letzte von ihnen dreht sich um und fragt die ganze Zeit: »Wo bleibst du denn? Wo bleibst du denn?« Aber ich will das nicht. Ich will da nicht hin! Das ist *too much*! (Gestikuliert.) Der mir das gerade zuruft, ist [unverständliches Wort] und hat graue lockige Haare, aber ich bleibe stehen. Ich kann einfach nicht weitergehen.

M: Weißt du, warum du nicht weitergehen möchtest?

D: Ich weiß, dass ich das einfach nicht kann. Ich weiß etwas, das die anderen natürlich auch wissen, aber ich kann es einfach von meiner Überzeugung her nicht. (Schluckt.) Das ist wie ein Geheimnis ...

[...]

An diesem Punkt setzte leider für etwa eine halbe Minute der Ton aus. Davon unberührt hatte Diego zwischenzeitlich damit begonnen, seine Umgebung näher zu beschreiben. Um die Handlung in Gang kommen zu lassen, entschied ich, ihn nicht um eine Wiederholung zu bitten, sondern einfach fortzufahren.

D: ... also das ist eigentlich wie ein Dorf. Und hinter dem Dorf sehe ich nur Sand. In Richtung der Pyramiden gibt es nur noch Sandflächen. Nach dem Dorf hört alles auf, und mit den Pyramiden beginnt eine riesige Wüste. Geschätzt in vielleicht zweihundert Metern.

M: Ist dir die Siedlung vertraut, in der du dich befindest?

D: Nein. Es ist eher so, als ob wir da durchmarschieren. Wir gehören hier nicht hin. Wir kommen von irgendwo anders her, und ich habe das Gefühl, wir sind so etwas wie ein ... Orden? (Grübelt.) Und dieser Orden, diese Gruppe, will irgendein Geheimnis erkunden, das sich in den Pyramiden verbirgt. Und ich höre mich immer sagen: »Nein, wir dürfen das nicht! Das entfesselt etwas! Wir dürfen das nicht!« Ich weiß, was wir vorhaben, wird Chaos und Zerstörung bringen. Wenn wir das machen, gibt es kein Zurück mehr ...

M: Kannst du mir etwas mehr über eure Gruppe sagen? Woher kommt ihr und womit beschäftigt ihr euch?

D: (Pause.) Ich sehe uns jetzt alle am Lagerfeuer sitzen. Das ist eine Gemeinschaft. Ich kenne alle und weiß, wie viele wir sein müssen, aber persönlich kenne ich nur diese eine Person, die mich vorhin gefragt hatte, wo ich denn bleibe und was los sei. Die Kapuzen von den anderen hängen alle– (Unterbricht sich.) Ah, wir dürfen uns nicht kennen, weil das Geheimnis sonst gefährdet ist! (Grübelt.) Ich kann aber noch nicht sagen, was das Geheimnis ist ... Wir sitzen also jetzt um dieses Lagerfeuer herum und beten. Es ist so, als ob jeder von uns einen Teil dieses Geheimnisses *in sich* trägt, und dieses Puzzle muss erst zusammengesetzt werden. Es ist sehr angstbeladen. Oh Gott, ich zittere richtig! (Lacht nervös.) Das ist ja der Wahnsinn! Oh Gott, wenn das an die große Glocke kommt, wenn das rauskommt, dass wir jeder für uns dieses Geheimnis in uns tragen, dann– (Unterbricht sich.) Ich sehe übrigens jetzt: Wir sind zwölf, nicht zwanzig.

[...]

Aufgrund Diegos sichtbarer Aufgeregtheit entschied ich, ihm an dieser Stelle Suggestionen gegen jegliche unangenehmen Empfindungen zu geben. Er versicherte mir jedoch weiterhin, dass es ihm gutging: »Es bedroht mich nichts, aber dieses Gefühl, diese Angst, macht das gerade alles überaus authentisch. Und sie macht mir deutlich, wie gefährlich das ist, was wir in uns tragen.«

Ich wollte in Erfahrung bringen, was es war, das die Mitglieder dieser mysteriösen Gruppe in sich trugen, und fragte ihn danach.

D: Es ist wie ... Wie soll ich das sagen?! Es ist so, als ob es der Ursprung des Lebens ist und dessen, wie die Welt zusammengesetzt ist. Ich sehe das gerade so, wie man sich ein Puzzle vorstellt. Hier gibt es zwölf Teile, und jeder von uns trägt einen Teil dieses Puzzles in sich. Wenn die hier herrschenden Mächte dies herausfinden würden, würden wir getötet werden! Es ist so brisant und so gefährlich für sie; wir wären sofort tot.

M: Es geht um Wissen?

D: Ja, um geheimes Wissen! Es geht darum, dass die Energie, diese Dichte, die hier auf der Erde ist, wie eine Matrix auf Menschen wirkt. Wir als Gruppe sind außerhalb dieser Matrix. Wir haben ein Energiefeld um uns herum, wodurch wir nicht dieser Matrix ausgeliefert sind. Wir sind außerhalb dieser Matrix, aber gleichzeitig gerade auch in ihr. Wenn uns also jetzt ein Mensch begegnen würde, würde er uns schon sehen, aber er könnte uns nichts anhaben, da wir uns außerhalb der Matrix befinden.

M: Was macht das möglich?

D: Das ist so wie ein Schutzschild. Jeder von uns ist wie in einer Blase, einer Energieblase, und dadurch erreicht uns diese Kollektivenergie, diese Matrix, nicht; diese 3D-Dichte, diese Gier, dieser Hass der Menschen. Das, was sie hier auf der Erde verströmen, erreicht uns nicht in unseren Blasen. Sie wirken wie ein Energiefeld.

M: Habt ihr euch das angeeignet oder immer schon gehabt?

D: Da, wo wir herkommen, sind wir so. Und es geht darum, dass wir diese Matrix, in die wir uns begeben haben, sprengen wollen. (Verblüfft.) *Das* ist es! Dadurch, dass wir aus einer anderen, höheren Energie kommen und uns aber nun in diese 3D-Matrix begeben haben, tragen wir das geheime Wissen darüber in uns, wie wir sie sprengen können. Wahnsinn!

[...]

Ich erkundigte mich danach, woher sie kamen und wie sie es angestellt hatten, in körperlicher Form auf der Erde zu existieren.

D: (Pause.) Ich sehe mich jetzt auf einem Raumschiff, und ich habe das Gefühl, wir beobachten die Erde. Überall sind Bildschirme, auf denen so etwas wie Filme ablaufen. Sie zeigen, wie die Zivilisation da unten lebt. Wir beobachten das alles von oben und können es nicht fassen, was da passiert ... diese niederen Instinkte, dieser Hass, diese Gier nach Macht, die Angst und die Zerstörung. (Fassungslos.) Was ist denn da los?! Die bringen sich ja alle um! Es ist so, als ob wir in einer Art Beobachterposition sind und sagen: »Wir greifen ein, wenn das so weitergeht.« (Entsetzt.) Wie kann man sich denn selbst so zerstören?! Für mich und meine Leute hier oben ist das vollkommen unbegreiflich, wie man sich so etwas antun kann.

M: Könnt ihr erkennen, warum das so ist und wie es dazu gekommen ist?

D: Es wird das »Projekt Menschheit« genannt. Es geht darum, zu sehen, wie man aus niedrigem Bewusstsein in hohes Bewusstsein kommt – was sich über Hunderttausende und sogar Millionen von Jahren hinzieht. Man will erkennen und erleben, wie sich aus einem niedrigeren Bewusstsein ein höheres Bewusstsein entwickelt. Es ist wie ein Projekt. Ich sehe es jedoch eher als eine Art Experiment an und empfinde es aus meiner Sicht und mit meinen Werten als nicht akzeptabel!

M: Was genau empfindest du als nicht akzeptabel daran?

D: Dass man es zulässt, dass diese niedrigen Instinkte, diese Emotionen, so weit führen, dass sich Wesen gegenseitig zerstören. Diese gegenseitige Zerstörung, das geht für mich nicht. (Emotional.) Das geht einfach nicht! (Tränen fließen.)

M: Ist dies der Grund, warum ihr euch letztendlich auf die Erde begebt?

D: Ja, genau. Wir sehen das als die einzige Möglichkeit; indem wir runtergehen und uns ihnen angleichen. Deswegen haben wir all diese Bildschirme: um zu wissen, wie man aussieht, sich kleidet und verhält. Wir haben das durch unsere Beobachtungen gelernt. Es geht nun darum, dort hinunterzugehen, aber trotzdem in unserer Energie zu bleiben, damit uns diese niedrigen Instinkte, diese Emotionen, nichts anhaben können. Deswegen auch diese Blasen.

[...]

Ich bat ihn darum, ihre Gestalt auf dem Schiff zu beschreiben, bevor sie sich in die irdischen Körper begeben würden.

D: Es ist total witzig. Wir sind wie Wassergestalten. Als ob wir Körper aus Wasser haben. (Verblüfft.) So, wie wenn man Wasser eingießt, aber als Gestalt. Energiekörper, sozusagen. (Kichert.) Wir sind nur am Lachen und Rumblödeln. Alles ist so leicht! Wir gehen in einer leichten, liebevollen Art miteinander um. Auch hier sind wir wieder eine Gemeinschaft. Wir sind füreinander da. Wir ermöglichen es uns, dass jeder in sein vollstes Potenzial kommt. Wir unterstützen uns gegenseitig. Jeder ist mit jedem verbunden. Jeder tut alles zum Wohle der anderen. Und es wirkt wirklich so, als ob wir Wasserwesen sind. (Kichert.) Das ist so komisch! Wir können uns ... Ich will nicht »verwandeln« sagen, aber wir können unser Bewusstsein ... transferieren.

M: Erzähl mir mehr darüber.

D: Ich habe das Gefühl, wir sind wahnsinnig hochentwickelte Wesen, die von hier oben beobachten. Wir haben die Möglichkeiten mittels unserer »Hände«, andere Wesen zu berühren und ein Teil unseres Bewusstseins so in sie hineinfließen zu lassen. Als ob sie dadurch energetisch angehoben werden und dann etwas wissen, das sie vorher noch nicht wussten. Diese Fähigkeit haben wir. Wir wenden sie aber grundsätzlich und ausschließlich nur zum Positiven an! Deswegen ist diese Zerstörung, die wir auf der Erde beobachten, völlig entgegen unserer Natur.

M: Ich verstehe. Seid ihr ein Teil der Organisation des Projekts, von dem du gesprochen hast, oder reine Beobachter?

D: Wir sind nur Beobachter. Ich nehme uns allerdings auch als so etwas wie *Guards* (= Wächter) wahr. Das Projekt ist losgetreten worden, und wir sind nun so etwas wie eine Art Wache. Unsere Aufgabe ist es, zu beobachten und einzugreifen, wenn etwas schiefläuft.

M: *Und so ein Fall ist nun eingetreten?*

D: Definitiv. Die Grenze ist erreicht! Mehr geht nicht. (Unruhig.) Wir sind tatsächlich auch nicht mehr sicher, ob wir das überhaupt retten können ...

[...]

Wir begaben uns wieder nach unten auf die Erdoberfläche, zurück in die Szene bei den Pyramiden. Ich fragte Diego, was seine Gruppe nun genau vorhabe.

D: Wir möchten in eine dieser Pyramiden hinein, weil wir wissen, dass sich das, was wir machen wollen, dort enorm verstärken wird. Als ob wir da unser Bewusstsein, unser Puzzle, zusammensetzen, und das dann durch die Energie der Pyramide verstärkt und wie bei einer Sprengung in die Welt hinausgegeben wird. (Besorgt.) Aber ich habe das Gefühl, das wird nicht funktionieren. Ich glaube, das wird *too much* für die Menschen sein ... Ich fürchte, sie werden reihenweise sterben.

M: *Sie werden sterben, wenn ihr eure Mission erfüllt?*

D: Ja, genau. Das Kraftfeld dieser Pyramide ist so stark, dass ein Großteil der Menschen draufgehen wird – was wir ja eigentlich nicht wollen. Ich fürchte, dass wir damit Zerstörung verursachen, obwohl wir ja genau das Gegenteil beabsichtigen.

M: *Dessen sind sich die anderen nicht bewusst?*

D: (Verwirrt.) Irgendwie nicht wirklich ... Ich sehe jetzt die anderen, die fast schon ein wenig kriegerisch wirken und den Eindruck vermitteln, als müsse das nun unter allen Umständen geschehen, damit die zerstörerische Entwicklung hier gestoppt wird. Ich habe irgendwie das Gefühl, ich bin der einzige von ihnen, der diese ganzen Emotionen spürt. Ich habe das Gefühl, als ob ich die Emotionen der Menschen hier *nonstop* spüre, während die anderen eher rational sind und sagen: »Das Ganze muss jetzt beendet werden, sonst wird hier alles noch schlimmer!« Dadurch, dass ich diese Ängste so stark spüre, denke ich – nein, *weiß* ich –, dass wir aber auch Zerstörung hervorrufen werden, wenn wir den Plan umsetzen. Ich bin also in einem Zwiespalt.

M: Hast du Einfluss auf die anderen?

D: (Pause.) Ich glaube nicht. Es wirkt so, als ob etwas losgetreten wurde, das nun nicht mehr aufgehalten werden kann ... Da bin ich als Einzelner zu unbedeutend in dieser Gesamtgruppe.

M: Was wirst du also tun? Und was wird die Gruppe tun?

D: Ich habe das Gefühl, ich kann sie nicht aufhalten. Das wird so stattfinden. Diese 3D-Matrix wird zerstört werden. Aber es wird eine eigene, andere Form von Zerstörung mit sich bringen. (Traurig.) Ich kann nicht verhindern, dass Menschen sterben werden. Wir werden die aktuelle Zerstörung aufhalten, aber zugleich eine andere Art Zerstörung bewirken. Das weiß ich und finde es nicht gut. Es ist eine Zwickmühle, und ich weiß nicht, was jetzt davon die »bessere« Zerstörung ist. (Seufzt.) Ich bin ratlos. Ich weiß es nicht.

[...]

Sein Dilemma war offensichtlich. Um die Handlung voranzutreiben, bat ich ihn, zu beschreiben, was nun geschehe.

D: Ich sehe mich jetzt wieder mit diesem Mann, der mich fragt, warum ich denn stehenbleibe. Ich sage ihm: »Ich kann das nicht! Ich kann das nicht!«, und er sagt: »Aber du musst! Du musst! Du bist ein Teil von uns. Du musst!« Ich sage ihm: »In dem Fall nicht. Ich bin ich!» Denn einerseits bin ich Teil dieser Gemeinschaft, andererseits bin ich aber auch ein Individuum und habe Angst, dass durch meinen Beitrag etwas Schlimmes entstehen wird. Dass, wenn ich, als ein Puzzle-Stück sozusagen, mein Einverständnis dazu gebe, etwas anderes Schlimmes entsteht, von dem ich dann ein Teil bin. Da habe ich Angst vor.

M: Wäre es auch ohne dich möglich?

D: Nein, ich muss mitmachen. Ich bin ein Teil von diesen Zwölf.

M: Was wirst du nun tun?

D: Die anderen sehen nicht, was zwischen dem einen Mann und mir abläuft. Sie sind so in ihrem Fokus und laufen mit dem Rücken zu mir. Ich bin noch total in der Kommunikation mit dem einen und merke, dass ich irgendwie nicht weiterkomme. Ich habe solche Angst und bin dadurch wie angewurzelt.

[...]

Es schien erstmal nicht weiterzugehen. Ich entschied daher, die Zeit zu nutzen, und bat Diego, mir mehr über den Ursprung der Matrix zu erzählen, von der er zuvor gesprochen hatte.

D: Mit dem »Projekt Menschheit« wollte man testen, wie weit sich Bewusstsein erweitern kann. Was aber im Laufe dieser Zeit stattgefunden hat, ist, dass die Emotionen, die aus einem niedrigen Bewusstsein entstehen – hauptsächlich Ängste –, von Generation zu Generation weitergegeben wurden und sich dadurch immer mehr verstärkt haben. Sie wurden immer dichter und dichter, so dass quasi gar keine Anbindung mehr da ist an das, woher die Menschen ursprünglich kommen, keine Anbindung mehr an die Quelle, keine Anbindung mehr an all die anderen Wesen im Universum. Man kann es sich vorstellen wie einen dichtgewebten Teppich, der so schwer auf denen liegt, die diese menschlichen Inkarnationen eingegangen sind, dass sie da nicht mehr durchkommen. Und da sie da nicht durchkommen und das selbst nicht wahrnehmen, ist hier also pure Zerstörung das Programm. Wenn man das jetzt weiter zulassen würde, es sich weiter spinnen lassen würde, würde alles zerstört werden. Alles. Alle würden sich gegenseitig umbringen oder aus ihren Emotionen heraus den Planeten zerstören. (Emotional.) Einerseits möchte ich helfen und andererseits weiß ich, dass der Preis eine weitere Zerstörung wäre.

M: Ich verstehe dein Dilemma. Gibt es andere auf dem Planeten, die das gleiche Wissen haben wie ihr?

D: Auf diesem Planeten nicht, nein. Das tun nur wir.

M: Wie ist es mit denjenigen in den Machtpositionen?

D: Sie sind zwar so etwas wie die Drahtzieher dieser Matrix, weil sie das Ganze unbewusst aufrechterhalten, aber sie wissen auch nicht, was wirklich abläuft.

M: Wie wirst du dich entscheiden? Was wird passieren?

D: Ich bin total in meiner Angst und fühle mich vollkommen hilflos in dieser Entscheidung. So, wie es aussieht, muss ich da wahrscheinlich zustimmen, damit zumindest diese alte Zerstörung aufhört. Aber das bringt mich um. (Verzweifelt.) Das ist gegen all das, was ich bin!

M: Kann es sein, dass es vielleicht nicht so schlimm wird, wie du befürchtest?

D: Definitiv wird es insgesamt weniger Zerstörung sein als das, was bereits stattfindet. Der Preis ist vielleicht gering, aber er ist dennoch Zerstörung und Tod. (Emotional.) Ich weiß nicht, ob ich das verantworten kann, aber vielleicht ist es die einzige Lösung. Ich weiß nicht, an wen ich mich wenden soll. Da hilft auch dieser andere Mann nicht. Er sagt nur: »Komm weiter!« Es ist eine ausweglose Situation und ich bin komplett gelähmt.

[...]

Ich beschloss, die Handlung voranzutreiben. Wir verdichteten die Zeit und sprangen zum Moment der Entscheidung. Diego und die Gruppe befanden sich nun im Inneren der Pyramide.

D: (Tränen fließen.) Wir sitzen hier wieder um ein Feuer. Wie wir hineingekommen sind, weiß ich nicht. Analog zu der Szene vorhin, stimmen – oder schwingen – wir uns auf das bevorstehende Ritual ein. Es ist so, als ob wir in dieser Pyramide einen goldenen Strahl aktivieren, und jeder gibt sein Bewusstsein in diesen Strahl hinein. Dieser Strahl wird von der Pyramide verstärkt und wirklich nach außen ... geschossen! (Verblüfft.) Wow, so etwas habe ich noch nie erlebt! Dass wir unser Bewusstsein in den Strahl hineingeben, heißt aber nicht, dass wir jetzt sterben. Wir geben einfach das, was wir wissen, hinein. Und dann prasselt das wie ein Regen aus Energie auf die Erde nieder – wenn man sich das bildlich vorstellen möchte.

M: Auf welchen Umkreis hat das Auswirkungen?

D: Es fühlt sich an, als wäre diese Pyramide der Nabel der Welt. Und sie verteilt diese Energie in Form eines zarten Regens gleichmäßig auf der ganzen Welt. (Staunend.) Wow ...! Das ist echt heftig!

M: *Was verändert sich dadurch? Welchen Effekt hat das Ritual?*

D: Das hört sich jetzt vielleicht doof an, aber es fühlt sich an wie ein Virus. Es ist so, als ob jeder mit etwas wie »infiziert« wird, was er nicht kennt, und das verschlimmert diese Emotionen, diese Ängste, nochmal – so schlimm, dass das, was bisher gewesen ist, nichts ist gegen das, was jetzt stattfindet. Es rieselt gleichmäßig auf die Erde nieder und jeder kriegt es ab. Jeder. (Besorgt.) Die, die damit nicht umgehen können, rasen jetzt in noch dunklere Abgründe hinein ... und das ist genau die Zerstörung, vor der ich Angst hatte, dass ich sie mitverursache. (Traurig.) Dadurch, dass dieser alte Teppich, diese 3D-Matrix noch nicht durchbrochen ist, rast das alles erstmal in eine weitere Zerstörung hinein.

M: *Wie sehen die anderen diesen Effekt?*

D: Ich weiß es nicht. (Irritiert.) Die sind irgendwie alle so rational. Ich bin die ganze Zeit am Fühlen und habe diese Ängste, diese Empathie, und kann mit allem mitfühlen, aber sie sind ganz rational und haken das einfach ab wie auf einer Checkliste: »Wir mussten das machen. Das ist in Ordnung so. Die Leute wissen Bescheid.« Und ich frage sie, ob sie noch ganz bei Trost sind!?

M: *Weißt du, warum ihr da so unterschiedlich seid?*

D: (Pause.) Ja. Jeder von uns trägt andere Informationen in sich. Ich trage das Feld der menschlichen Emotionen in mir. (Emotional.) Als ob ich hier bin, um menschliche Emotionen in jeder Facette zu erfahren. Und deshalb ist das alles für mich so krass. Ich spüre alles und jeden. (Tränen fließen.)

M: *Ich verstehe. Gibt es auch positive Auswirkungen eures Rituals, die du wahrnehmen kannst?*

D: Moment. (Pause.) Ich bekomme gerade ein Bild. Das muss ich erstmal begreifen. (Pause.) Okay. Es ist so, als ob man irgendwo Sand ausschüttet und der sich auf allem verbreitet. Alles ist still und abgedeckt, und es wirkt erstmal so, als ob da nichts von unten durchkommen könnte. Aber diese Schicht ist tatsächlich so dünn, dass sie ganz schnell wieder weg ist. Es ist also wie eine Schutzschicht für die, die das erleben und nochmal in diese Dunkelheit hineingehen. Sie ist bald weg. Und dann können sie wieder den Himmel und die Sonne sehen. Aber erstmal sind sie in dieser krassen, krassen, krassen Dunkelheit, die sich wie ein Teppich über sie legt. (Pause.) Ich weiß, dass es am Ende gut sein wird, aber das ist der Preis, der dafür zu zahlen ist.

M: Es wird also erstmal schlimmer für alle, bevor es besser wird?

D: Ja. Deshalb wird es erstmal mehr in diese Dunkelheit, in diese Angst, hineingehen.

M: Und du bist derjenige von euch, der das am meisten wahrnimmt.

D: Genau. Ich spüre, wie die Ängste der Menschen schlimmer werden – noch schlimmer, als sie es vorher waren. Vorher konnte man sich noch ablenken nach dem Motto: »Wird schon wieder! Alles gut.« Aber jetzt geht es in eine Phase hinein, in der man das nicht mehr kann, denn es gibt nur noch Dunkelheit.

M: Kannst du das akzeptieren, im Wissen, dass es danach besser werden wird?

D: Es hilft mir, aber ich weiß, dass ich es genauso wie sie durchleben muss, weil ich mit der Funktion da bin, all die menschlichen Emotionen zu durchleben, zu erfahren und diese zu transformieren. Ich muss es von der Intensität her also genauso durchleben. Ich weiß, es wird gut werden, aber die Intensität ist für mich trotzdem spürbar.

[...]

Ich fragte ihn, was die Gruppe nun zu tun beabsichtige, nachdem sie ihren Plan umgesetzt hatte.

D: Es entsteht erst einmal eine endlose Traurigkeit bezüglich dieses Preises, der gezahlt werden muss – in mir und auch im Kollektiv. (Emotional.) Für die anderen ist das aber nicht so schlimm, weil ich der Einzige bin, der mit dieser Funktion des Fühlens ausgestattet ist und sich damit beschäftigt.

M: Es war das, was die anderen wollten, oder?

D: Genau. Sie wirken so nach dem Motto: »Okay, dann ist das halt jetzt so. Lasst uns weitergehen zum nächsten Punkt.« Weil es mein Ding ist, diese Emotionen zu empfinden, möchte ich mich damit beschäftigen, aber die anderen nicht. Für sie ist es nicht mehr als ein Punkt auf ihrer Checkliste.

M: *Ich verstehe. Was tragen die anderen für Puzzleteile in sich?*

D: Einer beschäftigt sich mit den globalen Machtstrukturen und damit, welche Auswirkungen diese haben. Der nächste ist mit dem Finanzsystem und seinen Verflechtungen beschäftigt. Dann gibt es einen mit dem Fokus auf Gesundheit, dem Aufbau des menschlichen Körpers und seiner Regeneration – quasi darauf, wie das Wunderwerk des Körpers funktioniert und wie er zusammengesetzt ist. Sehr spannend! Mein »Fachgebiet« sind wie gesagt die Emotionen und Gefühle. Jeder weiß von den Bereichen der anderen und bleibt in seinem eigenen. Da die anderen also den Gefühlsaspekt nicht haben, gehen sie eher wissenschaftlich an ihre Themen ran und werten das dann einfach aus. (Pause.) Für die Natur und deren Gleichgewicht ist auch noch jemand zuständig. (Pause.) Da ist auch jemand für die Kommunikation zwischen den Welten zuständig; für die Menschen, die auf der Erde medial angebunden sind. Da gibt es auch Experimente, mit denen erforscht wird, inwiefern diese Form der Kommunikation trotz der Matrix möglich ist: »Was kommt durch? Hören sie uns? Sind die verschiedenen Ebenen dazu in der Lage, miteinander zu kommunizieren, obwohl sie in dieser Matrix eingebunden sind?« Sehr spannend! (Pause.) Der mit dem Fokus Natur ist übrigens auch für die Erde an sich zuständig. Wenn da etwas nicht in Harmonie ist, werden etwa Erdbeben verursacht.

M: *Habt ihr auch Einfluss auf eure Bereiche oder studiert ihr sie nur, indem ihr beobachtet?*

D: Wir studieren sie eher, versuchen aber auch, sie zu verändern. Wir haben nicht in dem Sinne Einfluss, dass wir alles so verändern können, wie wir das wollen. Wir versuchen einfach, Dinge auf eine positive Weise zu transformieren; stets zum

Positivem, zum besten Wohle aller! So sind wir vom Wesen her gestrickt. Jeder nimmt jeden wahr, unterstützt jeden und hilft jedem dabei, das Höchste aus sich herauszuholen.

M: *Gibt es noch weitere Bereiche, die du mir nennen kannst?*

D: Ja. Ich sehe auch noch einen – wenn ich das jetzt bewerten würde, würde ich sagen – »dunkleren« Bereich, bei dem es um das Thema Abwehr geht – um so etwas wie Waffen, Raketen und Weltraumabwehr. Es geht hier aber eher darum, das Wissen der Menschen darüber zu dosieren und im Zaum zu halten, weil sie es für Zerstörung verwenden würden. Derjenige hat hier also mehr eine Beschützerrolle, um darauf zu achten, dass das nicht ausartet und somit wieder Zerstörung stattfindet. Da existiert strengste Kontrolle! (Pause.) Einer von uns ist auch für das Thema Religion und die Vielzahl an Ausprägungen verantwortlich. Dies beinhaltet natürlich auch deren Auswirkungen und die Zerstörung, die durch sie erfolgt ist. Derjenige, der für diesen Bereich zuständig ist, hat die Aufgabe, dabei zu helfen, dass das wieder in die ursprüngliche Form zurückkommt. Dass es in jeder Religion das Konzept eines Gottes gibt, der weder straft noch prüft noch tötet. Dass jede Religion in etwas Positives transformiert wird, als Halt und Unterstützung für die Menschen. Dafür ist er verantwortlich.

[...]

M: *Beschreibe mir bitte noch die verbliebenen Gebiete. Kannst du sie erkennen?*

D: Warte kurz. (Pause.) Einer ist noch speziell für die Ozeane und das Leben in ihnen verantwortlich. Hier hat bis heute viel Verschmutzung und Zerstörung stattgefunden, und das hat Auswirkungen auf die Unterwasserwelt. (Erstaunt.) Ich sehe gerade ganz viele dieser versunkenen Schiffe und welchen Schmutz die da hineingebracht haben. Da wird auch wieder versucht, das in einen gesunden Zustand zu bringen. Jemand ist konkret nur dafür verantwortlich.

M: *Wie würde derjenige das veranlassen? Wie übt er Einfluss aus?*

D: Das geht immer über das Bewusstsein der Menschen. Was wir in den Strahl hineingegeben haben, geht in das Bewusstsein der

Menschen hinein, damit sie sich bewusst werden, was sie tun und was für Auswirkungen das hat. Ich sehe jetzt, dass viele neue Dinge und Techniken entstehen werden, um das zu beseitigen. Wenn die Menschen in diese Gesundung hineingehen, wird man die Mystik und Magie des Ozeans mehr erforschen. Man wird ein komplett neues Bewusstsein erlangen, weil auch unter der Wasseroberfläche ein komplett anderes Bewusstsein existiert, das durch die dortigen Organismen und Kreaturen geschaffen wird. Ihr Bewusstsein wird mehr erforscht werden. Da kommt ganz viel Neues! Das war bisher nicht möglich, weil man das eher mit Füßen getreten hat. Man wird dahinterkommen, dass das einem sehr viel zeigen kann.

M: *Und das Bewusstsein dafür wurde durch eure Aktion in der Pyramide in die Welt gebracht?*

D: Ja, genau. Konkret von der Person, die dafür verantwortlich ist. Sie hat ihr Wissen, ihr Bewusstsein, da hineingegeben. [...] (Grübelt.) In bin mir nur unsicher mit diesem Mann von den Zwölf, den ich näher zu kennen scheine. Ich weiß nicht, warum ich die anderen nicht so kenne wie ihn ... Ich kenne ihre Funktionen, aber nur zu diesem einen Mann habe ich irgendwie eine persönliche Beziehung. Ich weiß nicht, was das zu bedeuten hat. Er ist fast so etwas wie eine Vaterfigur.

M: *Welchem Bereich widmet er sich?*

D: Was direkt kommt, ist »Zusammenhalt«. Ja, er ist für den Zusammenhalt der Gruppe verantwortlich – ähnlich wie ein Führer oder Leiter. Das gilt aber auch übertragen für die Menschheit. (Pause.) Er sagt mir gerade, dass er die Menschen zusammenbringt, weil sie zusammengebracht werden sollen. Und die Funktion hat er auch innerhalb unserer Gruppe. Er hält die Gruppe zusammen, hat aber kein spezifisches Fachgebiet wie die anderen. Auch auf der Erde bringt er die Menschen zusammen, die sich treffen sollen. Und deshalb verstehe ich jetzt auch, warum er mich vorhin in die Gruppe zurückholen wollte. Er wollte, dass ich dazukomme, und hat quasi seine Aufsichtspflicht erfüllt, indem er mir sagte: »Du musst jetzt mitkommen. Auf dich kommt es an.«

M: *Was sagt er jetzt zu dem Ergebnis eures Wirkens?*

D: (Erstaunt.) Er löst sich auf. Jepp. Hat sich gerade aufgelöst. Als ob er seine Mission erfüllt hat und nun weg ist. Die anderen sind aber noch da. (Pause.) Es wirkte, als ob er etwas verkörpert hat – wie ein Hologramm, das sich jetzt aufgelöst hat.

M: *Und was werdet ihr, die Verbliebenen, nun tun?*

D: Wir sind immer noch in diesem Kreis, in diesem Ritual. Und ich habe das Gefühl, als ob wir da auch noch ein wenig verbleiben, weil sich ja diese energetische »Sandschicht« über die Erde verbreitet hat. Wir können also gerade auch nicht nach draußen. Das dauert noch einen Moment. (Pause. Lächelt.) Interessanterweise fühlt es sich jetzt richtig an. Nachdem er sich aufgelöst hat, fühlt sich das alles komplett richtig an! Als ob er mir einen Teil seines Bewusstseins gegeben hat und ich nun verstehe: »Alles ist gut.« Wow! (Seufzt.) Diese stressigen Emotionen fahren auch gerade runter.

[...]

M: *Zu welchem Zeitpunkt der Menschheitsgeschichte habt ihr das gemacht?*

D: Von heute aus betrachtet vor etwa zweitausend Jahren.

M: *Hat die Menschheit dieses Ereignis bewusst wahrgenommen?*

D: Nicht bewusst. Niemand weiß davon. Zumindest existiert kein Vermerk in der aufgeschriebenen Geschichte.

M: *Hat jemand anderes mitbekommen, was ihr getan habt?*

D: Auf der Ebene hier nicht. Aber im Universum natürlich schon. Da weiß jeder Bescheid.

M: *Und in der Umgebung der Pyramide? In der Region?*

D: Nein, niemand.

[...]

Wir verdichteten die Zeit und ich bat Diego, mir zu beschreiben, was geschehen würde, nachdem die Gruppe die Pyramide wieder verlassen hatte.

D: (Angestrengt.) Das ist wie bei einem Sandsturm. Man kann nichts sehen. Der Sand muss sich erst noch setzen. (Überrascht.) Oh! Die Matrix ist irgendwie ... weg. Ich habe das Gefühl, es ist nicht mehr so schwer, wie das vorher mit diesem dicken Teppich war. Die Energie ist ... freier. Und wir brauchen diese Blasen nicht mehr! Wir können uns frei bewegen, ohne das Gefühl zu haben, attackiert zu werden.

M: *Wieviel Zeit habt ihr in der Pyramide verbracht?*

D: Vier Wochen. Aber nun gehen wir. Ich habe nicht das Gefühl, dass wir da weiter verweilen.

M: *Wohin geht ihr?*

D: Erstmal zurück auf das Schiff. Und ich merke: Obwohl ich solche Angst gehabt hatte, das Ganze zu machen, fühle ich mich jetzt frei. Und ich weiß jetzt, dass es richtig war, dass wir das gemacht haben. (Pause.) Nachdem wir zurück auf das Schiff gegangen sind, geht es zurück in die Heimat. Die Beobachterrolle ist erst einmal ausgesetzt, weil wir uns ausruhen müssen. Das hat energetisch etwas mit uns gemacht, als wir unser Bewusstsein in den Strahl hineingegeben haben. Es hat uns quasi ausgelaugt. Wir müssen also erst einmal wieder energetisch aufgeladen werden, ähnlich wie Batterien. Das ist aber nicht schlimm, sondern wie Wellness. Easy.

M: *Beschreibe mir den Ort, an dem das erfolgt.*

D: Es ist wie ein ... (Kichert.) Auf der Erde würde man das ein Krankenzimmer nennen, aber das ist es nicht. Alles hier ist in einem Indigo-Dunkelblau gehalten – so, wie man auch das Universum wahrnimmt – und die »Betten« schweben quasi darin. Wir sitzen oder liegen in diesen Betten und sind an etwas angeschlossen ... an einen Bewusstseins- oder Energieapparat. Es wirkt so ähnlich wie beim Blutspenden. Unsere Bewusstseinszellen werden damit wieder voll instandgesetzt.

M: *Wie fühlt sich das an?*

D: Wie ein Verjüngungsprozess. Wie eine Infusion von Glück. (Lacht.) Es energetisiert mich!

M: *Wie nimmst du dich selbst an diesem Ort wahr?*

D: Wieder wie auf dem Raumschiff: in Energieform – oder vielmehr *Wasser*-Form. Und ich bin jetzt wieder komplett lebendig! Es ist so, als könnte ich dort mit jeder Facette meines Wesens agieren und leben, als ob mich jeder kennt und akzeptiert – und umgekehrt natürlich genauso! Niemand ist höher oder niedriger, und jeder macht genau das, was er kann. Richtig geil! (Lacht.) Emotionen wie Scham oder Peinlichkeit gibt es an diesem Ort gar nicht. Es gibt natürlich auch keine Geheimnisse da oben. Jeder weiß alles von allen. Das ist super!

M: Das klingt wundervoll.

D: Total. So muss es sein! Authentisch zu leben und zu agieren, ohne sich darüber Gedanken zu machen, wie jemand anderes reagiert. Das gibt es da gar nicht. Alles erfolgt in gegenseitigem Einverständnis. Und dabei immer witzig, immer am Lachen, immer Leichtigkeit. Das, was wir unten auf der Erde verursacht haben, war natürlich nicht so leicht. Aber untereinander, im Umgang miteinander, ist das Friede, Freude, Eierkuchen!

[...]

Wir verdichteten erneut die Zeit und sprangen vorwärts zum Zeitpunkt, an dem die Erholung abgeschlossen war. Ich fragte Diego, was er nun vorhabe.

D: An diesem Ort des Auftankens bin ich aus den Emotionen raus und kann das auch wieder alles rational sehen. Dort kann ich auch wieder wie die anderen arbeiten: wie ein Wissenschaftler, mit Listen und Methodik usw. (Pause.) Da oben habe ich diese Emotionen nicht. Da bin ich frei von diesem Emotionsgeladen-Sein. Das hatte ich nur, als ich unten auf der Erde war. Und wenn es so weit ist, muss ich wieder dorthin zurückkehren. Dann muss ich das drehen, muss ich das transformieren.

M: Wann wirst du wieder zurückkehren, um das zu tun?

D: (Ernst.) Jetzt. Deswegen bin ich hier.

M: Warum jetzt? Was markiert diesen Zeitpunkt?

D: Es geht um einen Evolutionszeitpunkt. Alle zweitausend Jahre erfolgt eine derart intensive Veränderung in der Bewusstseinsevolution, die nur stattfinden kann, indem etwas zerstört wird. Und dieser Zeitpunkt ist nun gekommen. Zweitausend Jahre sind seit dem letzten Mal vergangen. Und ich habe jetzt eine noch nie dagewesene Möglichkeit, da die Emotionen und Gefühle ja mein Fachbereich sind! Es hat bisher noch nie einen Zeitpunkt gegeben, an dem es so stark um diesen Bereich ging. Deswegen bin ich jetzt hier: weil es nur jetzt möglich ist, dass diese Veränderung hier stattfindet! Mein Bereich ist jetzt sehr gefragt. Damit ich Studien und Techniken entwickle und anwende, die es mir ermöglichen, das leichter zu machen. (Pause.) Und ich habe da wohl auch schon eine Methode, aber die ist hier noch nicht bekannt.

[...]

Es schien so, als ob die Wesenheit aus der Gruppe der Zwölf zum aktuellen Zeitpunkt in menschlicher Form inkarniert war, um die Arbeit in ihrem Spezialbereich zum Abschluss zu bringen. Ich fragte sie, ob sie sich bewusst sei, dass sie gerade durch einen menschlichen Körper sprach, was sie bestätigte: »Ja, das läuft parallel ab.« Der Wechsel in das Überbewusstsein wurde vollzogen, und es war nun an der Zeit, mehr Informationen zu erhalten. Ich fragte zunächst, mit welchen Qualitäten die Persönlichkeit Diego ausgestattet war, um diese besondere Mission erfüllen zu können.

ÜB: Diego ist mit extremer Feinfühligkeit ausgestattet, die ihm aber leider oft auch Schwierigkeiten bereitet. Er kann sich sofort in Menschen einfühlen und spüren, was los ist und welche Emotion dahintersteckt. Er bekommt zudem ihr Problem gezeigt – dies allerdings momentan noch subtil, weil es ihn sonst erschlagen würde. Das Problem direkt ausmachen zu können, während er mit einem Menschen spricht, wäre derzeit noch – wie er sagen würde – *too much*, aber das wird sich im Laufe der Zeit verstärken. Diese Feinfühligkeit, diese Hochsensibilität, wurde durch das Trauma ausgelöst, dass er als ein alleingeborener Zwilling zur Welt kam. Es war jedoch nötig, weil er diese Fähigkeit braucht, um seine Studien und seine Heilanwendungen beginnen und anwenden zu können. Obwohl es ein großer Schmerz für ihn war, hat er dadurch eine Charaktereigenschaft, eine Fähigkeit, an die Hand bekommen, die ihm sein Wirken hier ermöglicht, das daraus besteht, dass er selbst spüren und fühlen muss, was andere spüren und fühlen – und das sogar noch eine Spur stärker. Es ist quasi wie eine Lupe, ein Vergrößerungsglas, durch das er die Emotionen anderer anschaut und wahrnimmt. Der Schmerz musste sein, damit er sich diese Empathiefähigkeit aneignet. Sonst würde er nur von Emotionen reden und gar nicht wissen, was diese wirklich sind. Es würde sonst alles nur auf seiner wissenschaftlichen Ratio basieren und er würde gar nicht wissen, wovon er eigentlich redet.

M: Solange ihm das dabei hilft, seine Mission zu erfüllen. Wir möchten jedoch nicht, dass er von diesem Trauma unnötigen Schmerz mit sich trägt.

ÜB: Wir sind uns dessen bewusst, dass es für Diego sehr schlimm gewesen ist, aber er hat auf allen Ebenen dazu eingewilligt, durch diese Facetten von Emotionen hindurchzugehen. Trotzdem möchten wir klarstellen, dass wir immer danach schauen, dass es nicht zu viel für ihn ist. Was er oft mit »Ich bin kurz davor, hinzufallen!« oder »Noch eine weitere Emotion und ich geh drauf!» betitelt, sehen wir und geben ihm dann auch keine weitere, weil wir sehen, wie schwer das für ihn ist. Für ihn ist es jedoch wichtig, dass er jede Facette durchlebt – auch, wenn sie ihn in die tiefste Dunkelheit oder Einsamkeit führt –, und dies in dem Gefühl, dass es für ihn richtig ist.

M: Ich bin sicher, dass ihm die heutigen Einblicke dabei helfen werden.

ÜB: Definitiv. Für Diego ist es oft so, dass er etwas nur verstehen muss, damit es in Ordnung ist. Solange er etwas nicht versteht und noch in Unklarheit, im Nebel, ist, bricht er zusammen. In dem Moment, in dem er es versteht, ist der Weg geebnet.

[...]

Da die erwähnte Einsamkeit ein spezielles Thema auf Diegos Liste war, erkundigte ich mich nach mehr Informationen darüber, warum genau er so alleine durch sein Leben zu gehen schien.

ÜB: Der erste Punkt, der hier eine Rolle spielt, ist, dass es für ihn wichtig ist, das Gefühl Einsamkeit zu verstehen. Gleichzeitig stellt diese Einsamkeit einen Vorteil dar und ist auch als ein solcher zu verstehen, denn sie katapultiert ihn in seine spirituellen Höhen, in diese Verbindung mit dem Universum und seinem »Team«. Dies erfolgt meist unbewusst. Er merkt oft gar nicht, dass er den ganzen Tag mit uns redet. (Kichert.) Wir müssen dann oft lachen, weil er sich dessen nicht bewusst ist und leider nicht auf unsere Antwort wartet ... (Seufzt.) Die Einsamkeit bringt ihn ebenfalls in seine wissenschaftliche Tätigkeit hinein, in dieses Anlesen und Forschen, das Herausfinden und Ziehen von logischen Schlussfolgerungen. Auch wenn diese Einsamkeit für ihn zunächst negativ erscheint, ist sie es, die ihm sein Studium – oder *Selbst*studium – erst ermöglicht, denn er nutzt die zusätzliche Zeit so, wie er sie auch in dem anderen Zustand auf dem Schiff wahrnimmt: indem er sich wissenschaftlich mit dem Studium der menschlichen Emotionen beschäftigt. Das macht er vor allem, wenn er in Einsamkeit ist. Sie zwingt ihn nach dem ersten Schmerz und der ersten Akzeptanz des Gefühls da hinein – oft inspiriert durch eine Person, ein Buch oder ein Video. Diese Einsamkeit führt ihn genau dorthin! Das wäre nicht möglich, wenn andauernd Leute um ihn herum wären.

M: Für den menschlichen Aspekt ist das natürlich trotzdem unangenehm. Wie können wir Diego helfen, damit umzugehen und das zu akzeptieren?

ÜB: Indem er sich seiner Rollen bewusst ist: einerseits der Rolle als forschender Wissenschaftler, andererseits der Rolle als derjenige, der das selbst erlebt. Auf der einen Seite schaut der Wissenschaftler quasi auf seinen »Patienten«, und auf der anderen Seite ist er selber einer, um das möglichst authentisch aufzunehmen und das, was er vorhat – dieses Transformieren der Emotionen –, möglichst authentisch weiterzugeben und damit arbeiten zu können. Das könnte er nicht, wenn er darüber nur in einem Buch gelesen hätte.

[...]

Ein weiteres Thema auf Diegos Themenliste war die bereits in seiner frühen Kindheit wahrgenommene emotionale Distanz zwischen sich und seiner Familie. Ich fragte das Überbewusstsein, ob dies mit der Funktion der Einsamkeit verbunden war. Ihre Antwort macht deutlich, dass der Schleier des Vergessens bestimmte Maßnahmen bei der Lebensplanung erforderlich macht, um sicherzustellen, dass die inkarnierte Persönlichkeit auch die Richtung einschlägt, die sie sich vorgenommen hat.

ÜB: Ja. Diego hätte sich nie auf diesen Weg gemacht, wenn er Teil einer liebevollen, kuscheligen Familie gewesen wäre. Er musste sich auf einen Weg begeben, der darin bestand, in die Welt hinauszugehen, Antworten zu suchen, Zusammenhänge zu finden, an Orte dieses Planeten zu kommen, an denen er bereits in anderen Leben gelebt hatte, und das zu spüren. Das ist auch eine Form der Emotion. Er musste all diese Informationen bekommen, die er nicht bekommen hätte, wenn er in einem friedvollen, freudvollen Elternhaus aufgewachsen wäre. Er musste quasi seine ganze Existenz in Frage stellen, um sich auf den Weg zu machen. Und deshalb war es extrem hilfreich, dass er nur auf Ablehnung gestoßen war. Aufgrund dieses Nicht-Interesses von Seiten seiner gewählten Eltern musste er seine Antworten woanders erhalten statt im Elternhaus.

M: Ich verstehe. Dann scheint alles so gelaufen zu sein, wie es laufen sollte.

ÜB: Richtig. Es ist alles gut, alles Eins-zu-eins so, wie er es sich vorgenommen hatte – auch, wenn er das eventuell nicht verstehen kann. (Kichert.)

[...]

Ich erinnerte mich daran, dass die Wesenheit aus der Gruppe der Zwölf zuvor erwähnt hatte, auf ihrer Ebene eine Methode konzipiert zu haben, die nun von Diego auf die irdische Ebene

»geholt« werden sollte, um Menschen bei der Transformation bestimmter Emotionen zu helfen. Das Überbewusstsein bestätigte das und erklärte, dass Diegos bisherige Ausbildungen als eine Vorbereitung für dieses Vorhaben fungiert hatten.

ÜB: Er hat bereits auf der seelischen Ebene ein Konzept, eine Methode, mit der er das umsetzen will, zusammengestellt. Das, was er hier in den letzten Jahren an Erfahrung und Methoden gesammelt hat, braucht er, um an dieses Gebiet herangeführt zu werden. Im Laufe der letzten Jahre hat er alle diese Gefühle und Emotionen erfahren, die ihn so überwältigt haben, dass er sich erst einmal auf den Weg machen musste, um zu sehen: »Kann ich die verändern? Darf ich die verändern? Wie kann ich sie verändern?« Auf der Ebene, auf der er momentan existiert, sind die Methoden, die er gelernt hat, erst einmal die gängigen. Und er braucht sie, um die Methode, die er sich auf der anderen Ebene bereits erarbeitet hat, überhaupt zuzulassen. Zu einem geeigneten Zeitpunkt wird sie für ihn verfügbar sein. Diesen Zeitpunkt hat er im Vorfeld selbst für sich festgelegt.

[...]

Sie fuhren damit fort, die Zusammenhänge des bereits Vorhandenen und Erlernten mit der Methode, die sich noch manifestieren würde, zu erklären. Es zeichnete sich das Bild einer hochinteressanten Modalität ab, die ein enorm positives Potenzial besitzen würde. Um das Urheberrecht von Diego zu wahren, ist der entsprechende Dialogteil an dieser Stelle herausgenommen.

ÜB: Er kann das alles auf seiner Ebene nur verstehen, weil er es auf der geistigen Ebene bereits entworfen hat. Dafür war es nötig, diese irdischen Methoden zu erfahren. Die Steigerung oder Erweiterung besteht nun darin, den Prozess anzuwenden. Er wird mit den Methoden, die er erlernt hat, nichts zu tun haben. Es ist kein Bestandteil von dem, was er bereits erlernt hat oder kann, sondern benötigt nur das Verständnis, das er dadurch entwickelt hat. Es geht also für ihn nur darum, den menschlichen Geist, den Verstand, dahin zu führen, dass er sich nach oben entwickelt und die geistige Welt und er sich dann quasi in der Mitte treffen. Er hat den geeigneten Zeitpunkt dafür festgelegt und es wird genau dann kommen.

M: *Wie wird sich die Aufgabe, die er dann erfüllen wird, mit seiner aktuellen beruflichen Tätigkeit verbinden?*

ÜB: Gar nicht. Der jetzige Beruf wird auslaufen, und das in sehr kurzer Zeit. Da wird Diego auch nochmal durch einige Angstzustände hindurchgehen, denn die beiden Tätigkeiten werden sich nicht miteinander vereinbaren lassen. All das, was er in Bezug auf das – wir nennen es jetzt mal – »mediale Heilen« machen wird, wird mit Reisen verbunden sein, hat aber nichts mit dem jetzigen Beruf zu tun. Letzterer ist für ihn statisch. Diego macht ihn aus einer Routine heraus, ist aber während der Ausübung wie tot. Auch das sehen und wissen wir. Und auch hier sind die Vorbereitungen bereits am Laufen, denn er war durch seinen aktuellen Job bereits in den Gebieten, in die er später für die Heilarbeit reisen wird. Das statische Arbeiten in der aktuellen Firma ist in kürzester Zeit vorbei. Wir wissen, dass er das nicht unbedingt hören will. Es ist schwierig für ihn. Aber wie gesagt: In dem Moment, in dem er es versteht, ist der Weg frei. Er muss es nur verstehen.

M: *Der menschliche Teil macht sich natürlich Sorgen um finanzielle Sicherheit.*

ÜB: Die wird ihm an die Seite gestellt. Da wird ein Arrangement gefunden werden, das ihn sich sicher fühlen lassen wird. [...] Es ist dann etwas da, worauf er im Notfall zurückgreifen könnte. Das wird nicht notwendig sein, ihm aber ein sicheres Gefühl geben. Und es wird den Ausschlag geben, um zu sagen: »Ich kann meine bisherige Arbeit verlassen. Jetzt traue ich mich!» [...] Er muss verstehen, dass er immer abgesichert ist. Immer! Es wird immer genügend finanzielle Mittel geben. Gegebenenfalls wird er sich mal für eine Zeit einschränken müssen, aber es werden immer genügend finanzielle Mittel da sein. Und auch, wenn er nicht weiß, wo sie herkommen – *wir* wissen es. Und sie werden immer da sein.

M: Das erfordert Vertrauen.

D: Richtig.

[...]

Wir gingen zum nächsten Thema auf der Liste über. Diego wollte erfahren, wie es für ihn im Anschluss an die aktuelle Inkarnation weitergehen würde. Das Überbewusstsein erklärte, dass sein Handeln damals in Ägypten zunächst ein gewisses Ausbalancieren erforderte.

ÜB: Es muss etwas Karma abgearbeitet werden, aber er hat es so formuliert: »Ich gehe noch einmal runter auf die Erde und dann ist meine Mission hier beendet.« Die Studien der Emotionen und Gefühle sind dann abgeschlossen. Es wird woanders für ihn weitergehen, aber dieser Planet Erde, dieses Bewusstseinsfeld, ist für ihn dann nicht mehr erweiterbar. Es ist alles gelernt, erfahren und studiert.

M: Ist damit dann auch das »Projekt Menschheit« beendet?

ÜB: Nicht beendet. Es wird aber dann in den Bahnen verlaufen, die er und auch die anderen Mitglieder dieser Gruppe sich wünschen: in dieser Leichtigkeit, die sie verkörpern, dieser Freude, dieser Liebe. Mit der aktuellen Inkarnation von Diego gibt es diese 3D-Matrix nicht mehr. Sie ist dann weg. Durch die damals eingeleitete Zündung, diese Sprengung, kann das automatisch seinen Weg nehmen.

M: Wie haben sich die anderen der Zwölf in Bezug auf das Inkarnieren auf der Erde entschieden?

ÜB: Sie sind alle hier. Gleichzeitig. Sie wissen allerdings nicht voneinander, wo sie sich jeweils befinden. Sie spüren, da ist etwas, und verlangen nach Vernetzung, aber jeder ist an einem anderen Ort der Erde.

M: Sie werden sich nicht über den Weg laufen?

ÜB: Es ist nicht geplant, aber jeder von ihnen wird es versuchen. Es kann nicht ausgeschlossen werden, dass es stattfindet.

[...]

Ich erkundigte mich, warum sie alle ebenfalls die Entscheidung getroffen hatten, auf der Erde zu inkarnieren. Die Wesenheit aus der Gruppe der Zwölf übernahm die Beantwortung der Frage.

ÜB: Wir sind ja nach wie vor dieses Team, dessen Mission es ist, das Projekt Menschheit zu beobachten und zu studieren. Aber auch unser Bewusstsein hat sich erweitert in dem Moment, in dem wir eingegriffen haben. Es ist für uns also auch ein persönliches Projekt. Und es geht nun für uns darum, diese Grundschwingung, die wir verkörpern, wenn wir in unserer Dimension sind – diese Leichtigkeit, die Liebe und das Licht – hier herunterzubringen und die Menschen dafür zu öffnen. Es geht darum, diese Wirkung auch auf diesem Planeten hier zu ermöglichen. Es geht darum, diese Essenz, die wir alle in uns tragen, in Form von Bewusstsein weiterzugeben, damit Entwicklung möglich ist. Es ist alles immer dieser stetigen Entwicklung des Bewusstseins unterworfen; diesem Gesetz, demnach sich Bewusstsein immer weiter ausdehnen und entwickeln wird.

[...]

Ich fragte, wie die Gruppe ihre bisherige Zeit auf der Erde bewerten würde. Die Antwort öffnete die Türe zu einem unerwarteten, aber hochinteressanten Exkurs in die Vergangenheit und Entstehungsgeschichte unserer Spezies.

ÜB: Es sind viele Hürden überwunden worden, von denen wir nicht dachten, dass sie existieren – vor allem in Form anderer Spezies, die natürlich auch existieren. Es hat viele Krisengespräche gegeben, weil man nur sehr schwer einschätzen konnte, in welche Richtung sich dieses Projekt entwickeln würde. Es gab viele Zeitpunkte, bei denen wir kurz davor waren, einzugreifen, weil wir merkten, dass es weiter in noch tiefere Zerstörung geht, wir uns aber bewusst machen mussten, dass wenn wir eingreifen, dieser Eingriff – wie auch vorhin angesprochen – zunächst einmal zu noch mehr

Dunkelheit führen würde. Letztendlich haben wir es getan, weil uns bewusst war, dass es langfristig viel weniger Zerstörung sein würde, als wenn es einfach so weitergelaufen wäre. Dadurch haben auch andere Spezies – teilweise aus ganz anderen Gründen – Interesse an diesem großen Projekt. Zwei Drittel der Menschheit sind bisher ausschließlich auf diesem Planeten inkarniert gewesen, während etwa ein Drittel auch schon zuvor woanders gewesen ist. Trotzdem ist das alles gut durchmischt.

Das waren sehr interessante Informationen. Im *Law of One* merkt Ra an, dass zu dem Zeitpunkt, als die dritte Dichte auf der Erde gerade begonnen hatte (vor ca. 75.000 Jahren), nur »etwa ein Viertel« der damaligen Bevölkerung des Planeten aus Erdseelen bestand, während der gesamte Rest »von anderen Sphären« stammte, ein Großteil davon offenbar »vom Roten Planeten, dem Mars, wie ihr ihn nennt« (Sitzung Nr. 20). Während demnach also lediglich 25% der damals hier inkarnierten Seelen zuvor ausschließlich Erfahrungen auf der Erde gemacht hatten, war dieser Anteil laut Diegos Überbewusstsein zum Zeitpunkt der Sitzung (2020) auf über 60% gewachsen. Da die Erdbevölkerung in den letzten 75.000 Jahren zweifellos um ein Vielfaches angestiegen ist, müssen also zwischenzeitlich sehr viele Erdseelen die Gelegenheiten zum Sprung von der zweiten Dichte in die dritte genutzt haben, um ihren Anteil an der Gesamtbevölkerung derart zu vergrößern. Und tatsächlich antwortet Ra in der genannten Sitzung auf die Frage, ob Wesenheiten der zweiten Dichte in den letzten 75.000 Jahren in die dritte Dichte aufgestiegen seien, mit: »Das ist immer mehr und mehr der Fall.« Dieser rasante Anstieg scheint sogar von höherer Ebene gefördert zu werden. In Sitzung Nr. 19 heißt es, dass sich einige höherdimensionale Gruppen offenbar darauf spezialisiert haben, Hilfe bei den »Ernten« aus der zweiten in die dritte Dichte der Erde zu leisten.

M: Musste dieses Eingreifen erst von einer Art Gremium erlaubt werden?

ÜB: Auf jeden Fall. Man arbeitet da in Unterstützung mit anderen in dieser Galaxie zusammen. Das allerhöchste Gremium, das in mehrere weitere Gremien unterteilt ist, muss grünes Licht geben, bevor so etwas umgesetzt wird. Diese Alleingänge, die auf der Erde oft stattfinden, gibt es auf unserer Ebene nicht.

M: Hier auf der Erde existiert der Mythos einer außerirdischen Spezies, die hierhergekommen sei, um die Menschheit zu kontrollieren, deren Macht jedoch mittlerweile zu ihrem Ende gekommen sein soll. Was könnt ihr aus eurer Perspektive dazu sagen?

ÜB: Das ist eine sehr, sehr lange Geschichte. Die Menschheit selbst wurde letztendlich initiiert oder ins Leben gerufen, um mit einem niedrigen oder fast nicht vorhandenen Bewusstsein dafür zu sorgen, dass für eine bestimmte Spezies im Universum konkrete Rohstoffe oder Materialien auf der Erde abgebaut werden. So wurde das »Projekt Menschheit« ins Leben gerufen: um einer bestimmten Spezies diese Rohstoffe zu liefern.

M: Ihr meint, um Arbeiter zu erzeugen?

ÜB: Richtig. Dazu brauchte man eine Lebensform, die gekreuzt wurde aus eben dieser anderen Spezies und einer Affenart. Nachdem das Vorhaben vollendet war und die Rohstoffe an diese bestimmte Spezies geliefert worden waren, gab es nun diese Arbeiter mit einem sehr geringen Bewusstsein. Also entschied man sich, dieses Projekt weiterlaufen zu lassen, um zu sehen, wie sich ihr Bewusstsein auf der irdischen Ebene weiterentwickeln und gestalten würde. Aus der ursprünglichen Idee, – wir dürfen es an dieser Stelle so nennen – Sklaven zu erschaffen, die dann aus der Fremdverantwortung in die Eigenverantwortung gehen und dann dadurch natürlich ihr Bewusstsein erhöhen. *Das* ist das »Projekt Menschheit«.

**Diese aus menschlicher Sicht durchaus unangenehme, wenn nicht sogar schockierende Information war mir bis zu dem Zeitpunkt in meiner Arbeit so noch nicht begegnet. Und auch im *Law of One*, das die Geschichte des Planeten und unserer Spezies zwar nicht lückenlos, aber doch in einzigartig großem Detail beschreibt, findet sich keine explizite Erwähnung einer eher ausbeuterischen Intention hinter der Erschaffung des Menschen. Ich bin mir jedoch durchaus der Existenz einer in spirituellen und metaphysisch-interessierten Kreisen kursierenden Theorie bewusst, die besagt, dass vor mehr als 200.000 Jahren eine Gruppe außerirdischer Gesandter, die als »Annunaki« bezeichnet werden, von einem Planeten namens Nibiru auf der Suche nach dem für sie extrem wichtigen Rohstoff Gold zur Erde gekommen sein soll. Um diesen Rohstoff zu fördern, sollen sie ihre eigene DNA mit derjenigen der archaischen Lebensform, die sie zu dem Zeitpunkt auf der Erde vorgefunden hatten, gekreuzt und so die ersten Menschen erschaffen haben – quasi als primitive Arbeitskräfte, die die Förderung des Goldes für sie erledigen würden.

Wie bereits erwähnt, kann ich jedoch weder im *Law of One* noch in meinen Unterlagen etwas finden, das diese Theorie konkret bestätigt. Nichtsdestotrotz spricht Ra von zwei spezifischen Fällen genetischer Manipulation, in denen außerirdische Gruppen unterschiedlicher Polarität vor längerer Zeit Einfluss auf die Entwicklung der menschlichen Spezies genommen haben sollen.

Zunächst beschreiben sie einen Eingriff, der zu Beginn der dritten Dichte auf der Erde vor etwa 75.000 Jahren von einer positiv polarisierten Gruppe namens »Jahwe« durchgeführt worden sei (Sitzung Nr. 9). Laut Ra lag diesem Eingriff vor allem die Absicht zugrunde, Seelen, die zu der Zeit von unserem Nachbarplaneten Mars auf die Erde transferiert wurden, bei der Integration in die damals hier verfügbaren Körper zu unterstützen. Dies war nötig, weil die Atmosphäre ihres Heimatplaneten für die Bewohner aufgrund ihrer »Neigung zu kriegerischen Handlungen« lebensfeindlich geworden war. Ihnen stand somit nicht mehr die Möglichkeit eines Aufstiegs aus ihrer dritten Dichte zur Verfügung. Damit sie auf der Erde inkarnieren konnten, um die dritte Dichte hier abzuschließen, wurde »eine Reihe sorgfältiger genetischer Anpassungen« an den Körpern vorgenommen, die sich bis dahin im Verlauf der zweiten Dichte der Erde entwickelt hatten. (Ra beschreibt diese Körper als »Zweibeiner«, die allerdings noch »zur Vorwärtsbeugung neigten und die vierfüßige Position kaum verließen«.) Laut Ra waren einige dieser Veränderungen »Klonprozessen« gleichzusetzen, wodurch Geschöpfe »nach dem Abbild der Jahwe-Wesenheiten« entstanden – und damit dem modernen Menschen ähnlicher. Obwohl der Besuch der Jahwe-Gruppe ihrer Polarität entsprechend aus dem Wunsch zu helfen heraus erfolgte, wurde er jedoch letztendlich als Eingriff in den freien Willen der Beteiligten angesehen. Das hatte offenbar Konsequenzen: »Die leichte Quarantäne [der Erde], die aus den Wächtern oder Gärtnern, wie ihr sie nennt, bestand und bereits in Kraft war, wurde verschärft«, erklärt Ra in Sitzung Nr. 21. Als Konsequenz gab es innerhalb der nachfolgenden Jahrtausende offenbar nur wenige Besuche von außerirdischen Gruppen mit direktem physischen Kontakt zu den Menschen, die sich somit zum größten Teil unbeeinflusst entwickelten.

Die zweite genetische Einflussnahme, die im Ra-Material erwähnt wird, erfolgte daher erst vor rund 3600 Jahren. Diesmal handelte es sich um eine Manipulation durch eine negativ polarisierte Gruppe. Ein Menschenstamm im heutigen Nahen Osten, den Ra die »Anak« nennt, wurde von dieser »mit neuer genetischer Kodierung imprägniert, so dass die Organismen größer und stärker werden würden«. Laut Ra war das Ziel dieses Vorgehens, dass die genetisch manipulierten Individuen von ihren Mitmenschen »als elitär oder anders und besser als andere« wahrgenommen werden würden – eine offenbar beliebte Technik negativ polarisierter Gruppen, um auf Planeten, die sie erobern wollen, »eine Elite zu etablieren und andere dazu zu bringen, dieser Elite zu dienen« (Sitzung Nr. 18). Interessanterweise findet sich im Alten Testament tatsächlich eine Person namens Anak, die der Überlieferung zufolge vor etwa 3500(!) Jahren in der Gegend des heutigen Hebron lebte. Anak gilt als Stammvater der sogenannten »Anakiter«, die als »Riesen« und »Abkömmlinge von Riesen« beschrieben und gefürchtet wurden (Dtn 9 und Num 13).

Obwohl laut Ra im Laufe der Menschheitsgeschichte also mindestens zweimal genetische Manipulationen stattgefunden haben, beinhaltet letztendlich keiner der beiden Fälle konkrete Hinweise darauf, dass der Mensch als Sklave einer außerirdischen Gruppe für die Förderung von Rohstoffen entwickelt wurde. Ich habe jedoch durch diese Arbeit gelernt, stets offen zu sein für neue Informationen und ungewohnte Perspektiven. Nur, weil wir von etwas noch nie gehört oder gelesen haben, bedeutet es nicht, dass es nicht so passiert sein könnte. Auf der anderen Seite empfiehlt es sich immer, was man liest und hört mit einem gewissen gesunden Vorbehalt zu betrachten. Und natürlich kann man nicht davon ausgehen, dass auch das beste und detaillierteste Material alles umfasst, was es über unsere Geschichte zu erfahren gibt. Ra erklärt im *Law of One* mehrfach, dass sie nicht einfach von sich aus Informationen frei teilen dürfen, sondern komplett an die Fragen gebunden sind, die ihnen gestellt werden, um nicht Gefahr zu laufen, den freien Willen der Menschen, die mit dem Material in Kontakt kommen, zu verletzen. Es kann also durchaus sein, dass sie einige Aspekte unserer Geschichte, die durchaus relevant gewesen sein könnten, von sich aus einfach nicht erwähnen bzw. erwähnen dürfen. Dieses Konzept begegnet mir übrigens auch in der Kommunikation mit positiv polarisierten Wesenheiten höherer Dichten im Rahmen meiner Arbeit, weshalb das Stellen der »richtigen« Fragen bei dieser ein so wichtiger Aspekt ist. Meine Lehrerin Dolores Cannon war absolut brillant darin.

Und so kommen wir zum Ende dieses Exkurses und kehren in den Dialog mit Diegos Überbewusstsein zurück, in dem wir gerade dabei waren, das »Projekt Menschheit« zu besprechen.**

M: Wurden die Menschen komplett sich selbst überlassen oder hat jemand die Zügel in der Hand behalten?

ÜB: Sie wurden sich selbst überlassen, aber ihnen wurden immer wieder Besuche abgestattet, um zu schauen, was los ist. Dadurch, dass die Menschen zu Beginn als Arbeiter geschaffen worden waren, war die Allgegenwärtigkeit einer höheren Spezies bekannt und auch bewusst. Aber je weniger die Besuche auf der Erde wurden, desto mehr ist das ins Vergessen geraten. Über die lange Zeitspanne hinweg ist es dann schlicht und einfach vergessen worden, und die Menschen wurden in ihrer Selbstverantwortung alleine gelassen.

M: *Es existiert die Theorie, dass viele derjenigen, die sich hier auf der Erde in machtvollen Positionen befinden, nicht menschlich seien und außerirdischen Spezies angehören. Sie sollen die Versklavung über eine lange Zeit hinweg sichergestellt haben. Was könnt ihr aus eurer Perspektive dazu sagen?*

ÜB: Das ist so nicht korrekt. Die »Machthaber«, von denen du sprichst, sind so sehr mit negativen Emotionen verhaftet, dass sie denken, sie besäßen Macht. Aufgrund ihres Triebs, ihrer Gier und ihres Hasses werden sie jedoch vielmehr selbst gesteuert – eben von diesen niederen Emotionen. Sie denken also fälschlicherweise, dass sie Macht besitzen, sind aber gleichzeitig so intelligent, dass sie wissen, dass sie diese Macht nur aufrechterhalten können, indem sie Angst verbreiten und schüren. Angst ist das einzige und alleinige Mittel, um die Menschen in Schach zu halten und so die eigene Macht zu sichern. Diese besagten Machthaber entstammen jedoch nicht etwa einer anderen Spezies und unterwerfen den Planeten, sondern sind einfach den niederen – oder vielmehr negativen – Emotionen so stark verfallen, dass es für sie nichts anderes gibt.

M: *Was passiert mit ihnen bei dem Wandel, der sich gerade hier vollzieht?*

ÜB: Durch diese neue Energie, dieses neue Bewusstsein, werden Dinge geschehen, die sie zu Fall bringen werden. Lass es eine Art Revolution sein. Sie werden abgesetzt. Diese Angst, die sie verbreiten wollen, wird erkannt werden, und sie werden abgesetzt werden.

[...]

Es war das Frühjahr 2020 und die ersten Lockdowns der Corona-Pandemie waren von Regierungen weltweit verordnet worden. Radikal veränderte Lebensbedingungen sowie in den Medien verbreitete Meldungen über steigende Opferzahlen und prognostizierte Todesfälle beunruhigten die Bevölkerung. Da ich aufgrund des Vorgesprächs wusste, dass auch Diego an dem

Thema interessiert war, nutzte ich die Gelegenheit und erkundigte mich beim Überbewusstsein nach ihrer Sicht auf die Dinge.

M: Was könnt ihr, von eurer Perspektive aus betrachtet, zu dem sagen, was gerade hier auf der Erde passiert?

ÜB: Es ist ein Ergebnis dieser Bewusstseinssprengung, die in der Pyramide initiiert wurde. Den Virus selbst gibt es, er besitzt aber nicht diese geballte Ladung, die ihm verpasst wird. Er existiert also, aber nicht als das, was in dieser Vehemenz daraus gemacht wird: als etwas, das Milliarden von Menschen umbringe. Es ist ein ganz normaler Virus wie viele andere auch, die theoretisch nicht töten. Energetisch wird es jedoch so aufgeblasen, dass diese Sprengung stattfindet.

M: Was passiert dann tatsächlich gerade?

ÜB: Die Menschen, die jetzt »gehen«, wissen, dass sie gehen, und haben gewählt, dass sie gehen. Sie haben auch gewählt, dass sie in Angst gehen und, bevor sie das tun, noch einmal in diese Dunkelheit rasen, um mit den Ängsten in ihre neue Inkarnation zu gehen und dort dann daran zu arbeiten, sie in Liebe umzuwandeln. Es ist so, dass alle, die gehen, sowieso gehen würden – auch, wenn dieser Virus und die Angst davor nicht da wären. Sie wären sonst auf eine andere Art, beispielsweise durch eine andere Krankheit, gegangen. Es ist generell festgelegt, wann man geht. Der Todeszeitpunkt steht bereits fest. An dem ist nicht zu rütteln. Das heißt im Umkehrschluss, dass die Seelen, die jetzt gehen, wissen, dass sie gehen und damit helfen, dass alles in Licht umgewandelt wird. Es ist letztendlich der Beitrag, den sie leisten.

M: Inwiefern trägt das dazu bei?

ÜB: Es hat mit dem Bewusstsein zu tun, das dabei ist, die Menschheit zu erreichen. Dadurch, dass sehr viele Menschen sterben, sind viele dazu gezwungen, sich mit ihren Ängsten auseinanderzusetzen. Es gibt keinen Weg mehr daran vorbei: Man sitzt die ganze Zeit daheim – und vielleicht stirbt auch ein Angehöriger. Sie haben so die Möglichkeit, sich mit ihren

Ängsten auseinanderzusetzen und zu erkennen, dass diese Angst nicht real, sondern eine Illusion ist. Dadurch findet ein Aufwachen statt. Diese Angst gibt es nicht. Diesen tödlichen Virus – oder zumindest so, wie er verkauft wird – gibt es nicht. Es ist, als ob man merkt, dass es diese aus Angst bestehende Dunkelheit nur in den Emotionen der 3D-Ebene gibt.

M: Warum finden sich so viele Menschen alleine in ihrem Zuhause wieder?

ÜB: Das findet statt, damit jeder gezwungen wird, seinen Fokus vom Außen abzuwenden – obwohl das auch noch ein Teil der Illusion ist, die noch nicht jeder durchschaut, da sie auch noch nicht die Machthabenden durchschauen –, um nach innen zu gehen und sich zu fragen: »Warum habe ich Angst? Wie geht es weiter? Werde ich überleben?« Man kann sich nicht mehr treffen, es gibt keine Veranstaltungen mehr. Also ist man dazu gezwungen, sich zu fragen: »Wieso ist das so?« Das ist natürlich ein langer, langsamer Prozess, aber es werden immer mehr Informationen an die Oberfläche gespült werden, durch die die Menschen erkennen: »Das ist ja alles gar nicht so, wie man uns das all die Jahre über immer gesagt hat!« Und plötzlich erkennt man, dass die Angst unbegründet ist. So findet also diese Anhebung statt und die Ängste verschwinden. Dadurch wird dieses neue Bewusstsein in Erscheinung treten.

M: Steht uns dieses An-die-Oberfläche-Kommen von Informationen, das ihr gerade erwähnt habt, noch bevor?

ÜB: Ja, aber es wird nicht so aufbrechen, wie es gerne in Filmen suggeriert wird. Es werden viele Informationen hochkommen, etwa über Firmen und Regierungen, durch die die Menschen merken: »Das ist ja alles gar nicht wahr, was ihr uns erzählt habt. Ihr habt uns die ganze Zeit angelogen.« Dadurch kippt das System, aber nicht auf eine gewalttätige Art und Weise. Dadurch, dass die Wahrheit ans Licht kommt, fangen Menschen an, den Massenmedien und den Regierungen nicht mehr alles zu glauben. Das wird immer mehr stattfinden. Und es wird zu simplen, einfachen Bedürfnissen hingehen: »Ich möchte einfach nur Mensch sein. Ich möchte einfach nur eine liebevolle Umgebung und ein schönes Leben haben. Ich will doch eigentlich nur Licht und Liebe.« Das wird erst möglich durch diese Isolation.

M: Das klingt nach einem Paradigmenwechsel.

ÜB: Ja. Es wird jedoch nicht von jetzt auf gleich stattfinden. Die Zündung, die momentan stattfindet, ist sehr brutal, sehr erschreckend und sehr angsteinflößend, aber es wird gleichmäßig – sogar fast ein wenig subtil – in dieses neue Paradigma geführt. Der Aufschwung wird nicht senkrecht nach oben gehen, sondern langsam. Die Verletzung, die auf dieser Ebene für die Menschen stattgefunden hat, geht so tief – die meisten sind wie im Schock. Deshalb müssen sie sich langsam da rausbewegen, und deshalb wird es langsam und liebevoll vonstattengehen. Dieses Kippen wird durch eben diese Wahrheiten ausgelöst, die nun an die Oberfläche kommen. Erst einmal wird das Chaos auf der Welt erzeugen. [...] Wir wollen aber nochmal betonen, dass letztendlich alles positiv und voller Liebe ist, auch wenn es wie Chaos anmutet.

[...]

Im Erkundungsteil der Sitzung hatten wir bereits Einblick in eine von Diegos nicht-irdischen Existenzformen erhalten. Seiner Fragenliste folgend, erkundigte ich mich für ihn noch nach dem Ort, den er als seine »galaktische Heimat« bezeichnen würde. Die Wesenheit identifizierte sich ganz klar als ein Wanderer.

ÜB: Ich habe mich auf verschiedenen Planeten bewegt und dort meine Erfahrungen gemacht, habe aber nirgendwo eine Heimat. Wenn ich mich nicht auf Planeten bewegt habe, bin ich auf Raumschiffen gewesen. Bewegung ist sehr wichtig für mich – und dadurch auch letztendlich für Diego. Es gibt aber nirgendwo einen Ort, über den ich sagen würde: »Das ist meine Heimat!» oder »Da gehöre ich hin!« So etwas habe und kenne ich nicht. Es ist für mich auch nicht wichtig, weil ich ein freies Wesen bin, das am Reisen ist. Auf der irdischen Ebene würde man mich jemanden nennen, »der auf der ganzen Welt zuhause ist«. Auf meiner Ebene bin ich jemand, der im gesamten Universum zuhause ist. Es gibt Planeten, auf denen ich lieber oder auch nicht so gerne war, aber generell bin ich unterwegs.

[...]

Letzte Worte: »Diego möchte bitte aufhören, alles von der wissenschaftlichen Seite aus zu betrachten. Er wird immer ein Wissenschaftler sein – das ist keine Frage –, aber er unterdrückt damit sein Wesen. Und sein Wesen ist dieses lustige, kleine Kind, das die Welt neugierig erforscht, das Spaß hat im Umgang mit anderen, das verrückte Sachen macht. Und diese wissenschaftliche Arbeit, die er manchmal zu genau nimmt und zu perfektionistisch verfolgt, unterdrückt sein Wesen. Vielleicht ist es ihm möglich, das ein bisschen mehr in Einklang zu bringen, denn dadurch, dass dieser wissenschaftliche Anteil die Oberhand gewonnen hat, ist die Lust am Leben ein wenig verlorengegangen. Es ist wichtig für ihn, dass dieser wissenschaftliche, spirituelle Teil wieder in Einklang kommt mit seinem hellen, lustigen, witzigen Wesen. Das liegt uns am Herzen, damit er spürt, warum er diese Aufgabe hier überhaupt erst übernommen hat.«

Zur Erde gesandt

Susan (44) umgab eine ruhige Ernsthaftigkeit, als sie an einem milden Aprilmorgen im Jahre 2019 das Sitzungsstudio betrat. Das fiel mir auf, da die meisten meiner Reisenden eine gewisse Aufregung oder Nervosität zum Ausdruck bringen, wenn sie zu ihrem Termin erscheinen. Die großgewachsene Frau arbeitete im Bereich der alternativen Medizinforschung mit dem Ziel, neue und weniger etablierte Therapien und Behandlungsmittel zu fördern und bekannter zu machen. Dies war aufgrund des starken Einflusses der Pharmafirmen und bestehender gesellschaftlicher Glaubenssysteme nicht immer leicht, wie sie mir im Vorgespräch erklärte. Zugleich sah sie sich als Ehefrau und Mutter auch mit persönlichen, familiären Herausforderungen konfrontiert. Beiden Lebensbereichen hatte sie Fragen gewidmet, von denen sie hoffte, dass sie auf ihrer Seelenreise beantwortet werden würden.

Nachdem Susan sich mit meiner Hilfe in den erforderlichen Bewusstseinszustand begeben hatte, wurde sie von ihrem Überbewusstsein zunächst in ein menschliches Leben als Frau im Mittelalter geführt, das recht tragisch verlief und mit ihrer Hinrichtung endete. Das Eintauchen in diese Existenz, in der viele ihrer heutigen Familienmitglieder andere Rollen übernommen hatten, ermöglichte es Susan, emotionale Blockaden und unterbewusste Spannungen innerhalb der Familie zu verstehen und mithilfe von Mitgefühl zu integrieren. So konnte sie die karmischen Verbindungen erkennen und auflösen. Da wir uns in diesem Band jedoch auf nicht-menschliche und nicht-irdische Existenzen konzentrieren, möchte ich den Fokus an dieser Stelle auf das Leben lenken, in das wir direkt im Anschluss eintauchten, nachdem Susan den Körper der gehängten Frau verlassen und die Lektionen und Erkenntnisse der Inkarnation identifiziert hatte.

Sie landete in einer Umgebung, die sie als »eine Art Raumstation« beschrieb, und nahm dort direkt ungewöhnliche Geräte wahr: »Es ist irgendwie surreal. Ich kann gerade nicht einordnen, was das ist ... irgendwie technisch oder futuristisch.« Sie fuhr damit fort, den Boden zu beschreiben, auf dem sie stand: »Er ist ganz glatt. Linoleum oder so etwas. Farbig. Rot. Ganz eben. Sehr modern. [...] Da sind so etwas wie festinstallierte ... Möbel?«

Das klang definitiv anders als das erste Leben, das in einer heruntergekommenen Gefängniszelle begonnen hatte. Ich bat Susan, ihre unmittelbare Umgebung näher zu inspizieren.

[...]

S: Ich befinde mich in einem Raum, in dem es entweder um Computerarbeit oder Steuerung geht. Viel Technik. Davon weg führt ein Gang und da ist überall dieser rote Boden mit Kuppeln darüber. Es sind Kuppelgänge, damit man darin stehen und sich bewegen kann. Aus einer Art Plexiglas. Es ist wie in einer Hülle. [...] Dahinter sehe ich gar nichts. Ich habe aber auch nicht das Gefühl, rausschauen zu können.

[...]

Ich bat sie, sich zu betrachten und zu beschreiben, was sie sah.

S: Da ist etwas Silberfarbenes. Ein wenig wie ... *Moonboots*? Eine Form von Stiefel. Ich dachte zuerst, sie gehen bis über die Knie, aber Hose und Stiefel gehen ineinander über. Ich bin generell silbern angezogen. (Grübelt.) Die sind irgendwie ... kantig? Nicht so wie irdische Schuhe. Sie haben oben zwei scharfe Kanten. (Gestikuliert.) Ich würde sagen, das ist eine Art metallisches Gewebe. Es ist nicht hart wie etwa ein Schutz- oder Springerstiefel, sondern ein spezieller Stoff. So etwas kenne ich nicht ...

M: Beschreibe den Rest deiner Kleidung.

S: (Pause.) Hosen. Wie ein Anzug. Auch silbern. Der ganze Körper ist bedeckt.

M: Trägst du etwas auf dem Kopf? (Nein) *Kannst du ihn mir beschreiben?*

S: (Pause.) Ich habe einen auffälligen, langen Kiefer. Pferdeähnlich. Ich bin aber humanoid, was die Gestalt und den Aufbau angeht: Kopf, aufrechter Gang, zwei Arme, zwei Beine, ein Rumpf. [...] Ich bin schlank und groß und habe diesen langen Kiefer. Aber ich bin kein Mensch mit einem Pferdekopf, sondern ... (Grübelt.) Sind das Hörner? Auffällige Ohren?

[...]

Es schien ihr offensichtlich schwerzufallen, ihr äußeres Erscheinungsbild in Worte zu fassen. Ich erkundigte mich nach Gesichtsmerkmalen wie Mund, Nase und Augen.

S: Der Mund ist inkludiert in diesen auffälligen Schnabel oder Kiefer oder wie man das nennen soll. (Pause.) Eine Nase ist da glaube ich auch dabei. (Pause.) Die Augen sind ein wenig glubschig. Ich sehe nicht, ob sie eine Farbe haben, sondern nur die Form. Sie sind extrem rund. Wie Glubschaugen. Die Haut ist bunt. Lila? Lila-grün-braun? Irgendwie undefinierbar ...

[...]

Ich fragte sie nach dem Gefühl, das ihr dieser Körper im Hinblick auf Aspekte wie Geschlecht, Alter und Gesundheit gab.

S: Männlich. Jung. Definitiv nicht weiblich. Er hat etwas Militärisches. Aber ich kann gar nicht sagen, ob es überhaupt so etwas wie ein Geschlecht gibt? [...] Und jung nicht im Sinne von kindlich, sondern durchaus schon herangewachsen und sich in einer gewissen Position befindend. Ich trage eine Art Uniform und habe eine Aufgabe hier auf diesem ... Raumschiff? Raumstation? Ich würde eher vermuten, es ist eine Raumstation, denn da sind diese langen Gänge.

M: Erzähle mir von deiner Aufgabe, die du eben erwähnt hast.

S: Ich habe irgendetwas mit Technik zu tun. (Pause.) Das sind ... Wassertanks? Ich glaube, ich bin verantwortlich für die Energiegewinnung aus dieser Flüssigkeit. Wir ziehen Energie daraus, um unser Raumschiff – oder die Station – zu bewegen.

Das sind runde, zylindrische Behältnisse und wir machen etwas Energetisches damit.

M: Wir? Gibt es mehrere wie dich?

S: Ja, wir sind mehrere Techniker, und wir haben die Verantwortung dafür, dass das läuft. [...] Wir sehen alle gleich aus. Das ist sehr normiert. Es gibt nicht so viele Unterschiede wie bei Menschen.

M: Du sagtest, eure Aufgabe ist es, diese Energieversorgung für den Antrieb sicherzustellen?

S: Ja, aber nicht ausschließlich. Wir gewinnen generell unsere Energie so.

M: Bist du dafür speziell ausgebildet worden?

S: Ja, aber nicht wie in unserem Sinne mit einem Studium. Ich glaube, ich bin eher angelernt worden.

[...]

Als ich sie nach der Arbeitsweise des Teams fragte, erklärte sie, dass die Mitglieder auf telepathischem Wege kommunizierten und sämtliche Daten im Wasser »speicherten«.

S: (Lacht.) Das ist das Einfachste! Es ist für uns ganz normal! Wir benutzen es wie Festplatten. Allerdings ist da schon eine Technologie drumherum.

M: Das Wasser ist also wichtig für euch?

S: Wasser ist Lebenselixier!

M: Gibt es so etwas wie eine Atmosphäre in der Station?

S: Ja, ich denke schon. Es gibt hier auch Hinweise auf Gravitation. Wir schweben zum Beispiel nicht. Wir laufen schon, aber es ist leichter. Viel leichter.

M: Wie viele befinden sich auf dieser Station?

S: Mir kommt die Zahl Hunderttausend in den Sinn.

M: Wow! Das muss eine große Struktur sein.

S: Wie eine Stadt. Es ist eine Enklave unseres Heimatplaneten. [...] Ich glaube, wir sind irgendwo stationiert. Wir sind nicht am Herumreisen, sind aber auch nicht angedockt an einen

Planeten. Wir sind also schon im Raum, aber stationär. (Pause.) Vielleicht haben wir auch gerade Probleme mit dem Antrieb?

[...]

Nach der Etablierung des Settings sprangen wir vorwärts zu einem wichtigen Ereignis im Leben des Technikers.

S: Ich scheine jetzt in einer Art Halle zu sein – in der Station. Eine Maschinenhalle. Riesig! (Pause.) Ich glaube, etwas Ungutes geschieht, habe aber nicht das Gefühl, dass Panik auftritt. (Pause.) Wir haben jedoch ein größeres technisches Problem.

M: Woran merkst du das?

S: Vorhin war es heller. Es ist nun dunkel, wie eine Art Stromausfall. Sie machen mich verantwortlich dafür – oder wollen zumindest, dass ich etwas dagegen tue.

M: Ist das dein Zuständigkeitsbereich?

S: Ja, ich bin dafür zuständig, dass die Triebwerke am Laufen gehalten werden. Sie üben Druck auf mich aus. Es hängt jetzt unter anderem von mir ab, dass wir da irgendwie wieder rauskommen ...

M: Kannst du nachvollziehen, was passiert ist?

S: Eine technische Störung. Irgendetwas ist kaputt. (Konzentriert.) Es sind Energien von außen, die das stören! Etwas Dunkles. Ein Störfeld einer gegnerischen Macht, das unsere Energie stört. (Besorgt.) Wir sind ihnen nun quasi ausgeliefert. Unsere Technologie ist zwar sehr ausgefeilt, aber auch sehr sensibel.

M: Seid ihr in der Lage, euch zu verteidigen?

S: Ich habe nicht den Eindruck, dass wir von Raumschiffen angegriffen werden. Die brauchen das gar nicht tun. Sie sind sehr raffiniert! Sie haben uns mit bestimmten Störwellen einfach Schachmatt gesetzt. Ein Kriegszug.

M: Weißt du, wer diese andere Gruppe ist?

S: (Pause.) Orion? Sie haben irgendetwas mit Orion zu tun.

[...]

**Interessanterweise wird im *Law of One* eine in unserem Bereich der Galaxis überaus tüchtige Fraktion negativ polarisierter

Zivilisationen die »Orion-Gruppe« genannt (Sitzung Nr. 7). Hierbei handelt es sich um dieselbe Gruppe, die auch vor ca. 3600 Jahren die zweite erwähnte genetische Manipulation auf der Erde durchgeführt haben soll, um eine Elite zu schaffen, derer sich die anderen Mitglieder der Spezies hätten unterwerfen sollen (siehe Kapitel »*Projekt Menschheit*«). Auf die Frage nach den Absichten dieser Gruppe antwortet Ra: »Ihr Ziel ist die Eroberung [...]« (Sitzung Nr. 8). Dafür ziehe sie »wie Kreuzzügler« mit ihren »Streitwagen« durch die Galaxis, um planetare [...] Komplexe zu erobern, bevor diese die Ebene gemeinschaftlicher Erinnerung erreichen« (Sitzung Nr. 11). Handelte es sich bei denen, die die Raumstation des Technikers angriffen, womöglich um die besagte Orion-Gruppe bzw. um Mitglieder von ihr?

Hier sollte erwähnt werden, dass Orion eine vergleichsweise große Sternenkonstellation darstellt und es wahrscheinlich ein breites Spektrum an Polarisierung innerhalb der darin beheimateten Zivilisationen gibt. Aus meiner Arbeit mit der Akasha-Chronik weiß ich zum Beispiel, dass die Seelengruppe des Sterns Mintaka – neben Alnitak und Alnilam einer der drei Sterne im sogenannten *Gürtel von Orion* – eine extrem positiv polarisierte darstellt. Die Bezeichnung »Orion-Gruppe« scheint im *Law of One* also vereinfachend genutzt zu werden.**

M: Gibt es etwas, das ihr tun könnt, um die Störung zu beheben?

S: Warten. (Verwundert.) Ich bin erstaunlich gelassen ... und versuche, die anderen zu beruhigen. Ja, erstmal zur Ruhe kommen. Wir werden ja nicht attackiert, indem wir bombardiert werden, sondern eher auf trickreiche Art. Wir können uns auch gut versorgen und sind ziemlich autark. Ich fühle mich jedenfalls ziemlich sicher hier. Vielleicht *zu* sicher? (Pause.) Ich habe das Gefühl, dass die anderen auf der Station, die nichts von Technik verstehen, Angst haben. Die große Masse bekommt Angst, da sie davon abhängig ist. (Pause.)

M: Was geschieht nun?

S: Wir arbeiten daran.

M: Was haben die, die euch attackiert haben, davon?

S: Wir haben eine friedliche, gute Mission. Der Angriff ist passiert, um uns von unserer Mission abzuhalten.

M: Ist ihnen das geglückt? Seid ihr handlungsunfähig?

S: Nein. Ich glaube, das kriegen wir wieder hin. (Pause.) Und wir werden dafür gefeiert und ausgezeichnet. (Pause.) Ich habe etwas umgehängt bekommen. Gerade habe ich meinen Kopf auch nochmal gesehen. Das war so etwas wie eine Feier. Die Auszeichnung ist allerdings vielmehr ein Symbol. Bei uns geht es nicht um Geld ... und auch nicht wirklich um Macht. [...] Wir sind ein Kollektiv. Jeder hat seinen Platz und seine Aufgabe. Alle dienen den anderen durch den Dienst, den sie tun. Wir sind auf einem höheren Zustand des Seins als auf der Erde.

[...]

Wir sprangen vorwärts zu einem weiteren wichtigen Ereignis.

S: Ich bin jetzt auf meinem Heimatplaneten und nicht mehr auf diesem Schiff. Ich habe endlich wieder Land unter den Füßen.

M: Wo befindet sich dieser Planet?

S: In einer fernen Galaxie.

M: Kommt er dir vertraut vor?

S: Ich sehe nicht so viel davon. Ich glaube, ich habe gerade das Schiff verlassen und muss mich noch daran gewöhnen.

M: Würdest du diesen Ort als dein Zuhause betrachten? (Ja) *Gibt es dort so etwas wie Familie für dich?*

S: Eher Freunde. Ich glaube, wir haben keine Familien im eigentlichen Sinne.

M: Wie lebst du dort?

S: Das weiß ich gar nicht. Ich habe den Großteil meines Lebens auf dieser Station verbracht ...

M: Was geschieht nun nach deiner Ankunft?

S: Wir werden begrüßt. Alle freuen sich, dass wir zurück sind. Wir laufen auf einer silbernen Rampe aus der Station heraus [...]

M: Wer begrüßt euch?

S: Eine Menge von – Mitmenschen kann man ja nicht sagen – »Mitwesen«. Ich kriege mit, dass sie uns irgendwie Energie und positive Aufmerksamkeit schicken. Es gibt auch welche, die mich persönlich begrüßen und in den Arm nehmen.

M: Es scheint, als ob ihr lange weggewesen seid.

S: Ja. Aber ich kann nicht sagen, wie lange, weil das ein anderes Zeitverständnis ist. Das ist in Menschenjahren nicht messbar.

M: Existiert ihr auf körperlicher Ebene?

S: Ja, aber wir sind feiner – ich möchte feinstofflicher sagen. Ich bin viel schlanker. Ganz, ganz schlank. Es fühlt sich sehr viel feiner an. Es ist alles sehr leicht. Sehr viel mehr im Einklang. Viel harmonischer. Eine sehr friedfertige Zivilisation.

[...]

Wir sprangen zu einem weiteren bedeutenden Ereignis.

S: Ich habe das Gefühl, in einem dunklen, großen Raum zu sein. (Pause.) Es ist eine Art Abschieds- oder Erneuerungsraum. Wir sterben hier nicht einfach. Es ist vielmehr eine Erneuerung.

M: Um wen geht es?

S: Erst dachte ich, um jemand anderen, aber jetzt merke ich, dass nur ich hier bin ... Ich bin ganz gelassen. Es ist hier eine bewusste Entscheidung, zu gehen.

M: Beschreibe mir den Prozess.

S: Man wird energetisch umgewandelt. Von dieser physischen Gestalt in Seelenlicht. Aber nicht durch Gewalt, sondern durch Energie. Also nicht im Sinne von Töten. (Realisiert etwas.) Es kann sein, dass ich zur Erde gehe.

M: Musst du dafür eine neue Form annehmen?

S: (Lacht.) Zwangsläufig. Ich habe das Gefühl, es hat mit unserer Auszeichnung zu tun. Wir sind besonders mutig. Und ich befürchte, das muss man auf der Erde sein! (Lacht.)

M: Ihr werdet also ausgesandt?

S: Das ist freiwillig. Es ist quasi eine Ehre! Wir sind dafür auch nochmal ausgebildet bzw. gebrieft worden. Wir sind mehrere aus dem Technikteam ... (Zählt.) Fünf.

M: Was passiert mit euch?

S: Wir werden aufgelöst mit ... Antimaterie? Dann geraten wir in einen ganz starken Sog und fliegen zur Erde. Das geht ratzfatz! (Gestikuliert.) Wie ein Feuerball!

M: Was passiert, wenn ihr dort angekommen seid?

S: Wir halten uns erst einmal außerhalb des Planeten auf und beobachten. Als Geistwesen lernen wir erstmal, wie das hier funktioniert. Es ist mein erstes Mal auf der Erde!

M: Weißt du, was auf dich zukommt?

S: Genau wissen wir es nicht. Ansonsten hätten wir uns vielleicht nicht dafür entschieden. (Lacht.)

M: Was empfindest du, während du die Erde noch beobachtest?

S: Es ist spannend, mir ist aber auch etwas mulmig. [...] Spannend ist vor allem die Vielfalt. Es ist nicht so eintönig dort, sondern viel abwechslungsreicher. Es gibt ganz viele Möglichkeiten!

M: Was gibt dir das mulmige Gefühl?

S: Das Dichte. Das Leid. Der Krieg. Tod. Aber momentan überwiegt die Abenteuerlust. (Kichert.) Und ich weiß ja bereits, wie ich mich entschieden habe ...

M: (Lacht.) Stimmt. Wie gehst du das Abenteuer an?

S: Wir müssen in den Reinkarnationszyklus hinein – aber weiter fortgeschritten als die, die auf der Erde erst beginnen. Wir sind schon auf einem viel höheren Zustand.

M: Ich verstehe. Welche Parameter wählst du für deine Inkarnation? Was ist dein – oder euer – Plan?

S: Die Heilung der Erde. Ich habe vor, das als Frau umzusetzen. Die Erde muss in den Ausgleich von männlicher und weiblicher Energie kommen! Es gibt hier zu wenig weibliche.

M: Wie wirst du das tun?

S: (Kichert.) Männer besänftigen. (Wieder ernst.) Und mein Wissen als Frau in die Welt bringen.

M: Als Frau kann man es hier allerdings auch schwerer haben.

S: Das ist richtig.

M: Du könntest ein Leben haben, das viele harte Erfahrungen mit sich bringt.

S: Das nehme ich in Kauf.

[...]

Ich fragte das Wesen, ob es sich bewusst sei, dass es durch einen weiblichen Körper auf der Erde sprach, den wir Susan nannten, was es bejahte. Ich erkundigte mich, ob in dieser aktuellen Inkarnation soweit alles nach Plan lief.

S: Ja und nein. Sie tut sich manchmal schwer damit, ganz Frau zu sein, weil hier immer noch von einem erwartet wird, dass man sich als solche unterordnet.

M: Wir haben zu Beginn von einem ihrer Leben als Frau erfahren, in dem das sehr extrem der Fall war.

S: Genau. Und das wird auch immer wieder an einen herangetragen, wobei sie ja eigentlich beide Aspekte in sich trägt. Es ist aber schwer, als Frau zu vermitteln, wenn man viel Männliches an sich hat. Beide Aspekte in sich zu vereinen, das sind die Menschen nicht gewohnt. Es provoziert viele. [...] Und das als Frau zu leben, ist dann doppelt schwer. In dem Leben auf der Raumstation gab es dieses »besser« und »schlechter« in der Geschlechterzuordnung nicht. Auf der Erde ist das, was dort gelebt wurde – dieses Technische – eher männlich.

[...]

Das Wesen aus der höherentwickelten Zivilisation, das sich bereiterklärt hatte, zur Erde zu kommen, um hier zu inkarnieren und zu helfen, erwies sich als ein interessanter Gesprächspartner mit großem Wissen und Überblick. Ich entschied jedoch an diesem Punkt der bereits mehrere Stunden dauernden Sitzung, das Überbewusstsein in den Körper zu integrieren, um mehr Informationen über bzw. für Susan zu erhalten.

Nachdem die Kommunikation etabliert war, erklärten sie, dass sie Susan zunächst das Leben im Mittelalter gezeigt hatten, weil es ihr erstes auf der Erde gewesen war. Es handelte sich um ein Leben, in dem sie gezwungen war, als Prostituierte zu arbeiten, und das dem komprimierten Erfahren der Schwierigkeiten diente, die eine Existenz als Frau mit sich bringen konnte; die Kombination aus sexueller Sklaverei, körperlichem Missbrauch und gewaltsamer

Tötung in einer Zeit und Gesellschaft, in der Frauen praktisch keine Rechte besaßen, erfüllte diesen Zweck sehr effektiv.

Schließlich kamen wir auf das zweite gezeigte Leben als außerirdische Lebensform zu sprechen. Das Überbewusstsein erklärte, dass sie ihr dieses Leben gezeigt hatten, weil es der Auslöser für ihren beruflichen Antrieb in der gegenwärtigen Inkarnation war. Auf diesem Wege wollten sie ihr bestätigen, dass sie genau das machte, was sie sich vorgenommen hatte, und sich auf dem richtigen Weg befand. Zudem offenbarten sie weitere Informationen: »Viele der Menschen, die ihr im aktuellen Leben im beruflichen Kontext begegnen, sind Wesenheiten, mit denen sie auf der Raumstation gearbeitet hat.« Sie gaben an, wie viele es waren, wem sie schon begegnet war und nannten sogar konkrete Namen – was Susan dabei half, bestimmte Arbeitsbeziehungen und einige ungewöhnliche Erlebnisse mit Kolleg:innen besser einordnen zu können. Zu guter Letzt beantworteten sie eine der Fragen, die als Bonus auf Susans Liste stand, indem sie erklärten, dass der Planet, zu dem sie im zweiten gezeigten Leben von der Raumstation zurückgekehrt war, der Planet sei, den ihre Seele als ihre »galaktische Heimat« betrachte.

[...]

Letzte Worte: »Sei mutig und gehe deinen Weg so weiter wie bisher! Vertraue deiner Intuition!«

Die Reparateure

Nathans (28) Hauptintention für seine Seelenreise im August des Jahres 2023 war es, mithilfe des Überbewusstseins mehr Klarheit in Bezug auf seine aktuelle Lebensaufgabe zu erhalten. Zudem wollte er einigen mentalen und emotionalen Blockaden auf den Grund gehen. Dem eher sachlich und reserviert wirkenden jungen Mann fiel es sehr leicht, die erforderliche Trancetiefe zu erreichen. Er begab sich direkt in die Erkundung eines vergangenen menschlichen Lebens auf der Erde, in dem er von einem engen Freund betrogen wurde. Bei der späteren Besprechung mit seinem Überbewusstsein sollten wir erfahren, dass sie ihn mit diesem Einblick auf eine Möglichkeit vorbereiten wollten, die ihm auch im Verlauf seiner aktuellen Inkarnation begegnen könnte.

Nachdem wir das Todeserlebnis durchlaufen und auf das Leben zurückgeblickt hatten, um die wichtigen Erfahrungen und Lektionen zu erkennen, bestand die Gelegenheit, eine weitere Erkundung anzugehen. Nathan nutzte sie und fand sich direkt in einer Umgebung wieder, die dem ersten Anschein nach ebenfalls auf der Erde hätte verortet werden können. »Ich bin an einem richtig düsteren Ort«, sagte er stirnrunzelnd, nachdem er in der neuen Szene gelandet war. »Es sieht ein bisschen so aus wie eine Vulkangegend oder so etwas.« Ich bat ihn, mir zunächst die Farben zu beschreiben, die er um sich herum wahrnahm.

[...]

N: Der Himmel ist komplett bewölkt. Ich würde noch nicht mal sagen, dass das Wolken sind ... Er ist komplett verqualmt mit Rauch. Es ist alles sehr grau und sehr leblos. Ein bisschen wie die Rocky Mountains, nur, dass es hier sehr düster ist.

M: Was kannst du mir noch über die Landschaft sagen?

N: Es sieht so aus, als ob da abgesägte Riesenbäume stehen würden. Kennst du diese uralten Fotos von den Mammutbäumen, die zersägt worden sind? Wo quasi eine Scheibe davon fünf, sechs Menschenlängen groß ist? *(Ja)* Solche Stümpfe sind auch hier, teilweise aber noch größer. Sie sind alle wie abgesägt ... und wie versteinert. Die ganze Oberfläche dieses Ortes ist damit überzogen ... mit diesen Baumstümpfen.

[...]

Ich wies ihn an, sich in Ruhe umzuschauen und mir alles zu beschreiben, das ihm auffiel. Er erwähnte daraufhin etwas sehr Ungewöhnliches, das mich wundern ließ, ob wir uns tatsächlich auf der Erde befanden.

N: Es sieht so aus, als ob über der Landschaft so etwas wie eine grüne Lichtsphäre unterwegs wäre. Sie flattert da einfach so durch die Gegend.

M: Ein Licht, sagtest du? Grün?

N: Dunkelgrün.

M: Wie würdest du die Größe dieser Sphäre beschreiben?

N: Irgendwas zwischen halb und ein Drittel so groß wie ein Mensch. Wie eine Flamme, die rumgeistert. Eine einzige. Sie wandert da einfach nur umher ...

M: Was empfindest du, wenn du sie betrachtest?

N: Es kommt mir irgendwie bekannt vor. (Grübelt.) Keine Ahnung ... Ich weiß es nicht, aber es kommt mir so vor, als ob ich diese Sphäre nicht zum ersten Mal in meinem Leben sehe. Ich scheine irgendwie vertraut mit ihr zu sein.

[...]

Zu diesem Zeitpunkt wussten wir nicht, dass die Sichtung der seltsamen grünen Lichtsphäre, die er beschrieb, erst am Ende der Reise einen Sinn ergeben würde. Bevor wir jedoch mehr über dieses mysteriöse Setting herausfanden, bat ich Nathan, zu seinen Füßen hinabzublicken und mir zu beschreiben, was er sah.

N: Sie sind grau. Grau wie auch der Ort. Ich kann es nicht genau erkennen, aber ich habe irgendwie schwarze Fußnägel. Vielleicht sind es auch eine Art Krallen? Ich kann es gerade nicht genau sagen ...

M: Wie würdest du die Form der Füße beschreiben?

N: Irgendwie teils menschlich und teils nicht.

M: Was an ihnen sieht nicht menschlich aus?

N: Die Fußnägel. Weil sie so schwarz sind.

M: Wie viele Zehen siehst du an einem Fuß?

N: Ich glaube, es sind vier. Aber ich bin mir nicht sicher. Ich sehe es nicht direkt.

[...]

Ich bat ihn, mir seinen Körper zu beschreiben.

N: Mein Körper an sich ist sehr, sehr dünn. Er fühlt sich sehr dünn an. (Pause.) Ich habe Hände wie Krallen, könnte man sagen. Deutlich kleiner als meine jetzigen Hände, auch mit schwarzen Krallen dran.

M: Wie viele Finger nimmst du wahr?

N: Vier Stück ... an jeder Hand. Die Handflächen sind etwas hellgrau und sehen so ein bisschen ... wie eine Mischung aus Krokodil und Hähnchenfuß aus. Wie eine Mischung aus beidem. Die Oberfläche ist sehr rau. Die Haut im Allgemeinen ist recht dunkelgrau. (Pause.)

M: Beschreibe mir deinen Rumpf.

N: Zum Bauch hin etwas breiter, mit einer gewissen Dicke. Zum Hals hin wird es etwas dünner. Die Schultern sind sehr schmal, meine Arme recht dünn. Ich bin nicht groß ... irgendwas zwischen eins vierzig oder eins fünfzig.

[...]

Schließlich bat ich ihn noch, seinen Kopf zu beschreiben.

N: Mein Kopf fühlt sich recht oval an; ein bisschen länger als ein typischer Menschenkopf. Der Hals ist von außen betrachtet etwas dünner als der Kopf. Es sieht aus wie ein Klotz, den man auf den Schultern trägt.

M: Ist der Kopf von etwas bedeckt?

N: Nein. Keine Haare, kein gar nichts.

M: Hast du so etwas wie ein Gesicht? (Ja) *Beschreibe es mir.*

N: Das Gesicht ist im Gegensatz zum restlichen Kopf sehr klein. Es sitzt vorne, aber der Kopf geht noch weiter nach oben. (Pause.) Meine Augen scheinen ganz schwarz zu sein. Sie sind ... rechteckig. Wie soll ich das sagen? (Grübelt.) Wie soll ich das beschreiben? Sie fangen rechteckig an und verlaufen dann ein bisschen spitz zur Mitte hin.

M: Hast du so etwas wie eine Nase?

N: Ja, aber sie ist platt. Sie geht quasi nach innen – nicht wie beim Menschen, wo etwas herausragt. Sie geht nach innen hinein.

M: Hat sie so etwas wie Öffnungen?

N: Ich kann zumindest durch sie atmen.

M: Gibt es so etwas wie einen Mund?

N: Er ist quasi wie lippenlos. Auch komplett grau. Der ganze Körper ist grau, die ganze Haut.

M: Machst du etwas mit dem Mund? Hat er eine Funktion?

N: Ich weiß es nicht ... Es fühlt sich alles so trocken an. Die ganze Gegend ist sehr, sehr trocken.

[...]

Es war an der Zeit, mehr über die Handlung und die Existenz an sich herauszufinden, in der wir uns befanden. Ich fragte Nathan, was er gerade an diesem Ort mache.

N: (Konzentriert.) Ich scheine nach etwas zu suchen. Nach was, kann ich nicht genau sagen. Ich sehe, wie ich ein bisschen was von dem staubigen Boden auf den Finger nehme und ... es einfach ablecke. Es scheint so, als ob ich auf diese Art Informationen sammeln würde.

M: Und was für Informationen erhältst du dadurch?

N: Es scheint so, als ob dem Planeten etwas fehlt. Vielleicht hängt das ja mit den Baumstümpfen zusammen? Vielleicht war das irgendwann mal ein belebter Planet und dann ist irgendetwas passiert? Ich kann aber nicht genau sagen, was passiert ist.

M: *Gehörst du zu diesem Ort?*

N: Mein Körper ist auf jeden Fall daran angepasst. Also irgendwie schon ... aber auch irgendwie nicht.

M: *Beschreibe mir, was passiert, nachdem du die Bodenprobe genommen hast.*

N: Es ist, als ob die Probe in meinem Kopf irgendwie decodiert wird, um diese Information irgendwohin weiterzuleiten. (Pause.) An eine Art Basis.

M: *Zu welchem Zweck?*

N: Irgendetwas ist auf diesem Planeten passiert, und wir versuchen herauszufinden, was.

M: *Wer ist »wir«?*

N: Das kann ich nicht genau sagen, aber es scheint eine Gruppe zu sein, die daran arbeitet. (Überrascht.) Da kommen zwei auf ... einem Fluggerät. Es sieht ein bisschen so aus wie eine Art Jetski, nur dass sie damit durch die Luft düsen.

M: *Wer befindet sich auf diesem Gerät?*

N: Sie sehen aus wie ich. Der eine ein bisschen größer, der andere ein bisschen kleiner. Aber im Grunde genommen sehen wir gleich aus. Ich kann nun auch die Augen besser erkennen. Sie scheinen aus mehrfachen Ringen zu bestehen – wie ein Menschenauge, nur mit einer extra Pupille oder einer extra Iris oder wie man das nennt. Es ist eine Mischung aus grün, gelb und orange. Der Rest des Auges ist schwarz.

M: *Was machen die anderen beiden?*

N: Sie fliegen wieder weg. Sie haben kurz bei mir Halt gemacht. Ich weiß nicht, ob sie mir etwas gesagt haben. Sie sind einfach weitergeflogen. Wohin, weiß ich nicht.

M: *Du bist geblieben?* (Ja) *Was geschieht nun? Was wirst du tun?*

N: Ich sehe so etwas wie eine ... Miene oder so etwas. So etwas wie eine Basis. Sie scheint im Boden fest verankert zu sein. Sie ist recht groß und komplett schwarz.

M: *Ist das eine Art Struktur oder Gebäude?* (Ja) *Wie würdest du das Material beschreiben?*

N: Sehr fest. Gefühlt unzerstörbar.

M: Und diese Basis befindet sich im Boden, sagtest du?

N: Ja. Man kann hineingehen.

M: Wie machst du das?

N: Ich stehe einfach davor und die Tür öffnet sich. Sie ist riesig im Gegensatz zu mir! Gefühlt könnten da zwei Bagger gleichzeitig reinfahren.

M: Was befindet sich im Inneren?

N: (Erstaunt.) Flugmaschinen. Sie sehen ein bisschen aus wie *Stealth-Bomber*, wie diese Tarnkappenbomber, die die Amerikaner haben. Ein bisschen wie eine kopflose Taube. Es ist schwierig zu beschreiben. Ich würde sagen, es sind ca. 20 auf jeder Seite. Es sind verschiedene Modelle dabei. Die wenigsten sehen aus wie Untertassen.

M: Beschreibe mir die Untertassen.

N: Sie stehen quasi wie auf vier Beinen auf dem Boden. Sie scheinen auf jeden Fall alle gerade nicht in Nutzung zu sein. Sie stehen da einfach nur rum.

M: Welchem Zweck dienen diese Maschinen?

N: Zum Reisen. An andere Orte. Auf andere Planeten.

M: Könnte man sich mit ihnen von dem Ort entfernen, an dem du gerade bist?

N: Ja, das könnte man.

[...]

Ich bat ihn, sich in Ruhe umzusehen und mir zu beschreiben, was sich noch im Inneren dieser geheimnisvollen Basis befand.

N: Es scheint hier nicht viele Leute zu geben. Ich kann dir aber nicht sagen, ob sie alle irgendwo draußen sind oder ob wir generell nur wenige sind. Es sieht aus wie ein Chemielabor. (Irritiert.) Die anderen bearbeiten da etwas. Es sieht so aus, als ob ... als ob sie eine andere Spezies kontrollieren. Ich sehe so etwas wie einen Operationstisch ... und da liegt etwas, das noch kleiner ist als wir. (Konzentriert.) Ich würde den Körper so auf siebzig oder achtzig Zentimeter schätzen. Der Kopf ist sehr klein und der Körper sehr rot. Es sieht ein bisschen aus wie ein kleiner Mensch, dem man die Haut abgezogen hätte, aber es ist kein Mensch. Es ist etwas anderes. Sie fummeln an ihm rum. Sie versuchen, etwas herauszufinden.

M: *In welchem Zustand befindet sich das Wesen?*

N: Es ist schon tot. Sie untersuchen quasi Leichen.

M: *Woher stammen diese Leichen?*

N: Das kann ich leider nicht sagen. Ich weiß nur, dass sie sie untersuchen.

M: *Und diejenigen, die sie untersuchen, sehen aus wie du?* (Mhm) *Schau dich weiter um. Was fällt dir noch auf in dieser Basis?*

N: Ich sehe sonst nicht mehr viel. Ein paar Labore und ein paar wenige von uns, die sich gerade dort befinden.

Es war gar nicht so leicht, viel aus dem seltsamen Wesen herauszubekommen, dessen Perspektive Nathan eingenommen hatte. Entweder schirmte ihn das Überbewusstsein von bestimmten Informationen ab, die nicht relevant waren, oder die Aufgabenbereiche innerhalb der Gruppe waren klar voneinander abgegrenzt und die einzelnen Mitglieder hatten nicht viel Kenntnis von den jeweiligen Bereichen der anderen. Ich entschied daher, mich zunächst auf das Wesen und seine Arbeit zu fokussieren.

M: *Wie würdest du deine Rolle – oder deinen Zuständigkeitsbereich – in dieser Gruppe beschreiben?*

N: Ich würde sagen, ich bin so etwas wie ein Informationssammler. Jemand, der Informationen sammeln soll.

M: *Nicht alle verlassen diese Basis so wie du?*

N: Ich weiß es nicht. Aber es wird auf jeden Fall drinnen und draußen gearbeitet.

M: *Was kannst du mir über das Vorhaben sagen, das deine Gruppe verfolgt?*

N: Den Planeten wiederzubeleben. Ich denke, dass wir versuchen, wieder Leben auf den Planeten zu bringen, weil ihn irgendwas zerstört hat. (Grübelt.) Irgendwas hat ihn zerstört ...

M: *Warum möchtet ihr dem Planeten helfen?*

N: Es ist so etwas wie unsere Lebensaufgabe; Dinge wieder in Ordnung zu bringen, die kaputtgegangen sind.

M: Macht ihr das auch über diesen Planeten hinaus?

N: Ich denke schon.

M: Gibt es so etwas wie einen Ort, den ihr als eure Heimat betrachtet?

N: (Pause.) Ich sehe nur ein Schiff, ein großes Raumschiff. Es ist irgendwo im Weltraum. Es ist riesig! Von außen ist es von der Farbe her ganz schwarz und hat so etwas wie türkise ... nein, eher zyane Fenster. Ein weiß-grünes Gemisch.

M: Welchen Zweck hat dieses Schiff?

N: Das Schiff ist so etwas wie eine Hauptbasis. Eine Hauptbasis von dem, was wir sind.

M: Wie würdest du das beschreiben, was ihr seid?

N: Es ist schwierig zu sagen. Wir stehen auf zwei Beinen und benutzen Arme und Hände, haben große Köpfe. Das hat etwas Menschliches, aber auch irgendwie nicht. Wir sind sehr emotionslos. Alle ziehen die ganze Zeit ein und dasselbe Gesicht. Es scheint, als ob wir nicht wirklich Emotionen haben.

M: Empfindest du Emotionen?

N: Absolut gar nicht.

M: Worauf fokussiert sich dein Denken?

N: Einfach nur auf Aufgabenerfüllung.

M: Welche Aufgaben werden von diesem Basisschiff aus koordiniert?

N: Es kommt mir so vor, als ob wir ausschließlich kaputte Planeten aufsuchen, um dort Informationen zu sammeln und dann das Beste daraus zu machen und zu sehen, wie man sie wieder reparieren kann.

M: Welchen Effekt hat das auf die Planeten, wenn ihr erfolgreich seid?

N: Wir können wieder Leben entstehen lassen.

M: Muss dafür zuvor Leben auf dem Planeten existiert haben?

N: Ich denke nicht. Wir machen auch aus einer Agrarwüste wieder etwas. Aber ich denke, es werden nur die Planeten ausgesucht, die Leben beinhalten sollen. Wir fliegen nicht einfach auf irgendwelche Planeten. Sie werden vorher festgelegt.

M: Von wem?

N: Von der Führung selbst. Unserer Führung.

M: Wonach richtet sich, ob ein Planet infrage kommt oder nicht?

N: Es scheint, als ob wir dafür in Kommunikation mit anderen Arten stehen. Dann wird ausdiskutiert, wer welchen Planeten bekommen soll oder bekommen könnte. Es wird genau geguckt, für welche Art, für welche Spezies, sich welcher Planet am besten eignet. Und dementsprechend werden dann die Planeten zugeteilt. Natürlich ist es auch immer eine »Kommt-darauf-an«-Sache. Wir sind nichts weiter als nur bemüht, die Planeten wiederzubeleben. Ich glaube aber nicht, dass das ständig gelingt. Wir versuchen es einfach.

M: Was vereint die diversen Gruppen, die diversen Spezies, die zu dieser Gemeinschaft gehören?

N: Es ist wie eine Art Bund. Jeder hilft den anderen. Jeder hat seine eigenen Fähigkeiten und Talente, um es auf bestimmten Planeten zu schaffen. Der eine kann etwas, was der andere nicht kann. Wir sind nun mal darauf spezialisiert, Planeten wiederzubeleben.

M: Auf welcher Ebene arbeitet ihr dafür?

N: Es ist eine Mischung aus allem; aus Chemie, aus Energie und aus Biologie.

[...]

Wir verließen die Szene und sprangen vorwärts zu einem bedeutenden Ereignis in der Existenz des Wesens. Die Umgebung veränderte sich – vor allem farblich.

N: Das ist nun ein rötlicher Planet. Und es ist ein gewaltiger Planet. In der Farbe vom Mars – aber viel, viel größer als der Mars! Ich sehe so etwas wie ein Gebäude in der Form vom *Burj Khalifa*, aber im Fundament viel, viel breiter und nach oben hin als Spitze verlaufend.

M: Wo befindest du dich im Verhältnis zu diesem Bauwerk?

N: Ich stehe einfach davor.

M: Beschreibe mir den Boden unter dir.

N: Er ist sehr steinig. Sehr hart und steinig. Das Klima ist sehr heiß, aber ich komme klar. Ich scheine darauf angepasst zu sein. [...] Es ist so, als ob sich meine Haut verändert hätte. Sie ist nicht mehr dunkelgrau, sie ist jetzt mehr beige. Und ich würde sagen, ich habe an Körpergröße dazugewonnen. Meine Beine sind länger geworden, meine Arme auch ein wenig. Ich glaube, das liegt an der Atmosphäre ... und auch an der Schwerkraft. Ich glaube, unsere Körper können sich bis zu einem gewissen Grad an die Umgebung anpassen.

M: *Eine sehr praktische Eigenschaft für eure Aufgaben.* (Ja) *Was wirst du nun an diesem Ort tun? Was macht dieses Ereignis zu etwas Besonderem?*

N: Es ist, als würde ich mit einer Art Königin reden. Mit einer, die über mir steht. Sie ist deutlich größer als ich. Sie hat einen etwas größeren Kopf und scheint die ganzen Operationen unserer Spezies zu lenken. Sie ist so etwas wie die Haupt-Aufgabenverteilerin. Sie trägt eine Art Gewand. Ich glaube allerdings, das Gewand dient nur als Symbol, um Autorität auszudrücken. Es ist lila. An den Schultern sind gelbe Platten.

M: *Welche Teile ihres Körpers sind von dem Gewand bedeckt?*

N: Der Hals ... die Schultern ... bis runter zu den Füßen.

M: *Wo befindet ihr euch gerade?*

N: Wir sind jetzt im Gebäude. Es sieht aus ... wie ein Theater. Da sitzen mehrere unserer Art links und rechts auf den Bänken verteilt. Sie ist genau in der Mitte und ich stehe direkt vor ihr. Es ist so etwas wie eine Art Rat.

M: *Fühlt sich die Umgebung vertraut an?* (Ja) *Du bist nicht zum ersten Mal hier?* (Nein) *Warum bist du diesmal hier? Was geschieht?*

N: Dieser Ort hat verschiedene Funktionen: zum einen Aufgabenverteilung und zum anderen Beförderungen. Wenn jemand befördert wird, muss er zur Königin zurückkehren, um befördert zu werden. Nur sie hat das Recht dazu!

M: *Bist du schon einmal befördert worden?*

N: (Grübelt.) Ich denke schon. Ich bin mir aber nicht sicher ...

M: *An diesem Ort wird also auch kommuniziert?* (Mhm) *Wie macht eure Spezies das?*

N: Rein telepathisch.

M: Kommuniziert die Königin mit dir?

N: Das tut sie. (Pause.) Ich glaube, ich werde abgelöst. Ich werde von dem grauen Planeten abgezogen. Ich glaube, sie wollen den Planeten aufgeben, weil sie die Hoffnung verloren haben, dort jemals etwas entstehen zu lassen. Es hat nicht funktioniert.

M: Ist der Planet, auf dem ihr euch aktuell befindet, auch ein Projekt?

N: Es scheint mir so, als ob wir uns hier eingenistet haben. Ich glaube, der Ort wurde als neue Heimat deklariert. Unser Ursprungsplanet ist, so wie es scheint, nicht mehr da ... Was ich gerade sehe, ist eine Sternenexplosion. Irgendetwas ist passiert.

M: Ihr scheint es überstanden zu haben.

N: Das haben wir. Wir sind eine hochintelligente Rasse! Aber auch wir wissen nicht die Fragen auf alles. Wir müssen selber viel experimentieren, viel lernen, viel neu dazulernen. Das Universum an sich ist unvorstellbar gewaltig groß. Es ist voller Lektionen. Gefühlt gibt es gar kein Ende der Lektionen. Man lernt und man lernt und man lernt und man lernt ...

M: Ihr scheint sehr gut darin zu sein, zu lernen, zu forschen und zu verstehen.

N: So scheint es.

M: Wie wird es nun für dich weitergehen, wenn das Projekt auf dem grauen Planeten aufgegeben wird?

N: (Seufzt.) So wie es aussieht, werde ich woanders gebraucht.

M: Und wohin geht es?

N: Das sagen sie mir nicht.

M: Ist das normales Prozedere?

N: Das ist schwer zu sagen. Manch einer bekommt zu sagen, was er tun soll, andere nicht.

M: Welche Informationen geben sie dir?

N: Es ist schwer zu sagen. Es scheint, als ob ich die Verbindung zu der Szene verliere. Ich sehe die Szene jetzt nicht mehr ...

[...]

Wenn so etwas geschieht, weiß ich, dass wir alles Relevante erfahren haben. Das Überbewusstsein schickt uns quasi zur nächsten Szene. Wir sprangen daher erneut vorwärts zu einem weiteren bedeutenden Ereignis. Wieder hatte sich die Umgebung, in der sich Nathan wiederfand, merklich verändert.

N: Ich bin jetzt ganz woanders. Ich sehe ein Gebäude vor mir. Es sieht aus wie eine große ... Kristallblume. Sie ist hellweiß mit einem Übergang zu beige. Weiß mit einem ganz leichten braunen Touch. Auch der Himmel an diesem Ort ist braun. Dunkelbraun. Brauner als Schokolade. Aber mit einem Neonschimmer. Der ist auch bräunlich.

M: Was ist die Verbindung zwischen dem Gebäude und der Kristallblume?

N: Das ist die Form des Gebäudes. Es sieht aus wie eine Blume. Es ist sehr, sehr groß. Ich schätze drei-, vier-, fünfhundert Meter hoch. (Pause.) Ich stehe gerade direkt davor. Da ist eine Treppe. Sie führt hoch zu einem großen Tor.

M: Was kannst du mir noch über die Umgebung sagen?

N: Sie ist irgendwie verlassen. Es scheint keiner da zu sein. Ich bin von Bergen umgeben. Links von mir ist eine riesige Schlucht, die mehrere hundert Meter – vielleicht sogar Kilometer? – tief in den Boden reicht. Die gesamte Gegend ist extrem bergig. Ich sehe ganz viel Braun und Rot. Sogar der Himmel ist braun, aus welchen Grund auch immer ...

M: Gibt es so etwas wie Vegetation?

N: Nein. Es ist alles sehr leblos hier.

M: Wie fühlt sich der Untergrund an?

N: Ebenfalls sehr warm. Fast schon heiß, aber ich komme klar.

[...]

Ein weiteres Mal bat ich ihn, zu seinen Füßen zu schauen und sich selbst zu beschreiben. Nathan wirkte plötzlich leicht überrascht, was mir auffiel, da er die Handlung bisher ohne größere Gefühlsregungen beschrieben hatte.

N: Ich kann keine Füße sehen. (Pause.) Ich bin jetzt diese grüne Sphäre, die ich vorhin gesehen habe! Ich fühle mich sehr leicht. Wie pure Energie. Es ist eine Art Energiekörper.

M: Was machst du an diesem Ort in dieser Form?

N: Ich bin die ganze Zeit vor dieser verschlossenen Tür. Sie ist groß und aus einem schweren Metall. Sie beinhaltet Muster ... ähnlich wie in den sumerischen Schriften.

M: Wie kommt man durch die Türe? Könntest du dich als Energie einfach durch sie hindurchbewegen?

N: Ich denke nicht. Diese Symbole sind unter anderem dazu da, andere davon abzuhalten, einfach hindurchzugehen. Erst, wenn man hineingebeten wird, öffnet sich die Tür.

M: Ich verstehe. Wann wird man hineingebeten?

N: Wenn sie einen aufrufen.

M: Wenn wer einen aufruft?

N: Das weiß ich selber nicht. Sie sitzen alle in der Blume drin. (Pause.) Die Tür öffnet sich jetzt. Vor mir ist eine riesengroße Sphäre. Sie ist viel größer als ich! Sie ist groß und weiß. Ich empfinde großen Respekt. Die Königin von vorhin erscheint wieder. (Pause.) Ich glaube, mir wird gerade bewusst, dass ich so etwas wie den Körper gewechselt habe, weil ich woanders hingeschickt werden soll. Es ist ganz komisch und sehr schwer mit Worten zu beschreiben ... Wir haben die Fähigkeit, unsere Körper zu wechseln, bis wir sie irgendwann komplett ablegen. Ich kann dir nicht genau sagen, warum ich jetzt diese Sphäre bin, aber ich sehe, dass die Königin mich zur Erde schickt.

M: Warum das?

N: Weil ich dort gebraucht werde. Sie sagte, um energetisch etwas aufzubauen. Sie sagte, der Planet ist nicht ganz kaputt, aber dort sind energetische Löcher, die wie »gestopft« werden müssen, um die Vibration zu erhöhen.

M: Warum ist das wichtig für die Erde?

N: Weil sie gerettet werden soll vor der Zerstörung, die auf sie lauert. Der Mensch macht viel zu viel kaputt. Die Chemikalien im Wasser ... die verpestete Luft ... (Fokussiert.) Ich soll mit mehreren Leuten gehen. Mit anderen wie mir. Wir sollen unsere Sphärenkörper ablegen. Das ist sehr komisch! Wir begeben uns in die große Sphäre hinein. Von dort aus sollen unserer Körper aufgelöst werden und unsere Seelen direkt– (Unterbricht sich.) Es ist sehr schwer zu beschreiben, was da passiert!

M: Das klingt wie eine Art Portal.

N: Ja, so scheint es.

M: Was geschieht, nachdem ihr euch in dieses Portal hineinbegebt?

N: Es ist wie eine ... Entbindung. Man wird von dem alten Leben, das man hatte, entkoppelt. Es scheint mir so, als könnten wir als das, was wir vorher waren, frei entscheiden, wie lange wir das sein wollen. Und bevor wir in andere Wesen hineingehen können, müssen wir das ablegen, was wir vorher waren.

M: Ist das bei jedem eurer Projekte der Fall?

N: Es scheint diesmal ganz anders zu sein. Ich habe ein komisches Gefühl. Mir ist auf jeden Fall sehr heiß gerade!

[...]

Nathan hatte plötzlich zu schwitzen begonnen und warf die Decke auf, die bis jetzt auf ihm gelegen hatte. Ich fragte ihn, was an der Mission, auf die er sich als das Lichtwesen begab, anders sein würde im Vergleich zu denen, die er zuvor absolviert hatte.

N: Die Erde ist sehr schwierig! Es sind die Menschen mit ihrer Ignoranz und ihrer Blindheit. Sie hören nicht gerne zu. Sie lassen sich nur sehr ungern belehren. Sie entwickeln sich sehr, sehr zäh. Auf anderen Planeten ist das nicht der Fall. Da lernen die Kreaturen schneller.

M: Warum ist das so?

N: Ich kann es nicht genau sagen. Irgendetwas ist schiefgelaufen auf der Erde ... Es hat irgendeine Störung gegeben, die den Menschen nicht zu dem werden ließ, wozu er bestimmt war. So etwas wie einen Unfall ...

M: Was hat sich dadurch verändert?

N: Der Mensch hat die Verbindung zu seinem Herzen verloren ... und somit auch die Verbindung zu allem anderen ... bzw. er hat nur noch eine sehr gestörte Verbindung zu seinem Herzen.

[...]

Bezog sich Nathan hier womöglich auf das Durchbrechen des Schutzschildes der Erde, das Louisa mehr als zwei Jahre zuvor in ihrer Sitzung als einer der Wächter des Planeten geschildert hatte, und die dadurch erfolgte »Infizierung« der Menschen mit »dunkler Energie« (siehe Kapitel *Zurück zum Anfang*)? Oder auf ein anderes Ereignis, das durch äußere Einflüsse in Gang gesetzt wurde, wie etwa die im Kapitel *»Projekt Menschheit«* erwähnte genetische Manipulation der Spezies? Nathans Wortwahl war in jedem Fall interessant. Ich fragte, worin nun die Aufgabe für ihn und die anderen, die mit ihm zur Erde geschickt worden waren, bestünde.

N: Die Energie so anzuheben, dass diejenigen, die bereit sind, ihre Verbindung zu ihrem Herzen zu stärken, auch ihre Verbindung zum Universum stärken.

M: Wir habt ihr vor, das zu tun?

N: Reine Anwesenheit. Die Erde soll aufsteigen in höhere Dimensionen. Eigentlich ist das der Weg eines jeden Individuums: die Dimensionen einzeln zu durchlaufen, darin zu wachsen und immer größer zu werden, um eines Tages selber ein Schöpfer zu werden – von Planeten und Sonnensystemen. Die Menschheit hat ein sehr, sehr hohes Potenzial! Das sagen sehr viele. Viele verschiedene Rassen haben hier ... ich sage mal »investiert«, und die Menschen gibt es auch schon eine Weile. Man möchte also nicht, dass nur aufgrund eines Unfalls, aufgrund einer einzigen energetischen Störung, die man nicht vorhergesehen hat– (Unterbricht sich.) Man hat sich dazu entschieden, den Menschen zu behalten und ihm nochmal eine Chance zu geben.

M: Was wäre die Alternative gewesen?

N: Alles zu zerstören.

[...]

In diesem Moment bekam ich eine leichte Gänsehaut – trotz meiner Erfahrung im objektiven Annehmen von Informationen.

M: Diese Option stand zur Debatte?

N: Diese Option stand zur Debatte, aber man hat es nicht getan. Es wurden des Öfteren schon Planeten zerstört, weil man sie komplett aufgegeben hat. Aber das möchte man mit der Erde nicht machen, weil sie ein schöner Planet und so vielfältig ist. Es gibt nicht viele Planeten, die so viel Vielfalt anbieten! Aber wir müssen jetzt diesen Dimensionssprung vorbereiten, denn all diese Negativität tut dem ganzen Planeten nicht mehr gut! Es wurden schon viele Tierarten vom Menschen ausgerottet, und sehr viele weitere stehen kurz vor der Auslöschung. Man möchte durch diesen Quantensprung, durch den Übergang in das, was man jetzt hier »Neue Erde« nennt, verhindern, dass noch mehr Schaden geschieht – weil man so viel Potenzial in der Erde sieht. Und weil man sie aufblühen sehen will, muss das jetzt geschehen!

M: Ich verstehe. Wie werdet ihr euch auf die Erde begeben? In welcher Form werdet ihr hier wirken?

N: Wir werden in den Menschen gehen. Wir werden als Menschen inkarnieren.

M: Beinhaltet das auch den Geburtsprozess?

N: Ganz genau.

[...]

Ich fragte das Wesen, das offenbar damit beauftragt worden war, seine Heimatwelt zu verlassen, um eine Inkarnation auf der Erde anzugehen, ob es sich bewusst sei, dass es gerade durch einen irdischen menschlichen Körper mit mir sprach. Es bejahte dies. Ich wusste, dass ich nun die Möglichkeit hatte, mehr Informationen über bzw. für die menschliche Persönlichkeit zu erhalten, die vor mir auf der Couch lag und das Leben bestritt.

M: Ich nehme an, das bedeutet, der Auftrag, das Projekt, ist im Gange. (Nickt.) *Was kannst du zu der Zeit sagen, die du bisher hier auf der Erde in menschlicher Form verbracht hast?*

N: (Seufzt.) Es ist schwierig. Es ist verdammt schwierig, mit den Emotionen klarzukommen, die der Mensch hat.

M: Das bist du nicht gewohnt. (Nein) *Was kannst du noch über deine bisherige Erfahrung hier sagen? Ist es so, wie du es dir vorgestellt hast?*

N: Das ist schwierig zu sagen. Im Grunde genommen will ich eigentlich gar nicht hier sein. Ich bin gekommen, weil man mich geschickt hat und weil ich mitwirken will.

M: Du scheinst dafür sehr qualifiziert zu sein.

N: Sonst hätte man mich nicht geschickt.

M: Und du scheinst nicht alleine hier zu sein.

N: Das bin ich nicht.

M: Nathan hatte in diesem Leben bisher das Gefühl, alleine hier zu sein. Es ist nicht leicht für ihn gewesen.

N: Er sollte lernen, alleine zurechtzukommen. Er sollte lernen, was es bedeutet, alleine zu sein, missverstanden zu sein. Er sollte sich auf diese Art mehr in den Menschen hineinversetzen können, damit er sieht, wie es ist, Mensch zu sein.

M: Hat er das getan?

N: Ja, das hat er. Er ist durch schwierige Zeiten gegangen. Er ist durch teilweise *sehr* schwierige Zeiten gegangen, um zu sehen, was es bedeutet, ein Mensch zu sein, und um mehr Mitgefühl zu entwickeln. Er arbeitet noch an sich.

M: Die Erfahrungen haben also ihren Zweck erfüllt?

N: Definitiv.

[...]

Es war an der Zeit, das Überbewusstsein einzurufen, um mehr Informationen zu erhalten. Da Nathan mit dem Wechsel in das Bewusstsein der Wesenheit bereits ein erweiterter Blick auf sein Leben zur Verfügung stand, wusste ich, dass es leicht sein würde, noch einen Schritt weiterzugehen und die Verbindung zum Höheren Selbst zu etablieren. Als dies erfolgt war, besprachen wir zunächst das menschliche Leben, das ihm zu Beginn seiner Reise gezeigt worden war. Im Anschluss daran fragte ich das Überbewusstsein, warum sie Nathan zudem Einblick in den Teil seines Seelenweges gegeben hatten, der ihn zur Erde geführt hatte.

ÜB: (Seufzt.) Er soll wissen: Er soll einfach hier sein. Einfach nur sein. Im Grunde genommen hat er keine spezielle Aufgabe. Er soll einfach nur hier sein. Es reicht schon, dass er hier ist, um die Energien zu erhöhen.

M: Warum genügt das?

ÜB: Er hat eine hohe Frequenz in sich, ein hohes Energiefeld, das automatisch die Leute um ihn herum beeinflusst – auf positive Weise natürlich. Reines Sein reicht dafür aus. Er kann sich im Grunde genommen selber aussuchen, wo und wie er auf dieser Welt sein möchte.

M: Seine Präsenz ist also nicht an einen bestimmten Ort gebunden?

ÜB: Nein, das ist sie nicht. Er kann es sich frei aussuchen.

**Im Laufe der Jahre habe ich mit sehr vielen Menschen arbeiten dürfen, die eine ähnliche Botschaft von ihrem Überbewusstsein erhalten haben. Häufig ist das bei Starseeds/Freiwilligen/Wanderern der Fall. Wann immer das geschieht, freue ich mich sehr für die jeweilige Person, denn ich sehe es als einen absoluten Segen bzw. einen Freibrief an, hier tun und lassen zu können, was man möchte, denn diesen Luxus haben meiner Erfahrung nach nicht viele inkarnierte Seelen. Die meisten von ihnen haben sich im Vorfeld bestimmte Tätigkeiten und Bestimmungen ausgesucht, die im Laufe des Lebens – idealerweise – ausgeübt und erfüllt werden. Hierzu gehören oft auch spezifische Orte, an denen gelebt und gewirkt werden soll. Wenn diese selbstgesteckten Vorgaben dann ignoriert werden und man sich somit nicht auf dem geplanten Weg befindet, kann sich unter Umständen ein Gefühl von Sinnlosigkeit, Verlorenheit und Traurigkeit oder auch Unruhe und Rastlosigkeit breitmachen. Das macht Sinn, da unter Umständen Lektionen nicht gelernt werden, die man sich vorgenommen hat, Seelenverträge nicht eingehalten werden, die im Vorfeld vereinbart wurden, oder auch Fähigkeiten nicht genutzt werden, die entwickelt werden wollten.

Wer jedoch hauptsächlich hier ist, um dem Planeten und der Spezies durch seine reine Anwesenheit energetisch zu helfen, kann keine »ungünstige« bzw. komplizierende Entscheidung treffen, kann nirgendwo »falsch abbiegen«, weil es im Grunde keine Rolle spielt, was man genau tut und wo man sich befindet.

Interessanterweise habe ich über die Jahre hinweg die Beobachtung gemacht, dass nur wenige meiner Reisenden, die diesen Freibrief erhalten, so begeistert davon sind, wie ich es jedes Mal für sie bin. Bei vielen ist die menschliche Konditionierung im Rahmen unserer leistungsorientierten Gesellschaft so weit vorangeschritten, dass die Offenbarung absoluter Freiheit bisweilen mehr Angst als Freude erzeugen kann. In diesen Fällen müssen negative Glaubenssätze, die häufig mit Themen wie fehlendem Vertrauen und vermindertem Selbstwert verbunden sind, erst losgelassen bzw. transformiert werden, um das volle Potenzial der Situation erkennen und leben zu können.**

Nathans Überbewusstsein betonte allerdings, dass dies für ihn nicht etwa bedeute, gar nichts tun zu müssen. Jede Inkarnation ist reich an wertvollen Erfahrungen, die gemacht werden wollen. Hierfür sind konkrete Entscheidungen und Handlungen nötig, die niemand außer der Persönlichkeit treffen und ausführen kann. Das Überbewusstsein erklärte, wie wichtig das in Nathans Fall war.

ÜB: Selbstverständlich werden bei jedem Leben, das geführt wird, Informationen aufgenommen und wieder auf die andere Seite hinüber getragen. Mit anderen Worten: Er sammelt hier Erfahrungen für sich, mit deren Hilfe er sich hinterher entscheiden kann, wie es für ihn in diesem Universum weitergehen soll. Hierfür muss er aus der Faulheit rauskommen. Er muss endlich ins Tun kommen und feststellen, dass er, egal, was er sich vornimmt, jederzeit unterstützt sein wird. Er muss seine Zweifel aus dem Weg räumen. Das ist sehr wichtig!

M: Wer oder was gibt ihm diese Unterstützung?

ÜB: Die Quelle selbst. Auch sein persönlicher Schutzengel. Den kann er jederzeit fragen. Er sollte sich mit ihm mehr auseinandersetzen. Seine Zweifel ließen sich auch dadurch beseitigen. Alles, was er braucht, liegt in der geistigen Welt.

M: Wie kann er vorgehen, um in den Kontakt zu treten?

ÜB: Er soll seine Intention im Herzen konzentrieren und tief in sich hineingehen. Dann kann er sich aussuchen, ob er mit Gedanken oder in Worten sprechen möchte. Aber: Wir können ihm nicht alle Antworten liefern. Auf einer gewissen Ebene ist das Leben auch ein Test. Er wird das eine oder andere selbst herausfinden müssen.

[...]

Ein zentrales Thema auf Nathans Liste war das Gefühl großer Einsamkeit, dass er trotz seiner Familie und Freunde bereits sein ganzes Leben verspürt hatte. Ich sprach an, dass der Einblick in seinen bisherigen Weg offenbart hatte, dass auch andere Mitglieder seiner Gruppe hier auf der Erde inkarniert seien, und bat das Überbewusstsein, sich dazu zu äußern.

ÜB: Sie müssen sich alle jeweils in einem Menschenleben weiterentwickeln. Er genauso wie sie auch. Sie werden früher oder später auf ihrer Entwicklungsreise aufeinandertreffen.

M: Noch während seiner aktuellen Inkarnation?

ÜB: Ganz genau.

M: Wie kann er zwischenzeitlich mit dem Gefühl der Einsamkeit umgehen?

ÜB: Einfach ruhig bleiben, die Zeit so gut genießen, wie es nur irgendwie geht, und sich im Hinterkopf behalten, dass es eine Veränderung geben wird. Alles wird eine Wendung nehmen. Er wird bald auf seine Leute treffen. Das Alleinsein wird nicht bis in alle Ewigkeit andauern.

M: Kann er etwas tun, um das gegenseitige Finden zu unterstützen?

ÜB: Wie schon erwähnt, ist er einzig und alleine hier, um die Vibration zu erhöhen. Das ist seine einzige Aufgabe. Was er mit dem Rest seines Lebens macht, ist seine Entscheidung. Sein Auftrag ist es, einfach nur zu sein. Er erfüllt diesen Auftrag allein durch seine Anwesenheit. Nichtsdestotrotz sollte er endlich aus seiner Faulheit herauskommen und ins Machen hineinkommen. Dinge umsetzen, die er sich vorgenommen hat. Er setzt wenig um – das ist das Problem.

[...]

Ein weiteres Thema, das Nathan beschäftigte, war die Neue Erde und seine Verbindung dazu. Er wusste nun, dass er als Starseed direkt an deren Entstehung mitarbeitete. Ich erkundigte mich beim Überbewusstsein, ob er nach dem Aufbau der Neuen Erde ein Teil von ihr sein würde. Sie bejahten dies.

ÜB: Ja, das wird er. Dafür wurde er geschickt. Er ist auch hier, um hinterher dort mitzuwirken. Diese aktuelle Inkarnation wird auf jeden Fall davon betroffen sein. Was er danach macht, ist voll und ganz seine Entscheidung. Er wird nicht gezwungen werden, in ein bestimmtes Universum oder Planetensystem zu gehen oder zurückzukehren. Er wird selbst die freie Entscheidung haben.

M: Er wird also auch die Erde verlassen können, wenn er das will?

ÜB: So ist es.

[...]

Letzte Worte: »Alles, was er braucht, hat er heute bekommen. Alles, was gesagt werden musste, ist aufgezeichnet. Er wird es schaffen. Für ihn gilt: Glauben und mit dem Herzen verbinden. Dann wird alles gut laufen.«

Die Botschafterin

Sabrina (56) lebte seit mehreren Jahren im europäischen Ausland und hatte sich daher für eine Online-Sitzung entschieden. Als professionelles hellsichtiges Medium und Heilerin hatte sie bereits weitreichende Erfahrung darin, für andere Menschen Informationen von der geistigen Welt zu erhalten und ihren Bewusstseinszustand entsprechen zu verändern. Seit einer Weile fühlte sie sich jedoch davon gerufen, von jemandem begleitet zu werden, um Antworten auf ihre eigenen Fragen zu erhalten. Quantenhypnose sollte ihr diese Erfahrung ermöglichen.

Es war ein Septembertag im Jahre 2021. Die Corona-Pandemie hatte die Welt fest im Griff, und so war es eine Freude und Erleichterung, sie für eine Weile hinter uns zu lassen und uns auf Erkundungsreise durch Sabrinas Seelenchronik zu begeben. Wie erwartet war es für sie sehr einfach, sich in hypnotische Trance zu begeben, und so dauerte es nicht lange, bis sich eine neue Umgebung um sie herum zu formen begann. So, wie sie diese beschrieb, wurde schnell klar, dass wir uns nicht mehr auf der Erde befanden: »Ich bin in der Galaxis ... In der Nähe ein braun-grauer Planet. Ganz viel Nebel drumherum ... Ich bin wie ein Licht. Ich habe keinen Körper ... und ich tauche jetzt in diesen Nebel ein. Obwohl ich keinen festen Körper habe, habe ich trotzdem ein Körpergefühl ... so etwas wie Arme und Beine ... und ich spüre, wie ich ganz langsam in den Nebel eintauche. (Pause.) Da ist der Planet unter mir, der sich mir nähert.« Während sie sich auf ihn zubewegte, bat ich sie, ihn mir zu beschreiben.

[...]

S: Ich sehe rot-braune Flächen. Dann ist da auch ein helleres Braun. Ich komme näher und näher ... und ich sehe jetzt so etwas wie eine große Fläche ... wie eine ... Stadt mit ganz großen

Gebäuden. [Unverständliche Worte.] Ich sehe jetzt, wie sich mein Äußeres verändert, und es ist alles irgendwie ganz hell ... ganz hell um mich herum ... ganz hell auf dem Boden. Ich habe ein fließendes Gefühl.

[...]

Wir fokussierten uns auf ihre äußere Erscheinung und Sabrina begann, diese zu beschreiben.

S: Meine Gestalt ist fließend, nicht wie ein fester Körper. Und ich habe so etwas wie ein langes Gewand an. [...] Ein weißes Gewand. Wie ein Umhang ... oder ein langes, weißes Kleid mit langen Ärmeln. Ich sehe nicht menschlich aus. (Pause.) Meine Haut ist ... rau, obwohl sich alles weich und fließend anfühlt. Meine Hände verändern sich jetzt. [...] Lang. Ganz lange Finger. Vier Finger. Und auch so etwas wie einen Daumen. (Pause.) Ich stehe auf einer Anhöhe und sehe vor mir eine Stadt mit ganz unterschiedlichen Gebäuden. Um die Stadt ist so etwas wie Natur, aber ganz anders ... Sehr niedrige Bäume. Baumähnliche Gewächse. Und die Häuser sind tempelartig ... ganz runde Gebäude. Dahinten aber dann auch wieder Spitzen, die hochragen. Es ist nicht alles rund; da sind auch spitze Gebäude.

M: Kannst du mir die Materialien beschreiben?

S: So etwas Ähnliches wie Stein und Sand, aber es ist trotzdem ein anderes Material. [...] Weiter hinten sind sie dunkel, aber die Gebäude, die ich vor mir sehe, sind hell – wie heller Marmor oder heller Sandstein. Sie sind hoch! Sie sind sehr hoch, obwohl ich auf der Anhöhe eines Berges stehe. (Pause.) Ich bin hier zu Besuch. Ich bin hier, um etwas zu bringen. Mir kommt das Wort »Frieden«.

[...]

Bevor wir in die Handlung einstiegen, bat ich Sabrina, mir noch ein wenig mehr zu ihrer äußeren Erscheinung zu sagen.

S: Von außen nimmt man mich wahr wie einer der Ihrigen. Mit vier Fingern ... Die Haut ist nicht schuppig, aber sie ist rau. Ich habe lange Beine. Ich habe einen oval-geformten Kopf ... und einen ausgeprägten Hinterkopf. Ich habe dieses weiße Gewand und meine Haut ist blau-grün-schimmernd.

M: Beschreibe mir dein Gesicht.

S: Es ist wunderschön. (Pause.) Ich habe ganz große Augen – mandelförmig, aber viel, viel größer – und eine ganz kleine Nase. Wunderschöne Augen! Dieses Gesicht ist oval und es wirkt, als ob ich ein bisschen höhere Wangenknochen hätte. Der Mund ist nicht sehr groß. Ich habe keine Haare.

M: Kannst du mir die Farbe der Augen beschreiben?

S: Die sind grün-türkis. Ganz leuchtend! So etwas habe ich noch nie gesehen ... ein ganz leuchtendes Grün-Türkis. Es ist einem Menschenauge ähnlich, aber die Form ist anders.

[...]

Sie nahm sich zudem als weibliches Wesen war, »erwachsen, aber jung«, gesund und vital. Ich entschied, die Aufmerksamkeit auf die Handlung zu lenken, und bat sie, mir mehr zu dem zu sagen, was sie zu bringen gekommen war.

S: Ich bin zurückgekommen, weil ... (Seufzt.) Es herrscht kein richtiger Krieg, aber es gibt Uneinigkeiten. Es ist noch kein Krieg ausgebrochen, aber es gibt Unruhen. Und ich bin gekommen, um diplomatische Verhandlungen zu führen.

M: Wo finden diese statt?

S: In einem tempelähnlichen Gebäude, wo sich die Weisen und der hohe Rat, die führenden Persönlichkeiten, aufhalten. Man wartet dort auf mich.

M: Was hat dich dazu bewogen, diese Funktion zu erfüllen?

S: Ich habe den Auftrag bekommen. Es ist meine Aufgabe, diplomatische Verhandlungen zu führen.

M: Hast du das bereits woanders getan?

S: Ja, an verschiedenen Orten, auf verschiedenen Planeten.

M: Wer hat dich beauftragt?

S: Ich höre meine Gruppe sagen: »Wir sorgen für Frieden. Wir unterstützen in Verhandlungen als Mentoren ... Vermittler.«

M: Ist das der Grund, warum du an diesen Ort gekommen bist?

S: Ja, denn die Gefahr besteht, dass dort ein vernichtender Krieg geführt wird. Alles weist darauf hin, und wir sind hier, um das zu verhindern und die Bewohner zu warnen.

M: Welche Fraktionen sind Teil dieses Kriegs?

S: Es wird von außen manipuliert. Es sind Angreifer von außen. Sie sind noch nicht hier, aber sie versuchen schon von Weitem– (Unterbricht sich.) Ich sehe Schiffe. Man versucht von Weitem, mit bestimmten Strahlungen das Bewusstsein des Planeten, der Bevölkerung, zu manipulieren. Und deshalb sind wir hier: um zu warnen. Wir dürfen nicht aktiv eingreifen, aber wir dürfen warnen und Informationen geben. Dafür haben wir die Erlaubnis. Die Weisen und der Hohe Rat dort ahnen schon etwas, aber sie haben nicht genügend Informationen. Sie haben nicht denselben Zugang, den wir haben. Deswegen bin ich dort: um ihnen die Informationen zu geben.

[...]

Ich fragte sie, was nun nach ihrer Ankunft geschehen würde.

S: Ich betrete diesen Tempel. Man wartet dort auf mich. Ich bin angekündigt worden. Wir gehen in einen Saal, wo man wie in einem Kreis zusammensitzt. Ich erzähle und zeige ... und man hört mir zu. Ich sehe, wie sie nicken und wie sie ... verstehen ... und genau diese Informationen noch gebraucht haben. Ich zeige ihnen anhand von Hologrammen, was passieren wird und worauf sie achten müssen, damit sie sich vorbereiten und Gegenmaßnahmen einsetzen können.

M: Werden sie sich dem Angriff widersetzen können?

S: Ja, sie haben die Mittel, aber es fehlte ihnen noch das Wissen, wie. Das geben wir ihnen, damit sie sich selbst schützen und eigenmächtig handeln können.

M: Sind sie sich der Gruppe bewusst, die ihnen mit einem Angriff droht?

S: Ja, und deswegen haben sie uns um Hilfe gebeten.

M: Was ist die Intention eurer Gruppe?

S: Wir arbeiten auf galaktischer Ebene. Wir haben uns zusammengeschlossen, um für Frieden zu sorgen. Wir sind Repräsentanten von Planeten, Zivilisationen, die sich zusammengetan haben, um in der Galaxis für Frieden zwischen den Welten zu sorgen, indem wir unterstützen, ohne uns aktiv einzubringen, und mit Informationen und unterschiedlichen Hilfsmaßnahmen dafür sorgen, dass andere Zivilisationen eigenmächtig handeln und sich retten können. Wir dürfen das nur, wenn man uns darum bittet. (Pause.) Wir haben schon vielen Zivilisationen helfen können.

M: Warum ist es wichtig für euch, dass ihr nicht aktiv eingreift?

S: Es ist das höchste Gesetz des freien Willens, das wir beachten. Es ist das höchste Gesetz des Einen, dass wir immer den freien Willen respektieren und uns nicht einmischen dürfen, ohne dass wir darum gebeten werden. Und es muss dem höchsten Wohle aller dienen.

**Es war sehr interessant, dass sich die Wesenheit, die durch Sabrina sprach, hier auf das »Gesetz des Einen« (im Englischen: *Law of One*) bezog. Im gleichnamigen Material wird dieses Gesetz, welches besagt, dass alles, was existiert, miteinander verbunden ist, vom höherdimensionalen Kollektiv Ra als das allerhöchste Gesetz von Existenz beschrieben: »Das Gesetz des Einen, auch wenn es jenseits der Begrenzungen von Namen liegt, [...] lässt sich annähernd mit der Aussage beschreiben, dass alle Dinge eins sind, dass es keine Polarität, kein Richtig oder Falsch, keine Disharmonie gibt, sondern nur Identität. Alles ist eins, und dieses Eine ist [...] der Unendliche Schöpfer« (Sitzung Nr. 4). Es ist davon auszugehen, dass sich vor allem höherentwickelte Gruppen und Wesenheiten, zu denen die Botschafterin ohne Zweifel gehörte, des Gesetzes des Einen bewusst sind. Unter anderem dank Gruppierungen wie Ra ist auch unser Bewusstsein auf der Erde dafür wieder neu erwacht und verbreitet sich immer mehr.

Aus diesem laut ihnen »einzig wahren«, allumfassenden Gesetz habe der Schöpfer eine Reihe untergeordnete Gesetze (sogenannte

»Verzerrungen« oder auch »Abwandlungen«) extrahiert, die zwar »weniger wahr« seien, aber notwendig gewesen waren, um unterschiedliche Erfahrungen überhaupt erst möglich zu machen. So konnten individuelle Bewusstseinseinheiten entstehen, die in der Lage sind, eigene Entscheidungen zu treffen und miteinander zu interagieren: »Es gibt ein Gesetz, von dem wir glauben, dass es eine der bedeutendsten ursprünglichen Abwandlungen des Gesetzes des Einen ist. Das ist das Gesetz der Verwirrung. Man nennt es auch das Gesetz des freien Willens« (Sitzung Nr. 3). Als Ra nach einer Definition gefragt wird, antworten sie: »In dieser Abwandlung des Gesetzes des Einen kommt zum Ausdruck, dass der Schöpfer sich selbst erkennen wird« (Sitzung Nr. 27).

Dass positiv polarisierte Gruppen den freien Willen einer anderen Spezies stets respektieren würden, wird im Material mehrfach erwähnt. Im Gegensatz dazu scheint es für negativ polarisierte Gruppen charakteristisch zu sein, sich dieser Direktive nicht zu unterwerfen: »Ihr Ziel ist die Eroberung, im Gegensatz zu denen [...], die darauf warten, gerufen zu werden« (Sitzung Nr. 8). Laut Ra agieren negative Gruppen »nicht mit Respekt für den freien Willen« und »werden ihn verletzen, wann immer sie es für möglich halten« (Sitzung Nr. 72). Die Botschafterin bestätigte den Unterschied im Vorgehen der Polaritäten.**

M: Die angreifende Gruppe scheint das anders zu sehen. Was kannst du mir über sie sagen?

S: [Menschen] würden sie als bösartig bezeichnen. Es ist eine sehr aggressive Zivilisation mit einer ganz anderen ... Ethik – wenn man das überhaupt als solche bezeichnen kann. Es geht um Zerstörung, es geht um Machtübernahme und -ergreifung. Es geht um Eroberung und Sich-untertan-Machen. Alles hat mit Zerstörung und Macht zu tun. Es ist eine sehr aggressive Zivilisation, fernab von dem, was wir leben und vertreten.

M: Seid ihr dieser Gruppe bereits zuvor begegnet?

S: Ja, des Öfteren schon ... in anderen Kriegen.

M: Gibt es mehrere Gruppen dieser Art?

S: Es gibt eine Allianz aus Gleichgesinnten, die sich zusammengeschlossen haben, aber sie sind trotzdem untereinander wieder unterschiedlich: Manche sind aggressiver und aktiver, andere sind passiv und profitieren nur. Wie eine Art Allianz von verschiedenen– (Unterbricht sich.) Ich sehe hier fünf Gruppen, die sich zusammentun. Und eine davon – die »Shia-kach« (phonetisch) – ist die führende, die aggressivste.

M: Könnte man diese Allianz als ein Gegenstück zu eurer Gruppierung verstehen? (Ja) *Gibt es Beziehungen zwischen euch und dieser Allianz?*

S: Nicht direkt. Wir vermeiden den direkten Kontakt, da wir nicht in Kriegshandlungen eingreifen. Wir sind auf einer anderen Ebene und gehen nicht in direkten Kontakt mit ihnen.

[...]

Nach diesem kleinen Exkurs in die Intentionen der beteiligten Gruppen und damit in den größeren Kontext der Situation bat ich Sabrina, mir zu beschreiben, wie es für sie nun weitergehen würde, nachdem sie die Informationen überbracht hatte.

S: Nachdem ich alle Informationen übermittelt habe und versichere, dass wir unterstützend zur Verfügung stehen werden, verlasse ich diesen Planeten. Ich steige wieder auf diese Anhöhe hinauf und merke, dass ich mich dabei verändere. Als ob der Körper von mir ... abfließt. Und dann bin ich wieder ... wie Licht. Es ist kein fester Körper mehr. (Pause.) Ich gehe zurück zur Basis.

M: Beschreibe mir diese Basis, wenn du dort ankommst.

S: Sie ist ein Teil von einem ganz großen ... Mutterschiff. Es ist gigantisch groß! In diesem Schiff sind viele verschiedene Repräsentanten unterschiedlicher Zivilisationen vertreten, die sich alle dem gleichen Kodex verpflichtet haben: für die Harmonie und Balance in der Galaxie; für den Frieden. Und meine Gruppe ist ein Teil davon. Wir haben alle unterschiedliche Aufgaben.

M: Erzähle mir mehr von deiner Gruppe.

S: Ich bekomme dieses Gefühl, als ob ich reines Licht bin. Alles ist fließend. Wir sind eine Gruppe von ... fünf – nein, mit mir sechs. Unsere Schwingung ist so hoch, dass wir keinen festen Körper mehr brauchen. Nur, wenn wir uns herabbegeben müssen in eine festere Dimension, Schwingung, bekommen wir einen körperähnlichen Zustand, damit man uns sehen kann.

M: Müsst ihr das auch auf diesem Mutterschiff tun?

S: Nein. Dort können wir so sein, wie wir sind. Dort können wir wir selbst sein.

M: Trifft das auch auf die anderen zu?

S: Ja, da sind ganz unterschiedliche Spezies.

M: Welcher Aufgabe widmet ihr euch im Kontext dieser Gruppierung?

S: Wir übernehmen gewisse diplomatische Aufgaben, da wir nicht aktiv in Kriegshandlungen eingreifen bzw. das nicht wollen. Es geht um Unterstützung. Es geht um Information. Es geht um diplomatischen Austausch und vor allem darum, Zivilisationen Hilfe zu geben durch Informationen und energetische Unterstützung. Das ist unsere Aufgabe – unter anderem auch die von anderen Abteilungen, aber auf ihre Art.

M: Hat die Wahl dieser Aufgabe etwas damit zu tun, dass ihr einfach nicht in Kriegshandlungen eingreift, oder bringt ihr bestimmte Fähigkeiten mit, die euch dafür empfehlen?

S: Beides. Es ist zum einen die bewusste Wahl, nicht in Kriegshandlungen einzugreifen, aber auch die Fähigkeit, uns bei Bedarf anzupassen, wenn es möglich ist. Die Fähigkeit, gewisse körperähnliche Gestalten anzunehmen. Das ist aber nicht überall möglich. Es kommt immer darauf an, um welche Zivilisation es sich handelt.

M: War der Körper, den du auf dem rot-braunen Planeten angenommen hattest, ein dort üblicher?

S: Ja. Das ist meine Fähigkeit.

M: Gibt es noch etwas anderes, dem du dich im Kontext dieser Aufgabe widmest – oder wenn du beispielsweise auf dem Schiff bist?

S: Wir widmen uns dem nicht separat, sondern ... es ist wie ein gemeinsames Bewusstsein. Ich bin diejenige von uns, die gerne hinausgeht und direkten Kontakt mit den Zivilisationen aufnimmt. Ich bin da eher zu bereit. Ich werde dann geschickt, dies zu tun, weil da auch meine Neugierde eine Rolle spielt. Weil ich offen bin dafür. (Pause.) Es kommt mir auch so vor, als ob ich die Jüngste in dieser Gruppe bin. Die, die mehr – Mut ist nicht das richtige Wort – »Bereitwilligkeit« hat, das zu tun.

M: *Wie empfindest du gegenüber den anderen Mitgliedern deiner Gruppe?*

S: Wir gehören zusammen. Was ich sehe, ist eine einzelne Lichtenergie. Wir haben eine sehr, sehr hohe Schwingung. Es ist reine Liebe, aber – wie soll ich das sagen? – es sind keine Emotionen mehr. Es ist rein. Reine Liebe. (Seufzt.) Das kann man gar nicht mit menschlichen Worten beschreiben.

M: *Habt ihr dieselbe Heimat?* (Ja) *Erzähle mir von dem Ort, den ihr als eure Heimat betrachtet?*

S: Der Planet ist ... sehr weit weg ... und sehr ... hell. (Konzentriert.) Da ist so etwas wie eine weiße Schicht um ihn. Aber unter der Schicht ist er türkis-blau. Da sind viele Gase ... ganz viele Schichten, die den Planeten umgeben. Auf der Oberfläche des Planeten gibt es hauptsächlich Gase und so etwas, das aussieht wie Wasser. (Grübelt.) Aber ich bin mir gerade nicht sicher, ob das wirklich Wasser ist. Die Oberfläche sieht nicht bewohnbar aus. Wir müssen in den Planeten hineingehen ... unterirdisch, und das ist ... (Seufzt.) Es ist wunderschön! Es ist hell erleuchtet – als ob die Sonne scheinen würde. Das kann man gar nicht beschreiben! Diese Farben gibt es so hier nicht. Alles ist in Pastelltönen, aber in kraftvollen Pastelltönen. Und alles ist ... wabernd. Es gibt nicht nur eine Lichtquelle, sondern *alles* ist beleuchtet. Und die Gebäude ... (Seufzt.) Es ist so schön! (Ergriffen.) Eine sehr farbenfrohe Natur, aber eine ganz eigene Art der Fauna. Und die Wesen ... Wir haben eine Art Körper, den wir sehen können, weil wir die gleiche Schwingung haben. Deshalb sehen wir uns. In einer niedrigeren Schwingung könnte man uns nicht sehen.

M: *Beschreibe mir die Körper, in denen ihr euch gegenseitig wahrnehmt.*

S: Wir haben fast menschenähnliche Körper, sind aber sehr schlank und sehr groß. (Konzentriert.) Wir haben tatsächlich fünf Finger ... wunderschön, ganz langgliedrig ... und große Augen. Ich sehe männliche und weibliche Energien. Es ist eine Zivilisation, in der jeder seine Aufgabe hat. Es herrscht Frieden. Harmonie. (Pause.) Wir haben ausgeprägte Fähigkeiten und Sinne. Alles ist verbunden. Wir kommunizieren telepathisch. Alles ist Energie und fließend. (Pause.) Es ist wunderschön!

[...]

Ich erkundigte mich, ob es dort so etwas wie Gebäude gab, die die Bewohner des Planeten nutzten, war mir allerdings nicht sicher, ob die Frage Sinn machte für eine Zivilisation, die offensichtlich in einer höheren Dichte als unserer physischen existierte. Tatsächlich schien es Strukturen zu geben, die Sabrina zu beschreiben begann.

S: Sie sind ganz hell, fast Marmor-ähnlich. (Pause.) Sie haben Öffnungen, aber es gibt bei uns keine Glasscheiben wie auf der Erde, da wir keine Temperaturschwankungen haben. So etwas wie »zu kalt« oder »zu warm« gibt es nicht. Das heißt, alles ist offen. Jeder von uns hat sein eigenes ... Gebäude. Es gibt aber auch so etwas wie tempelähnliche Gemeinschaftsplätze, wo wir zusammenkommen, um unsere Meditationen zu machen und energetische Praktiken auszuüben.

M: Gibt es bestimmte Themen oder einen bestimmten Fokus, dem ihr euch als Kollektiv widmet.

S: Es geht um Entwicklung – »persönlich« passt schon gar nicht mehr dazu –, um unsere Fähigkeiten zu erweitern, zu schulen, zu entwickeln. Wir streben das höchstmögliche Bewusstsein an, und jeder hat seine Aufgabe in diesem Prozess.

M: Erzähle mir von deiner Aufgabe.

S: Ich wollte das aus unserer Zivilisation nach außen bringen und es weiterverbreiten. Wir haben immer wieder solche Repräsentanten, die wir hinausschicken und deren Aufgabe es ist, zu ermöglichen, dass auch andere daran teilhaben können – wenn sie es möchten. Es geht darum, es zu zeigen, aber nur basierend auf dem freien Willen. Diplomatische Aufgaben, sozusagen. Möglichkeiten aufzeigen und Zivilisationen darin unterstützen, sich weiterentwickeln zu können.

M: *Gibt es neben dem rot-braunen Planeten noch andere Planeten, auf denen du diese Funktion erfüllst?*

S: Ich bin als Abgesandte auf Arkturus gewesen, um gemeinsam mit dem Hohen Rat dort– (Unterbricht sich.) Es ging um das »Projekt Erde«. [...] Zu dem Zeitpunkt, als ich mit diesem Projekt in Kontakt gekommen bin, war es noch ein ganz junges – und die Erde ein ganz junger Planet. Ich habe es eher beobachtet. Dann ging es darum, aufzubauen, damit dieser Planet wachsen und sich entwickeln kann. Ich habe mich dann mit anderen Abgesandten dazu bereiterklärt, an diesem Projekt teilzuhaben, um dort beim Aufbau zu helfen. (Pause.) Was ich jetzt sehe, ist, dass wir mithilfe meiner Fähigkeiten sowie derer von anderen ... so etwas wie Gebäude oder Tempel aufgebaut haben und – das war noch ganz am Anfang – versucht haben, Vorbereitungen dafür zu treffen, dass Zivilisationen dorthin kommen können; die Voraussetzungen dafür zu schaffen.

M: *Gab es zu dem Zeitpunkt schon die menschliche Form auf dem Planeten?*

S: Als ich dort war, noch nicht. Die kam erst später.

M: *Wie sah dein Beitrag zu dieser Vorbereitung aus?*

S: Ich habe mithilfe meiner energetischen Fähigkeiten beim Aufbau geholfen. (Grübelt.) Wie beschreibe ich das ...? Ich spüre gerade eine Freude, energetisch etwas aufzubauen und mit Materialien zu arbeiten! Es geht um feste Materialien. (Konzentriert.) Als ob ich feste Materialien zusammensetze ... und trotzdem aber alles fließt. Es ist sehr schwer, überhaupt in Worte zu fassen, was ich dort mache.

M: *Geht es um das generelle Erschaffen von Materie, die später benutzt werden kann, oder geht es um bestimmte Materialien?*

S: Es geht um Materie. Es geht darum, Energie in feste Materie umzuwandeln. Es geht darum, Gase und ähnliche Dinge in Form zu bringen, damit etwas wachsen kann. Dieser Planet hatte am Anfang keine Struktur. Ich habe bestimmte Dinge miteinander verknüpft, damit daraus etwas entstehen und wachsen konnte, was man aufbauen kann.

An dieser Stelle fühlte ich mich daran erinnert, wie Ra im *Law of One* fast schon poetisch den physischen Entstehungsprozess der Erde in der ersten Dichte beschreibt: »Man könnte sich vorstellen, wie die Luft und das Feuer des Chaos buchstäblich das Formlose erleuchten und formen, denn Erde und Wasser waren in diesem zeitlosen Zustand noch ungeformt. Während die aktiven Prinzipien von Feuer und Luft glühend um das blasen und brennen, was das Kommende nährt, lernt das Wasser, zu Meer, See und Fluss zu werden. Die Erde lernt, geformt zu werden, und bietet so die Möglichkeit für existenzfähiges Leben« (Sitzung Nr. 78). Durch Louisas Erinnerungen im Kapitel *Zurück zum Anfang* konnten wir erfahren, dass höherdimensionale Wesenheiten zu Beginn der zweiten Dichte, d.h. beim Entstehen der frühen Flora und Fauna unseres Planeten, Unterstützung geleistet hatten. Es könnte daher durchaus möglich sein, dass derartige Wesenheiten auch zu einem noch früheren Zeitpunkt des »Projekts Erde«, etwa bei der Formung der ersten Dichte, als Helfer beteiligt gewesen waren. War die Botschafterin etwa eine von ihnen gewesen?

M: Wie lange hast du dich auf diese Weise mit dem Planeten beschäftigt?

S: Nur ganz am Anfang. Ich hatte den Planeten verlassen vor der ersten Zivilisation – bevor das ganze Leben kam – und bin erst später wieder zurückgekommen.

M: Zu welchem Zeitpunkt und warum?

S: Zur Zeit von Atlantis und Lemurien. Ich war damals im Rat, in der hohen Priesterschaft, tätig, wo wir Zugang zu den höheren energetischen Fähigkeiten hatten.

M: Erfolgte die Rückkehr in temporärer Form oder als vollständige Inkarnation?

S: Als vollständige Inkarnation – aber mit dem Bewusstsein dafür, wer ich war. Ich hatte zu dem Zeitpunkt nicht vergessen. Ich hatte noch Zugang zu meinem Ursprung.

M: Warum hattest du dich damals für eine Inkarnation entschieden?

S: Da begann meine Neugier, meine Forschung. Ich wollte mehr wissen. Ich wollte sehen, was aus dem Projekt entstanden war. Ich hatte mich damals bereiterklärt, das zu erforschen, aber auch gleichzeitig, mein Wissen zu teilen. Ich wollte sehen: Was ist aus unseren Aufbauarbeiten geworden?

M: Welche Perspektive hattest du damals auf das Projekt und auf die Spezies, die sich bis zu dem Zeitpunkt auf dem Planeten entwickelt hatte?

S: Ich fand es spannend und war begeistert davon, wie sich diese Zivilisation entwickelt hatte. Was da für Möglichkeiten waren. Es war sehr lichtvoll. Es war sehr hochentwickelt. Ich fand das spannend und habe mit Begeisterung beobachtet. Ich war mit großer Freude aktiv dabei!

[...]

Ich fragte sie, ob sie mir mehr über die Kultur sagen könne, in der sie damals inkarniert gewesen war.

S: Ich sehe uns als sehr großgewachsen, hellhäutig, blond. Es war ein nordisches Äußeres. Ein menschliches Aussehen, aber sehr groß. Dieses Blonde, dieses Nordische, war sehr ausgeprägt. [...] Wir waren ein Teil von Atlantis. Das war ja ein Kontinent, etwas Größeres, und wir waren ein Teil davon. Wir gehörten nicht zu Lemurien.

M: Hast du dort auch inkarniert?

S: Nein. Ich war nur in Atlantis.

M: Du hattest vorhin erwähnt, dass du diese Inkarnation begannen hattest, um Wissen zu bringen. Welcher Art war dieses Wissen?

S: Es ging um die Verbindung zur göttlichen Quelle. Darum, die energetischen Fähigkeiten zu schulen, um sich mit der göttlichen Quelle zu verbinden, die höchste Weisheit zu erlangen, alle Begrenzungen aufzulösen. Es ging um die reine Liebe, diese Lichtenergie, und darum, mithilfe dieser Energie die Zellstruktur zu regenerieren. Es ging um Heilung, um Regeneration und um die Anbindung zur Quelle.

M: Was konntest du für dich aus deinen Erfahrungen in der atlantischen Kultur mitnehmen und wie ging es für dich in Bezug auf die Erde weiter?

S: Als ich dort war, war Atlantis eine Hochkultur. Sie war unserer eigenen Kultur entfernt ähnlich. Deswegen war ich so begeistert und hatte mich dort so wohlgefühlt.

M: Was waren die Ähnlichkeiten?

S: Der liebevolle und harmonische Umgang miteinander. Auch die technologischen Fähigkeiten waren sehr weit entwickelt. Die Harmonie, die dort herrschte – miteinander, untereinander. Die Balance. Die Liebe. Aber es ist irgendwann gekippt ...

M: Wenn ich es richtig verstanden habe, warst du zur Zeit dieses »Kippens« nicht mehr dort inkarniert. (Nickt.) *Kannst du aus dieser Perspektive erklären, was damals geschehen ist und das Kippen verursacht hat?*

S: Die Erde wurde besucht – immer wieder von unterschiedlichen Zivilisationen. Manche waren da, um sich auszutauschen, denn es war ein Projekt, das von vielen beobachtet wurde. Es wurden Abgesandte geschickt, um sich näher anzuschauen, wie das alles funktionierte. Es ging um Austausch, aber es wurde nicht bemerkt, dass sich irgendwann ganz subtil eine andere Zivilisation eingemischt – und *unter*gemischt – hatte. Und dadurch, dass die Menschen in der ursprünglichen Zivilisation noch sehr rein waren und noch keinen Kontakt gehabt hatten mit niedrigerschwingenden, dunkleren Energien, waren sie ein leichtes Opfer für Manipulationen – was dann auch passiert ist. Sie wurden wie ... infiltriert, und das breitete sich immer mehr aus. Die Technologie war sehr hochentwickelt, und die Manipulationen wurden auch dazu benutzt, um die Kontrolle über diese Energien zu bekommen. Es kam zu Machtspielen untereinander und zu machtkampfartigen Situationen. Das führte dann zur Zerstörung, denn es gab vorher nicht das Ego auf die Art, wie es sich dann entwickelt hat. Dadurch, dass diese Zivilisation damit noch keine Berührung gehabt hatte, war sie ein leichtes Opfer. Es war eine Art Reaktor, der die Zerstörung verursacht hat, und da war etwas, das diesen Reaktor vorzeitig und unbedarft aktiviert hat – auf eine falsche Art und Weise.

M: Gab es auch Auseinandersetzungen?

S: Ja. Was ich sehen kann, ist diese Infiltration und dann, wie sich gegenseitig bekriegt wurde. Ich sehe sehr viel Aufruhr, ich sehe Unruhen. Die Harmonie war nicht mehr da; sie war zerstört worden. Es gab viele, die sich dort eingeschleust hatten, die dazu in der Lage waren, ihr Äußeres zu verändern, und dadurch nicht aufgefallen, nicht gesehen worden sind.

M: Hat die lemurische Zivilisation zu dem Zeitpunkt noch eine Rolle gespielt?

S: Lemurien und Atlantis haben eine kurze Zeit lang parallel existiert. Lemurien war am Verschwinden und es wurde dann alles komplett zerstört. Es konnten sich nur wenige retten, die dann auf die anderen Kontinente geflohen sind.

M: Wie ging es für dich weiter in Bezug auf dein Wirken?

S: Es war mir ein Bedürfnis, diese Harmonie, die ich mitaufgebaut hatte, wieder herzustellen. Es ist, als ob ich dann verschiedene Epochen beobachtet habe, ohne dass ich aktiv inkarniert bin. Ich war nicht aktiv inkarniert, aber ich habe bestimmte Leben aktiv mitverfolgt und bin auch über eine Art »Download« an viele Informationen gekommen.

M: Mit welcher Intention?

S: Um zu verstehen, zu lernen, was man tun kann, um die Erde wieder in diese Harmonie zu bringen. Es war wie ein Forschen. Ich bin erst zu einem späteren Zeitpunkt wieder inkarniert, weil ich sonst gegen den Rat, gegen den Rest der Gruppe, hergekommen wäre.

[...]

An dieser Stelle hatte ich die Vermutung, dass sie sich eventuell auf die aktuelle Inkarnation als Sabrina bezog. Ich fragte die Botschafterin, ob sie sich bewusst sei, dass sie durch einen menschlichen Körper auf der Erde sprach, was sie bejahte.

M: Ist diese Inkarnation die, von der du sprichst?

S: Es gab schon welche davor, in denen ich einfach Erfahrungen sammeln wollte, um mich auf die jetzige vorzubereiten.

M: Was ist der Zweck der aktuellen Inkarnation?

S: Es geht um die Energie. Es geht darum, meine Energie zu verbreiten. Es geht darum, all die Erfahrungen, die ich in den vergangenen Inkarnationen gesammelt habe, jetzt umzusetzen, um den Menschen durch diesen Veränderungsprozess hindurchzuhelfen – auf *irdische* Art und Weise, denn sie sind noch nicht so weit, um die Energien zu verstehen, die zur Verfügung stehen.

M: Was meinst du mit »Veränderungsprozess«?

S: Die Erde befindet sich in einem großen Veränderungsprozess des Aufstiegs, in dem sie wie neu geboren wird. Sie befindet sich in einem Geburtsprozess, was gleichzeitig mit einem Schwingungsanstieg einhergeht. Das betrifft nicht nur den Planeten, sondern auch die Bewohner des Planeten. Auch hier wurde der Planet angegriffen – und wird immer noch angegriffen. Auch hier ist es wieder die Zivilisation »Shia-kach« (phonetisch). Aber jetzt haben wir die Möglichkeiten, aktiv einzugreifen – was wir schon lange tun. Dieser Kampf ist schon entschieden. Der Sieg steht fest und das Gröbste ist eigentlich schon getan. Es geht jetzt darum, die Menschen – die, die dazu bereit sind aufzuwachen – in diese neue Zeit mitzunehmen und sie an diese neuen Energien heranzuführen.

M: Warum wurde euch diesmal die aktive Anteilnahme gestattet und wie hat sie ausgesehen?

S: Nachdem wir gesehen hatten, dass dieses Projekt aufgrund der Infiltrationen durch andere, – wenn man das so sagen kann – »bösartige« Zivilisationen aus dem Ruder gelaufen ist, und wir gemerkt hatten, dass wir nicht genügend Unterstützung geben können, weil wir es nicht dürfen, gab es aus der höchsten Ebene, der göttlichen Quelle, die Erlaubnis, aktiv eingreifen zu dürfen. Neben dem obersten Gebot des freien Willens – der ist immer noch zu beachten! – haben wir nun mehr Möglichkeiten, den Planeten und die Bewohner darin zu unterstützen, sich zu befreien – was wir nun schon seit vielen Jahren aktiv tun.

M: Erfolgt das über Inkarnationen wie die aktuelle von dir oder gibt es da noch andere Wege und Maßnahmen?

S: Es gibt viele und ganz unterschiedliche Wege und Maßnahmen! Es gibt Inkarnationen wie meine, in denen wir hier direkt vor Ort aktiv daran arbeiten – in Verbindung mit der Föderation, die mit *ihren* Möglichkeiten aktiv daran arbeitet. Es gibt viele unterschiedliche Allianzen des Lichts, die gemeinsam mit der Föderation Aufgaben haben, um den Planeten in diesem Prozess, in diesem Befreiungsprozess, zu unterstützen.

**Bereits in der Szene auf dem rot-braunen Planeten zu Beginn von Sabrinas Reise erinnerte mich die Beschreibung der Angreifer, die die Botschafterin die »Shia-kach« nannte, an die berüchtigte Orion-Gruppe, von der im *Law of One* die Rede ist. Genau wie die Botschafterin erklärt auch Ra, dass es mehrere unterschiedliche Zivilisationskomplexe gäbe, die innerhalb dieser Gruppe agierten (Sitzung Nr. 12). Bei der Erwähnung des Wortes »Föderation« fühlte ich mich an eine weitere Gruppe erinnert, die im *Law of One* mehrfach erwähnt wird und ebenfalls gemeinsame Interessen vertritt: ein Verbund positiv polarisierter Zivilisationen in unserem Bereich der Galaxis, den Ra die »Konföderation der Planeten im Dienste des Unendlichen Schöpfers« nennt (Sitzung Nr. 1) und zu deren Mitgliedern sie sich selbst zählen (Sitzung Nr. 2). Dieser Verbund sei laut Ra eine »wahre Konföderation«, da ihre Mitglieder »nicht gleich, sondern verbündet« seien (Sitzung Nr. 6) und gemeinsam im Dienst des Gesetzes des Einen dessen zentrale Botschaft verkörperten: »Alle Dinge, alles Leben, die ganze Schöpfung ist Teil des einen ursprünglichen Gedankens.« Man könnte die Konföderation somit als das an Werten wie Frieden, Einheit und Unterstützung ausgerichtete, positiv polarisierte Gegenstück zur negativ polarisierten Orion-Gruppe betrachten, die für Eroberung, Unterdrückung und Machthunger steht.

Ich hatte das Gefühl, dass die Basis auf dem Mutterschiff, zu dem die Botschafterin nach ihrer Mission zurückgekehrt war, aufgrund deren Beschreibung höchstwahrscheinlich der besagten Galaktischen Konföderation zuzuordnen war.**

M: Warum wurde es der anderen Fraktion, die man auf der Erde wohl als »bösartig« bezeichnen würde, gestattet, hier weiter zu wirken?

S: Dieses Universum ist ein dualistisches Universum. Licht und Schatten gehören hier zur Balance. Beide Seiten existieren und beide Seiten haben das gleiche Recht. Beide werden für die Balance benötigt. Deshalb durfte ihr kein Einhalt geboten werden. Nun ist aber die dunkle Seite, sind die Angreifer, hier weit über das Ziel hinaus geschossen. Es geht ihnen nur um Zerstörung, und das entspricht nicht den Naturgesetzen dieses Universums. Da sich das immer weiter gesteigert hat, war es an der Zeit, dem Einhalt zu gebieten, um die Harmonie, die Balance, wiederherzustellen, denn: Alles beeinflusst alles. Die Balance, die Harmonie, muss wiederhergestellt werden!

M: Wie hast du dir vorgenommen, dies in der Inkarnation als Sabrina zu tun bzw. deinen Beitrag dazu zu leisten?

S: Indem ich aktiv mit den Menschen kommuniziere, aber auch durch meine Energie, die ich ausstrahle, verteile, übermittle. Die bei Menschen auf Zellebene Veränderungen bewirkt und Transformationsprozesse, Heilung und Bewusstseinsöffnung in Gang setzt.

[...]

Da wir uns bereits den Fragen auf Sabrinas Liste annäherten, fragte ich die Botschafterin, ob sie diese aufgrund ihrer Position und Perspektive mit uns besprechen könne. Sie empfahl uns jedoch, dafür direkt mit dem Höheren Selbst von Sabrina zu kommunizieren. Ich bedankte mich und rief das Überbewusstsein ein. Sie waren sofort zur Stelle und ich erkundigte mich zunächst, warum sie entschieden hatten, Sabrina Einblick in die Existenz der Diplomatin im Auftrag der Föderation zu geben.

ÜB: Weil sie auch heute noch diese Aufgabe erfüllt. Sie verbindet Menschen. Sie verbindet unterschiedliche Kulturen und bringt Heilung und Verständnis füreinander.

M: Warum ist es wichtig, dass Sabrina dies zum aktuellen Zeitpunkt über sich erfährt?

ÜB: Es geht für sie darum, eine höhere Stufe zu erreichen. Es geht darum, alte Schichten und Prozesse loszulassen, die ihr nicht mehr dienlich sind. Und es geht auch darum, alte Schutzmechanismen, die sie bremsen, loszulassen.

M: Um welche Mechanismen handelt es sich?

ÜB: Die eigene Größe und Macht nicht anzuerkennen. Es geht hier um Glaubenssätze, die ihr schon als Kind eingepflanzt wurden, damit sie nicht in diese Kraft kommt, die sie hier eigentlich nutzen soll, um ihre Aufgaben erfüllen zu können. Diese Glaubenssätze hindern sie daran und bremsen sie aus.

M: Ist das unglücklicherweise oder mit Intention erfolgt?

ÜB: Unglücklicherweise. Es war nicht so gedacht, dass sie derart ausgebremst wird. Es war alles stärker als geplant.

M: Was war die Intention hinter dem ursprünglichen Plan?

ÜB: Sie wollte sehr schnell in ihre Kraft kommen und den Menschen schon sehr früh neue Wege und Denkweisen aufzeigen, die sie aus alten Strukturen herausholen würden. Aber sie war in vielen Dingen zu schnell und die Menschen waren noch nicht so weit. Das hatte den Effekt, dass sie noch viel stärker ausgebremst wurde, weil sie mit ihrem Denken und Handeln nicht der Norm entsprach.

M: Wer hat diese Ausbremsung initiiert?

ÜB: Es ging schon in der Familie los. Die Mutter war aus eigenen Ängsten heraus sehr stark damit beschäftigt, sie in den geltenden Grenzen zu behalten. Dadurch konnte Sabrina trotz ihrer vielen Sinne und Fähigkeiten nicht mehr klar und fokussiert all das umsetzen, was sie geplant hatte.

M: Was möchtet ihr Sabrina hier und heute dazu sagen?

ÜB: Sie befindet sich auf dem Weg der Befreiung, des Sprengens der Grenzen. Das Alte loslassen – sie hat sehr viel daran gearbeitet. Es war ein harter Weg ... und sie soll unbedingt auf diesem Weg bleiben! Weil viele Menschen noch nicht so weit sind, wird es immer eine Herausforderung sein. Aber sie zeigt es – durch ihr Beispiel, durch ihre Art zu leben. In ihrem Umgang mit den Menschen zeigt sie, wie es geht.

M: Gibt es noch einen weiteren Grund, warum ihr Sabrina die Existenz als die Botschafterin gezeigt habt?

ÜB: Sie hat immer wieder Zweifel daran, warum sie es nicht lange an einem Ort hält und warum sie diesen Drang hat, an neue Orte zu kommen und neue Netzwerke aufzubauen. Sie zweifelt daran, dass sie dazu in der Lage ist, ein »normales« Leben zu führen. Aber das ist auch nicht ihre Aufgabe! Sie ist mit der gleichen Energie hierhergekommen, die sie schon immer verkörpert hat: die des Botschafters, des Vermittlers. Das Entdecken und Miteinanderverknüpfen von neuen Welten – das ist auch hier ihre Aufgabe. [...] Sie wird in diesem Leben ihre Aufgaben erfüllen, und dann geht es darum, weiterzuziehen und neue Aufgaben zu übernehmen, denn hier hat sie alles erfüllt, was sie sich vorgenommen hat.

M: Es ist also einfach ein Teil ihrer Natur? (Ja) *[...] Gibt es etwas, das ihr zu Sabrinas Verbindung mit der Galaktischen Föderation sagen möchtet?*

ÜB: Sie hat die Aufgaben hier auf diesem Planeten übernommen und ist immer wieder durch Astralreisen und unterschiedliche Kommunikationskanäle mit ihr verbunden und erstattet Bericht darüber, was vor sich geht.

M: Möchtet ihr konkret etwas zu den heute besuchten Stationen sagen: zum Beispiel zum Basisschiff der Föderation oder zu ihrem Heimatplaneten?

ÜB: Sie hat zu all diesen Stationen eine sehr enge Verbindung. Manchmal lässt sie sich zu sehr von äußeren Einflüssen verwirren, die das infrage stellen. Das vernebelt dann wiederum ihre Verbindungen. Sie hat die Verbindung und den direkten Kanal zum Mutterschiff – und vor allem zu ihrer ursprünglichen Herkunft. Sie soll darauf vertrauen und das nicht infrage stellen. [...] Sie wird begleitet von ihrer Herkunftsfamilie. Man wartet auf sie. Es ist alles gut.

[...]

Im Vorgespräch hatte Sabrina von einem Erlebnis in der Vergangenheit erzählt, das für sie nur schwer einzuordnen war. Beim Lesen eines Berichts über eine Frau, die behauptete, von Außerirdischen entführt worden zu sein, war etwas in ihr »wie getriggert« worden. Ich fragte das Überbewusstsein, was es damit auf sich hatte. Sie antworteten, dass der Artikel eine alte Erinnerung berührt hatte: eine Erinnerung an eine eigene »Entführung«, die sie im Alter von drei Jahren erlebt hatte.

M: Im aktuellen Leben? (Ja) *Welchem Zweck diente dieses Erlebnis?*

ÜB: Es diente der Aktivierung gewisser DNA-Stränge, der Kontrolle, der Überwachung und der Integration von bestimmten Energien, die sie für diese Inkarnation benötigte.

M: Es war also positiver Natur? (Ja)

[...]

Als ich die Frage stellte, wer dafür verantwortlich gewesen war, wechselte Sabrina in ihr menschliches Bewusstsein. Das Überbewusstsein schien es für angemessener zu halten, sie direkt in die Erinnerung eintauchen zu lassen, damit sie das Erlebnis aus ihrer eigenen Perspektive schildern konnte.

S: Es sind eine Frau und ein Mann, die mich abholen. Ich sehe Licht. Ich sehe ... Ich werde ... wie angehoben. Ich werde auf das Schiff gebracht.

M: Physisch?

S: Es fühlt sich physisch an. Ich kann meinen Körper spüren. Aber ich sehe auch, dass mein Körper noch in meinem Bett liegt. (Pause.) Und ich sehe jetzt, wie ich auf einem anderen Bett liege ... oder einem Tisch? Es ist ein Bett mit vielen Lichtern. Es ist warm. Diese Frau beugt sich über mich und untersucht mich. Sie hat sehr breite und große Augen. Sie selbst ist nicht sehr groß. Sie hat ganz weiße, längere Haare. Ihre Kleidung ist wie ein enganliegender Raumanzug. Sehr große Augen! Aber ... ich habe Angst. (Leicht nervös.) Ich weiß nicht, was passiert.

[...]

Es war erkennbar, dass wir uns hier in einer Erinnerung aus der frühen Kindheit befanden. Dem Überbewusstsein zufolge hatte Sabrina diese Abholung mit drei Jahren erlebt; sicherlich wäre eine solche auch für jeden Erwachsenen ein beängstigendes Erlebnis.

Sie wirkte ziemlich gefasst. Dennoch versuchte ich, sie zu beruhigen – genau wie die Frau, die das kleine Mädchen untersuchte. Ich fragte Sabrina, ob sie mit ihr kommunizierte.

S: Sie ist in meinem Kopf. Sie versucht, mich zu beruhigen. Aber es ist alles so ... Ich weiß nicht, wo ich bin. Und ich habe Angst!

M: Erklären sie dir, wo du dich befindest?

S: (Seufzt.) »Es ist alles gut. Wir wollen nur wissen, ob es dir gut geht.« Sie fasst mich an und untersucht mich. Aber ich verstehe nicht, was sie machen ... Da sind Geräte, die sie an meinem Arm anschließen. Sie geht mit einem Gerät über mich, als ob sie meinen Körper abscannt. Und da steht noch ein Mann daneben. (Grübelt.) Ich kenne ihn ... Ich weiß nicht, wer er ist, aber irgendwie kommt er mir bekannt vor. (Pause.) Es ist warm dort. Ich verstehe nicht, was sie machen.

M: Du bist noch sehr jung, nicht wahr?

S: Ja. Ich habe Angst, aber ich kann mich nicht bewegen.

[...]

Obwohl ich intuitiv spürte, dass die beiden Wesen keine negativen Absichten hatten, gab ich Sabrina geeignete Suggestionen, um sie in eine neutrale Beobachterperspektive wechseln zu lassen. In dieser verspürte sie keine Angst, war aber dennoch in der Lage, einfach zu beschreiben, was geschah. Die Wirkung trat wie gewöhnlich direkt ein und wir fuhren fort.

S: Der Mann steht auf der anderen Seite dieser Liege ... Es ist eine Art Liege mit ganz vielen Instrumenten drumherum. Sie schauen wohlwollend. Die Frau versucht, mich zu beruhigen: »Es ist alles gut. Es ist alles gut.« Sie macht Messungen und sie unterhalten sich miteinander. Sie zeigt: Irgendwas ist verschlossen worden, das sie jetzt wieder öffnen wollen, damit die Verbindung und die Kanäle geöffnet werden.

M: Worauf beziehen sie sich?

S: Es ist im Körper ... irgendwo am Kopf. Sie fährt mit einem bestimmten Gerät über meinen Kopf ... an der Stirn entlang.

Ich merke dort einen unheimlichen Druck. Es geht darum, etwas zu öffnen, was verschlossen wurde.

M: Wie geht sie vor?

S: Sie geht mit so etwas wie einem Scanner vorne an die Stirn. Ich spüre Druck. (Konzentriert.) Es ist so, als ob da etwas ist ... ein Implantat. Irgendetwas ist da drin, das etwas verhindern soll .... und was sie jetzt wieder öffnet, wieder justiert. (Pause.) Ich spüre einen unheimlichen Druck vorne in der Stirn ...

[...]

Erneut gab ich ihr geeignete Suggestionen; diesmal, damit sie keinerlei unangenehme körperliche Empfindungen verspüren würde und weiter beschreiben konnte, was geschah.

S: An diesem Implantat wird gedreht ... und es wieder aktiviert.

M: Es geht hier also nicht um eine Entfernung?

S: Nein, um eine Justierung.

M: Mit welchem Effekt?

S: Es geht um die Fähigkeit, zu sehen und zu kommunizieren. Es geht darum, dass die Kanäle wieder geöffnet werden, damit ich meine Aufgaben besser ausführen kann. Und es geht darum, die zukünftige Kommunikation nach »oben« besser, klarer durchführen zu können.

M: Obwohl es etwas unangenehm war, scheint es sehr hilfreich gewesen zu sein. (Ja) *Wie geht es nun weiter? Was geschieht nach der Justierung?*

S: Sie scannen nochmal meinen ganzen Körper ab. Sie kontrollieren meine DNA und dass alles aktiviert ist. (Pause.) Diese Frau hebt mich jetzt von der Liege und bringt mich ... Der Mann kommt mit ... und jetzt erkenne ich ihn auch als meine Verbindung, meine Kontaktperson, zur Galaktischen Föderation! (Pause.) Sie bringen mich jetzt in einen anderen Bereich ... oder Raum. Da ist eine ganz große Lichtquelle und da ist eine Platte, auf die sie mich legen. Die Frau streicht mir nochmal über den Kopf und gibt mir zu verstehen, dass alles gut ist. Und dann wird, glaube ich, meine Erinnerung gelöscht, denn im nächsten Moment wache ich in meinem Bett auf und ich weiß nicht mehr, was passiert ist. Ich spüre, dass etwas passiert ist, aber ich verstehe nicht.

M: *Was vielleicht auch angemessen ist für ein Kind in einem so jungen Alter.* (Ja) *War das die einzige Abholung dieser Art?*

S: Nein. (Grübelt.) Da war noch ein missglückter Versuch von der dunklen Seite ... Das war schon in [Ort]. Da war ich älter. [...] Da muss ich etwa zehn Jahre alt gewesen sein. Ungewöhnlich war, dass es am Tag war. Ich bin in Ohnmacht gefallen und man hat mich komplett – auch körperlich – aus meinem Zimmer geholt. (Konzentriert.) Da ist ein Lichtstrahl ... Ich bin dann wieder bei Bewusstsein und ... Panik! Und dann muss ich wieder das Bewusstsein verloren haben.

[...]

Ich wandte mich an das Überbewusstsein und bat sie, die Erinnerung für Sabrina freizugeben, falls es ihrem Wohl und Weg diente. Sie bestätigten dies, und wie üblich wusste ich, dass ich ihrem Urteilsvermögen komplett vertrauen konnte, bis zu welchem Grad sie die Erfahrung offenbaren würden.

ÜB: Sabrina wurde auf ein Schiff hochge*beamt*. Es ging darum, dass versucht wurde, zu dem Implantat Zugang zu bekommen. Sie wollten quasi ein eigenes einsetzen – das war der Plan. Aber er ist missglückt. Sie sind unterbrochen worden. [...] Es sind vier graue, kleinere Gestalten. Ihr kennt sie als die »kleinen Grauen«. Sabrina liegt auf einem Metalltisch und sie bereiten gerade alles vor, um an ihr zu arbeiten. Plötzlich erscheint ein Licht-»Knall«. Drei Gestalten in Raumanzügen kommen und neutralisieren die vier – es sind eigentlich nichts anderes als – Roboter. Sie heben Sabrina vom Tisch und löschen sofort ihre Erinnerungen. Die Grauen konnten noch nichts bewirken. Sie sind also gerade noch rechtzeitig gekommen und bringen sie wieder zurück in die Bewusstlosigkeit.

M: *Erklärt bitte, zu welcher Gruppe diese drei Wesenheiten gehört haben.*

ÜB: Sie sind Mitglieder der Galaktischen Föderation, denen es darum geht, Menschen aus solchen Entführungen zu retten. Sie gehören zu einer Gruppe von Soldaten, die die Aufgabe haben, bei diesen Entführungen einzugreifen und dann – wenn es erlaubt ist – die Menschen zu retten. Manche Entführungen geschehen in Absprache, aber hier gab es keine Absprache.

M: *Es war also eine Beeinträchtigung von Sabrinas freiem Willen, die so unterbunden wurde?* (Ja) *Gibt es noch eine weitere Abholung dieser Art?*

ÜB: Nein. Es war wichtig, diese Erinnerungen aufzudecken. Sie werden sich harmonisieren und integriert werden. Sie werden jetzt nicht mehr als Schock-Erlebnis in Erinnerung bleiben.

M: *Großartig. Wir danken für den Einblick, den Sabrina heute erhalten hat.*

[...]

Wir gingen weiter in der Liste. Sabrinas Wunsch entsprechend fragte ich das Überbewusstsein, welchen nächsten Schritt sie ihr in dieser Inkarnation auf praktischer Ebene empfehlen würden.

ÜB: Es geht um ihre Präsenz, ihre Präsenz *vor Ort*. Es geht um den Kontakt mit Menschen, aber nicht mit vielen auf einmal. Die einzelnen Menschen tragen ihre Energie dann weiter. Im Moment befindet sie sich noch in der Anpassungs- und Vorbereitungsphase für die nächste Ebene. Deswegen ist sie auch dort, wo sie jetzt ist – zurückgezogen, etwas abgeschieden von anderen –, weil sie diese Ruhe braucht und diese Anpassungszeit benötigt. Dann wird sie weitergehen und auf eine neue Art mit den Menschen kommunizieren. Sie wird von ihren eigenen Erlebnissen berichten und anderen damit neue Impulse geben. Es geht bei ihr ganz viel um Vertrauen! Da sie aktuell sehr abgeschieden lebt und wenig Kontakt mit anderen Menschen hat, hat sie das Vertrauen ein wenig verloren und das Verständnis dafür, dass das gerade ganz wichtig ist, um sie zu wappnen für das, was kommen wird. Sie muss nochmal neue Energien integrieren, um diese weitergeben zu können.

M: *Die aktuelle Situation ist also völlig angemessen?* (Ja) *Sie muss sich keine Sorgen machen, dass etwas falsch läuft?* (Nein) *Sehr gut. Möchtet ihr Sabrina einen Einblick in das nächste Kapitel geben?*

ÜB: Sie wird reisen. Sie wird wieder mehr reisen, in Vorträgen über ihre Erfahrungen berichten und den Menschen ihre Erkenntnisse nahebringen. Sie wird aber auch weiterhin in Einzelsitzungen mit Menschen arbeiten. Es werden ihr gezielt die Menschen zugeführt werden, die mit speziellen Aufgaben hierhergekommen sind. Die wird sie dann aktivieren. Das ist auch der Grund, warum nur ganz bestimmte Menschen zu ihr kommen. Es geht nur um ganz bestimmte Aktivierungen!

[...]

Im Kontext Reisen kamen wir auf ein mysteriöses Erlebnis zu sprechen, von dem mir Sabrina im Vorgespräch erzählt hatte. Auf einem Trip mit Nahestehenden in eine bestimmte Region des Landes, in das sie gezogen war, hatte sich ein Unfall ereignet, der keine nachvollziehbare Ursache gehabt zu haben schien und die Kleingruppe letztendlich zur Umkehr zwang. Glücklicherweise trug keiner der Reisenden schwere Verletzungen davon. Ich erkundigte mich nach dem Hintergrund des Erlebnisses.

ÜB: Es war ein Angriff, um sie daran zu hindern, diese Energie nach [Ort] zu bringen, weil dann dort einiges hätte verhindert werden können. Sie wurde von uns beschützt und so der Unfall gemildert, weil es nicht im Lebensplan stand. [...] Sie war jederzeit geschützt.

M: Wer hat den Angriff ausgeführt?

ÜB: »Dunkle« Energien, die sich in diesem Bereich aufgehalten haben und aufmerksam wurden auf Sabrina und darauf, mit welcher Intention diese Reise getan wurde. Deren Aufgabe war es, das zu verhindern. Es waren nicht-physische Energien, die sich dort aktiviert haben.

M: Was war das Ziel dieses Angriffs? Was hätte bewirkt werden sollen?

ÜB: Dass sie nicht mehr weiterfahren können. Im »besten« Fall, dass sie den Körper verlassen.

M: Was von eurer Seite jedoch nicht gestattet wurde? (Nein) *Wie ist es möglich, dass so etwas geschieht, obwohl es nicht im Lebensplan steht?*

ÜB: Es gibt manchmal Situationen, bei denen der Lebensplan tatsächlich Lücken hat und andere Energien Einfluss nehmen können. Es hat auch mit bestimmten Zeitlinien zu tun, in denen sich Seelen befinden, da sie Parallelinkarnationen haben und diese Zeitlinien miteinander verbunden sind. Es hatte eine Zeitlinie gegeben, auf der Sabrina gradlinig nach [Ort] gekommen wäre, und es gab eine Zeitlinie, wo dieser Unfall vorgesehen war, um ihre Reise zu beenden. Aber da Sabrina Aufgaben zu erfüllen hat, haben wir dafür gesorgt, dass diese Zeitlinie nicht weiter aktiv bleibt.

M: Ihr hattet eben erwähnt, dass etwas hätte verhindert werden können, wenn sie die Reise dorthin gemeistert hätte. Was meintet ihr damit?

ÜB: Es geht um bestimmte Portale, die als Eingangsportale offen sind für diejenigen, die die Macht auf diesem Planeten übernehmen wollen. Das Ziel ist es, diese Portale zu schließen.

M: Diese Portale sind demnach zum aktuellen Zeitpunkt noch geöffnet?

ÜB: Sie sind noch geöffnet.

M: Wird Sabrina beim Schließen dieser Portale eine Rolle spielen?

ÜB: Ja, aber dadurch, dass im äußeren Orbit des Planeten gewisse Siege errungen worden sind und die »dunkle« Seite ihre Macht mehr und mehr verliert und somit nicht mehr den gleichen Zugang zu diesen Portalen hat, ist die Gefahr nicht mehr so groß, wie sie damals war. Aus diesem Grund ist die Notwendigkeit der Reise nicht mehr so akut.

M: Wie wird sich dieser erwähnte Machtverlust der »dunklen« Seite hier auf der Erde widerspiegeln?

ÜB: Die Menschen werden die Veränderung sehen, indem mehr Wahrheiten ans Tageslicht kommen und sie selbst dadurch immer mehr aufwachen. Das wird noch einige Jahre dauern, aber der Prozess ist im Gange. Die Menschen entdecken mehr, hinterfragen mehr und sehen die Wahrheiten, die jetzt ans Tageslicht kommen. Es wird große Veränderungen geben – Schritt für Schritt. Verschiedene Bereiche werden sich verändern. Es dauert aber noch ein paar wenige Jahre. In der galaktischen Dimension, außerhalb des Orbits, haben viele

Veränderungen bereits stattgefunden und es wird alles vorbereitet. Der Sieg steht fest. Es ist alles schon in Vorbereitung für die Maßnahmen danach.

M: Warum hat man hier auf der Erde als Mensch dennoch so stark das Gefühl, dass sehr viel manipuliert wird und »Dunkles« waltet?

ÜB: Viele Wahrheiten können noch nicht ans Licht gebracht werden, weil bestimmte Voraussetzungen nötig sind und es gewisser Dinge bedarf, um die Menschen wachzurütteln. (Seufzt.) Wir hatten uns erhofft – erwartet – dass sie schneller wach werden, aber es dauert länger als gedacht. Es bedarf noch mehr Druck, weil sie noch nicht bereit sind, zu hinterfragen, aufzustehen und »Nein« zu sagen. Zu viele gehen noch mit den Forderungen mit, die gestellt werden, ohne etwas zu hinterfragen. Wir können nicht mehr tun, als vorzubereiten und Unterstützung zu geben. Die Menschen müssen ihren Anteil dazu beitragen. Das können wir ihnen nicht abnehmen.

M: Wie sieht eure Unterstützung aus und was müssen die Menschen von ihrer Seite aus tun?

ÜB: Wir haben bestimmte Raumstationen befreit, um gewisse Vorrichtungen zu bauen und so für die Menschen Ressourcen in den Bereichen der Medizin, Wissenschaft und auch in der Raumfahrttechnik zu etablieren, was ihnen mehr Freiheit ermöglichen soll. Die aktiven Kriege werden im Orbit ausgeführt, aber das, was auf der Erde im Moment noch passiert, ist sozusagen das letzte Aufbäumen der Machthaber, die versuchen, das Steuer irgendwie umzuwenden – was aber nicht mehr passieren kann.

**Das Konzept von kriegerischen Auseinandersetzungen auf galaktischer Ebene, wie sie in unzähligen Filmen und Serien wie etwa *Krieg der Sterne* oder *Star Trek* dargestellt werden, scheint tatsächlich nicht nur reine Fiktion zu sein. Auch im *Law of One* erwähnt Ra derartige Konflikte, an denen die beiden bekannten Fraktionen beteiligt sind: »Während vieler eurer Jahrhunderte haben sich sowohl die Konföderation als auch die Orion-Gruppe auf Ebenen oberhalb eurer eigenen [...] miteinander beschäftigt, wobei Machenschaften erdacht und Rüstungen aus Licht angelegt wurden. Auf diesen Ebenen wurden und werden weiterhin Schlachten geschlagen« (Sitzung Nr. 25).

Es ist an dieser Stelle durchaus bemerkenswert, dass auch im (scheinbar) fiktiven *Star Trek*-Universum die »Orioner« häufig als machtgierige und manipulative Gegenspieler der für Freiheit und Einheit stehenden »Galaktischen Föderation« dargestellt werden – das erste Mal in einer Serienfolge im Jahre 1988. Kopiert hier die Kunst unbewusst das Leben? Oder wird uns in Produktionen, die wir gemeinhin als *Science-Fiction* bezeichnen, vielleicht mehr Wahrheit offenbart, als wir glauben? Eventuell werden wir es irgendwann genauer wissen. Die Ausführungen von Sabrinas Überbewusstsein zeichneten jedenfalls ein klares Bild.**

ÜB: Es sieht für die Menschen so aus, als ob nichts passiert, aber es passiert ganz viel im Hintergrund, was jetzt noch nicht an die Öffentlichkeit gebracht werden kann – außer für diejenigen, die hinterfragen, die tiefer graben, die forschen. Sie werden die Antworten finden. Aber für das Gros der Menschen, die noch nicht aufgewacht sind, wäre es ein zu großer Schock, das auf einmal zu tun.

M: Besteht hier eine Aufgabe für Sabrina in Bezug auf dieses Aufwachen?

ÜB: Ja. Sie weckt die Menschen auf durch ihre Behandlungen, ihre Gespräche, ihr eigenes Beispiel und ihre Energie. Die Menschen, die mit ihr in Kontakt kommen, fangen unweigerlich an, genauer hinzuhören und zu überlegen, zu hinterfragen und neugierig zu werden. Das ist der erste Schritt des Aufwachens.

[...]

Ich fragte das Überbewusstsein, ob sie im Kontext des von ihnen erwähnten Aufwachens der Menschen die aktuellen globalen Geschehnisse einordnen könnten. Zum Zeitpunkt der Sitzung befanden wir uns mitten in der Corona-Pandemie, und der Druck, der weltweit auf die Menschen im Zusammenhang mit der Impfung ausgeübt wurde, war das alles beherrschende Thema.

ÜB: Man kann nur Druck ausüben, wenn Angst vorhanden ist. All das basiert auf Angst. Diese Impfungen basieren auf Angst. Es kommt darauf an, welche Einstellung der Mensch im Einzelnen hat, wie er zur Impfung steht. Wenn keine Angst vorhanden ist, sondern es eine bewusste Entscheidung ist – also nicht aus Angst, sondern aus einem bestimmten Glauben heraus –, dann hat diese Impfung nicht diese zerstörerische Auswirkung. Es ist jedoch trotzdem in keinem Fall zu empfehlen, sich impfen zu lassen, weil die Impfung die Schwingung des Menschen herabsetzt und den menschlichen Organismus auch auf andere Weisen manipuliert. Menschen mit einem höheren Bewusstsein und ohne Angst kann diese Impfung nichts anhaben; sie kommt nicht an ihr System – wie Wasser, das an etwas abfließt. Aber dazu benötigt es eine hohe Schwingung, ein Bewusstsein und auch das Wissen. Wenn man dann gezwungen wird, diese Impfung zu nehmen, hat sie keine Wirkung. Je mehr Angst der Mensch hat, desto mehr negative Wirkung hat diese Impfung. In der Zukunft, wenn das Gros der Menschen, die aufgewacht sind, eine höhere Schwingung erreicht hat, wird diese Impfung dadurch neutralisiert.

M: Vielen Dank. Um es nochmal klarzustellen: Ihr hattet gesagt, generell würdet ihr diese Impfung nicht empfehlen?

ÜB: Generell auf keinen Fall.

M: Aber wenn es zu einem Zwang kommen sollte, wäre sie neutralisierbar?

ÜB: Ja. Das alles basiert auf Angst. Die Menschen müssen aus der Angst herauskommen, denn die Angst ist das Instrument der Machthaber.

M: Was würdet ihr den Menschen empfehlen, um aus der Angst herauszukommen?

ÜB: Das Vertrauen, das Selbstbewusstsein, sich diesen Dingen zu öffnen. Es geht ums Aufwachen, aber das ist nicht für die gesamte Menschheit bestimmt! Ein Großteil der Seelen ist noch nicht so weit; sie haben noch nicht die Reife, um aufzuwachen. Deswegen wird sie das alles auch nicht erreichen. Aber die Seelengruppe, die ihr Einverständnis gegeben hat, in dieser Inkarnation aufzuwachen, wird sich unweigerlich irgendwann mit diesem Thema auseinandersetzen. Es wäre zu begrüßen, dass es noch mehr Menschen gibt, die diese Informationen herausgeben, damit es die Seelen erreicht, die aufwachen sollen – um ihnen diese Angst zu nehmen.

M: *Auf welche Informationen bezieht ihr euch hier genau?*

ÜB: Es geht um Informationen über Vertrauen, das Loslassen der Angst, über die Liebe und die Verbindung, die alle miteinander haben. Darüber, dass die Menschen nicht alleine sind. Dass sie ganz viel Unterstützung bekommen – von allen Seiten. Dass sie diesen Krieg nicht alleine führen, sondern aus der ganzen Galaxis Unterstützung bekommen. Aber es geht vor allem um das Thema, aus der Angst herauszukommen und in die Eigenverantwortung zu gehen. *Das* ist das Wichtigste!

[...]

Wir kamen auf das Thema Schutz zu sprechen. Sabrina lebte bereits seit vielen Jahren im Ausland. Als das Überbewusstsein erwähnte, dass ihr die aktuelle Umgebung im Vergleich zu ihrem früheren Wohnort in Deutschland einen stärkeren energetischen Schutz vor Angriffen bot, fragte ich nach, warum dies der Fall war.

ÜB: Sie ist hier eingebettet in die Natur und sie ist sogar eingebettet in einen Kraftplatz. Sie wurde hierher geführt, denn sie hat hier einen verstärkten Schutz. Es ist der Grund, warum sie ist, wo sie ist: um Stabilität, Kraft und Schutz zu erhalten und dann an andere weiterzugeben.

M: *Gibt es etwas, dass ihr Sabrina in diesem Kontext noch zum Thema Schutz mitgeben möchtet, oder ist bereits alles so, wie es sein sollte?*

ÜB: Es ist bereits alles so, wie es sein sollte. Sie selbst hat in letzter Zeit – ganz bewusst – mit ihrer Merkaba eine weitere Stufe des Schutzes aktiviert. Das ist der höchste Schutz.

M: Ich nehme an, dass Angriffe einfach ein Risiko darstellen, mit dem man leben muss, wenn man als jemand wie sie hier inkarniert?

ÜB: Das ist ein bewusstes Risiko, das sie eingegangen ist, und es geht im Grunde allen Lichtarbeitern so. Sobald ein starkes Licht ausgestrahlt wird, ist es unvermeidlich, angegriffen zu werden.

M: Gibt es etwas, das ihr Lichtarbeitern mitgeben möchtet im Hinblick darauf, wie sie ihren Schutz aktivieren und stärken können?

ÜB: Das Wichtigste ist Unterscheidungsvermögen – und Fokus. Das eigene Unterscheidungsvermögen ist der größte Schutz! Dinge nicht nur blind annehmen, sondern genau nachspüren: Wo kommt das her? Was ist die Quelle? Mit dem Herzen spüren, wo Informationen herkommen. Das Nächste ist, in der heutigen Zeit nicht leichtfertig zu experimentieren, sich nicht einfach wahllos ohne Fokus auf irgendetwas einzulassen. Hier kommen wir wieder zurück auf das Unterscheidungsvermögen, welches immens wichtig ist! Und es geht darum, einen aktiven Schutz aufzubauen – speziell in dieser Zeit. Das ist sehr, sehr wichtig! Es wird immer mehr angegriffen, weil die »andere Seite« mit ihren letzten Kräften und zu Verfügung stehenden Mitteln versucht, an ihrer Macht festzuhalten und das, was noch übrig ist, zu zerstören – was sie nicht mehr kann. Aber den einzelnen Lichtarbeiter kann sie immer noch manipulieren. Deshalb ist es wichtig, geerdet und fokussiert zu sein, sich zu schützen und das eigene Unterscheidungsvermögen zu nutzen.

M: Wie kann der einzelne Lichtarbeiter seinen Schutz aktiv aufbauen?

ÜB: Der höchste Schutz ist, die Merkaba zu aktivieren und sie in Schwingung zu bringen. Wenn sie eine bestimmte Umdrehung hat, ist das eine starke Lichtfrequenz und ein starker Schutz. Diejenigen, die noch nicht wissen, was die Merkaba ist und wie man damit umgeht, können sich auch eine kraftvolle Lichtkugel um sich herum vorstellen. Das ist ein elementarer Schutz. Diese Lichtkugel muss aber immer wieder aktiviert werden! Es reicht nicht, sie einmal zu installieren. Sie muss immer wieder aktiviert werden. Und hier geht es auch um das Thema Angst. Den Schutz nicht aus einer Angst heraus aufzubauen, ist sehr wichtig! Die Angst muss losgelassen sein, denn sie ist der beste Anknüpfpunkt für Angriffe der »dunklen« Seite.

M: Manche würden sagen, dass der Vorgang des Sich-Schützens automatisch eine gewisse Angst suggeriert.

ÜB: Es kommt immer darauf an, wie und mit welchen Gefühlen man diesen Schutz aufbaut: aus der Angst heraus oder einfach aus dem Selbstbewusstsein und dem Fokus heraus; dem Wissen, *warum* man diesen Schutz aufbaut. Es gibt auch andere Möglichkeiten, wie etwa ätherische Öle oder das Räuchern mit Weißem Salbei. Das sind Hilfsmittel, die den Prozess des Schutzes unterstützen. Auch mit guter Erdung ist man gut geschützt - das ist wichtig! Es ist aber immer wieder Thema, mit welcher Intention man etwas macht, um sich zu schützen: aus Angst heraus oder aus dem vollen Bewusstsein, der Liebe heraus? Es ist die Intention, die wichtig ist.

M: Vielen Dank für diese Informationen. Ich weiß, dass viele Lichtarbeiter mit dem Thema Schwierigkeiten haben, und ich glaube, dass ihr mit diesen Informationen großartige Hilfe gegeben habt.

ÜB: Sehr gerne.

[...]

Letzte Worte: »Das Wichtigste für sie ist, Vertrauen in den eigenen Weg zu haben. Dieser Weg ist so anders wie alle anderen auch. Das Thema der vielen Wechsel, Umzüge und Veränderungen ist etwas, das sie mitgenommen hat in dieses Leben, um so viel wie möglich zu erreichen und zu bewirken. Das kann sie nicht nur an einem einzigen Ort! Deswegen war das immer ein großes und wichtiges Thema für sie – auch, wenn es ihre Mitmenschen nie verstanden haben. Es ist jetzt alles gut. Es ist alles genau so, wie es sein soll. Es wird sich jetzt beruhigen. Es wird eine andere Qualität erhalten, und darauf gilt es zu vertrauen.«

Ruf und Berufung

Karinas (24) Intention für ihre Seelenreise war es, mehr über sich selbst zu erfahren und den unterbewussten Teil ihres Wesens besser zu verstehen. Die sehr lebensfrohe und warmherzige junge Frau arbeitete als Lehrerin und lebte seit kurzer Zeit im europäischen Ausland. Ein Heimatbesuch in Deutschland im Dezember 2018 war für sie die ideale Gelegenheit, um eine Quantenhypnose-Sitzung in ihrer Muttersprache zu erleben.

Kaum hatte sich Karina in die erforderliche Trancetiefe begeben, landete sie auch schon auf weichem, hellbraunem Sand. Um sich herum nahm sie dichte, grüne Vegetation wahr und über sich einen strahlend blauen Himmel. Obwohl sie die Umgebung als warm und trocken empfand und die angenehmen Strahlen der Sonne spüren konnte, war sie ein wenig zittrig: »Es ist friedlich hier, aber ich bin nervös. Ich weiß nicht, in welcher Zeit ich bin ...« Um ihr dabei zu helfen, sich noch tiefer in die Szene zu integrieren, fragte ich sie, wie sich der Sand unter ihren Füßen anfühlte.

[...]

K: Er ist warm. Ich senke meine Füße hinein, aber ich kann sie nicht sehen. Ich kann allerdings den Sand spüren ... und die trockene Luft. Es fällt mir gerade noch schwer, meine Umgebung zu sehen. [...] Ich glaube, ich sehe eine ... Pyramide. [...] Es ist keine ägyptische. Das ist so eine Pyramide, wie man sie in Mexiko sehen kann. Eine Maya-Pyramide. [...] Sie hat ganz viele Treppen. Sie ist sehr groß und die Ränder sind flach. Auch oben ist sie flach. Ich laufe auf sie zu und sehe das Licht.

M: Wie würdest du ihre Farbe beschreiben?

K: Ein bisschen heller als der Sand, aber sie scheint ähnlich zu sein. [...] Es fällt mir schwer, im Sand zu laufen.

[...]

Bevor wir uns in die Handlung hineinbegaben, bat ich sie, sich und ihre Kleidung zu beschreiben.

K: Ich kann meine Füße immer noch nicht sehen. An den Beinen trage ich eine kurze Hose ... beige. [...] Ich komme nicht von hier, aber ich bin fasziniert ... (Pause.) Ich glaube, ich habe eine Art Hut auf. Und ich glaube, ich bin ein Mann. Ich kann meine Hände sehen. Sie sind recht groß und weiß. [...] Ich bin sehr fasziniert von den Pyramiden. Ich weiß nicht, was ich hier mache, aber ich weiß, dass ich hier sein muss. [...] Der Körper sieht männlich aus. Dreißig, würde ich sagen. Auf dem Kopf trage ich einen Hut, um mich gegen die Sonne zu schützen. [...] Er ist braun und bedeckt mein Gesicht. Ich brauche ihn wegen der Sonne. Es ist sehr trocken und heiß. [...] Ich glaube, ich habe einen Rucksack, aber es fällt mir schwer, ihn zu sehen.

M: *Beschreibe mir deine restliche Kleidung.*

K: Ich glaube, ich habe Schuhe an. Schuhe, die das Gehen einfacher machen sollen. Sie sind schwarz. Eine Art Stiefel. Ich fühle mich wie ein Entdecker. (Pause.) Ich glaube, ich habe einen Drei-Tage-Bart, blond-braune Haare und bin ein großer Mann. Ich möchte Frieden bringen!

M: *Ist dir das wichtig?* (Ja) *Warum?*

K: Weil ich hier zum ersten Mal bin und ich so etwas noch nie gespürt habe. [...]

M: *Was fasziniert dich an diesem Ort?*

K: Ich habe noch nie gespürt, was ich hier spüre: einen inneren Frieden. Aber den Frieden spüre nur ich. All das, was um mich herum – nicht in dem Moment in der Szene, aber generell – passiert, ist nicht sehr friedlich. (Pause.) Ich möchte helfen!

M: *Bist du alleine an diesem Ort?*

K: Nein, ich bin hier mit Freunden, mit einheimischen Freunden. Und sie ... Ich kann sie nicht sehen, aber ich kann sie spüren.

M: *Bist du mit ihnen gemeinsam hergekommen?*

K: Nein. Ich habe den Weg alleine gefunden. Sie haben ihn mir nur gezeigt. (Grübelt.) Ich frage mich, warum dieser Ort so eine Ruhe ausstrahlt ... [Unverständliche Worte]

M: Wissen es deine Freunde?

K: Sie wissen einfach, dass es so ist. Und sie wissen, dass es ein Teil ihres Lebens ist. Sie sind von hier.

M: Ist das eine Art Stadt?

K: Nein, das hier ist ein verlassener Ort. Es wirkt wie eine Ruine, aber es ist eine Pyramide.

M: Wo leben deine Freunde?

K: Sie leben nicht hier, kommen aber gerne her. Es ist so friedlich. (Pause.) Ich glaube, ich komme aus England.

M: Weißt du, wo du dich gerade befindest?

K: Ich glaube, ich bin in ... Mexiko. Ich wusste, dass es dort etwas gibt, aber ich wusste nicht, was. Ich wollte es erfahren. Irgendetwas hat mich gerufen. Meine innere Stimme, die keiner versteht ...

M: Ist Reisen dein Beruf?

K: Früher nicht, aber als sich mir alles eröffnet hat, habe ich den Ruf gehört.

[...]

Um die Handlung voranzutreiben, bat ich Karina, mir zu beschreiben, was gerade dort passierte, wo sie war. Sie lächelte.

K: Ein Ritual der Liebe. Wir halten uns alle an den Händen, obwohl wir uns nicht sehen können. Aber durch die Anziehung der Pyramide ist dieses Gefühl sehr stark. Wir sind alle verbunden. Wir fühlen uns frei. Und es ist gut, dass nicht mehr Menschen von diesem Ort wissen.

M: Ist er versteckt?

K: Er ist nicht versteckt, aber er ist geheim. (Pause.) Wir sehen die Sterne. Die Sterne fallen auf, weil man sie von der Pyramide aus sehen kann. Sie sind richtungsweisend. (Pause.) Ich glaube, die Pyramide ist auch eine Verbindung zu anderen Lebewesen. Sie ist wie ein Radar. Ein Radar für andere Lebewesen. Deshalb ist sie an einem sicheren Ort.

M: *Was meinst du mit »andere Lebewesen«?*

K: Außerirdische.

M: *Wer hat sie errichtet?*

K: Gemeinsam. Es war kein Akt von schwerer Arbeit. Es brauchte nur das Gedankengerüst von Menschen und Außerirdischen. (Pause.) Sie kommt ...

M: *Wer kommt?*

K: Hilfe von außerhalb. Um die Balance aufrechtzuerhalten!

M: *Spielt diese Pyramide dabei eine Rolle?*

K: Ja, sie ist ein Symbol. Ein Symbol für den Frieden und den Respekt zwischen beiden Lebensformen.

M: *Du hattest vorhin von einem Gefühl des Friedens an diesem Ort gesprochen. Meinst du, das hat mit der Pyramide zu tun?* (Ja)

[...]

Ich ließ Karina die Zeit verdichten und zum nächsten bedeutenden Ereignis im Leben des Mannes wechseln. Sie befand sich erneut an dem geheimen Ort bei der Pyramide, aber zu einem späteren Zeitpunkt. Sie schien in freudiger Erwartung zu sein.

K: Wir treffen aufeinander ... die Außerirdischen und ich. Ich durfte sie beim ersten Mal noch nicht kennenlernen.

M: *Warum nicht?*

K: Weil ich noch nicht bereit war. Ich musste zuerst spüren, wie es ist, dort zu sein, ohne sie kennengelernt zu haben. Dieses Mal spüre ich ihre Anwesenheit.

M: *Wie fühlen sie sich an?*

K: Vertraut. Und sehr hoch! Die Frequenzen sind sehr hoch. Wir sehen sie noch nicht. Wir sollen sie nicht anschauen.

M: *Warum nicht?*

K: Weil der Anblick ungewohnt ist. Anders als alles, was wir kennen oder jemals gesehen haben.

M: *Schade. Ich wollte dich gerade bitten, zu beschreiben, wie sie aussehen.*

K: (Leise.) Ich habe den Kopf noch gesenkt. Aber ich glaube, ich werde mich trauen. (Erstaunt.) Ich höre ein Geräusch! Es ist nicht laut. Eine interessante Frequenz ...

M: Woher kommt dieses Geräusch?

K: Von ihrem Schiff. Es ist fast so, als ob es nicht da ist, aber man kann es wahrnehmen. Und da sind einige mehr von ihnen.

M: Kommuniziert ihr miteinander?

K: Ja, telepathisch. (Lächelt.) Und ich spüre sehr viel Liebe. (Pause.) Die Gruppe kommt langsam herunter von ihrem Schiff. Sie sehen mich. Ich spüre ihre Blicke.

M: Siehst du sie auch?

K: Noch nicht. Aber sie haben blaue Füße und drei Zehen. Sie berühren meinen Kopf.

M: Warum tun sie das?

K: (Flüstert.) Damit ich sie anschaue. (Pause.) Ich schaue sie an. Sie sind sehr groß. Sie haben keine Haare, aber einen großen Kopf. Sie haben strahlend-blaue Augen. Sie sehen nicht angsteinflößend aus. Ich habe das Gefühl, sie wollen mir etwas sagen. (Pause.) Ich glaube, sie wollen mir sagen, dass ich eine Rolle darin spiele, Wissen zu den Menschen zu bringen, die nicht so viel Wissen haben. Wissen von Liebe, Frieden und Freiheit. (Pause.) Es spricht eine Frau. Eine große Frau.

M: Erzählen sie dir, woher sie kommen?

K: Nein. Aber ich weiß, sie kommen nicht von unserer Dimension.

M: Kannst du mir den Rest ihrer Körper beschreiben?

K: Sie haben vier Finger. Vier knopfartige Finger. Die Fingerkuppen sind wie Knöpfe. Und sie sind schmal und haben einen großen Kopf. Sie tragen so etwas wie ein Gewand – zumindest die Frau. Tiefrot und etwas lila. Wie ein Umhang.

M: Was für eine Rolle hat die Frau in der Gruppe?

K: Ich glaube, sie ist die Leiterin. Die anderen beschäftigen sich mit den anderen aus meiner Gruppe. (Pause.) Sie hat ihre Hand auf meinem Kopf. Ich spüre Liebe. (Emotional.) Sie wussten, dass ich herkommen würde. Und ich glaube, ich habe es auch irgendwie immer gewusst. Ich habe keine Angst. Ich mag sie.

(Pause.) Sie sagt, dass wir uns bei der Pyramide wiedersehen werden. Am selben Ort, aber zu einer anderen Zeit. (Flüstert.) Ich verstehe das Leben jetzt ein bisschen besser.

M: *Durch diese Begegnung?*

K: Ja. Alles, was zum Leben dazugehört – auch die schlechten Dinge. Die schlechten Dinge sind gar nicht schlecht ... Sie sind richtungsweisend! (Pause.) Sie wollen, dass ich dieses Wissen mitnehme. Aber ich will nicht nach Hause! Mir gefällt es hier.

M: *Was sagt sie dazu?*

K: Sie sagt, es ist meine Aufgabe, dieses Wissen zu übermitteln und zu heilen.

M: *Und dafür musst du nach Hause?*

K: Ich muss nicht direkt nach Hause, aber ich kann nicht hierbleiben. Ich muss dorthin, wo man meine Hilfe braucht.

M: *Akzeptierst du das?*

K: Ja, aber es fällt mir schwer.

[...]

Sie schien traurig zu sein. Ich fragte, was nun passieren würde.

K: (Enttäuscht.) Sie lassen mich nicht auf ihr Schiff ... Ich war so neugierig, aber wir bleiben draußen.

M: *Warum lassen sie dich nicht auf das Schiff?*

K: Sie sagen, irgendetwas an mir steht dem im Weg. Ich glaube, dass mein Bewusstsein nicht dafür bereit ist. Ich glaube, dass mein Unterbewusstsein ausgeschaltet werden müsste, damit es sich nicht wehren kann.

M: *Das wäre nötig, um das Schiff zu betreten?* (Ja) *Kann sie dir dabei helfen?*

K: Sie macht alles mit so viel Liebe. Sie hat jetzt ihre Hand auf meiner Stirn und versucht, das Hindernis aus dem Weg zu räumen ... (Pause.) Wir sind jetzt am Eingang des Schiffes. Ich weiß nicht, wo die anderen sind, aber ich spüre Bedenken – nicht von ihr, sondern von ihnen. (Flüstert.) Als ob mich die Bedenken der anderen beeinflussen und nervös machen.

M: *Ich glaube, mit ihr bist du sicher.*

K: Ja. Ich glaube, es ist okay.

M: Wie geht es nun weiter?

K: Ich versuche, die Bedenken der anderen auszublenden. (Pause.) Okay, jetzt bin ich ruhiger. Aber es ist, als ob mein Kopf nicht damit aufhören kann, zu arbeiten. Sie hilft mir mit meinen rationalen Gedanken.

[...]

Sie schien offensichtlich zu versuchen, den menschlichen Teil der Psyche des Mannes für einen Aufenthalt auf dem Schiff vorzubereiten. Es gelang schließlich und er durfte es betreten. Ich bat Karina, dessen Inneres zu beschreiben.

K: (Staunend.) Es ist groß, mit vielen Fenstern. Man kann durch sie den Sternenhimmel über uns sehen. (Pause.) Sie sagt, dass das Schiff mal meine Heimat war ... Und ich fühle das, was sie sagt. Ich glaube, ich war mal einer von ihnen. Als ob sie mich kennt und mich gerufen hat ... schon vor langer Zeit. Aber ich kann nicht bei ihnen bleiben. Ich weiß, dass meine Mission nicht hier auf dem Schiff ist, sondern woanders.

M: Warum bist du als Mensch auf der Erde, wenn du mal einer von ihnen gewesen bist?

K: Weil ich etwas zu erledigen habe. Meine Mission ist es, zu helfen. Dieses Treffen soll mich an etwas erinnern und mir als Bestätigung dafür dienen, dass ich auf dem richtigen Weg bin. Und dass ich auf meine Intuition hören soll, weil ich sie über diese erst hier gefunden habe. Sie sagt, sie konnten mich vorher nicht finden, sind aber immer bei mir gewesen. (Emotional.) Ich fühle mich auch so, als ob ich nie alleine gewesen bin. Ich möchte nicht gehen!

M: Dann bleibe noch eine Weile auf dem Schiff und beschreibe mir, wie es von innen aussieht.

K: Es ist sehr groß. Das ist schwierig zu beschreiben ... (Grübelt.) Ich weiß nicht genau, wie das Schiff fliegt. Ich glaube, wir sind in ihm ganz oben. Ich glaube, das ist der Aussichtsraum. (Pause.) Es gibt hier Teleportation. Das ist wie ein Portal. Man stellt sich da hinein. Ich weiß aber nicht, wo das Portal hinführt.

(Prüfend.) Ich sehe keine Treppe. Es könnte auch das Portal zum Untergeschoß sein ... oder woandershin? Es ist nicht sehr groß. Auch sie kann nicht ohne Probleme dort stehen. Es wirkt kleiner – oder eher tiefer –, als es tatsächlich ist.

M: *Kann sie dir erklären, wofür dieses Portal da ist?*

K: (Pause.) Das Portal ist für die Heimat. Es führt zu ihrem Heimatplaneten. Sie müssen nicht mit dem Schiff dorthin fliegen. Woher sie kommen, befindet sich in einer anderen Dimension. Sie können nicht einfach dorthin fliegen.

M: *Durch dieses Portal können sie in diese Dimension wechseln?*

K: Ja. Dadurch haben sie Kontakt zu den anderen daheim.

M: *Könntest auch du dieses Portal benutzen?*

K: Ich glaube, ja. Es wirkt ... elektronisch. Wie eine Art Aufzug.

M: *Erlaubt sie dir, es zu verwenden?*

K: Sie kommt mit mir. (Pause.) Wir gehen zum Portal. Sie sagt mir, ich solle die Augen zumachen. Wenn ich die Augen dann wieder aufmache, sehe ich nichts. Es ist so, als ob ich nicht existiere. Aber ich spüre ihre Anwesenheit und sehe Lichter. Sie hält meine Hand. (Pause.) Aber ich habe keine Form mehr. Sie ist bei mir und berührt mich, auch wenn es nicht physisch ist.

M: *Wo befindet ihr euch nun?*

K: (Erstaunt.) Es wirkt wie ein Leben auf einem anderen Planeten. [...] Man ist hier pure Energie, die mit allem im Einklang ist. Mit allem. (Pause.) Es erinnert mich irgendwie an ein schwarzes Loch, aber es ist keines. Es sind noch andere dort.

M: *Andere wie ihr?*

K: Ja. Ich fühle mich dort sehr wohl, aber ich weiß, dass ich im Moment nicht dort hingehöre ...

M: *Wie lange bleibt ihr dort?*

K: Nicht sehr lange. Ich möchte auch wieder zurück, weil ich verstehe, dass das im Moment nicht meine Rolle ist.

[...]

Nach diesem kleinen Ausflug begaben sie sich auf die Rückreise. Allerdings landete der Mann nicht wieder im Schiff. Und in Begleitung des weiblichen Wesens war er auch nicht mehr.

K: Ich bin nicht mehr bei den Pyramiden. Ich bin wieder zurück in Europa ... alleine ... in der Natur. Ich sehe keine Menschen. (Traurig.) Ich weiß, dass ich hier hingehöre, aber ich wollte nicht alleine sein. Ich habe das Gefühl, dass ich wieder da bin, wo ich gewesen bin, bevor ich mich auf die Reise gemacht habe.

M: *Kannst du dich an das erinnern, was bei der Pyramide passiert ist?* (Ja) *Beschreibe mir die Umgebung, in der du dich jetzt befindest.*

K: Es ist eine Art Wald. Ein warmer Wald. Und ich weiß, dass eine Stadt in der Nähe ist. Ich kann sie hören. (Pause.) Ich bleibe aber noch einen Moment in der Natur, weil ich nicht gerne unter Menschen bin. [...] Ich glaube, ich habe immer noch das Gleiche an. Und ich trage immer noch meinen Hut. Aber ich weiß, dass er nicht für diesen Ort geeignet ist. Hier brauche ich ihn nicht. Ich lasse ihn auf einem Stein zurück und gehe langsam auf die Stadt zu.

M: *Bist du nach der Rückreise durch das Portal direkt an dem Ort gelandet?*

K: Ja. Ich weiß ungefähr, was meine Aufgabe hier ist, aber ich weiß nicht, ob ich dafür bereit bin.

M: *Ich glaube, sie hätten dich nicht hierhergeschickt, wenn sie nicht geglaubt hätten, dass du bereit bist.*

K: Das stimmt wohl. (Pause.) Ich weiß nicht genau, was ich machen soll, aber ich werde es schaffen. Und ich weiß, dass ich mich führen lassen muss von meiner Umwelt, von den Zeichen, die kommen. (Pause.) Die Stadt, auf die ich zulaufe, ist nicht sehr groß, aber sehr alt. Sie wirkt fast mittelalterlich.

M: *Kannst du sie geografisch einordnen?*

K: Ja. Frankreich. Es ist grün hier, aber von der Tageszeit her bereits dunkel. Ich sehe die Lichter der Stadt, möchte dort aber nicht hingehen. Ich bleibe noch stehen und schaue in den Himmel. Ich bin dankbar. Ich weiß, dass sie mir den Weg gezeigt haben, auch wenn er nicht direkt vor meinen Augen liegt. Ich muss darauf hören, was um mich herum passiert! Und dass ich nicht in meiner Heimat bin, ist ein gutes Zeichen.

M: *Meinst du England?*

K: Ja. Dahin gehöre ich nicht mehr. Ich habe dort nichts mehr. Es ist Zeit für etwas Neues.

M: Was ist deine Aufgabe an diesem neuen Ort?

K: Die Energie der Stadt und des Kollektivs zu erhöhen. Das geht allerdings nur über Individuen. Um das zu erreichen, muss ich die Energie von einzelnen Leuten erhöhen.

M: Wie wirst du das tun?

K: Sie hat mir ein Werkzeug dafür gegeben. Es hat damit zu tun, wie wir das Portal benutzt haben. Ich glaube, es ist etwas, das wir als Menschen nicht nachvollziehen können. Etwas, das den Leuten hilft. Es ist wie Magie!

M: Ist es ein Gegenstand?

K: Nein. Es ist in mir. Es weckt die Leute auf. Es eröffnet ihnen eine andere Sicht.

M: Musst du etwas tun, um es anzuwenden?

K: Ich muss ihnen meine Hand auf die Stirn legen. Dann kommt es – so, wie sie es damals bei mir gemacht hat. Ich würde es gerne testen! Aber ich traue mich noch nicht in die Stadt.

M: Wann wirst du bereit sein?

K: Wenn die Sonne aufgeht. Ich will mich erst sammeln. Ich möchte bereit sein und auf den richtigen Moment warten.

[...]

Wir verdichteten die Zeit und sprangen vorwärts zu einem Tag, nachdem sich der Mann entschieden hatte, die Stadt zu betreten.

K: Ich bin nun schon eine Weile hier, komme aber immer wieder für die Nächte aus der Stadt raus, um zu schlafen. Ich habe hier Tiere um mich herum. (Lächelt.) Einen Esel. Er bleibt während der Nacht bei mir. Und ich habe Menschen kennengelernt. Den Alten fällt es schwer, die Botschaft zu akzeptieren. Sie sehen mich als anders an, weil ich nicht von hier bin. Ich spreche ihre Sprache nicht sehr gut. Sie schauen mich an, als ob ich hier nicht richtig bin und sie mich nicht wollen. Ich habe aber jemanden kennengelernt ... einen älteren Mann mit einem weißen Bart. Er hat mich auf der Straße gesehen und verstanden. Er will mir dabei helfen, meine Aufgabe zu erledigen. Ich musste es ihm nicht erklären.

M: Und wie will er dir helfen?

K: Er will mir dabei helfen, zu erkennen, wem ich helfen kann und wem nicht. Er läuft mit mir durch die Stadt und sagt mir, worauf ich achten muss. Er sagt, ich muss auf mein Gefühl hören. Ich darf mich nicht davon beeinflussen lassen, dass jemand hilfsbedürftig aussieht. Das bedeutet nicht unbedingt, dass dieser jemand meine Hilfe auch will. Die meisten wollen keine Hilfe.

M: Beschreibe mir, was passiert, wenn du jemandem hilfst.

K: (Pause.) Da ist eine Frau mit Kindern. Sie hat mich gefunden und wollte meine Hilfe. Sie wollte verstehen. Ihr Leben ist nicht schön und sie ist nicht glücklich. Sie wollte einen anderen Einblick in das Leben.

M: Was kannst du für sie tun?

K: Ich lege ihr meine Hand auf den Kopf ... und fühle plötzlich, was sie fühlt. Aber zur gleichen Zeit versuche ich, ihr das, was ich gelernt habe, durch das Auflegen meiner Hand auf ihren Kopf nahezubringen.

M: Was geschieht dann?

K: Sie erschrickt. Sie ist von dem erschrocken, was sie gespürt hat, weil sie nicht damit gerechnet hat. (Pause.) Sie muss sich erst beruhigen. Dadurch, dass ich mit ihr spreche, wird sie ruhiger und sie sieht den Sinn hinter all dem, was ihr Leben zu dem macht, was es ist. Sie hat diesen Weg gewählt und sie muss einen Weg finden, ihre Aufgabe zu leben.

M: Sie kann das nun sehen?

K: Ja. Ihr gefällt die Wahrheit nicht, aber sie sieht sie. Es ist ein trauriger Fall, weil sie im Prinzip nur für ihre zwei Kinder lebt und der Sinn ihres Lebens nur darin besteht, den Kindern deren Leben zu ermöglichen. Nachdem sie das jedoch akzeptiert, ist sie glücklich.

M: Sollst du das so noch mit viel mehr Menschen tun?

K: Ja. Ich habe gesehen, wie viel es bringt. Ich fühle mich, als ob ich meinen Platz gefunden habe. Aber das ist kein physischer Ort, sondern vielmehr Kopfsache.

[...]

Wir verdichteten die Zeit und sprangen vorwärts zum letzten Tag des Lebens des Mannes. Karina lächelte friedlich.

K: Ich bin wieder in Mexiko. Ich wollte dort sein. Ich bin älter, mit einem langen Bart. Ich kann nicht mehr so schnell laufen, aber ich bin gesund. Ich wusste, dass meine Zeit gekommen ist. Ich wollte wieder dorthin zurückkehren, wo meine Geschichte angefangen hat. Ich habe keine Angst vor dem Tod, sondern Respekt. Ich habe alles getan, was ich tun musste.

M: Du hast deine Aufgabe erledigt?

K: Ich glaube, ja.

M: Hast du dein Werkzeug benutzt?

K: Ja, bei vielen Menschen! Ich bin viel gereist. (Pause.) Ich bin nun wieder bei den Menschen, an die ich mich erinnere. Sie sind auch alt geworden. Sie wissen, wer ich bin.

M: Wie fühlt es sich an, sie wiederzusehen?

K: Vertraut. Als ob ich bei meiner Familie bin. Wir sind diesmal in der Natur. Wir sind nicht bei den Pyramiden, sondern am Waldrand, wo es Höhlen gibt und einen Bach. Ich liege auf einem Stein, aber es ist angenehm. Sie haben Decken unter mich gelegt. Ich höre die Kinder singen und meine Freunde versammeln sich um mich herum. Wir sind alle zusammen. Sie helfen mir. Sie helfen mir dabei, den letzten Weg zu beschreiten. (Flüstert.) Ich bin nicht alleine. Es ist so schön ...

M: Bist du bereit, zu gehen? (Ja)

[...]

Nachdem sie den Körper des alten Mannes hinter sich gelassen hatte, konnte sie erkennen, was der Zweck und die Lektionen des Lebens gewesen waren.

K: Alleine können wir es nicht schaffen. Nur, wenn wir zusammenarbeiten und unser Wissen weitergeben, können wir das tun. Ich habe mein Wissen weitergeben können. Ich habe junge Leute kennengelernt auf meinen Reisen, von denen ich weiß, dass sie diese Aufgabe weiterführen werden.

M: Konntest du ihnen auch das Werkzeug weitergeben?

K: Ja. Es ist in uns allen! Wir haben es nur vergessen.

M: Wie können wir es anwenden?

K: Durch Intention. Durch starke Intention. Mit Fokus auf den Punkt, wo wir hinwollen – aber nicht nur man selbst, sondern auch die Person, der man die Hand auflegt. Auf den Kopf. Auf die Stirn. Es fühlt sich an wie ein elektronischer Schlag, aber nicht extrem. Es ist angenehm. Es ist ein Schlag der Wahrheit.

M: Und welche Intention soll man in diesem Moment tragen?

K: Die der Wahrheit.

M: Benutzt man beide Hände zeitgleich?

K: Nein, eine. Die Finger sind auf dem Kopf und die Handfläche liegt auf der Stirn.

M: Berührt man den Kopf?

K: Ja. Und man muss atmen und sich anstrengen, diese starke Intention zu schaffen. Es ist ein intensiver Moment, für den man all seine Energie aufbringen muss. Aber es hilft.

M: Muss man sich in dem Moment etwas vorstellen oder denken?

K: Man muss präsent sein, sich das Problem von allen Seiten anschauen und sich darauf fokussieren, dass es kein Problem ist, sondern eine Lektion. Wir müssen die Lektion lernen, sonst können wir nicht weitergehen!

M: Das ist der Schlüssel zum Erkennen der Wahrheit? (Ja) *Und das kann jeder anwenden?*

K: Wenn man die richtige Intention hat und dieses Gefühl spüren kann, dann ja.

M: Was hast du noch in dem Leben gelernt?

K: Viele Dinge. Jeder Mensch ist unterschiedlich. Bei all den Leuten, mit denen ich zusammengearbeitet habe, gab es nicht zwei, die genau gleich waren. Jeder Mensch ist so unterschiedlich wie seine Geschichte. Die Wahrheit war bei jedem eine andere. Die Wahrheit, die bei jedem Menschen in jeder Situation eine Rolle spielt, ist nicht bei jedem gleich.

M: *Was konntest du noch lernen?*

K: Ich konnte das mit vielen Menschen machen, die, auch wenn sie nicht dafür offen gewesen sind, trotzdem den Glauben hatten. Die Wahrheit ist in uns allen. Aber manchmal brauchen wir Hilfe, um sie zu spüren.

M: *Wie war das mit denen, die dachten, nicht offen genug zu sein?*

K: Wenn sie sich nicht zu sehr verschlossen hatten, war gerade bei ihnen der Effekt letztendlich am größten. (Pause.) Ich habe in dem Leben oft an die außerirdische Frau gedacht. Ich glaube, ich habe letztendlich verstanden, was sie mir sagen wollte. Ich konnte es in dem Moment nicht erkennen, da ich das Ausmaß noch nicht kannte. Und auch, wenn ich in meinem Leben nicht das gesamte Kollektiv in seiner Schwingung erhöhen konnte, konnte ich diese doch bei Einzelnen verändern.

M: *So hast du zum Kollektiv beigetragen.* (Ja) *Was war es, das du damals nicht hattest verstehen können?*

K: Alles ist Liebe. Genau das habe ich den Leuten auf meinem Weg zeigen können.

M: *Das klingt nach einer wichtigen Aufgabe, die du sehr gut erledigt hast. Ich bin sicher, die Frau ist sehr zufrieden mit deinem Wirken.*

K: Ja. Sie kommuniziert auch manchmal noch mit mir. (Lächelt.) Ich wusste immer, dass sie bei mir ist.

[...]

Die Zeit war gekommen, um das Überbewusstsein einzurufen. Nachdem sie sich so in den Körper integriert hatten, dass die Kommunikation möglich war, fragte ich zunächst, warum sie Karina Einblick in das andere Leben als der Mann gegeben hatten.

ÜB: Es ist genau das gleiche Thema, mit dem sie auch jetzt kämpft: Sie weiß, dass sie eine Aufgabe hat und deshalb nicht dort sein kann, wo sie eigentlich sein will.

M: *Meint ihr damit [den aktuellen Wohnort]?*

ÜB: Ja. Sie wird nicht lange dort bleiben können. Sie wird sich ständig bewegen müssen. Und sie wird eine wichtige Entscheidung treffen müssen. Sie muss den ersten Schritt in Richtung ihrer Bestimmung wagen: den Menschen zu helfen.

M: Wie genau sieht diese Hilfe aus?

ÜB: Das Auflegen der Hand in dem anderen Leben war eine alte Methode. Sie funktioniert heute nicht mehr so wie damals. Die Emotionen sind heute ... anders. Aber auch, wenn man nicht mehr diese Möglichkeit hat, kann man dieselbe Wirkung erzielen! Es gibt neue Wege. Sie muss diese neuen Wege gehen.

M: Was wäre ein zeitgemäßer Weg, um dies zu bewirken?

ÜB: Dolores [Cannon]. Ihre Technik. Sie ist ein Teil des Weges, den Karina gehen muss, und jemand, der ihr den richtigen Weg weisen wird. Die Art, wie Karina damit Menschen helfen wird, wird nicht für immer die gleiche bleiben, aber sie wird ihr Wege öffnen, die sie jetzt noch nicht kennt. Es wäre nicht angebracht, ihr diese jetzt schon zu offenbaren, aber sie hat den ersten Schritt direkt vor ihren Augen.

M: Woraus besteht dieser erste Schritt?

ÜB: Es zu wagen. Quantenhypnose zu praktizieren.

M: Das wird sich später wandeln? (Ja) *Es ist sozusagen ein Startpunkt?*

ÜB: Ja. Sie sollte zuerst praktizieren, damit sie eine Sicherheit hat. Und wenn sie nicht mehr die Bürde der Geldprobleme mit sich trägt, ist der Zeitpunkt gekommen, das mit ihren eigenen Fähigkeiten zu kombinieren.

[...]

Die Reise in ihr anderes Leben hatte Karina gezeigt, dass sie dem Helfen anderer Menschen beim Erhöhen derer Frequenz bereits eine Inkarnation gewidmet hatte. Diese Aufgabe schien sie sich also auch für das aktuelle Leben vorgenommen zu haben, und ihre Intuition hatte sie zu einem zeitgemäßen Werkzeug geführt, mit dem sie dazu in der Lage sein würde: Quantenhypnose.

Das Überbewusstsein betonte die Relevanz der gezeigten Inkarnation für Karinas aktuelles Leben zusätzlich, indem sie ihr empfahlen, an den Ort der damaligen Berufung zurückzukehren.

ÜB: Wo sie das fühlen muss, ist in [Ort]. Die Fragen, die sie heute hat, werden dort alle beantwortet werden. Es macht keinen Sinn, manche davon jetzt zu beantworten, bevor sie es im aktuellen Leben mit ihren eigenen Augen sieht. Sie wird wissen, wo. Und sie sollte zu dem Zeitpunkt dort alleine sein. Sie muss nur wieder aufwachen und dem, was um sie herum passiert, vertrauen. [...] Sie sollte nicht ungeduldig werden! Wenn der richtige Zeitpunkt dafür gekommen ist, wird sie dort hingehen. Im Moment gibt es andere Prioritäten: Sie muss sich selbst noch deutlicher hören lernen, damit der nächste Schritt einfacher wird. Sie darf keine Angst haben und muss die Augen nach den richtigen Menschen offenhalten.

M: Warum hat sie aktuell das Gefühl, dass es niemanden in ihrer Umgebung gibt, mit dem sie resoniert?

ÜB: Weil sie sich anders fühlt als die anderen – wie der Mann damals in der neuen Stadt, als die Leute ihn nicht verstanden haben. Dabei hatte er nur auf sein Herz gehört. Sie muss eine Person finden, die so ist wie der alte Mann, der sich ihm annahm. Um diese Person zu finden, muss sie sich jedoch öffnen; die Augen offenhalten und noch mehr auf äußere Zeichen achten. Die Stimmen, die sie davon abhalten, sind sehr laut! Sie sollte daher den Kontakt zu Leuten, die sie nicht verstehen, niedrig halten. Sie kann dem nicht komplett entgehen, weil das nun mal zum Leben dazugehört und sie ja auch nicht völlig alleine dastehen will. Aber sie muss die Emotionen, die sie da mithineinnimmt, niedrighalten.

M: Woran wird sie die richtige Person erkennen?

ÜB: Diese Person wird *sie* finden. Sie muss nur darauf achten, dass sie zur richtigen Zeit am richtigen Ort ist. Dafür muss sie mehr soziale Dinge unternehmen, die mit Themen zu tun haben, die sie interessieren.

[...]

Das Überbewusstsein nannte in diesem Kontext eine konkrete Veranstaltung, die Karina in naher Zukunft besuchen solle, und fügte abschließend hinzu: »Das ist der Anfang des Weges. Von dort aus wird sie selbst entscheiden, wo sie hinmöchte.«

Ein weiteres Thema auf Karinas Liste war eine für sie irrationale Angst vor Verlust – und in diesem Kontext speziell vor Abschieden. Das Überbewusstsein wies auch hier auf die Erfahrungen hin, die Karina in dem anderen Leben gemacht hatte.

ÜB: Sie konnte damals keinen Abschied nehmen – weder von der außerirdischen Frau noch von ihrer Heimatwelt. Das hat ihr nicht gefallen.

M: Ihr meint, nachdem sie mit ihr durch das Portal gereist war?

ÜB: Ja. Das geschah sehr plötzlich und sie war nicht darauf vorbereitet. Das hat sie traumatisiert. (Seufzt.) Das passiert aber auch heute immer wieder, und sie lässt sich leider jedes Mal erneut davon traumatisieren.

[...]

Ich fragte, ob das Trauma von damals Karina im aktuellen Leben von Nutzen war, was das Überbewusstsein verneinte. Also bat ich sie, es aus ihrem System zu entfernen. Sie stimmten zu, verstummten für etwa eine Minute und wiesen im Anschluss noch auf etwas hin.

ÜB: (Pause.) Sie wird das Problem nun nicht mehr haben. Wir haben allerdings nicht die Erfahrung an sich gelöscht, sondern nur die damit verbundenen Emotionen. Es war ein Teil von ihrem Weg, und hätte sie dieses große Trauma damals nicht erlebt, wäre sie anders vorgegangen. Sie wäre nicht so lange an einem Ort geblieben. Beziehungen, die sie aufgebaut hat, hätte sie auch aus der Ferne wertgeschätzt. Es fällt ihr heute noch schwer, etwas zurückzulassen, aber das sind nur Emotionen. Es wird ihr nun nicht mehr so schwerfallen. Und die Personen, die sie lieben, werden entweder mit ihr kommen oder das Verständnis dafür aufbringen. Sie muss sich da keine Sorgen machen, denn sie wird nie alleine sein und viele Orte haben, zu denen sie zurückkommen kann.

[...]

Letzte Worte: »Sie soll auf die Zeichen achten! Sie weiß, welche. Solange sie das tut, kann ihr nichts passieren und sie wird immer beschützt sein. Sie soll zudem wissen, dass sie viel Liebe versprüht und auch immer Liebe empfangen wird. Ihr Schlüssel *ist* die Liebe. Aber sobald sie Zweifel hat, sobald sie spürt, dass die Emotionen wieder durchdringen und sie in alte Muster verfällt, muss sie sich diese Sitzung noch einmal anhören! Sie ist der Schlüssel zu den Entscheidungen, die sie in naher Zukunft treffen müssen wird. Sie soll ihre Zweifel bereinigen, denn sie ist auf dem richtigen Weg. Es ist nur der Anfang.«

Die Beobachterin

Lisa (60) kontaktierte mich im Januar 2019, um ein zweites Mal auf Seelenreise zu gehen. Sie hatte bereits ein Jahr zuvor eine spannende und aufschlussreiche Quantenhypnose-Sitzung erlebt, die ich noch gut in Erinnerung hatte, und war nun bereit für mehr Informationen. Ich freute mich sehr über das Wiedersehen mit der ungemein offen und herzlichen Frau und natürlich über die Möglichkeit, erneut mit ihr arbeiten zu können.

In den allermeisten Fällen reicht eine Sitzung aus, um die wichtigsten Angelegenheiten zu klären. Da ich mit dem überwiegenden Großteil meiner Klient:innen aus diesem Grund nur einmal arbeite, empfinde ich es als ein besonderes Privileg, ehemalige Reisende wiederzusehen und Erkundungen gemeinsam fortsetzen zu können. Oftmals führen Folgesitzungen zum Erhalt exzellenter metaphysischer Informationen, da die persönlichen Themen der Person größtenteils bereits bearbeitet worden sind und so automatisch mehr Raum für universelles Wissen entsteht. So sollte es auch in Lisas Fall sein.

Sie hatte in der Zwischenzeit mehr Fragen gesammelt, und ich hatte aufgrund unserer ersten gemeinsamen Reise keinen Zweifel, dass es erneut eine sehr interessante Sitzung werden würde. Zudem wusste ich, dass der erforderliche Trancezustand für Lisa sehr leicht zu erreichen war. Wir konnten also einfach die hypnotischen Schlüsselwörter verwenden, die ich mit ihrem Einverständnis beim ersten Mal in ihrem Unterbewusstsein verankert hatte. Sie sind sehr effektiv, sparen Zeit und funktionieren auch noch nach Jahren!

Kaum waren Lisas Schlüsselwörter ausgesprochen und ihre Augen geschlossen, ging es auch schon los. (Ein Hinweis: Obwohl die Seelenreise nicht mit einem Einblick beginnt, der mit dem Thema Starseeds verbunden ist, möchte ich diesen mit meinen Leser:innen teilen, da bei dessen späterer Erläuterung durch das

Überbewusstsein interessante Informationen an die Oberfläche kommen sollten.) Zunächst fand sich Lisa in einer seltsam dunklen, nebeligen Umgebung wieder, wobei sie keinen Boden unter sich wahrnehmen konnte., »Das ist nichts Festes. Es ist mehr eine Art dünner, wabernder Nebel um mich herum, unter mir, überall ... Er ist hell und weißlich-grau. Ansonsten ist es recht dunkel hier ... wie in der Nacht. (Pause.) Ich spüre nichts unter mir. Dieser Nebel zieht an meinen Beinen vorbei, aber ich kann meine Füße nicht sehen.«

[...]

Ich bat Lisa, sich selbst zu betrachten und zu beschreiben.

L: Ich sehe nicht menschlich aus. (Pause.) Ich habe das Gefühl, so eine Art Flugsaurier zu sein. Ich glaube, ich habe ziemlich große Flügel. Ich fliege aber nicht, sondern gleite über diesen Nebel. Er ist unter mir. Ah, ich sehe meine Füße nicht, weil sie hinter mir sind! (Pause.) Meine Flügel sind bräunlich und ledrig und sehr groß. Keine Federn. Ich fühle mich glatt und ledrig ... eher fledermausartig, aber sehr groß! Mein Kopf ist aber recht klein. Ein langer, schlanker Schnabel. Nicht besonders hübsch. Ein langer Hals. (Pause.) Jetzt sehe ich zwei lange Beine, die sich nach hinten ausstrecken.

[...]

Ich bat sie, mir ihre Umgebung zu beschreiben.

L: Im Moment sehe ich nichts um mich herum. Es ist noch sehr dunkel. Ich habe aber das Gefühl, dass unter diesem Nebel Wasser ist, das sich in alle Richtungen erstreckt – wie ein Meer. (Pause.) Ich bin ganz alleine. Und ich mache das öfters! Es ist einfach schön, hier zu gleiten. Ich muss mich nicht anstrengen und mit den Flügeln schlagen. Dafür sind sie nicht gedacht. Sie sind mehr wie Segel. Wie ein Vogel flattern würde ich also nicht. (Pause.) Ich suche auch nichts Bestimmtes. Ich gleite einfach nur. Wenn ich auf dem Boden lande, muss das hoch sein, damit ich wieder fallen und weitergleiten kann. Wenn aber etwas Hohes auftauchen würde, würde ich darauf landen, denn dann könnte ich wieder starten.

M: Von wo bist du gestartet?

L: Das war eine Art Klippe. Eine Felswand.

M: Gibt es einen Ort, den du als dein Zuhause ansiehst?

L: Hm. Mir fällt nichts ein ...

M: Lebst du für dich oder mit anderen gemeinsam?

L: Manchmal, wenn ich lande, sind andere wie ich da. Aber ich bin gerne alleine und gleite einfach für mich herum.

[...]

Wir verdichteten die Zeit und sprangen vorwärts zu einem bedeutenden Ereignis in der Existenz des Flugwesens.

L: Ich gleite zu einem Vulkan, der gerade ausbricht. Das ist schön! Da ist ganz viel Feuer. (Erfreut.) Viel Feuer und Funken, und das sieht sehr hübsch aus! Es ist sehr dunkel um den Vulkan herum, aber er leuchtet sehr stark. Das interessiert mich. Und deshalb werde ich dort hinschweben.

M: Was tust du dann?

L: Ich überlege, ob ich in den Vulkan hineingehe.

M: Ist das nicht gefährlich?

L: Es müsste eigentlich gefährlich sein, aber ich habe irgendwie nicht das Gefühl, dass es für mich gefährlich ist. (Pause.) Ja, ich könnte da reinfliegen und es würde mir nicht wehtun. Das wäre okay. Es ist, als ob man Anlauf nimmt ... und hochschießt ... und dann drehe ich mich und falte alle meine Flügel ganz eng an den Körper ... und schieße hinein in die Mitte des Vulkans!

M: Wie fühlt sich das an?

L: Sehr gut. Als ob ich in der Mitte dieses Vulkans wohnen würde. Ich bin im Feuer, aber es fühlt sich nicht heiß an. Tiefer und tiefer und tiefer ... Wow! (Pause.) Jetzt habe ich mich wieder umgedreht und schwebe in diesem Feuer. Es trägt mich. Ich kann mit dem Feuer wieder nach oben gleiten oder einfach darin schweben. (Kichert.) Das macht Spaß! Ich schwebe auf und ab und herum. Ich spiele einfach ein wenig hier drin.

M: Gibt es einen Ort, an dem du landen kannst?

L: Ich könnte unten am Rand landen. (Pause.) Das ist zwar sehr tief, aber wenn ich mit meinen ausgebreiteten Flügeln in dieses Feuer springe, würde ich wieder hoch- und rauskommen. Es wäre also nicht gefährlich. Ich würde nicht steckenbleiben. Ich könnte landen, aber ich glaube, ich lande generell nicht oft. Es ist schöner, meine Flügel auszubreiten und einfach zu schweben. Wenn ich lande, würde ich dort ja nur stehen. (Lacht.) Oh, ich schwebe jetzt wieder hoch! Ich kreise in einer Spirale nach oben ... und fliege wieder raus aus dem Vulkan, ganz hoch. Das ist wie ein Spiel. (Kichert.) Und es macht Spaß!

M: Was passiert dann?

L: Jetzt kann ich überlegen, ob ich woanders hingehe oder diesen Spaß nochmal mitmache. (Pause.) Hm, alles ist so dunkel um mich herum. Ich sehe momentan kein Licht außer diesen hell erleuchteten Vulkan.

[...]

Wir sprangen zu einem weiteren wichtigen Ereignis.

L: Ich gleite wieder durch die Luft, aber ich habe jetzt vor, ganz weit hochzugehen. Weit weg vom Boden! Ich werde einfach hochgleiten, aber nicht mehr in einer Spirale, sondern eher wie eine Rakete. (Pause.) Während ich da hochschieße, ist der Körper plötzlich weg.

M: Was ist passiert?

L: Ich hatte mich einfach entschieden, dieses Leben zu verlassen. Es hat gereicht. Ich wollte das nicht mehr machen. Mich irgendwo hinzulegen, um zu sterben; das wäre nicht ich gewesen. Ich bin lieber einfach hochgeflogen, bis mein Körper nicht mehr mitkam.

[...]

Ich bat sie, auf das Leben zurückzublicken und dessen Zweck und Lektionen zu erkennen.

L: Ich habe gelernt, dass es schön ist, einfach nur zu sein. Ich musste mich um nichts kümmern, sondern einfach nur sein und das tun, was ich am liebsten mochte: gleiten. Ich war frei und musste mich um nichts und niemanden kümmern. Ich konnte einfach herumfliegen und Spaß haben. Das war sehr schön!

[...]

Wir ließen das Leben des Flugwesens zurück und begaben uns in eine weitere von Lisas Existenzen. Sie landete diesmal in einer Landschaft, die wie eine Wüste anmutete: »Da ist Sand. Viel Sand. Er ist gelb und heiß. Ziemlich heiß! Er ist richtig von der Sonne aufgeheizt. Sie steht direkt über mir. [...] Hinter mir scheint eine Pyramide zu sein ... eine sehr große Pyramide. Vorne rechts sind Lehmhütten oder etwas Ähnliches. Ja, eine Siedlung. Sonst sehe ich nur Sand.« Ich bat sie, an sich hinabzublicken und ihren Körper zu beschreiben. Diesmal konnte sie direkt ihre Füße wahrnehmen.

L: (Pause.) Ich würde sagen, das sind braune Männerfüße. Erwachsene Füße. Hellbraun. Ohne Schuhe. [...] Am Körper nicht viel ... eine Baumwolltunika oder so etwas ... weiß ... nicht sehr lang ... sehr locker. Man merkt sie kaum. Auf dem Kopf so etwas wie ein goldenes Band. Es geht um meinen Kopf herum mit einer Schlange vorne auf der Stirn, einer Kobra. [...] Meine Haare sind schwarz. Sie sind nicht sehr lang, ungefähr bis zu den Schultern. Der Körper fühlt sich männlich an. Sehr muskulös und stark. Fit. Nicht alt. Um die Dreißig.

[...]

Wenn alles über Körper und Kleidung gesagt worden ist, frage ich die Persönlichkeit in der Regel, ob sie etwas bei sich trägt. Häufig verraten Gepäck, Ausrüstung oder auch Schmuck mehr darüber, mit wem wir es zu tun haben und in welcher Situation wir gelandet sind. In Lisas Fall trug der Mann zwei ungewöhnliche Gegenstände in seinen Händen.

L: Ich habe so etwas wie zwei Metallstäbe in den Händen. In jeder Hand einen. Der linke ist silbrig und der rechte ist goldfarben. Sie sind rund. Zwei kurze Stäbe.

M: Was machst du damit? Was für einen Zweck haben sie?

L: Ich mache etwas Energetisches damit. (Pause.) Ich stehe hier mit dieser sehr großen Pyramide hinter mir und der Sonne direkt darüber. Ich glaube, ich werde Energie herunterleiten. (Pause.) Sie kommt von der Sonne durch die Pyramide ... dann durch mich ... und dann muss ich etwas mit diesen Stäben machen ... (Gestikuliert.) Ich halte sie so nach vorne und dann kann ich diese Energie irgendwo hinschicken. (Pause.) Ich glaube, ich schicke sie zu einer anderen Pyramide, die ich aber nicht sehe.

M: Befindet sie sich in der Nähe?

L: Nein, sie ist sehr weit weg. Ich müsste richtig verreisen, um dorthin zu kommen. Aber ich weiß, dass sie da ist, und ich soll die Energie dorthin schicken. Ja, genau. Die große Pyramide ist hinter mir, die Sonne ist über mir und ich strecke die Arme nach vorne aus. (Bedacht.) Mein linker Fuß steht vorne ... ich balanciere mich ... und halte die Arme geradeaus nach vorne. Und dann geht diese Energie zu dieser anderen Pyramide, die sich irgendwo vor mir befindet.

**Nachforschungen ergeben, dass zahlreiche ägyptische Statuen von Pharaonen zwei mysteriöse zylinderähnliche Objekte in ihren Händen halten – unter anderem die berühmte zwölf Meter hohe und 83 Tonnen schwere Statue von Ramses II., die auf das Jahr 1273 v. Chr. datiert wird und aktuell in der Eingangshalle des *Grand Egyptian Museums* in Gizeh aufgestellt ist. Die Wurzeln dieser sogenannten *Wands of Horus* (»Horusstäbe«) reichen weit in der Zeit zurück. Für die Priester und Pharaonen des alten Ägyptens sollen diese Metallzylinder, die mit verschiedenen speziellen Materialien (wie etwa Quarzkristallen) gefüllt waren, ein sakrales Werkzeug gewesen sein, mit dem sie eine Entwicklung ihrer psychischen, energetischen und physischen Fähigkeiten erreichen konnten. Die

Entwicklung dieser Fähigkeiten der damaligen Herrschenden wurde als ein entscheidender Faktor bei deren Vorbereitung auf den »Kontakt mit den Göttern« mithilfe der Pyramiden betrachtet.

Es existieren nicht nur in Stein gemeißelte Darstellungen: In Valery Uvarovs Buch *The Wands of Horus* findet sich ein Bild der bei Ausgrabungen gefundenen zylindrischen Stäbe von Pharao Pepi II., die auf die 6. Dynastie (2278 - 2184 v. Chr.) datiert werden. Das Bild stammt aus dem Jahre 1999 und wurde im New Yorker *Metropolitan Museum of Art* aufgenommen. Da die Stäbe der Pharaonen gewöhnlich als aus Kupfer und Zink gefertigt beschrieben werden – und auch heute noch in dieser Form als Heilinstrumente in Bereichen der Alternativmedizin ihren Einsatz finden –, war es sehr interessant, dass Lisa stattdessen jeweils einen goldenen und einen silbernen Zylinder beschrieb.**

M: Könnte man diese Energie wahrnehmen, wenn man dir zuguckt?

L: Ich sehe sie selbst nicht. Ich spüre sie aber. Ich habe das Gefühl, etwas geht durch mich hindurch, meine Arme entlang in diese Zylinder und dann schicke ich das weg. Man sieht nichts, aber ich weiß, dass das in dieser anderen Pyramide ankommt.

M: Hast du das schon mal gemacht?

L: Ja, ich glaube, ich mache das regelmäßig. Die Sonne muss direkt obendrüber sein, sonst funktioniert das nicht. Wenn die Sonne direkt oben in die Spitze der Pyramide hineingeht, überträgt sich das dann irgendwie von hinten in meinen Körper und dann durch die Arme wieder hinaus. (Grübelt.) Wo ist diese andere Pyramide? Ich spüre, sie muss auch unter der Sonne sein. Aber warum? Vielleicht ist da jemand, der so wie ich dasteht und auf eine Botschaft von mir wartet? Vielleicht schicken wir Informationen zueinander? Ja, das ist es, was ich mache: Ich schicke und empfange! (Grübelt.) Aber was mache ich mit dieser Energie und den Informationen, wenn sie zu mir zurückkommen? (Pause.) Ah, ich erzähle das den Menschen! Wenn Informationen zurückkommen, gehe ich in diese Siedlung und erzähle den Menschen, was gut für sie ist und was sie tun können. (Pause.) Ich sehe mich da sitzen. Sie kommen und fragen und ich weiß dann die Antwort und was richtig ist.

M: *Sie kommen dafür zu dir?* (Ja) *Das klingt nach einer wichtigen Aufgabe.*

L: Sie kommen, fragen und ich antworte, aber sie tun nicht unbedingt immer das, was ich dann sage ... Ich bin also nicht wichtig in dem Sinne, dass ich etwas befehle. Menschen kommen und fragen, ich antworte und dann gehen sie wieder. Manche tun das, was ich gesagt habe, andere nicht. Es wäre das Beste für sie, wenn sie es annehmen würden, aber das wollen sie nicht immer. (Seufzt.) Ich habe mich daran gewöhnt ...

M: *Erfüllst du diese Aufgabe schon länger?*

L: (Pause.) Ich kann mich nicht an eine Zeit erinnern, in der ich es nicht gemacht habe. Es ist das, was ich immer getan habe: Informationen empfangen und sie weitergeben.

M: *Von Geburt an?*

L: Hm, ich kann mich nicht daran erinnern, ein Kind gewesen zu sein. Ich sehe mich immer nur als Erwachsener, der Informationen erhält und weitergibt.

M: *Wie hat das angefangen?*

L: Ich kam eines Tages einfach aus der Pyramide raus und fing damit an, Informationen zu geben. Für die Menschen, die hier leben, muss das sehr merkwürdig gewesen sein.

M: *Haben sie dich akzeptiert?*

L: Ja, weil sie kommen und Fragen stellen.

M: *Kannst du dich an die Zeit erinnern, bevor du zu ihnen gekommen bist?*

L: (Pause.) Ja. Ich kam durch die Sonne hindurch, wie es auch die Informationen tun. Ich verfolge das gerade mal zurück ... durch die Pyramide hindurch ... durch die Sonne. Die Sonne ist äußerlich die Sonne, aber sie ist auch ein Portal, ein Durchgang.

M: *Hast du dieses Portal benutzt?* (Ja) *Von wo bist du hergekommen?*

L: (Pause.) Dort, wo ich vorher war, hieß es, ich werde hier gebraucht, und ich wurde gefragt, ob ich gehen würde. Ich habe »Ja« gesagt und dann bin ich durch die Sonne.

M: *Warum wurdest du nicht im herkömmlichen Sinne geboren?*

L: Weil es nicht notwendig war. Ich sollte sofort da sein. Geboren werden und erst Kind sein? Das dauert ... Ich sollte direkt da sein und Informationen geben.

M: Kannst du dich daran erinnern, wer oder was du warst, als der Ruf kam, diese Aufgabe zu erledigen?

L: (Pause.) Ich habe das Gefühl, dass ich etwas Ähnliches schon vorher gemacht hatte, nur irgendwo anders ... Ich konnte das einfach gut. Ich war sehr klar und man kann Informationen sehr leicht durch mich hindurchschicken und empfangen. Das hat einfach gepasst.

[...]

Obwohl wir noch nicht genau erfahren hatten, von wo aus die Wesenheit zur Erde gekommen war, schien sie sich davor außerhalb unseres Sonnensystems oder bzw. und auf einer anderen Existenzebene aufgehalten zu haben. Wir sprangen vorwärts zu einem bedeutenden Ereignis. Lisa begann zu kichern.

L: Die haben mich auf einen Thron gesetzt! Ich sitze nun dort ... und da sind Leute, die wollen, dass ich etwas Bestimmtes sage. Aber ich möchte das nicht tun, weil es nicht die Wahrheit ist. Diese Männer haben eine Art Kult aufgebaut oder so etwas. Sie haben sich über die anderen Menschen gestellt und wollen mich benutzen, um sie zu manipulieren. Ich mag das nicht! Ich denke, ich muss gehen.

M: Warum wollen sie dich dafür benutzen?

L: Weil die Leute glauben, was ich sage – denn es ist wahr. Es unterliegt wie gesagt immer ihrer Entscheidung, ob sie das dann auch tun, aber unabhängig davon wissen sie, dass es wahr ist. Das wissen diese Männer. Und sie denken, dass wenn ich sage, was sie wollen, die Menschen das dann glauben.

M: Was möchten sie, das du sagst?

L: Dass die Menschen für sie arbeiten und generell tun sollen, was diese Männer wollen. Ich sehe aber, dass es für die Menschen nicht gut sein wird, wenn sie tun, was diese Männer wollen.

M: Die Männer haben nicht das Wohl der Menschen im Sinn?

L: Nein, nein, nein, auf keinen Fall!

[...]

Bevor wir die Handlung weiterverfolgten, bat ich sie, sich und ihre aktuelle Umgebung zu beschreiben.

L: Wir sind in dieser Pyramide drin. (Pause.) Ich sitze auf einer Art Steinsitz. Aber warum sitze ich da? Warum kann ich nicht einfach aufstehen und weggehen? (Grübelt.) Ich fühle mich nicht wie festgebunden, aber ich kann auch nicht aufstehen ... Ich fühle mich, als ob ich Teil dieses Sitzes bin. Wie eine Statue. (Erstaunt.) Ich sitze auch da wie eine Statue!

M: Befindest du dich noch im Körper des Mannes?

L: Nein, nicht ganz. Ich habe zwar Füße, aber das sind Steinfüße. Ich sehe Hände, aber sie sind auch aus Stein. Das sieht aus wie meine Tunika, ist aber alles aus Stein. Das Band mit der Kobra ist auch da, ebenfalls aus Stein. Und das Gesicht? Habe ich ein Gesicht? Nein, es ist zumindest nichts Menschliches. Ich weiß nicht, was das ist... (Überrascht.) Ein Löwe! Ich habe einen Löwenkopf. Aus Stein.

M: Was ist mit deinem Körper passiert? Und wer hat diese Steinfigur gemacht?

L: Mein Körper ist in dieser Statue drin. Das haben diese Männer gemacht. (Grübelt.) Aber wie haben sie das gemacht ...? Ich würde mich nicht freiwillig in eine Statue versetzen lassen! Aber ich bin da nun drin. Und diese Statue hat einen Löwenkopf.

M: Ist der menschliche Körper in der Statue noch lebendig?

L: Nein, aber mein Bewusstsein ist noch in der Statue drin. (Pause.) Die Männer wollen, dass ich spreche. Aber wie soll ich denn als Statue sprechen? (Pause.) Ah, sie haben den Menschen erzählt, dass ich nun in dieser Statue bin und den Männern alles sage, was sie wissen sollen! (Empört.) Aber das bin ja gar nicht mehr ich! Und sie sagen einfach, was *sie* sagen wollen! (Flüstert.) Hm, vielleicht wissen sie gar nicht, dass ich mit meinem Bewusstsein noch hier drin bin? Moment ... (Pause.) Ah, ich verstehe: Sie haben die Idee von mir übernommen und missbrauchen das einfach, wissen aber nicht, dass ich tatsächlich noch in der

Statue drin bin! Ich glaube, ich kann mit meinem Bewusstsein kommen und gehen, wie ich will. Ich kann die Statue verlassen, wenn ich das will, und muss nicht da drin bleiben. Ich bin aber hier, um zu erfahren, was sie mit den Menschen gemacht haben – und es ist nichts Gutes. Ich dachte erst, sie reden mit mir, aber sie reden einfach nur mit der Statue. Sie wissen gar nicht, dass ich gerade in der Statue drin bin!

M: Wer hat alles Zugang zu dir?

L: Hier sind nur diese Männer. Und sie gehen dann raus und erzählen, was ich angeblich gesagt hätte. Das machen sie, weil sie denken, dass das hier nur eine Statue ist mit meinen Überresten darin. Sie glauben gar nicht, dass ich mit meinem Bewusstsein tatsächlich da drin bin.

M: Wie viel Zeit ist vergangen, seitdem du den menschlichen Körper bewohnt hast, dessen Überreste sich jetzt in der Statue befindet?

L: Ich glaube, das ist ziemlich lange her ... Nachdem ich in diese Statue hineingesetzt worden war, bin ich gegangen. (Grübelt.) Aber wie bekommt man überhaupt einen Körper in eine Statue? Ich weiß nicht, wie sie das gemacht haben ... Ich bin auch nicht älter geworden. Ich kam damals schon als erwachsener Mann, um Autorität zu haben. Sonst hätte niemand auf mich gehört.

M: Wie hat das Leben geendet?

L: (Verblüfft.) Ich weiß nicht, wie sie das getan haben, aber sie haben mich einfach *lebend* in die zwei Hälften dieser Statue hineingesteckt! Es war jedoch nicht schlimm, weil ich jederzeit gehen konnte. Ich musste nicht dort bleiben – aber das wussten *sie* nicht. Ich habe den Körper verlassen, weil es nicht mehr anders ging. Es war nicht schlimm, es ist einfach nur passiert. [...] Und es scheint so zu sein, dass ich ab und zu zurückgehe, um zu schauen, was geschieht. Es würde nichts bringen, wenn ich wieder als Mensch komme. Dieser Kult ist zu stark geworden. Alle glauben mittlerweile diesen Männern. Und wenn ich als Mensch wiederkommen würde, würden sie den

Körper einfach wieder umbringen. (Seufzt.) Es würde mir zwar nicht wehtun, aber es würde auch nichts bringen.

M: *Warum haben sie deiner Statue einen Löwenkopf gegeben?*

L: Es sieht edel und stark aus und die Menschen haben davor Respekt. Ich hatte keinen Löwenkopf als Mann. Es ist reine Symbolik. Die Männer haben es den Menschen aber so erklärt.

M: *Was wirst du nun tun, nachdem du vom Missbrauch deines Andenkens erfahren hast?*

L: Ich gehe fort und warte, bis sich die Dinge verändert haben.

Nachforschungen ergeben, dass Statuen mit einem menschlichen Körper und einem Löwenkopf in der Mythologie des alten Ägyptens in den meisten Fällen auf zwei bestimmte Gottheiten zurückgehen: zum einen auf *Sachmet* (bedeutet: »die Mächtige«), die als kämpferische und gefürchtete Kriegsgöttin verehrt wurde, und zum anderen auf *Mahes* (bedeutet: »wildblickender Löwe«), Sohn der *Sachmet* und ebenfalls ein als wütend und gewalttätig geltender Kriegsgott. Es scheint allerdings in vielen Teilen des Landes auch Löwenkulte gegeben zu haben, die mit weniger kriegerischen Gottheiten verbunden gewesen waren, z.B. mit *Tefnut*, *Apedemak* oder auch *Atum*, der oft mit einer Sonnenscheibe auf dem Haupt dargestellt wird. Das Antlitz eines Löwen symbolisierte neben Kraft, Hoheit und Macht also auch Qualitäten wie Schutz, Weisheit und Erneuerung.

M: *Wohin wirst du gehen?*

L: Ich bin zurück ins Nichts. Aber irgendetwas bewegt mich dazu, nochmal loszugehen. Ich bin überall gleichzeitig, werde aber einen Fokus finden, um etwas voranzubringen. Wenn ich wieder in einen Fokus gehe, um etwas zu bewegen, dann wächst das große Ganze und wird mehr. Ja, das ist es, was ich machen werde. Ich muss es nicht tun, aber es ist sehr interessant, einen kleinen Teil davon zu erfahren.

M: *Was für ein Fokus wird das sein?*

L: Selbsterfahrung. Ich möchte wieder zur Erde gehen, um zu sehen, was mit den Menschen dort passiert ist.

M: Fand das Leben in der Wüste auch auf der Erde statt? (Ja) *Für welchen Ort wirst du dich diesmal entscheiden?*

L: Es geht mehr um die Zeit. Der Ort ... das ist schwer zu erklären. Es gibt Zeit nicht wirklich, aber auf dieser Form der Erde gibt es sie. (Freudig.) Es könnte dort eine große Veränderung geben! Und ich will dorthin und mir anschauen, ob diese große Veränderung stattfindet und in welche Richtung sie geht: Was machen die Menschen? Bleiben sie in dem Kult oder nicht?

M: Sprichst du von dem gleichen Kult wie damals?

L: In gewissem Sinne, ja, aber er ist gewachsen und hat sich diversifiziert. Sehr clever! Die Menschen sind dem immer noch hörig. Sie könnten sich jedoch daraus befreien, und ich möchte erleben, wie sie sich entscheiden.

Ich fragte mich in der Sitzung, ob damit eventuell die Ausformung von organisierten religiösen Institutionen auf der Erde gemeint war. Immerhin war deren Einfluss im Laufe der Geschichte nicht selten auf dem Konzept begründet, dass der Zugang zu göttlicher Weisheit nur einer kleinen Gruppe bzw. einem Oberhaupt vorbehalten war, das die Botschaften dann an die breite Masse weitergab. Möglicherweise reicht der Einflussbereich des erwähnten »Kults« mittlerweile sogar über die Grenzen von Religion hinaus. Ich fragte diesbezüglich jedoch nicht weiter nach. Jede:r Leser:in mag für sich entscheiden, wie er bzw. sie diese Informationen interpretiert.

M: Wie könnten sie sich befreien?

L: Indem sie es als das sehen, was es ist: als eine Form von Kontrolle statt als etwas, das sie wirklich brauchen. Sie denken nur, sie brauchen es. Wenn sie einmal sehen würden, dass dem nicht so ist, würden sie es nicht mehr brauchen. Es ist im Grunde einfach eine Entscheidung. Menschen entscheiden aber nie »einfach«. Sie entscheiden nicht für sich alleine, als einzelner Mensch. Es ist immer wichtig, was der andere denkt, und sie haben sich gemeinsam dafür entschieden. Es gibt aber immer ein paar, die anders denken! Und es kommt die Zeit auf dieser Erde, wenn viele Menschen anders denken. Und wenn viele Menschen anders denken, dann denken bald *alle* Menschen anders. Dann ändert sich etwas! Und das möchte ich miterleben.

M: Was für eine Existenz hast du dir dafür ausgesucht?

L: Dafür bin ich in Lisa. Diese Zeit ist jetzt.

M: Bist du dir dessen bewusst, dass du gerade durch diesen Körper sprichst?

L: Ja. (Kichert.) Es ist ein wenig so wie in dieser Statue.

M: Du bist aber freiwillig in diesem Körper?

L: Ein Teil von mir, ja.

[...]

Damit war klar, dass ich nicht mehr mit dem Wachbewusstsein von Lisa sprach. Es war an der Zeit, die Zusammenarbeit mit dem Überbewusstsein zu beginnen, das nahtlos in Erscheinung trat. Ich fragte zunächst, warum sie Lisa zu Beginn der Sitzung das Leben als der Flugsaurier gezeigt hatten.

ÜB: Weil das auch auf der Erde war – ganz, ganz, ganz am Anfang. Sie war allerdings kein Saurier, wie sie vorhin selbst vermutet hatte, sondern ein Drache, der dabei mitgeholfen hat, die Erde zu kreieren. Sie hat sich vorhin gewundert, als sie in das Feuer hineinging, aber das war für ein solches Wesen – übrigens ein Elementardrache – normal. Er war einer von vielen, die bei der Geburt der Erde mitgeholfen haben. Damals war es noch ziemlich dunkel. Die Sonne war zwar da, aber die Atmosphäre war sehr dicht. Deshalb wirkte es so dunkel.

M: Warum hatten Drachen diese Aufgabe übernommen?

ÜB: Das machen sie öfters.

M: Existieren auch heute noch welche auf der Erde?

ÜB: Nicht in einer dreidimensionalen Form. Sie sind da, aber normalerweise sieht man sie nicht. Sie schwingen anders, weshalb man sie mit den Augen nicht sehen kann.

M: Warum habt ihr heute dieses Leben für Lisa ausgesucht?

ÜB: Damit sie weiß, dass sie hier auf diesem Planeten von Anfang an mit dabei war. Sie kommt ab und zu mal vorbei und schaut ihn sich in verschiedenen Formen an. Eine davon war dieser Mann, der den Menschen die Informationen gegeben hatte. Wir hätten ihr heute einiges zeigen können, aber das hat gereicht. Sie soll wissen, dass sie ein Teil dieser Kreation hier ist, denn sie liebt sie sehr! Das ist der Grund dafür, dass sie immer denkt, dass sie alles energetisch reinigen muss. Aber das ist nicht mehr notwendig. Sie muss jetzt nicht mehr mit ihren Händen rumfummeln und das körperlich machen. Es wurde übernommen. Sie und die anderen machen das als Drachen.

M: Möchtet ihr noch etwas zu dem ersten gezeigten Leben sagen?

ÜB: Wir können noch sagen, dass sie das noch immer macht: Sie gebärt mit vielen anderen zusammen Welten. Sie ist ein Teil der Expansion, der Vergrößerung, um andere Möglichkeiten zu schaffen, etwas zu erfahren. Und jede Welt sieht anders aus. Jede Welt hat andere Lebensbedingungen. Das ist sehr vielfältig – und toll! Sie geht immer zu ihren Kreationen zurück und schaut sich an, wie sie sich entwickeln. Das hat sie auch als der Mann in dem zweiten Leben gemacht. Er war aber kein echter Erdbewohner, sondern kam nur, um zu schauen und zu versuchen, den Menschen zu helfen. Die Bewusstseinsteile, die in den Menschen sind, kommen von mir, dem großen Ich. In dieser Dimension vergessen sie das, aber sie suchen. Und das zweite Leben war der Versuch, die Menschen auf den richtigen Weg ihrer Suche zu bringen. Das ging leider nicht so gut aus ... Diese andere Gedankenform erschien und es wurde entschieden, das gewähren zu lassen, weil die Mehrheit das so wollte. Wir dachten: »Das ist auch eine Erfahrung.« Jetzt ist Lisa wieder hier – und sie ist nicht alleine. Es gibt viele ähnliche Wesen wie sie auf der Erde. Wir beobachten, was jetzt passiert. Wir beobachten das, um zu sehen, ob die Teile von uns, die als Menschen hier sind, den Weg zurückfinden.

M: Sagt bitte mehr zu dieser anderen Gedankenform, der gestattet wurde, hier zu walten. Was ist ihre Intention, ihr Anliegen?

ÜB: Sie ist auch ein Teil von mir. Ein Teil, der in eine andere Richtung gehen und Kontrolle über andere ausüben wollte, um zu sehen, wie sich das anfühlt.

M: Es ist also eine legitime Existenzform, die einfach anders fokussiert ist?

ÜB: Natürlich.

M: Welche Mehrheit hat damals entschieden, dass das erlaubt wurde?

ÜB: Das war sehr interessant. Die Menschen in dieser Dimension der Erde haben sich dafür entschieden, dass sie selbst nicht wissen, was das Beste für sie ist. Sie wollten das unbedingt gesagt bekommen. Also kamen welche, die es ihnen sagten – so, wie die Menschen das auch wollten.

Ich erinnerte mich in diesem Kontext an eine Information, die im *Law of One* gegeben wird. In Sitzung Nr. 24 erklärt Ra in Antwort auf die Frage, wie es die negativ polarisierte Orion-Gruppe schaffen konnte, den Schutzschild, der die Erde umgab, zu durchbrechen, dass zu dem Zeitpunkt »ein gehöriger Ruf nach [deren] Information« ausging. Bezog sich die Bemerkung des Überbewusstseins etwa darauf? War die Ankunft der manipulierenden Existenzform auf unserem Planeten vielleicht die Antwort auf den tieferen Wunsch unserer Spezies gewesen, die Erfahrung zu machen, von anderen kontrolliert zu werden?

ÜB: Es hat sich aber mittlerweile etwas verändert. Immer mehr Menschen haben festgestellt, dass sie das nicht mehr wollen, und möchten wieder über sich selbst bestimmen. Das bedeutet, dass diese anderen Gedankenformen weg müssen, weil sie hier nun nichts mehr zu suchen haben. Sie gehen aber erst weg, wenn genügend Menschen der gleichen Meinung sind. Es muss wieder eine Mehrheit sein.

M: Wie ist der aktuelle Stand?

ÜB: Das ist das Spannende! Es werden immer mehr, die der Meinung sind, dass diese Anderen weggehen sollen. Da bewegt sich etwas. Diese Veränderung kommt. Ich spüre das in Lisa. Sie kann es kaum erwarten und ist sehr ungeduldig! Deswegen will sie andauernd etwas tun. Aber sie kann nichts tun. Sie ist hier, weil sie es beobachten wollte. Die Mehrheit wird das entscheiden. (Lächelt.) Aber es sieht gut aus!

M: Steht uns das Erreichen dieser Mehrheit, dieser kritischen Schwelle, noch bevor? (Ja) *Und dann wird diese andere Gedankenform weichen müssen?*

ÜB: Ja, weil keiner mehr Notiz von ihr nehmen wird. Sie werden sinnlos. Sie kehren dann in das Ganze zurück und überlegen sich etwas Neues.

M: Viele haben diesen Wesenheiten gegenüber sehr negative Emotionen.

ÜB: Natürlich. Sie denken, dass diese Teile von mir mit ihnen etwas machen, was gegen ihren eigenen Willen geht. Aber das ist nicht der Fall. Es ist wie ein Spiel. Ein Rollenspiel! Die einen haben gesagt: »Wir werden dies und das tun«, und die anderen haben gesagt: »Okay, und wir werden dies und jenes tun«, und dann haben alle gemeinsam gesagt: »Schauen wir mal, was passiert.« Die Menschen vergessen das nur. Es ist trotzdem interessant: Jeder will immer wieder hierher zurückkommen, um genau das zu erleben.

M: Müssen wir vergessen, dass wir das so wollten?

ÜB: Ja, sonst würde das Spiel nicht funktionieren. Wenn du dir gewiss bist, wer du wirklich bist, kann dieses Spiel nicht stattfinden. Wenn du weißt, dass alles eins ist, kannst du nicht mit Gegenpolen spielen und Kontrast sehen und erleben. Dann ist einfach alles eins.

M: Und nun ist die Zeit gekommen, uns daran zu erinnern?

ÜB: So war der Plan bis jetzt. Die Aufgabe ist es, hier zu sein und sich daran zu erinnern, was man ist. Und dann kann man sich immer noch entscheiden, das zu sein oder es nicht zu sein. Das ist sehr spannend: Wie werden sich die Menschen entscheiden, wenn sie wieder wissen, was sie sind? Werden sie es sein wollen oder nicht? Lisa wollte hier sein, um zu sehen, wie diese Entscheidung fällt.

M: Wie sollten die Menschen emotional mit dieser anderen Gedankenform umgehen? Was würdet ihr ihnen empfehlen?

ÜB: Liebe. Denn sie sind es selbst, nur in anderer Form. Man muss sich also quasi selbst die Liebe geben – auch in dieser Form. Es könnte sehr interessant werden, wenn genügend Menschen erkennen, wer sie sind – und wer sie nicht sind –, was sie sind – und was sie nicht sind – und was sie nicht sein wollen. Können sie das als einen Teil von sich annehmen oder möchten sie es bekämpfen und vernichten? (Lächelt.) Letzteres geht gar nicht wirklich.

[...]

Nach diesem kleinen Exkurs in die Geschichte unserer Spezies sowie in ihre mögliche zukünftige Entwicklung war es an der Zeit, den Fokus wieder zurück auf Lisa zu richten. Ich fragte das Überbewusstsein, warum sie ihr das zweite Leben als der Mann gezeigt hatten, der in der Statue eingesperrt worden war.

ÜB: Es wurde gezeigt, damit sie weiß, dass die Informationen, die heute durch sie hindurch fließen, wie auch damals klar sind. Es ist nicht wichtig, den Menschen alles zu sagen und zu erklären. Jeder muss das für sich selber entscheiden. Sie hatte sich damals gefragt: »Warum kommen sie zu mir und fragen, wenn sie dann doch nicht auf mich hören?« Genau das sollte sie lernen. Und sie hat das auch gelernt – es zwischenzeitlich aber wieder vergessen. Deswegen haben wir ihr das nochmal gezeigt. Sie braucht niemandem etwas erzählen oder beibringen. Jeder macht das für sich selbst. Sie ist wieder hergekommen, um es sich anzuschauen. Sie braucht kein Wissen vermitteln. Sie wollte einfach wieder herkommen, um zu sehen, wie es sich entwickeln wird.

M: Schwierig, wenn man so viel Energie und Ungeduld mitbringt wie Lisa.

ÜB: (Grinst.) Eine gute Lektion, nicht wahr ...?

[...]

Ich erkundigte mich beim Überbewusstsein, wo genau sich das zweite gezeigte Leben abgespielt hatte.

ÜB: Dort, wo jetzt Ägypten ist, aber viel früher. Der Name des Gebiets war damals »A-N-K-H-U-A«. Man findet es nicht in den offiziellen Geschichtsbüchern, die man heute liest. Da ist vieles untergegangen und versteckt worden. Es ist auch nicht wichtig, sondern gehört einfach nur zur Geschichte von Lisa.

M: Ich weiß, dass sie bei so etwas gerne nachforscht und recherchiert. Vielleicht wird ihr der Name dabei helfen.

ÜB: Ja, da stimmt. Sie wird aber im Internet nichts dazu finden, da niemand mehr davon weiß.

[...]

Seit einigen Monaten hatte Lisa immer mal wieder impulsartig das Bedürfnis verspürt, eine Reihe von fremdartigen Lauten von sich zu geben, die wie eine mysteriöse, nicht-identifizierbare Sprache anmuteten. Lisa konnte mit ihnen nichts anfangen, weshalb sie mich vor der Sitzung gebeten hatte, das Überbewusstsein nach deren Ursprung zu fragen.

ÜB: Es sind Informationen, die zu ihr durchkommen. Sie wollte sie nicht verstehen, weil sie ansonsten versuchen würde, anderen Menschen diese Informationen zu geben. Das wäre nicht der Sinn der Sache. Die Informationen kommen durch, weil das einfach das ist, was sie tut. Sie muss sie aber niemandem erzählen oder weitergeben. Deshalb dachte sie, es ist besser, wenn sie sie selber nicht versteht. Dann hat sie auch nichts zu erzählen. Sie mag jedoch die Sprache und deshalb spricht sie sie laut aus. Es ist einfach ein Zeitvertreib.

M: Könnt ihr für die Bandaufnahme eine kleine Kostprobe geben?

ÜB: (Spricht etwa eine Minute lang.)

M: Ist diese Sprache jemals auf der Erde gesprochen worden?

ÜB: Nein. Sie zeigt Lisa einfach, dass sie in Kontakt und hier nicht alleine ist. Auf einer Ebene versteht sie, was da durchkommt, aber das menschliche Gehirn blockiert das Verständnis, damit sie nicht wieder den Zyklus des Mannes in dem anderen Leben durchmachen muss. Es ist nicht notwendig. [...]

M: Werden diese Informationen nur an bestimmte Personen gesendet?

ÜB: Gesendet wird immer. Empfangen wird nicht so oft. Manche »tunen« sich einfach in diese Informationen hinein.

M: Gibt es einen Teil in jedem von uns, der sie versteht?

ÜB: Natürlich!

[...]

Derartige codierte akustische Informationen werden in der Regel als »Lichtsprache« bezeichnet. Ein kleiner Audio-Ausschnitt aus Lisas Sitzung, in dem das Überbewusstsein einen Einblick in die Klänge gibt, die durch sie fließen, kann auf meinem YouTube-Kanal oder Instagram-Profil angehört werden.

Die nächste Frage betraf Lisas Vermutung, dass sie zwar übersinnliche Fähigkeiten besitze, diese jedoch deaktiviert zu sein schienen. Ich erkundigte mich, ob das tatsächlich der Fall sei. Das Überbewusstsein bestätigte dies und verwies erneut auf Lisas spezifische Intention für die aktuelle Inkarnation.

ÜB: Das ist korrekt. Und es ist wieder der gleiche Grund: Sie ist hier, um zu beobachten und zu erleben, und nicht, um aktiv Einfluss zu nehmen. Wenn sie diese Fähigkeiten in der Öffentlichkeit aktivieren würde, würde das zu sehr eingreifen. Es sollte niemand irgendwo außerhalb von sich hinschauen und sagen: »Diese Person kann mehr als ich. Ich sollte dieser Person folgen etc.« Jeder muss das selber für *sich* in *sich* finden! Wenn Menschen das zu öffentlich zeigen, nehmen sie ein Stückchen weg von der Selbstfindung der anderen. Es ist nicht schlimm; man kann das machen. Lisa hat jedoch entschieden, das dieses Mal nicht mehr zu tun.

M: Der Teil von ihr, der das gerne aktiviert hätte, muss also verstehen, dass dies für die aktuelle Inkarnation nicht vorgesehen ist?

ÜB: So ist es.

M: Welche Tipps würdet ihr anderen Menschen geben, damit sie dieses Potenzial in sich selbst finden und aktivieren können?

ÜB: Es ist sehr wichtig, nur auf sich selbst zu hören. Sobald sie sich an etwas im Außen wenden für Leitung, leiten sie sich selber nicht mehr. Der Teil ist in jedem Menschen ein bisschen anders. Wenn alle gleich wären, würde das nicht funktionieren. Jeder Teil ist anders, und jeder Teil kann nur für sich selber sprechen und agieren. Es nutzt nichts, wenn ein Teil einen anderen Teil danach fragt, was gut für ihn ist. Dieser andere Teil weiß nur, was gut für ihn selbst ist. Jeder Mensch muss für sich selber entscheiden, was für ihn gut ist. Menschen brauchen einen Glauben an sich selber und nicht an andere Dinge oder Gedankenweisen, die sich im Außen befinden.

M: Zählt das, was wir gerade machen, dann nicht auch zu einer »äußeren« Methode, da mit einem Praktiker gearbeitet wird?

ÜB: Nicht wirklich, weil es von innen kommt. Es ist ein Anstoß von außen, aber die Information, das Wissen und das Gefühl kommen von innen. Es ist nur ein Aussprechen von dem, was ist, und keine Manipulation im Sinne von »Ich weiß am besten, was für dich gut ist!«. In diesem Fall hier erklärt Lisa selber, was gut für sie ist. Das hier ist momentan auch die einzige Möglichkeit, durch ihre eigens auferlegte Blockade zu kommen. Es ist eine Art Ventil, das sie benutzen kann, wenn das Vergessen überhandnimmt. Insofern ist es sie selber, die das hier alles herbeiführt.

M: Könnte Lisa das, was wir hier heute tun, auch komplett alleine machen?

ÜB: Die Möglichkeit ist natürlich vorhanden. Aber sie hat es selber so organisiert, dass sie wieder hierher zu dir kommt, um es auszusprechen. Wenn sie jetzt aufgrund dieses zweiten Besuchs bei dir endlich entscheidet, dass das, was sie denkt, die Wahrheit ist, dann bräuchte sie das nicht. Sie hat sich jedoch bewusst sehr klein und unwissend gemacht und das wollte sie nicht durchbrechen. Aber jetzt ist es passiert. (Grinst.) Spannend, nicht wahr?

M: Absolut.

[...]

Als ich Lisas Frage aus dem Vorgespräch, ob sie noch aktives Karma habe, an das Überbewusstsein weiterleitete, lachten sie nur und erklärten, dass Lisa bisher noch keine echte menschliche Inkarnation auf der Erde gehabt hatte, in der Karma hätte entstehen können. Ich musste daran denken, wie der Mann in der Wüste gesagt hatte, dass er bereits in erwachsener Gestalt erschienen war und somit keine Geburt durchlaufen hatte.

ÜB: Die aktuelle Inkarnation ist jedoch eine echte, und deshalb hat sie auch so Probleme damit. Normalerweise driftet sie hinein und hinaus wie damals bei dieser Statue. Dieses Mal hatte sie jedoch das Verlangen verspürt, mitzumachen. Das ist schön! Eine neue Erfahrung. Jetzt ist sie hier und muss damit leben – was sie auch tut. Und seit heute weiß sie das nun auch.

M: Kann Lisa überhaupt Karma anhäufen?

ÜB: Wenn sie wiederkommen und Sachen ausarbeiten möchte, kann sie durchaus etwas herstellen, das ausgearbeitet werden soll. Das hat sie aber nicht nötig. Und sie hat auch nichts in diese Richtung angefangen. Wenn sie es möchte, kann sie dies also tun, aber es lohnt sich nicht wirklich. [...] Wenn sie wollen, können sich die Menschen selber entscheiden, einen bestimmten Faden weiterzuverfolgen. Die aktuelle menschliche Lebensspanne reicht oft nicht aus, um alles zu erleben, was dafür erlebt werden möchte. Dann machen die verschiedenen Teile etwas miteinander aus und inkarnieren wieder zusammen, um das Spiel fortzuführen oder es umgekehrt auszuprobieren – oder wie auch immer sie das machen möchten.

**An dieser Stelle erinnerte ich mich daran, dass die menschliche Lebensspanne und der damit verbundene Grad an Möglichkeiten für Erfahrungen auch im *Law of One* thematisiert werden (Sitzungen Nr. 20 und 22). Laut Ra habe sich die menschliche Lebensspanne auf der Erde seit Beginn der dritten Dichte vor etwa 75.000 Jahren drastisch verringert: Während diese ursprünglich ungefähr 900 Jahre betrug, umfasste zur Zeit des Aufstiegs von Atlantis vor etwa 25.000 Jahren ein gewöhnliches menschliches Leben nur noch 40 bis 100 Jahre – ähnlich wie auch heute am Ende des Zyklus der Dichte. Ra führt diese rapide Verkürzung menschlicher Inkarnationen im Laufe der Geschichte auf einen »mangelnden Aufbau positiver Orientierung« zurück. Aufgrund der zunehmenden »Zersplitterung der Völker« und wachsender »Gefühle der Abtrennung«, die von zu der Zeit neu aufkommenden Konzepten wie Nationen, Geld und Eigentum noch verstärkt wurden, hatten sich unter den Menschen »dissonante Beziehungsschwingungen« etabliert und »kriegerische Weisen« verbreitet. Dies führte zu einem dramatischen Anstieg intensiver Erlebnisse, wodurch sich die Lebensspanne verkürzte. Diese Konsequenz geht laut Ra auf einen Aspekt des Gesetzes des Einen zurück, demnach »ein Wesen nicht mehr Erfahrungen größerer Intensität machen darf, als es ertragen kann«. Es sei daher nötig gewesen, Seelen immer früher aus ihren Inkarnationen »herauszunehmen«, um ihnen zum einen notwendige Heilung und zum anderen eine Auswertung der Erfahrungen zu ermöglichen.

Laut Ra erschwert diese Verkürzung die spirituelle Entwicklung von Menschen innerhalb ihrer Inkarnationen enorm. Sie erklären, dass die ursprüngliche Länge eines Menschenlebens mit 900 Jahren angesetzt worden war, weil in diesem »die ersten 150 bis 200 eurer Jahre, wie ihr die Zeit misst«, eine Art »spirituelle Kindheit« darstellen, während der »Verstand und Körper noch nicht genügend diszipliniert sind«, um spirituelle Klarheit zu erlangen. Die verbleibende restliche Zeitspanne von 700-750 Jahren diente dann dem Zweck, »die Erkenntnisse zu optimieren, die sich aus den Erfahrungen ergeben«. Dass menschliche Inkarnationen mittlerweile lediglich eine Länge um die 100 Jahre aufweisen, führe auf der Erde zu dem unglücklichen Ergebnis, dass sich, was die Entwicklung des spirituellen Aspektes angeht, »die überwiegende Mehrheit der Wesenheiten in etwas [befindet], das man als immerwährende Kindheit bezeichnen könnte«.**

Im nachfolgenden Teil des Dialogs mit Lisas Überbewusstsein wurde deutlich, dass der Planet der für ihn sehr anstrengenden Entwicklungen überdrüssig war, die laut Ra zur extremen Verkürzung der menschlichen Lebensspanne geführt hatten.

M: Ich könnte mir vorstellen, dass es gar nicht mehr so viel Spielraum für karmische Erfahrungen geben wird, wenn diese kontrollierende Gedankenform, von der ihr gesprochen habt, das Spiel hier verlassen muss.

ÜB: Ja und nein. Diese Art Spiel kann man im Prinzip endlos weiterführen. Es ist allerdings so, dass Gaia das nicht mehr auf dieser Form von sich möchte, weil sie durch das Ganze ziemlich lädiert worden ist ... Sie hat für sich entschieden, dieses Spiel nicht mehr mitzumachen. Wenn das so weitergehen soll, werden die Wesen, die bei diesem Spiel mitmachen wollen, dies einfach woanders tun – aber nicht mehr zusammen mit Gaia.

M: In welche Richtung wird sich Gaia entwickeln?

ÜB: Sie möchte wieder frei und unverletzt sein. Sie hat über Jahrtausende – Jahrmillionen – Wesen in und auf sich gehabt. Aber jetzt möchte sie das nur noch ausschließlich den Teilen gestatten, die in Frieden leben wollen. Das hat sie sich verdient! Sie hat es für sich entschieden und das ist ihr freier Wille. (Lächelt.) Wir sind alle damit einverstanden.

[...]

Eine weitere Frage von Lisa betraf unsere Sonne. Sie wollte wissen, was für einen Einfluss diese auf Gaia ausübe und was es mit dem sogenannten *Solar Flash* (= Sonneneruption) auf sich habe, der als »Das Event« im Jahre 2020 angekündigt worden war.

ÜB: Die Sonne ist ebenfalls ein lebendiges Wesen und mit Gaia verbunden. Sie funktioniert als Portal, weil sie sehr gerne unterschiedliche Wesen begrüßt. Der *Solar Flash* wird so genannt, weil die Information, die durch die Sonne gefiltert wird und dann zur Erde kommt, immer stärker wird. Je mehr Menschen damit einverstanden sind, desto mehr Information kommt durch. Und wenn es soweit ist, dass die Mehrheit der Menschheit diese Information haben will, kann man das durchaus als »Flash« bezeichnen. [...] Es geht um Information für jede und jeden Einzelnen. Und was er oder sie davon mitmacht, unterliegt dann dem freien Willen. [...] Das wird als »Das Event« bezeichnet. Menschen werden es einzeln und als

Gruppen erleben. Wir wissen davon. Da das eine Sache des freien Willens ist, tun wir aber so, als ob wir es nicht wüssten. (Grinst.) Es ist auch schwer zu erklären. Man kann es für sich alleine oder als Teil des Kollektivs erleben. Beides ist möglich – je nachdem, wie man sich fokussiert. Jede und jeder Einzelne entscheidet, wie er oder sie es erleben will. Alles ist richtig.

M: Im Mainstream wird ein eher gefährliches Bild der Sonne vermittelt. Es wird oft propagiert, dass wir im Hinblick auf unsere Gesundheit Angst vor ihr haben sollten. Warum ist das so?

ÜB: Das gehört zu dem Teil, der bei diesem Spiel mitmacht und noch die Kontrolle ausübt. Die Menschen erhalten so die Möglichkeit, es zu glauben oder nicht. Sie können dann selber entscheiden, wie sie das sehen. Man hat immer die Wahl! Es sind nur Möglichkeiten. Wenn Menschen das glauben wollen, dann dürfen sie das glauben. Wenn sie es nicht glauben wollen, dann müssen sie es nicht glauben. Dann glauben sie eher, was sie selbst wissen, und folgen diesem Weg. Es gibt Millionen von verschiedenen Wegen. Manche Wege haben Ähnlichkeit miteinander und neigen dazu, zusammenzuführen, aber alle Wege finden statt.

[...]

Im Vorgespräch hatte Lisa das Gefühl zur Sprache gebracht, dass sich die Sonne seit ihrer Kindheit verändert habe. Sie erklärte, dass sie beispielsweise nun in die Sonne hineinschauen könne, ohne davon Schaden zu nehmen. Ich bat das Überbewusstsein, dazu Stellung zu nehmen.

ÜB: Ja, das ist ganz klar. Sie hat sich einfach dafür entschieden und deswegen ist das so. Andere denken oder sagen: »Das geht nicht!«, und können das dann dementsprechend auch nicht. Lisa und viele andere Menschen sehen seit kurzem eine eher weiße Sonne, andere sehen keine Veränderung. Was sie sehen, ist ihre eigene Wahrnehmung. Sie ist für jeden genau richtig, bis sie sich umentscheiden oder nicht. Wenn Menschen sagen: »Die Sonne ist so, wie sie immer gewesen ist«, dann ist sie so, wie sie immer gewesen ist. Wenn Menschen sagen: »Hm, es könnte eine Veränderung geben«, dann haben sie sich für diese Veränderung geöffnet und erleben eine Veränderung. Viele haben Angst vor Veränderung. Deswegen bewahren sie alles so, wie es ist – oder vielmehr, wie es immer für sie *war* –, und dann ist das so. Es ist wie ein Auseinandergehen von Wegen. [...] Fest steht allerdings: Die Intention der Menschen ist es immer, zurück zu mir zu kommen. Nur die Wege, für die sie sich jeweils entscheiden, sind total unterschiedlich. Manche wollen erst noch andere Sachen erleben, andere Spiele spielen, und das tun sie dann auch. Aber – und das ist der Grund, warum Lisa zu diesem Zeitpunkt auf der Erde sein wollte – die Tendenz jetzt und hier geht in die Richtung einer großen Veränderung. Das dürften die meisten dann erkennen.

M: Bei Lisa merkt man schnell, dass sie sich auf diesem Weg befindet. Wie ist das bei denen, die sich dafür scheinbar nicht interessieren?

ÜB: Es gibt ganz unterschiedliche Menschen. Manche sind tatsächlich so tief in ihrem Versteck, dass sie es momentan nicht wahrhaben wollen – was in Ordnung ist. Es gibt andere Menschen, die wissen es schon, möchten aber nicht auffallen und sagen deshalb lieber nichts. Es gibt auch solche, die sich ganz bewusst für einen Weg entschieden haben, der das bisherige Spiel weiterführt – was auch in Ordnung ist. Und es gibt wiederum andere Menschen, die sagen: »Es reicht mir jetzt! Ich möchte etwas ganz Neues erleben!« Diese Erde ist also im Moment voller widersprüchlicher Intentionen, wobei die Hauptintention immer die ist, zurückzukehren, und diese Intention ist dadurch am stärksten. Aber wer das noch nicht machen möchte, muss es auch nicht. Es gibt immer andere Möglichkeiten. Das ist auch einer der Gründe, warum Lisa diesmal nichts verkünden will: Es gilt einfach nicht für alle Menschen! Früher gab es weniger Menschen und daher weniger Intentionen. Mittlerweile ist hier sehr, sehr viel los. Deshalb ist der Fokus hier so interessant: Es gibt so viele Möglichkeiten!

M: Ist das tatsächlich so einzigartig hier, wie man immer hört? Ist die Erde wirklich so besonders?

ÜB: In diesem Stadium – wenn man das so sagen »muss« –, ja. Es gibt andere Orte, die so etwas Ähnliches auch gemacht haben, aber immer ein wenig anders. Keine zwei Erlebnisse sind gleich. Und die Nuancen hier und jetzt sind sehr spannend! Es wird beobachtet – von innen und von außen. Alle schauen zu und freuen sich sehr! Das spüren viele Menschen. Sie fühlen sich beobachtet, wissen aber nicht, warum.

M: Viele von denen, die davon wissen, haben im Alltag das Gefühl, dass nur wenige Menschen tatsächlich diese Veränderung anstreben. Davon soll man sich also nicht entmutigen lassen?

ÜB: Auf keinen Fall. Es gibt eine starke, starke Bewegung in Richtung Licht. Und dieses Schattenspiel ist nicht mehr so interessant, wie es das früher mal war ... Deswegen empfindet man mehr Licht in diesem Fokus hier – wenn man will. Es gibt definitiv Wesen hier, die mehr Schatten verspüren, aber das ist ihr freier Wille. Von außen betrachtet ist es sehr lichtvoll. [...]

M: Warum werden in so vielen Filmen und Serien der letzten Jahre metaphysische Themen wie Bewusstsein, parallele Realitäten, Zeitreisen und Reinkarnation präsentiert?

ÜB: Aufgrund der Gefühle der Mehrheit der Menschheit. Es existiert so viel Intention und Energie in dieser Richtung, dass das quasi auch »inkarnieren« muss. Es muss Wirklichkeit werden. Sichtbar. Hörbar. Es gibt eine Vielfalt. Und alles ist wahr – nur aus unterschiedlichen Perspektiven betrachtet.

M: Für viele Menschen liegt über all dem der Mantel von Fiktion. Sie sehen es nicht als Wahrheit an.

ÜB: Es ist ihre freie Entscheidung. Sie genießen die Geschichten, auch ohne wahrhaben zu wollen, dass sie wirklich existieren. Das ist vollkommen legitim.

[...]

Wir kamen auf einige Bereiche des erwähnten »Schattenspiels«, wie beispielsweise *Chemtrails* (= Chemikalienstreifen am Himmel), zu sprechen. Ich fragte Lisas Liste folgend das Überbewusstsein, ob sie etwas zu dem Thema zu sagen hätten.

ÜB: Das ist ein weiterer Teil dieser besagten Kontrollfraktion. Sie tun das, was sie immer getan haben: Sachen verschleiern und verstecken. Diese Dimension, dieser Teil, dieses Gesicht der Erde, wird jedoch verschwinden, wenn genügend Menschen das so haben wollen. Es gibt diese *Trails* natürlich, und das ist auch einer der Gründe, warum Gaia das nicht mehr mitmachen möchte. Es wurden zu viele Sachen gemacht, die nicht nur den Menschen schaden, sondern auch ihr. Das soll aufhören! Und es hat aufgehört. Dieses Durchleben der Tatsachen wird aber noch benutzt, hauptsächlich für diejenigen, die sehen möchten, welche Konsequenzen aus Handlungen entstehen. Lisa kann dieses Thema beobachten, wenn sie das unbedingt möchte, aber es ist nicht nötig. Sie kann es auch gehenlassen.

M: Könnte man mit seinem eigenen freien Willen entscheiden, dass einem solche Dinge nichts anhaben können?

ÜB: Natürlich. Lisa hat das selbst so gemacht. Sie hat vor einiger Zeit entschieden, nicht mehr krank zu werden. Sie wollte experimentieren und hat zu sich selbst gesagt: »Okay, du wirst ab jetzt keine Erkältung mehr bekommen.« Und alle Menschen um sie herum sagen zu ihr, wenn sie erkältet sind: »Komm mir nicht zu nahe. Ich bin erkältet.« Dann sagt Lisa immer, um das zu testen: »Das hat mit mir nichts zu tun«, und umarmt die Menschen und freut sich hinterher, dass sie sich nicht erkältet hat. (Grinst.) Das sind einfach kleine Spielereien von ihr, um sich die Zeit hier zu vertreiben.

M: Würde eine solche Anweisung an den Körper auch dann wirken, wenn eine Krankheit tatsächlich die beste Methode wäre, um dem eigenen Äußeren Selbst etwas mitzuteilen?

ÜB: Wenn der freie Wille im Einklang ist mit dem Inneren Selbst, dann ist Krankheit absolut nicht notwendig. Solange dieses Spiel hier so fantastisch gut gespielt wird und die Verbindung zum Inneren Selbst für die Menschen größtenteils noch verschleiert ist, ist Krankheit jedoch manchmal der einzige Weg, um Bewegung in die Sache zu bringen. Der größere Teil des Selbst, der nicht im Körper steckt, weiß nämlich sehr wohl noch, was die Intention für die Inkarnation war, und versucht natürlich, der Persönlichkeit im Körper Hinweise zu geben, ohne ihren freien Willen zu verletzen.

M: Muss dieser Teil dann einen anderen Weg finden, um Hilfestellung zu geben, wenn die Persönlichkeit mit ihrem freien Willen entscheidet, nicht mehr krank werden zu wollen?

ÜB: Die Krankheiten bleiben solange weg, solange der freie Wille im Einklang mit dem Inneren Selbst bleibt. In dem Augenblick, in dem das auseinandergeht, können Krankheiten trotz allem als Hinweis entstehen. Wenn der Mensch im Einklang mit dem Inneren Selbst ist, ist dieser Weg allerdings nicht notwendig.

[...]

Ein weiteres Thema auf Lisas Liste war die Antarktis – oder vielmehr das, was sich angeblich unter deren Eis befinden soll. Ich fragte das Überbewusstsein, ob sie sich dazu äußern würden.

ÜB: Da ist Einiges verborgen vom Eis. Alte Zivilisationen ... andere Zivilisationen ... Wenn die Mehrheit der Menschen es erfahren möchte, werden diese freigelegt werden. Die kontrollierenden Spielteilnehmer agieren damit, um ihren Weg zu gehen. Der Großteil der Menschheit weiß oder glaubt es noch nicht, aber es ist alles da für den Fall, dass es ins Spiel gebracht werden soll. Es kann benutzt werden, muss aber nicht. Es wird interessant sein, zu sehen, ob die Mehrheit der Menschen für so etwas offen ist oder nicht. Es ist jedoch da. Es wird derzeit überlegt, ob man es nicht doch veröffentlichen sollte. Wie damals mit der Löwenstatue, kann so etwas allerdings für bestimmte Zwecke missbraucht werden. Denn nur, weil etwas bekanntgegeben wird, heißt das nicht unbedingt, dass es der Wahrheit entspricht ...

[...]

Wir gingen schließlich zu Lisas körperlichen Themen über. Die ersten beiden Fragen betrafen den aktuellen Status der Entwicklung ihrer DNA-Stränge sowie das Wahrnehmen eines seltsamen, stetig ansteigenden Summens in ihrem Kopf. Es stellte sich heraus, dass beides miteinander zusammenhing.

ÜB: In diesem Körper sind derzeit sieben Stränge aktiviert. Sie werden momentan nicht eingesetzt, aber sie sind bereit. In diesem Körper könnten maximal einundzwanzig aktiv sein. Es ist jedoch nicht Teil ihres Weges, alle Stränge zu aktivieren. (Pause.) Bei dir ist es übrigens tendenziell sehr ähnlich.

M: Was bedingt deren Aktivierung?

ÜB: Die Durchlassung des Lichts aktiviert die einzelnen Stränge. Unterschiedliche Vibrationen aktivieren unterschiedliche Stränge.

M: Wie viele Stränge würdet ihr gerne in Lisa aktiviert sehen?

ÜB: Sieben reichen vollkommen; für diesen Fokus ist das ausreichend. Sie könnte noch mehr aktivieren, wenn sie das wollte. Sie wären jedoch zu diesem Zeitpunkt hier nur schwer einzusetzen und dadurch praktisch überflüssig.

M: Gibt es derzeit Menschen auf diesem Planeten, die für ihren Fokus mehr Stränge benötigen?

ÜB: Nein. Im Moment reichen sieben für diese Form des Fokus vollkommen aus.

M: Was hat es mit dem Summen in ihrem Kopf auf sich, das mit der Zeit in seinem Ton immer höher geworden ist?

ÜB: Das ist der Durchlassungsgrad des Lichts. Es ist ein hörbares Zeichen dafür, wie viel Licht man durchlässt. Wenn die eigene Schwingung höher wird, heißt das, dass mehr Licht durchkommt. Es ist nichts Beunruhigendes. Sie hat selber gemerkt, dass es zunächst stotterig anfing und zuletzt viel höher und feiner geworden ist. Man muss es wahrnehmen wollen. Und es passiert meistens, wenn man sich in Ruhe nach innen wendet. Dann kann man es erfahren.

[...]

Schließlich blieb noch das Thema Körpergewicht bzw. Übergewicht anzusprechen. Lisa wollte erfahren, warum es ihr trotz großer Motivation und zahlreicher Maßnahmen bisher so schwergefallen war, das ihrer Meinung nach »unnötige« Gewicht loszuwerden. Es sollte sich herausstellen, dass ihre äußere Form mit einem Glaubenssatz im Inneren verbunden war.

ÜB: *Sie* wollte es behalten. Sie wollte wichtig – »ge-wichtig« –, sein, um gesehen zu werden für das, was sie ist – was *alle* sind, was aber nicht erkannt wird. Das ist jedoch nicht notwendig. Es reicht, wenn sie das selber für sich weiß. Jeder ist für sich mit sich beschäftigt. Sie will immer andere miteinbeziehen, aber das ist im Moment nicht der Sinn der Sache. Die meisten Menschen sind noch nicht so weit, auch wenn die Tendenz dahin geht. Erst müssen sie mit sich selbst zurechtkommen.

M: Gibt es etwas, das wir hier und heute tun können, um ihr dabei zu helfen, diesen Glaubenssatz loszulassen?

ÜB: Sie hat es jetzt gehört. Es liegt wirklich nur an ihr selbst, ob sie das verändert oder nicht. Sie weiß das und versucht immer, es nach außen zu schieben. Das passiert, wenn man hier inkarniert: Man wird menschlich. Das hat auch sie hier angenommen. Und das ist ungewöhnlich für sie, weshalb sie damit auch nicht zurechtkommt. Aber sie hat es nun begriffen. Und wir haben es in ihr verankert.

[...]

Letzte Worte: »Sie hatte sich in letzter Zeit Gedanken gemacht über ihre Verbindung zur Erde, zu Gaia. Sie wollte hierzu Aufklärung erhalten und das haben wir heute gerne getan. Sie wird sehr geliebt; mehr ist nicht zu sagen. Wir danken für Deine Arbeit. Es hat uns viel Freude und Spaß gemacht.«

Gestrandet

Paul (35) kam extra aus einem Nachbarland angereist, um seine Quantenhypnosesitzung an diesem goldenen Herbsttag des Jahres 2020 zu erleben. Obwohl es nicht seine Muttersprache war – und Englisch auch eine Option gewesen wäre –, entschied er sich, die Sitzung auf Deutsch durchzuführen. Dies sollte kein Problem darstellen, da seine Sprachkenntnisse hervorragend waren.

Einige meiner Klient:innen, deren Muttersprache weder Deutsch noch Englisch ist, sorgen sich im Vorfeld, dass das eine Hürde darstellen könnte. Sie haben Angst, dass sie sich möglicherweise nicht richtig fallen lassen können oder in tiefer Trance unbemerkt in ihre – mir unbekannte – Muttersprache wechseln. Ich habe tatsächlich noch nie erlebt, dass das passiert ist. Auch das Überbewusstsein drückt sich stets in einer Sprache aus, die auch ich verstehen kann. Sie wissen, wie essenziell es ist, dass wir kommunizieren können, um effizient zusammenzuarbeiten. Zudem optimieren sich meiner Erfahrung nach Vokabular und Satzbau innerhalb einer angelernten Sprache oft, sobald Menschen in ihr Überbewusstsein eingestimmt sind. Und so war es auch bei Paul. Die Intention, die der großgewachsene und schlanke junge Mann für seine Seelenreise mitgebracht hatte, war es, sich auf spiritueller Ebene weiterzuentwickeln und Informationen zu einigen paranormalen Ereignissen in seinem Leben, prägnanten Träumen, und metaphysischen Fragen zu erhalten.

Kaum hatte Paul die erforderliche Ebene hypnotischer Trance erreicht, begann er auch schon damit, die Umgebung zu beschreiben, in der er sich wiederfand: »Ich sehe das Meer. Es ist schwarz. Ich bin weit oben und blicke herunter. Da ist eine weiße Kugel ... in der Luft. Ich weiß nicht genau, wie groß sie ist. Sie schwebt einfach da oben an einer Stelle.« Ich fragte ihn, wo er sich im Verhältnis zu dieser Kugel befand.

[...]

P: Wir sind beide weit oben in der Luft ... und ich blicke herunter auf das Meer. Wenn ich es anschaue, glaube ich, Wellen zu sehen. Es bewegt sich.

M: Wie fühlt sich die Luft an?

P: Nass. Es regnet. Die Luft bläst.

M: Gibt es etwas am Äußeren der Kugel, das du mir beschreiben kannst?

P: Sie leuchtet. Sie hat eine eigene Leuchtkraft, ist jedoch hart. [...] Es ist ein runder Körper. Sie dreht sich irgendwie, aber das ist egal. Ich habe das Gefühl, dass sie auch mal schräg sein kann. Es gibt kein Oben oder Unten.

M: Gibt es so etwas wie einen Horizont?

P: Am ehesten noch das Ufer. Da ist ein Strand.

[...]

Ich bat Paul, mir die Landschaft zu beschreiben, die er unter sich wahrnahm.

P: Es ist sehr leer. Da ist nicht viel. Keine Bäume. Ich sehe, wie die Wellen sich auftürmen am Strand. Kaum Vegetation. Es gibt vielleicht ein bisschen Gras. Da ist fast nichts. Es ist alles leer. Das Land ist ziemlich flach. Da sind wie kleine Dünen, die an den Strand grenzen, und dahinter kommt fast nichts. Es ist stürmisch. Der Himmel ist grau oder fast schwarz.

M: Wie würdest du die Tageszeit beschreiben?

P: Das ist schwer zu sagen, weil es so dunkel ist. Aber es ist nicht Nacht. Es fühlt sich wie Abend an. Da kommt Licht in die Szene, aber es ist alles verdunkelt. Das Meer ist sehr dunkel.

M: Gibt es etwas, dass du dir näher anschauen möchtest?

P: Ja, den Strand. Ich schwebe jetzt mal zum Strand. Ich glaube aber, da ist fast nichts. Es ist so leer. Nichts außer Sand. [...] Ich sehe wieder die weiße Kugel. Ich glaube, sie ist mir gefolgt. (Pause.) Ich frage mich, ob da irgendwelche Dinge rumliegen. Ich habe das Gefühl, als ob da Objekte sind ... etwas Mechanisches, das sich dreht. So wie eine Spirale.

M: Wo befinden sich diese Objekte?

P: Auf dem Strand. (Pause.) Irgendwie metallisch ... Messing? Alles ist nass und im Sand. Alles klebt vom Salz.

M: Sind es mehrere Objekte?

P: Ich glaube, es ist nur eins. Vielleicht hat das etwas mit der weißen Kugel zu tun? Ich verstehe nicht genau, was ich sehe. Aber ich habe das Gefühl, nicht alleine zu sein ... Ich sehe jedoch niemanden außer dieser weißen Kugel. Das Objekt ist wie eine Schüssel. Diese drehende Bewegung ist irgendwie ... (Gestikuliert.) Das hat etwas von einer Schüssel. [...] Sie kann ihre Form verändern. Und ich habe das Gefühl, es kommt nicht darauf an, wie sie aussieht. Die Kugel ist am Strand dabei und beobachtet das Ganze. Ich glaube, die Kugel und die Schüssel auf dem Strand sind das Gleiche ...

M: Wie würdest du das Größenverhältnis beschreiben zwischen der Kugel und dem Objekt?

P: Das Objekt ist ungefähr sieben Meter in Diameter. Die Kugel hat keine feste Größe. Manchmal erscheint sie groß und manchmal erscheint sie klein. Ich nehme die Kugel aber so wahr, als ob sie ein Teil dieses Objektes sei.

M: Besteht eine Interaktion zwischen den beiden?

P: Ja, die Kugel kann die Schüssel verlassen. (Pause.) Und jetzt sehe ich mich so, als ob ich an diesem Strand bin ... in einem Körper.

M: Berührst du jetzt den Boden?

P: Ja. Ich habe das Gefühl, dass ich Kleidung trage, die nass ist.

[...]

Das Bewusstsein von Paul schien sich immer mehr in die Szene zu integrieren, was uns erlaubte, mehr über die Handlung herauszufinden. Ich bat ihn, an sich herabzublicken und zu beschreiben, was er sah.

P: Blaue Kleidung. Das ist so etwas wie ein Overall. Ich habe keine Schuhe an und sehe nackte Füße. Sie sind kalt und sehen irgendwie weiß aus. Der Overall ist weit. (Mit zitternder Stimme.) Und ich spüre Trauer ... Ich spüre Trauer. (Tränen fließen.)

M: Womit ist diese Trauer verbunden?

P: (Emotional.) Hier ist einfach gar nichts. Dieser Ort ist so leer. Da ist einfach nichts. Nur dieser Strand und [unverständliches Wort]. Ich kann einfach nicht mehr weg. Hier findet einen niemand. Man ist einfach alleine. Ich glaube, ich bin hier gestrandet. Und ich weiß, dass ich hier nicht mehr wegkomme.

M: Womit bist du gestrandet?

P: Ich habe das Gefühl, dass ich angespült wurde. Ich glaube, das ist ... Afrika. [...] Ich bin wirklich alleine hier. Da ist gar nichts, nur ein Stück Holz.

M: Wie ist es dazu gekommen, dass du hier gestrandet bist?

P: Das war ein Unglück. Ich glaube, das hat irgendetwas mit Schifffahrt zu tun. Ich sehe Holz und Messing. Ja, ich glaube, es war ein Schiff. [...] Da waren viele Menschen drauf. Das war eine ganze Mannschaft. Es war eine Expedition.

M: Was war euer Ziel?

P: Wir hatten sehr viel vor! (Pause.) Ich glaube, ich war schon traurig, als ich noch auf dem Schiff war. Ich habe etwas gesucht. Ferne kommt mir in den Sinn. Ja, ich habe das Gefühl, als hätte ich die Ferne gesucht, die Distanz. Deshalb war ich auf diesem Schiff. Aber das hat alles fehlgeschlagen ...

M: Was ist passiert?

P: Der Sturm hat das Schiff zerstört. Menschen sind heruntergefallen und im Wasser verschwunden. Es hat sich sehr stark in den Wellen bewegt. Die Wellen waren richtig groß! Sie waren dunkelblau. Alles ist zerstört! Es war ein Segelschiff. Die Segel sind auch zerstört worden. Alles ist in Fetzen!

M: Und was ist mit dir passiert?

P: Ich sehe, wie ich auf dem Boot rutsche. Das Schiff kippt und ich falle herunter. Ich habe Angst vor dem Wasser, aber ich bin jetzt drin. Und wenn man ins Wasser fällt, weiß man, dass man nicht mehr herauskommt ... Diese Wassermassen bewegen mich. Ich sehe mich irgendwie von außen. Die Wellen tragen mich. Das Schiff ist zu nah. (Besorgt.) Ich habe Angst, vom Schiff erdrückt zu werden. Und irgendwie bin ich in der

Situation auch genervt, weil ich etwas vorhatte. Ich glaube, ich möchte das nicht loslassen ... diesen Versuch.

M: Was hattest du vor?

P: Wir wollten etwas erreichen. Etwas sehr Wichtiges! Ich glaube, es hat mit einer sehr langen Schiffreise zu tun. Wir wollten in ein Land ... Ich habe das Gefühl, dass ich mich einer Reise angeschlossen hatte, die mit Handel zu tun hatte. Aber das war mir egal. Ich habe das mitgemacht, aber eigentlich etwas anderes gesucht.

M: Was hast du gesucht?

P: Ich habe Wahrheit gesucht. [...] Ich bin auf der Suche nach etwas, das man nicht anfassen kann. Es ist nichts Materielles. Ich bekomme das Wort »Verbindung«. Dieses Wort erzeugt ein befreiendes Gefühl. Es tut gut, hier zu sein ... an diesem Strand. Obwohl es so traurig ist, tut es gut. Aber ich weiß nicht, ob ich noch lebe ...

M: Wie fühlt sich der Körper an?

P: Kalt und nass. Ich glaube, er ist nicht mehr lebendig. (Emotional.) Ich sehe diese Szene jetzt von oben.

[...]

Ich bat Paul, den Körper zu beschreiben.

P: Es ist ein männlicher Körper. Ich habe schwarze Haare. Sie sind nass und verklebt. Es ist ein junger Mann, so um die dreißig Jahre. (Schluchzt.) Die Kleidung ist aus einem schweren Stoff. Es ist sehr einfache Kleidung. Ein Overall. Er ist blau. (Sehr emotional.) Ich glaube, dieser Körper bewegt sich nicht mehr. Er weiß, dass es nun nicht mehr weitergeht ... Dieser Strand ist so groß! Er ist so groß, dass man ihn als Mensch gar nicht überqueren könnte. (Pause.) Ich habe das Gefühl, dass diese Sphäre die Szene beobachtet.

M: Hat der Overall eine bestimmte Funktion?

P: Ja, er hat etwas mit Seefahrt zu tun. Wie eine Art Uniform, aber es ist nichts Besonderes. Und irgendwie erscheint er mir jetzt auch zu groß. Es ist keine anliegende Kleidung, die passend gemacht wurde. Sie ist ziemlich primitiv. Gar nicht modern.

M: Fühlst du dich mit dem Körper verbunden?

P: Ja, ich habe das Gefühl, dass ich das bin. Diese weiße Sphäre ist jetzt ziemlich nah. (Pause.) Sie warten. (Flüstert.) Sie warten ...

M: Worauf?

P: Auf mich. (Tränen fließen.) Aber ich bin noch nicht bereit, diesen Ort zu verlassen. Eigentlich mag ich diesen Ort, aber ... es geht hier nicht mehr weiter. Sie warten auf mich. Ich weiß nicht, ob der Körper tot ist oder ob er sich noch bewegen könnte. Aber da ist keine Hoffnung mehr. Irgendwie weiß ich, dass es hier nicht weitergeht. Und deshalb warten sie.

M: Sie lassen dir Zeit?

P: Ja. Aber ich glaube, ich bin schon nicht mehr in dem Körper, denn er bewegt sich nicht mehr. (Schluchzt.)

M: Es scheint, als ob du ihn zumindest einige Jahre lang bewohnt hast. Von daher ist es verständlich, dass du vielleicht noch ein wenig Zeit brauchst, um dich von ihm zu verabschieden.

P: Ja. Ich könnte sehr lange hierbleiben ...

M: Möchtest du das?

P: Ich bin frustriert, weil es nun nicht mehr weitergeht, und ich möchte das noch nicht wirklich loslassen. Es ist immer die gleiche Idee, die wiederkommt. »Ich mag es hier und möchte weitermachen, aber es ist vorbei. Es geht nicht mehr weiter. (Gefasst.) Ich glaube, ich bin jetzt bereit, diesen Ort zu verlassen.«

[...]

Paul ließ den Körper des gestrandeten Mannes hinter sich und entfernte sich immer weiter vom Strand.

P: Ich bin jetzt weiter weg. In der Luft. Diese Sphäre ist da, und wir bewegen uns weit weg. Ich habe keinen Körper mehr. (Pause.) Diese Sphäre ist neben mir und wir stehen irgendwo im Raum. Ich bin mir noch des Meeres bewusst, und es fällt mir wirklich schwer, diese Szene loszulassen. (Stimme zittert.)

Ich hatte mir sehr viel Mühe gegeben. Ich empfinde das Gefühl von viel Mühe und viel Anstrengung, das mit dem Anstreben meines Zieles verbunden war. Es wurde sehr viel Arbeit verlangt!

M: Und dann kam diese überraschende Wendung?

P: Ja, es war einfach ein Unglück. (Pause.) Ich möchte jetzt weg.

M: Wie geschieht das?

P: Da ist jetzt ein grünes Licht. Die Sphäre ... fühlt sich wärmer an. Es ist noch die gleiche Sphäre, aber sie ist jetzt– (Unterbricht sich.) Dieses goldene Gefühl geht durch mich hindurch wie ein Körpergefühl, aber ich glaube nicht, dass ich einen Körper habe. Ich bin irgendwie überall gleichzeitig ...

M: Wie fühlt sich das an?

P: Angenehm. Irgendwie warm. (Pause.) Da ist eine Verbindung. Das bin nicht ich. Ich bin nicht diese Sphäre. Aber wir sind verbunden. Sie wollen etwas von mir. (Pause.) Sie möchten, dass ich zu ihnen komme. Da sind zwei. Sie winken mir zu ... oder machen eine Handbewegung.

M: Wie nimmst du sie wahr?

P: In einer körperlichen Form. Sie sind dünn. (Pause.) Sie haben einen dünnen Hals und große Köpfe. (Irritiert.) Ich frage mich, wie diese beiden in diese kleine Kugel hineinpassen... Ich habe schon das Gefühl, dass sie in der Sphäre sind, aber die ist klein. Da ist nicht viel Platz. (Pause.) Die Köpfe sind wirklich sehr groß – im Vergleich zu Menschen und im Vergleich zu ihrem Körper. Sie haben sehr dünne Arme und sehr dünne Finger.

M: Kannst du die Anzahl der Finger erkennen?

P: Drei ... nein, vier. Es sind jedenfalls keine fünf. Die Finger sind länger. [...] Ich glaube, sie haben Augen, aber die sind nicht wichtig. Wenn ich versuche, die Augen anzusehen, merke ich, dass das nicht wichtig ist. [...] Sie möchten, dass ich zu ihnen komme und diesen Raum mit ihnen teile. (Emotional.) Ich bin mir allerdings nicht sicher, ob ich das noch will.

M: Wie meinst du das?

P: (Emotional.) Ich habe genug gesehen.

M: Wovon?

P: Von der Erde. (Tränen fließen.)

M: Was denkst du, möchten sie von dir?

P: Arbeit. (Pause.) Ich weiß nicht, ob das wichtig ist, aber ich kann ihre Körper noch näher beschreiben. Sie haben relativ wellige Haut, sehr dünne Gliedmaßen. Die Spitze ihrer Finger ist größer als die Finger selbst. Sie können damit Dinge innerhalb der Sphäre berühren, um sie zu betätigen, zu benutzen.

M: Eine Art Steuerung?

P: Ja, sie haben da so etwas wie Oberflächen, die sie berühren können. Sie sind irgendwie neutral und haben nicht besonders starke Gefühle. Sie wirken sehr rational. [...] Sie wollen, dass ich Platz nehme in dieser Sphäre. Da ist tatsächlich noch ein Platz in der Mitte frei. [...] Ich möchte nicht wirklich mitgehen. Aber sie wollen mir nichts Böses. Sie sehen nur etwas komisch aus. [...] Vielleicht bin ich einfach nur etwas ... Ich glaube, ich werde doch mit ihnen gehen.

M: Kommen sie dir vertraut vor?

P: Ja. Sie haben auch eine gewisse Art Eleganz. Ich glaube, sie sind fortgeschritten. Und ich glaube, ich mag sie ...

M: Hast du das Gefühl, dass sie dich auch kennen?

P: (Emotional.) Ja. Sie sind meine Arbeitskollegen! Wir sind eigentlich genau gleich. Aber ich glaube, ich bin der ... Ich sitze in der Mitte und die beiden links und rechts von mir ein Stück zurück. Ich habe irgendwie das Gefühl, dass die beiden darauf warten, dass ich ihnen sage, wo es hingeht.

M: Nimmst du dich immer noch ohne Körper wahr?

P: Nein, ich kann jetzt in dieser Art Körper sein, den sie auch haben.

M: Wie kommuniziert ihr miteinander?

P: Wir wissen einfach Dinge. Wir bewegen manchmal unsere Hände ... und ich sehe sie auch an. Einer von ihnen sagt mir, dass alles in Ordnung ist.

M: Und was fühlst du, wenn er das sagt?

P: Dass ich keine Angst haben muss.

M: Du bist nicht mehr alleine.

P: (Traurig.) Ich fühle mich trotzdem alleine. Die beiden arbeiten nur. Ich frage mich jedoch, was das soll. Ich habe das Gefühl, dass wir dauernd etwas machen, und ich sehe keinen Sinn darin.

[...]

Ich bat Paul, die Tätigkeit zu beschreiben, der er sich gemeinsam mit den beiden anderen Wesen widmete.

P: Wir sind Arbeiter. Irgendwie hat das mit Reisen und Erfahrung zu tun. Ich würde aber am liebsten etwas anderes tun. (Erschöpft.) Ich habe genug gesehen ... (Flüstert.) Ich bin sehr alt. Ich mache das schon sehr lange ... (Emotional.) Ich möchte woanders hin ... in einen anderen Zustand. Dieses körperliche Sein möchte ich nicht mehr!

M: Bist du schon oft in Körpern gewesen? (Ja) *Die anderen beiden auch?*

P: Ja, das sind meine Arbeitskollegen. Sie sind jedoch jünger. Ich fühle mich, als ob ich eine Art Kapitän bin. (Pause.) Und ich möchte ihnen jetzt sagen, dass ich mit der Arbeit fertig bin. Ich brauche das jetzt nicht mehr. Es ist mir zu viel.

M: Und wie reagieren sie?

P: Sie werden einfach weiterarbeiten, während ich woanders hingehe.

M: Arbeitet ihr für euch oder für etwas bzw. jemand anderen?

P: Ich habe schon das Gefühl, dass ich sehr viel Freiheit habe, aber wir machen immer das Gleiche. [...] Es ist einfach die Arbeit, die wir in diesen Körpern machen müssen.

M: Wem dient diese Arbeit?

P: Sie dient dieser Bewusstseinsebene. (Pause.) Es kann sein, dass es noch andere gibt, die wie wir aussehen. Eine Rasse. Aber das ist im Grunde unwichtig, denn diese Art von Aktivität hat mit einer bestimmten Art von Bewusstsein zu tun.

M: Wie würdest du diese Aktivität beschreiben?

P: Wir suchen uns Ziele und gehen dann dorthin. Ich sehe das Reisen durch eine Art Kamera. Durch eine Art Sog. Wir reisen da hindurch. Dann sind wir irgendwo und machen uns daran, möglichst viel über die Gegebenheiten an diesen Orten herauszufinden.

M: Sind das immer physische Orte?

P: Nein. Das sind auch manchmal Orte, die nicht so dicht sind. Wir fühlen uns in diese unterschiedlichen Umstände hinein und dann geht es irgendwann weiter.

M: Wonach forscht ihr? Worauf kommt es euch an?

P: Auf die Erfahrung. Es geht darum, ein größeres Gesamtbild zu erstellen. Deshalb besuchen wir diese vielen verschiedenen Orte: um ein größeres Bild zusammensetzen zu können.

[...]

Ich entschied, für Paul mehr über die Bedeutung der Anfangsszene und die Existenz des verunglückten Mannes in Erfahrung zu bringen, und fragte, wo diese zu verorten war.

P: Das war auf der Erde. (Pause.) Ich glaube, ich hatte damals eine Frau auf der Erde ... Die Frau war jedoch auf dem Land. (Emotional.) Ich habe sie dort zurückgelassen.

M: Auf welchem Land?

P: Es ist ein trockenes Land. Ich sehe es in der Vergangenheit. Ich glaube, es heißt ... Portugal. Das war vor der Schiffsreise. Da besteht eine Verbindung zu diesem Schmerz, den ich auf dem Strand verspürt habe. Da ist ein Gefühl von Verantwortung. Ich habe sie im Stich gelassen. (Emotional.) Und das wusste ich bereits, als ich mit dem Schiff losgesegelt bin. Sie wollte nicht, dass ich weggehe.

M: Warum bist du dennoch gegangen?

P: Weil ich auf der Suche war. Ich musste es tun.

M: Wie fühlst du jetzt darüber?

P: Ich glaube, dass die anderen beiden mich daran erinnert haben, dass ich das tun musste ... diese Suche. Aber ich möchte das einfach nicht mehr. Sie haben mich daran erinnert, was ich tun muss und tun soll.

M: Als du damals auf das Schiff gegangen bist?

P: Ja, ich habe mich dazu bewegt gefühlt, obwohl ich traurig war, weil ich mich dieser Frau gegenüber verpflichtet gefühlt hatte. Es war eine Mission.

[...]

Diese Mission schien durch den Sturm und den nachfolgenden Tod des Mannes überraschend geendet zu haben. Da sich die Wesenheit, mit der ich sprach, offensichtlich in mindestens eine weitere menschliche Inkarnation begeben hatte, deren Persönlichkeit sich gerade in hypnotischer Trance befand, erkundigte ich mich, wie es nach dem Ende des Lebens weiterging.

P: Ich glaube, dass ich, als ich mich in den Stuhl in der Sphäre gesetzt hatte, eigentlich von dort wegwollte. Aber irgendwie ging das nicht. Ich glaube, ich musste noch einmal zurück zur Erde ... um etwas fertigzustellen ... dieses Gesamtbild zu komplettieren. Das hat mit dem zu tun, wie der Mensch ist.

M: Und was hast du bisher herausgefunden?

P: Sehr viel! Ich habe herausgefunden, dass die Erde ein sehr spezieller Ort ist. Die Menschen hier sind hilflos, weil sie nicht verstehen, was sie tun müssen, um weiterzugehen. Das macht mich auch sehr traurig.

M: Verstehst du, was sie tun müssen?

P: Ja. Sie haben keine Balance. Sie schauen zu sehr nach außen und nicht genug nach innen. Es hat lange gedauert, bis ich das als Mensch herausgefunden hatte. Ich habe das mitgemacht. Ich glaube, es ist das Gleiche in dem anderen Leben – nur in einer anderen Form. Es kommt immer auf das Gleiche an.

M: Worauf?

P: Ich vernehme dauernd das Wort »Balance«. Es ist ein Ausgleich, der hier stattfinden muss. Wenn das erfolgt ist, macht es keinen Sinn mehr, in der materiellen Welt zu sein.

M: Meinst du, das ist, was die Menschen hier tun müssen, um diesen Ort verlassen zu können?

P: Ja. Sie möchten eigentlich weiter, aber sie können es nicht, weil sie ... »verzerrt« sind. Sie suchen an der falschen Stelle. Es wird ihnen eine falsche Welt gezeigt. Und daher wissen sie nicht, wo sie suchen müssen. Das ist schon sehr lange so. Ich glaube, der Grund warum ich nochmal hergekommen bin, ist, dieses Gesamtbild zu erstellen.

M: Du hast dich in der Sphäre entschieden, noch einmal zur Erde zu gehen?

P: Ja, ich glaube, das habe ich gemacht. Und nun bin ich hier. Ich glaube, ich habe alle Informationen gesammelt und weiß nicht, was ich noch tun soll ...

[...]

Ich fragte ihn nach dem Prozess, der auf die Entscheidung folgte, wieder auf die Erde zurückzukehren – und damit in eine weitere Inkarnation in menschlicher Form.

P: Ich höre das Wort »ausgewählt«. Es ist so, als ob jemand mit dem Finger zeigt und mir sagt: »Geh dorthin!« Ich glaube, das ist ein Symbol. Das vermischt sich mit dem Wesen. Das ist einfach die Aufgabe.

M: Und diese Wahl bot dir die idealen Umstände für deine Mission?

P: So sieht es aus. Ich glaube, dass diese Wahl besser ist, um die Fragen zu beantworten, die sie haben.

M: Besser als die vorherige, in die wir anfangs eingestiegen sind? (Ja) *Und was ist nach der Wahl passiert?*

P: Es ist schwer, etwas zu sehen, weil ich das Gefühl habe, dass ein Vergessen damit zu tun hat. Man geht durch eine Art ... Schleier hindurch, der wie um die gesamte Erde gespannt ist und dafür sorgt, dass man alles aus der irdischen Perspektive sieht. Ich höre nun das Wort »Limitationen«.

M: Was ist der Zweck dieser Limitationen?

P: Es ist eine Art Gefängnis. Es ist allerdings nicht immer so gewesen, sondern es ist so geworden. Es hat sich so entwickelt.

M: Du meinst diesen Schleier?

P: Ja, den Schleier und die Begebenheit, dass die Menschen nicht mehr wissen, wo sie suchen sollen.

M: Wie ist es so weit gekommen?

P: Ich sehe eine Art Bestrahlung der Erde. Das hat mit Bewusstsein zu tun. Ich glaube, dass die Menschen nicht bereit sind, um aus diesem Schleier herauszutreten. Aber dieser Schleier ist zugleich auch die Ursache, warum sie nicht bereit sind. Deshalb habe ich das Gefühl, dass das alles gar keinen Sinn mehr macht. Deshalb ist das so wie ein Gefängnis. Wenn da mehr Hilfe wäre, dann müsste das nicht so sein ...

M: Wenn du von Bestrahlung sprichst, meinst du damit das Aufrechterhalten dieses Schleiers?

P: Genau. Das ist wie ein Muster, das auf die Erde projiziert wird. Ein Frequenzmuster. Innerhalb dieses Musters sind Lücken. Diese Bestrahlung bewirkt, dass die Frequenzen, die die Menschen kennen, sehr stark sichtbar oder wahrnehmbar sind. Und die Lücken dazwischen fehlen in dieser Bestrahlung, so dass sich auf der Erde alles in diesen Mustern bewegt.

M: Was für einen Effekt haben diese Lücken?

P: Das ist einfach so etwas wie ein schwarzes Loch. Wenn man durch diese Bestrahlung hindurchschaut, dann ist das so wie die Lücken in einem Netz.

M: Könnte man durch diese Lücken dem »Gefängnis« entkommen?

P: Nein. Die stellen einfach nur die Dinge dar, die man nicht weiß oder nicht sieht. Diese Erde ist im Grunde eine Art ... Perversion. Dieses Wort kommt mir in den Kopf, weil alles so limitiert ist im Schwingungsbereich. Als ob da viel fehlt. Und deshalb ist es sehr schwer, da herauszukommen.

M: Wer oder was initiiert diese Bestrahlung? Warum existiert sie überhaupt?

P: (Pause.) Das ist schwer zu erkennen. Das sind sehr abstrakte Bilder, die ich dazu sehe.

M: Steckt da Intention dahinter?

P: Ja! Das ist wie ein Wille, der sich über diese Erde gestülpt hat. Und dieser Wille schirmt die Erde ab von der Wahrheit. Es sieht ein bisschen so aus wie ... Ich sehe die Erde und eine Art Schutzfeld um die Erde herum – wie ein Magnetfeld. Und diese Strahlung wird von diesem Feld abgeleitet. Es sieht gleichzeitig so aus, als ob jemand die Erde in der Hand hält. So wie eine symbolische Hand, die die Kontrolle über die Erde möchte.

M: Ist dieser Zustand für dich und deine Kollegen relevant?

P: Ja. Die Mission hat damit zu tun. Ich glaube, dass wir das erforschen.

M: Du meinst, das ist genau das Interessante für euch?

P: Es ist nicht spannend, so wie es für einen Menschen spannend sein könnte. Es ist mehr wie eine Begebenheit, die es zu erforschen gilt.

Ich dachte zunächst, dass sich die Wesenheit, die durch Paul sprach, aufgrund der gewählten Worte auf den sogenannten »Schleier des Vergessens« bezog, hinter dem wir als Menschen auf der Erde unsere Inkarnationen begehen. Laut Ra im *Law of One* war dieser von den speziell für unser Sonnensystem verantwortlichen Schöpferwesen installiert worden, um das Absolvieren der charakteristischen Lektionen der dritten Dichte für diejenigen, die sich in ihr befanden, zu beschleunigen (Sitzung Nr. 78). Im weiteren Verlauf des Dialogs wurde jedoch deutlich, dass die Wesenheit vielmehr etwas zu beschreiben schien, das stark mit den grundlegenden Intentionen der uns bereits bekannten negativ polarisierten Fraktion resonierte – Macht, Manipulation und Kontrolle –, und unter anderem auch der Grund für die Anwesenheit positiver Gruppen wie ihrer eigenen war.

M: Wie ist euer Erkenntnisstand? Glaubt ihr, dass das immer so sein wird?

P: Nein. Wir sind auch da, um das zu verändern. Wir möchten das nicht mehr. Wir haben zwar nichts mit der Erde zu tun, aber es gefällt uns nicht. Es ist nicht richtig so. Es fühlt sich fast so an, als ob sie sich einen Scherz erlaubt haben ... Das geht so nicht!

M: Wen meinst du mit »sie«?

P: Das ist eine Gruppe. Sie haben das so gemacht, weil sie das so konnten. Da ist eine Art Mechanismus, der das erlaubt. Es hat alles mit Macht zu tun. Und wir wissen, dass es nichts bringt – auch ihnen nicht.

M: Aber sie denken das?

P: Es ist ein Spaß für sie. Ich glaube, dass sie ihre Macht nur nach unten ausüben können, aber nicht nach oben. Sie kommen selbst nicht nach oben weiter, weshalb sie ihre Macht nach unten ausüben.

M: Die Menschen sind wahrscheinlich leichte Opfer für sie.

P: Ja. Sie müssen das lernen. Insofern macht das schon alles Sinn. Es dauert einfach nur schon viel zu lange. Sie haben den Menschen so beeinflusst, dass er sich nicht selbst befreien kann.

M: Das klingt nach einer eher ausweglosen Situation.

P: Sie haben jetzt Hilfe! (Pause.) Ich sehe wieder eine Art Bestrahlung. Diese ist jedoch ... lustiger. Da sind viel mehr Farben. Es ist jetzt Zeit für diese Wende! Aber die andere Gruppe wehrt sich dagegen. Sie müssen jetzt immer mehr Kontrolle ausüben. Diese Veränderung ist jedoch voll im Gange. Es ist anstrengend für uns alle ... Für sie, für uns – und auch für die Menschen. Aber es gibt keinen anderen Weg.

M: Was bewirkt diese zweite Bestrahlung, von der du sprichst?

P: Sie macht alles leichter. Diese Schwere der materiellen Welt wird verschwinden. Ich weiß nicht genau, woher diese Bestrahlung kommt ... (Erstaunt.) Von der Sonne?

M: Würdest du sagen, dass dahinter ebenfalls Intention liegt?

P: Ja, da ist Bewusstsein.

M: Welche wird dominieren?

P: Man weiß es nicht. Man weiß nicht genau, was passieren wird. Es sieht jedoch so aus, als würde eine Spaltung stattfinden. Ich glaube, es wird versucht, die Menschen hinaufzubewegen, aber viele sind noch nicht bereit dazu. Das ist an sich traurig, weil diese andere Gruppe jetzt immer mehr Kontrolle ausüben muss, wodurch es für diese Menschen immer schwieriger wird.

M: Was hält die Menschen davon ab?

P: Sie sind aggressiv. Aber das ist nicht ihre Schuld. Ihre Weltanschauung ist von diesem Netz geprägt. Das ist bewusst so gemacht, um die Menschen einzufangen.

M: Aber es gibt auch die, die »nach oben« gehen?

P: Ja, und ich habe das Gefühl, dass einige schon oben sind. Beides ist bereits am Manifestieren. Es ist eine merkwürdige Situation. Ich weiß nicht, wie die Erde darauf reagieren wird.

M: Es klingt zumindest nach einer sehr interessanten Situation zum Erforschen für euch.

P: Ja, das stimmt. Ich möchte das aber jetzt vollenden. Es dauert zu lange. Dieser Umschwung. Dieses Spiel. Aber diese Gruppe lässt nicht los!

[...]

Ich fragte, wie Paul und sein Forschungsteam vorhatten, zu diesem Umschwung beizutragen.

P: Wir müssen für die Menschen da sein. Ich höre das Wort »Lügen«. Ich glaube, dass es unsere Aufgabe ist, diese bestehenden Lügen zu ... entfernen. Aber ich fürchte, wir können nicht wirklich viel machen, weil unser Bewusstsein uns daran hindert, einzuschreiten. Wir können also nur da sein. Das hilft allerdings auch schon.

M: Was meinst du damit?

P: Wir möchten nicht einschreiten. Es passt nicht zu uns.

M: Die Menschen müssen das also selber schaffen?

P: Sie schaffen das nicht; es ist leider so. Viele Menschen werden hierbleiben. Sie sind eben noch nicht bereit. [...] Sie sind in dieser Welt so verankert. Und dabei gibt es noch so viele Dinge, die sie sehen möchten. Es ist nur schade, weil sie wegen dieses Schleiers zu wenig davon sehen. Das heißt, sie werden noch sehr lange arbeiten müssen.

M: Gibt es andere wie euch, die auch gekommen sind, um zu helfen?

P: Ja, es gibt unterschiedliche Interessengruppen, die hier sind. Manche von ihnen sprechen nicht einmal untereinander. Aber das brauchen sie auch nicht. Sie wollen sowieso das Gleiche. Es sind dieselben Grundtendenzen. Und jeder macht, was er kann.

[...]

Wir hatten an diesem Punkt bereits viele interessante Informationen von der Wesenheit erhalten, die sich in die aktuelle

Inkarnation als Paul begeben hatte, um ihre Forschungsarbeit zu komplettieren. Ich dankte ihr für ihre Hilfe und entschied, das Überbewusstsein einzurufen, um mehr Informationen zu erhalten und Pauls Fragenliste anzugehen. Nachdem die Kommunikation etabliert worden war, erkundigte ich mich zunächst nach dem Grund, warum sie Paul zu Anfang in die letzten Momente des Lebens des gestrandeten Seefahrers geführt hatten.

ÜB: Er wusste es immer schon, aber er wollte es nicht glauben. Die Erinnerungen, die er gehabt hat, waren alle richtig gewesen. Die Erinnerungen an die anderen Leben, die Bilder.

M: *Ihr meint das Schiff und das Wasser?* (Ja)

Eine der Fragen auf Pauls Liste befasste sich mit der Bedeutung eines häufig wiederkehrenden Traums, der Bilder von einem Schiff und großen Wassermassen beinhaltete. Wie bei vielen anderen Menschen, mit denen ich über die Jahre hinweg habe arbeiten dürfen, hatte auch in Pauls Fall ein prägnanter Traum dazu beigetragen, sich auf die Suche nach Antworten zu machen, und somit seinen Zweck erfüllt. Er war nun nicht mehr nötig – und der Tag für Paul gekommen, zu erfahren, wohin sein Weg führte.

ÜB: Es ist Zeit, sich zu lösen. Er braucht das nicht mehr. Er braucht sich nicht mehr festzuhalten. Er kann jetzt gleich zurückkommen.

M: *Was meint ihr mit »festhalten«?*

ÜB: Das Sich-Festhalten in der materiellen Welt. Er hat nun alles gesehen; alles, was er sehen musste. Weiteres Verständnis und die Existenz in diesem Kontext ist jetzt nicht mehr nötig. Dieser Einblick war wichtig, um das Gesamtbild zu vervollständigen. Danach kann die Reise weitergehen ... aufwärts. Er hat sich jedoch entschieden, hierzubleiben. Er kann also jetzt tun, was er möchte.

M: *Das klingt, als ob er sich geweigert hätte, die Körperlichkeit zu verlassen.*

ÜB: Ja. Er wollte keine Zeit verschwenden. Deswegen gab es einen möglichen Ausgangspunkt. Aber er hat sich entschieden, zu bleiben, weil er sich verpflichtet hat.

M: Könnt ihr diesen möglichen Ausgangspunkt näher beleuchten? Was für eine Situation ist das gewesen?

ÜB: Ein schnelles Ende. Sehr »*immediate*« (= unmittelbar). Es wäre schmerzfrei gewesen. Viel schmerzfreier als am Ende des Lebens als Seefahrer. [...] Er hätte seinen Körper verloren und verlassen, und er hätte gewusst, was passiert wäre. Er hätte sich befreit gefühlt. Aber er wollte es nicht. Das wurde respektiert.

M: Hätte das nur ihn betroffen?

ÜB: Es hätte die ganze Familie betroffen.

M: Hat sich die ganze Familie gemeinsam entschieden, zu bleiben? Es klingt, als ob alle die Gelegenheit gehabt hätten, zu gehen.

ÜB: Es ist so vereinbart.

Paul hatte mir im Vorgespräch von einem mysteriösen Ereignis berichtet, bei dem sich seine gesamte Familie eines Tages – untypischerweise – an ein- und demselben Ort eingefunden hatte. Später sollte sich herausstellen, dass sich nur einige wenige Meter entfernt von dieser Stelle unter der Erde ein alter Sprengkörper aus dem zweiten Weltkrieg befunden hatte, der jederzeit hätte detonieren können. Für das unbeschadete Überstehen dieser potenziell katastrophalen Situation hatte ein mysteriöses akustisches Warnsignal eine Rolle gespielt, dessen Ursprung von keinem der Anwesenden hatte identifiziert werden können.

ÜB: Er weiß, was da passiert ist. Er hat es den anderen mitgeteilt, damit auch sie wussten, was passiert ist. Er braucht keine weitere Bedeutung zu erfahren, weil er sich entschieden hat.

M: Könnt ihr ihm noch erklären, wie dieses akustische Signal produziert worden war, das er und seine Familienangehörigen wahrgenommen haben?

ÜB: Das ist leicht beantwortet. Wir haben einfach die Luft zum Schwingen gebracht, und das hat sich aus seiner Perspektive als Schall manifestiert.

M: Was für eine Intention lag dahinter?

ÜB: Es war eine Warnung, die ihm zeigen sollte, dass wir da sind. Und egal, wie er sich entscheiden würde, er hätte gewusst, dass wir in Kontakt mit ihm waren. Wenn er sich entschieden hätte, die Erde zu verlassen, hätte er gewusst, dass wir für ihn da waren, und er hätte leichter loslassen können, weil die Verbindung zu uns stärker gewesen wäre. Und jetzt hat er dieses Wissen in diese Existenz mitgenommen. Das ist alles.

M: War zu dem Zeitpunkt, als ihr das Signal produziert hattet, die Entscheidung schon gefallen?

ÜB: Ja. Er hatte sich entschieden. Er hat sich dazu verpflichtet, mit diesen Menschen zu arbeiten.

M: Hätten auch andere Menschen dieses Signal hören können?

ÜB: Ja, aber die meisten waren dafür taub. Die, die es gehört haben, sehen auch noch andere Dinge. Das hat alles seinen Sinn.

M: Was hat es mit der Vorausahnung seines eigenen Todes auf sich, die er bereits als Kind erhalten hatte?

ÜB: Er hat gewusst, dass es einen Ausgang gibt.

M: Und das wäre dieser Ausgang gewesen?

ÜB: Ja. Es gab immer einen Ausgang. Es gibt auch für andere Menschen einen Ausgang. Und auch in anderen Leben gibt es immer einen Ausgang. Aber die meisten Menschen entscheiden sich, so lange wie möglich zu bleiben, weil der Erfahrungsreichtum auf der Erde so groß ist.

M: Trotz aller Schwierigkeiten, denen man hier begegnet?

ÜB: Ja. [...] Paul ist sehr intelligent. Und seine Verbindung ist sehr stark – schon seit seiner Kindheit. Gleichzeitig war er immer sehr ängstlich, weil er weiß, was für die Menschen auf dem Spiel steht. Deshalb überlegt er sich alles sehr vorsichtig. [...] Er hat ein Gefühl von Verantwortung in diesem Spiel. Aber er hat das Spiel jetzt durchschaut. Für ihn ist es vorbei.

M: Was gilt es für ihn nun in der verbleibenden Zeit in diesem Körper zu tun?

ÜB: Er hat sich entschieden, den Menschen eine Stütze zu sein, solange er selbst in einem Menschenkörper ist. Er wird immer die Wahrheit sagen und die Menschen damit befreien, so gut er kann. Er hat sich das ausgesucht. Es ist in Ordnung so.

[...]

Bevor wir weitergingen, fragte ich das Überbewusstsein, ob es noch einen weiteren Grund gab, warum sie ihm den Einblick in das Ende des Lebens als gestrandeter Seefahrer gegeben hatten.

ÜB: Wir haben ihm gezeigt, dass wir immer bei ihm sind. Er hat uns gesehen. Schon am Strand. Wir waren dort. Im Schiff. Er hat sehr viel mitgebracht. Und er hat immer gewusst, dass er mit uns in Verbindung steht. Manchmal hat er versucht, das zu verleugnen. Es hat ihn jedoch nicht losgelassen. Er ist immer auf der Suche nach seiner Form gewesen.

M: Was möchtet ihr ihm heute und hier dazu sagen?

ÜB: Du bist frei. [...] Wenn ihr fertig seid, könnt ihr loslassen. Ihr seid jetzt frei! Die Geschehnisse auf der Erde sind für euch nicht mehr so wichtig. Ihr braucht nur noch loslassen.

M: Was loslassen?

ÜB: Die Unwahrheit. Ihr wisst nun, wer ihr seid. Ihr werdet abgelenkt. Ihr lasst euch ablenken von diesen Lügen. Ihr spielt damit, aber ihr könnt eure wahre Natur nicht verleugnen. Ihr seid immer verbunden. Und wenn ihr das Spiel verstanden und durchschaut habt, könnt ihr es loslassen. Dann seid ihr frei!

M: Wen sprecht ihr gerade an?

ÜB: Alle Menschen. Und auch jene, die die Menschen nicht sehen. Diejenigen, die sich dem Spiel verpflichtet haben. Sie spielen dieses Spiel, um die Funktionsweise aufrechtzuerhalten, weil es den Bewusstseinsformen unter ihnen dient. Auch sie nehmen dann ihren Platz in der höheren Ordnung ein, wenn sie bereit sind und nicht mehr das Spiel spielen möchten.

M: Gibt es noch etwas, das ihr zu Pauls aktueller Inkarnation sagen möchtet?

ÜB: Er ist jetzt frei. Er hat seine Aufgabe erfüllt. Er braucht nun nichts mehr zu tun.

[...]

Es war an der Zeit, sich Pauls Fragenliste zu widmen. Zunächst erkundigte ich mich für ihn beim Überbewusstsein, ob sie noch etwas zum häufig wiederkehrenden Traummotiv der Flutwellen zu sagen hätten, das bereits zuvor angesprochen worden war. Die Antwort brachte interessanterweise Aspekte ans Licht, die sich auf den Wandel bezogen, der aktuell auf der Erde vonstattenging, und somit auch für das Kollektiv eine Rolle spielten.

ÜB: Eine Flutwelle ist eine Veränderung. Das ist symbolisch zu verstehen. Diese Flutwellenveränderung gilt für die gesamte Erde. Sie wühlt alles auf und verwirbelt es, wodurch sich dann alles wieder legen kann. Es ist eine Welle der Veränderung, der Reinigung. Alle Konstrukte des Menschen fallen in sich zusammen. Die Menschen haben Angst vor dieser Welle. Sie halten sich fest. Diejenigen, die loslassen, werden von der Welle transportiert werden, und diejenigen, die sich festhalten, werden sich in der Welle befinden.

M: Welche der beiden Strategien empfiehlt ihr?

ÜB: Es gibt keine Fehler. Wenn man bereit ist, wird man getragen, schwebt höher, braucht nicht zurückzuschauen. Es geht weiter nach oben. Man wird getragen. Man sieht zunehmend den Sinn von allem und erkennt die Strategie der höheren Ordnung, die über allem steht. Wenn man dazu noch nicht bereit ist, muss man sich nicht treiben lassen.

M: Wie würdet ihr die Strategie dieser höheren Ordnung, von der ihr sprecht, kurz zusammenfassen?

ÜB: Es ist ein Zurückfinden zu sich selbst. Ein Strom, der in Richtung Wahrheit und Einheit fließt. Diese Einheit sieht sich durch ihre Spaltung und beobachtet sich selbst. (Pause.) Wenn die Umstände sich angepasst haben, wird sich mehr von dieser Wahrheit [unverständliches Wort]. Aus der irdischen Perspektive gibt es eben momentan diese Limitationen, über die das menschliche »Gefäß« nicht hinausschauen kann. Es wird sich aber an diese neue Energie anpassen, und dann wird sich mehr dieses gesamten Plans [unverständliches Wort].

[...]

Weitere Motive, die Paul regelmäßig in seinen Träumen begegneten, waren Raumschiffe und Visionen von Chaos. Ich fragte nach dem Hintergrund dieser Bilder.

ÜB: Diese Raumschiffe sind jetzt schon da. Es sind sehr viele unterschiedliche. Es gibt viel zu tun auf der Erde! Aber sie sind nicht sichtbar. Wenn die Zeit gekommen ist, werden sie sichtbar sein, und dann wird sich das Chaos entfalten, das er in seinen Träumen gesehen hat. Er hat sich entschieden, dabei zu sein, wenn es passiert, weil ihm die Menschen leidtun und er für sie da sein möchte.

M: Es besteht also die Möglichkeit, dass dies noch innerhalb seiner aktuellen Lebenszeit geschieht?

ÜB: Es könnte sein, aber wir wissen es nicht. Es hängt vom freien Willen der Menschen ab, wie lange es dauern wird. Wenn es soweit ist, wird es so kommen, wie er es gesehen hat. Die einen Menschen werden verzweifeln und Angst haben, und die anderen werden sich freuen. Dann wird sich diese Trennung, von der er dauernd träumt, auch auf der Erde manifestiert. Diese Spaltung, die er dauernd sieht, ist jetzt schon dabei, sich zu manifestieren. Es wird immer deutlicher. Diejenigen Menschen, die nicht auf der Welle treiben, werden es nicht verstehen, aber das ist in Ordnung so. Jeder hat es sich ausgewählt, dieses Zusammenspiel. Es ist nur aus der menschlichen Perspektive betrachtet alles so schwierig. Auf der anderen Seite spüren wir den Sinn und die Symphonie.

M: Alle Beteiligten erfüllen ihren Zweck. (Ja!)

[...]

Wir blieben im Themenbereich nächtlicher Geschehnisse und ich erkundigte mich für Paul nach einem mysteriösen Erlebnis aus seiner Kindheit, bei dem er eines Nachts von drei mysteriösen Wesenheiten besucht und im Gesicht berührt worden war. Das Überbewusstsein übernahm die volle Verantwortung für dieses Ereignis und erklärte dessen Hintergrund.

ÜB: Wir haben ihn aufwecken müssen, weil er es nicht wollte. Er wollte die Wahrheit nicht wissen. Wir haben ihn aufgeweckt, damit alles im Zeitplan bleibt. Er hat das verstanden. Die Form der Wesen, die er gesehen hat, war ... charmant. Sie haben seinem damaligen Bewusstseinszustand entsprochen.

M: Was für einen Effekt hatte die Berührung?

ÜB: Das war symbolisch zu verstehen. Es war, um ihm zu zeigen, dass die Umgebung, in der er sich befindet, nicht der wahren Realität entspricht. Es hat geholfen, seine Weltanschauung ein wenig zu erschüttern, damit er sich davon lösen kann. Wir wussten, dass es ein langer Weg sein wird, aber er musste sich auf diesen Weg machen.

M: Diese Wesen waren also eine Materialisierung von euch?

ÜB: Ja. Es war für ihn nicht unangenehm. Es war jedoch so »anders«, dass er sich gefragt hatte, wie das nur sein könnte. Und dann hat er sich auf seinen Weg begeben und wir haben ihm stets die Informationen zukommen lassen, die er gebraucht hat – der Reihe nach.

[...]

Wir schlossen den Themenbereich mit Pauls Frage ab, warum er sich morgens nach dem Aufwachen immer so erschöpft fühlte.

ÜB: Weil er nachts mit uns arbeitet. Er ist andauernd in Verbindung mit unterschiedlichen Gruppen, und zusammen orchestrieren wir diese Wende. Er ist dann immer traurig am Morgen. Er meint, dass wir nicht mehr da sind, weil die Illusion auf der Erde so dicht ist. Aber wir sind immer da!

M: Könnt ihr Paul mehr Details darüber geben, was er während des Schlafens so alles macht?

ÜB: Seine Fähigkeiten sind größer, als er glaubt. Er bewegt die Energien auf der Erde mit. Das ist auch die Ursache, warum er so genau wissen muss, was passiert: Er möchte die Menschen nicht überrumpeln. Wir möchten, dass die Veränderung so schnell wie möglich vonstattengeht, aber wir möchten keine Zerstörung veranlassen. Wir möchten, dass die Menschen die

Möglichkeit haben, mit Gegebenheiten in Verbindung zu kommen, welche sie individuell erwachen lassen. Daher müssen diese Veränderungen sehr behutsam vonstattengehen.

M: Warum möchtet ihr, dass es möglichst schnell passiert?

ÜB: Wir möchten die Illusion beenden für diejenigen, die bereit sind. Wir kennen ihren Schmerz und wir möchten ihn beenden.

[...]

Da sich anscheinend auch Pauls Zeit auf der Erde dem Ende neigte, bat ich sein Überbewusstsein, ihm einen kleinen Einblick in seine Geschichte auf diesem Planeten zu geben.

ÜB: Er war nicht oft als Mensch »dabei«, obwohl er sich diese Frage oft gestellt hat. Er hat die Menschen mehr von außen beobachtet und auf diese Art mit ihnen zusammen gewirkt. Er ist auf der Erde nicht zu Hause.

Damit bestätigte sich die Vermutung, dass Paul ein Starseed/Freiwilliger/Wanderer war, der seine Reise als Seele nicht auf der Erde, sondern woanders begonnen hatte und im Anschluss an seine Arbeit wieder von hier weiterziehen würde.

ÜB: Wenn Paul mit seinem menschlichen Dasein fertig ist, wird er auf eine neue Ebene eintreten – so wie er es sich wünscht. Er wird nicht zu diesen Wesen in der Sphäre zurückkehren. Er wird in einen neuen Körper kommen, der ihm neue Möglichkeiten bieten wird. Und er wird sich dort mehr als sich selbst fühlen. Dieses starke Verlangen nach der Wahrheit wird dort gemindert sein, weil er sich *in ihr* befinden wird.

[...]

Im Laufe des Dialogs mit dem Überbewusstsein hatte Pauls Körper immer stärker zu schwitzen begonnen, was mit einem stetig intensiver werdenden Zittern der Hände einherging. Derartige Verbindungssymptome treten gelegentlich auf und sind nicht etwa ein Grund zur Sorge, sondern einfach ein Zeichen dafür, dass die Sitzung zum Ende gebracht werden sollte, da es für den menschlichen Körper sehr anstrengend ist, höherdimensionale Energien über längere Zeit in sich zu halten. Auf Bitten des Überbewusstseins hin entfernte ich die Decke von Paul.

ÜB: Es fällt ihm schwer, seine Hände zu bewegen. (Starkes Zittern.) Es entsteht sehr viel Hitze, wenn wir durch ihn reden. Er sollte nicht mehr allzu lange in dieser Energie bleiben. Das wäre besser für seinen Körper. Es fällt ihm immer schwerer, diese Schwingung aufrechtzuerhalten.

M: Dann möchte ich nur noch die Frage stellen, wie Paul sich in Zukunft mit euch verbinden kann, um diese Verbindung selbständig zu nutzen?

ÜB: Er kann jederzeit in den Zustand eintreten, in dem er sich jetzt gerade befindet. Er ist auf dem richtigen Weg und hat das auch bereits fast alleine geschafft. Die Trance, in die er dabei einzutreten begonnen hat, ist der gleiche Zustand wie dieser, in dem er sich jetzt befindet. Aber es ist gut, wenn jemand bei ihm ist. [...] Wir werden nun diesen Körper verlassen, weil es sonst zu viel wird. Wir danken dir, Mario. Du weißt, dass wir auch dir immer zur Seite stehen.

M: Ich danke euch.

[...]

Letzte Worte: »Er kann endlich tun, was er will. Er ist nun frei von diesem Verantwortungsgefühl, das er zuvor gegenüber sich selbst getragen hatte. Er kann es loslassen und nun langsam seine höhere Form annehmen. Er kann die Erde einfach genießen und voll und ganz in das eintreten, was er will und tun möchte.«

Auf Heimatbesuch

Otto (45) war ein professioneller Sänger, der vor einiger Zeit für ein Engagement aus dem Ausland nach Deutschland gezogen war – und einer »meiner« frühen Seelenreisenden! Erst knapp ein Jahr zuvor hatte ich mit der Quantenhypnose begonnen und war seitdem eifrig dabei, Erfahrung zu sammeln. Glücklicherweise sandte mir das Universum bereits in jenem ersten Jahr die unterschiedlichsten Menschen und Fälle. Es war eine besonders magische und aufregende Zeit, an die ich gerne zurückdenke. Viele der frühen Sitzungen und Klient:innen sind mir heute noch sehr gut in Erinnerung, und so ist es auch bei dem sehr warmherzigen und gütigen Mann mit den tiefschwarzen Haaren und seiner Seelenreise der Fall. Otto besaß eine extrem charismatische Präsenz, von der er auf der Bühne sicherlich sehr profitierte.

An einem Wintermorgen im Jahre 2015 machten wir es uns bei einer heißen Tasse Tee im Sitzungsstudio gemütlich und führten ein ausführliches Vorgespräch durch. Seine Hauptintention für die bevorstehende Reise war es, mehr über sich und seinen bisherigen Erfahrungen als Seele zu erfahren. Nachdem er ohne Mühe die erforderliche Ebene von Trance erreicht hatte, wurde er von seinem Überbewusstsein zunächst durch eine aufregende Existenz als Feenwesen im Mittelalter geführt, die heldenhaft, zugleich aber auch tragisch verlief und ihm exzellente Erkenntnisse in Bezug auf aktuelle Phobien und körperliche Symptome lieferte. Im Anschluss daran wurden ihm noch zwei weitere Einblicke offenbart, bei denen schnell deutlich wurde, dass sie sich nicht auf der Erde abspielten. (Die Sitzung wurde auf Englisch durchgeführt und ist für dieses Buch ins Deutsche übersetzt worden.)

Nachdem sich Otto im Anschluss an das erste gezeigte Leben zunächst eine Weile auf der Seelenseite erholt hatte, war er bereit, in die nächste Existenz einzutauchen, die sein Überbewusstsein für ihn vorbereitet hatte. Er nahm einen Planeten im Weltraum wahr, dem er sich zu nähern schien: »Er ist riesig und enorm beeindruckend. Ich sehe die obere Atmosphäre. Sie wirkt zunächst so, wie man sich die Erde vorstellt. Ich sehe die Farben Blau und Grün ... Wolken ... riesige Gebirgsketten. Aber es ist nicht die Erde. Er sieht nur ähnlich aus.« Ich bat Otto, mir zu beschreiben, was er wahrnahm, während er der Oberfläche immer näher kam.

[...]

O: Ich fühle mich gut hier. Ich kann die Luft atmen. Keine Ahnung, woraus sie besteht, aber sie fühlt sich für mich natürlich an. Ich möchte hier landen. Und nun bereite ich mich auf den Abstieg vor. Ich sinke durch die Wolken ... und da ist eine Wüste. (Beeindruckt.) Eine wunderschöne, gigantische Wüste. Atemberaubend!

[...]

Ich bat ihn, mir sein Äußeres zu beschreiben.

O: Ich bin eine Art ... Engel? Ein schöner Körper, fast menschlich in seiner Form. Aber das Gesicht? Um es zu sehen, muss ich aus dem Körper heraus. Moment. (Pause.) Es ist ein menschliches Gesicht! Große Nase. Große Lippen. Grün. Sehr grün. Einige Teile meines Gesichts stehen hervor. Ein muskulöser Körper. Eine Art Schweif ... schwarz. Aber ich bin nicht unheimlich oder furchteinflößend. (Pause.) Meine Augen sind groß und menschenartig. Sie sind blau-grün und ich habe dicke Wimpern. Ich bin groß. Nicht gigantisch, aber größer als ein Mensch. Ungefähr eineinhalbmal so groß. Und die Füße sind *richtig* groß!

M: Trägst du Kleidung?

O: Lockere Hosen und eine Art offene Tunika. Die Flügel kommen auf der Rückseite heraus. Da ist ein Schlitz.

M: Warum befindest du dich in dieser Wüste?

O: Ich habe hier eine Mission. Mein Zuhause ist woanders. Es ist auf dem Wasser auf der anderen Seite des Planeten.

M: Worin besteht die Mission?

O: Hier ist eine Frau ... ein Wesen wie ich, nur weiblich. Sie ist in Schwierigkeiten. Sie befindet sich in einem Dilemma. In einem spirituellen Dilemma. Es hat mit ihrem Partner zu tun. Mit ihrem Gefährten. Das ist hier anders als auf der Erde. Es sind auch zwei Wesen – weiblich und männlich –, aber sie lebt nicht gemeinsam mit ihrem Gefährten. Sie ist hier, auf einem einsamen Hügel, um über ihr Dilemma zu meditieren. [...] Sie sieht aus wie ich. Die Form, die Größe – sie ist wie ich. (Erstaunt.) Oh, das ist meine Schwester! Sie ist meine Schwester S_____ in meinem aktuellen Leben! Aber da, wo ich gerade bin, ist sie einfach jemand, dem ich helfe.

M: Wie hilfst du ihr?

O: Ich werde mich zu ihr setzen und mit ihr in die Ferne blicken. Wir werden ein paar Tage komplett in Stille verbringen und dann werden wir reden. (Pause.) Körperlich wird nichts geschehen. Dies ist ein rein spirituelles Ereignis. In einem Mikro-Makro-Sinn ist es für das gesamte Universum wichtig, dass ihr geholfen wird. In ihrem Dilemma liegt viel Bedeutung für uns alle. Es wird quasi ein Drama inszeniert, damit alle aus der Gruppe spirituell eine Stufe aufsteigen. (Pause.) Ich liebe sie sehr. (Flüstert.) So viel Liebe. So viel Respekt. Und sie fühlt es. Sie fühlt es über Tage hinweg. Sie heilt wunderbar! Sie vertraut mir, weil ich ein neutrales Wesen für sie bin. Ich will nichts von ihr. Ich bin einfach für sie da. Sie fühlt sich wie in einem Kokon. Alle fühlen sich wie in einem Kokon. Die gesamte Gruppe. (Gerührt.) Wir alle weinen.

[...]

Otto hatte bereits mehrmals das Wort »Gruppe« verwendet, was mich neugierig machte. Ich fragte ihn, auf wen er sich bezog.

O: In diesem Fall sind es zwölf Personen. Sie ist kein Teil davon, aber ich bin einer von ihnen. Es gibt noch elf andere.

M: Wo befinden sie sich?

O: In einer anderen Dimension. Sie sind auch hier – und ihre Energie ist enorm! –, aber sie sind unsichtbar. Sie befinden sich wie hinter einem Schleier ... hinter einem Vorhang ... und kümmern sich um ihre Vorhaben, während sie gleichzeitig auch bei mir sind. (Konzentriert.) Tut mir leid! Es ist sehr schwer, das in Worten auszudrücken ...

M: Du machst das sehr gut. Du meintest eben, das Erlebnis in der Wüste sei wichtig für diese Gruppe?

O: Ja. Wir haben dadurch alle etwas gelernt. Wir haben etwas über Liebe gelernt. (Emotional.) So viel Liebe! Wir waren davon abgeschnitten. Obwohl wir dort, wo wir existieren, eigentlich einen sehr starken Zugang dazu haben, habe wir uns davon abgeschnitten. (Betrübt.) Wir haben einen Fehler gemacht. Wir haben verurteilt. Einen Mann. Etwas, das oberflächlich sehr eindeutig schien. Wir haben den Fehler gemacht und ihn negativ verurteilt.

[...]

Er schien niedergeschlagen. Ich versuchte, ihm gut zuzureden.

M: Ich nehme an, das Wichtigste ist, dass man aus seinen Fehlern lernt – egal, auf welcher Dimension.

O: Ja, man muss lernen. Es gibt so viele Dimensionen ... Wo wir uns befinden, sind wir uns der Parallelität von Gegenwart, Vergangenheit und Zukunft bewusst und sehen alles auf einmal. Wir entschieden, die von uns gewählte Herausforderung gemeinsam anzugehen, um daraus zu lernen. Und das tun wir. Wir spielen immer noch dieses »Spiel«, damit wir dazulernen und uns selbst finden. Und in diesem Zustand machen wir definitiv auch noch Fehler.

M: Sind die anderen aus der Gruppe gerade bei euch?

O: Sie sind, wo sie sind, und ich bin bei ihr, aber wir spüren uns alle gegenseitig. Wir sind verbunden. (Emotional.) Wir weinen. Es ist einfach Liebe ... Wir haben etwas verstanden. Das hat etwas ausgelöst, etwas aktiviert. (Tränen fließen.) Es hat eine

Veränderung in uns ausgelöst, die jetzt hier in Tränen ausgedrückt wird. Ich fühle mich sehr erleichtert.

M: Wie geht es dem weiblichen Wesen? Ist ihr Problem gelöst?

O: Sie hat erkannt, dass es nicht wirklich ein Problem war. (Pause.) Sie lächelt. Sie ist sehr dankbar. Wir umarmen uns lange, sehr lange. So viel Liebe!

M: Werdet ihr euch wiedersehen?

O: Ja, alleine schon wegen dieses Erlebnisses. Aber wir werden dann andere Rollen spielen. (Konzentriert.) Fünf. Ich sehe fünf andere Inkarnationen, in denen wir verbunden sind. Sie sind über das gesamte Universum verstreut ... (Pause.) Eine befindet sich auf dem Mond als Steine! (Kichert.) Sehr seltsam. Ich fühle mich als solcher sehr ... korrosiv. (Lacht.) Wow! Wir sind dort tatsächlich zwei Steine! Es gibt so viel Liebe zwischen uns. Unsere Verbindung geht sehr weit zurück. Wir sind durch so viel gemeinsam gegangen. Es ist interessant: Ich liebe meine Schwester auch als Mensch sehr, aber im Vergleich zu den anderen Verbindungen fühlt sich die Liebe hier auf der Erde fast am schwächsten an.

[...]

Beim Transkribieren erinnerte ich mich an dieser Stelle an einen beeindruckenden US-amerikanischen Science-Fiction-Film, der einige Monate zuvor weltweit sehr beliebt und erfolgreich gewesen war: *Everything Everywhere All At Once* (2022). Eine Säule der Handlung ist es, dass die Charaktere in mehreren Realitäten in komplett unterschiedlichen Konstellationen miteinander zu tun haben. Unter anderem wird auch eine Realität gezeigt, in der sich das Bewusstsein der Protagonisten in zwei Steinen befindet. (Die Sitzung mit Otto fand sieben Jahre früher statt.)

Nachdem die Mission erfüllt war, entschieden wir, den Planeten mit der Wüste hinter uns zu lassen und weiter auf Erkundung zu gehen. Ich fragte Otto, wo er sich nun befand.

O: Ich schwebe im leeren Raum und versuche zu entscheiden, wohin ich als Nächstes gehen möchte.

M: Und wohin möchtest du gehen?
O: (Pause.) Nach Hause.
M: Wo ist das?
O: Nach rechts ... geradeaus ... links abbiegen ... dann geht es in ein Loch hinein ... auf der anderen Seite raus ... grün ... glänzend. Ich sehe ihn von außen ... einen grünen Planeten! Er ist so grün und glänzt wie ein Blatt, auf das Regen gefallen ist. (Pause.) Nun bin ich auf dem Grund. (Erstaunt.) Wunderschöne Wiesen! Wo ich bin, ist alles grün. Aber ich sehe auch violette Schmetterlinge. Alles ist lebendig! (Emotional.) Ich fühle mich umarmt. So viel Liebe! (Tränen fließen.) So viel Liebe! Ich sehe nichts außer grünem Gras, soweit das Auge reicht. Da ist ein Bach. Oh, es ist so schön! Ich bin im Bach ... im Wasser. (Erstaunt.) Ich kann unter Wasser atmen! Dieses Gefühl ... Es fließt durch mich hindurch und wäscht einfach alles ab, was mich plagt. Es erfüllt mich mit Seligkeit. Die Schmetterlinge sind aus Licht! (Flüstert.) Ich bin daheim. (Tränen fließen.) Keine Begrenzungen mehr ... (Schluchzt.)
[...]

Dieser sonderbare Ort schien Otto emotional sehr stark zu berühren. Nachdem ich ihm etwas Zeit gegeben hatte, sich in die für ihn offensichtlich sehr angenehme Umgebung einzufühlen, bat ich ihn darum, sich selbst zu beschreiben.

O: Ich sehe nun anders aus. ... Ich habe immer noch Flügel, aber sie sind durchsichtig und bläulich. (Fasziniert.) Wunderschön! Ich bin durchsichtig. Ich habe Beine, Arme, einen Kopf, Flügel. Ich bin bläulich ... mit einem Licht in mir. Ich kann mein Inneres sehen. Atemberaubend! Ich bin durchsichtig und es ist wunderschön. (Lacht.) Ich hätte nie gedacht, dass ich so etwas jemals schön finden würde. Aber das bin ich! Ich bin pure Liebe! Ein Engel der Liebe. (Schluchzt.)
M: Sind noch andere Wesen bei dir?
O: Ja, auf der Wiese. Da sind einige Tiere, die so ähnlich aussehen wie Schafe. Man kann sie umarmen und lieben. Oh, es ist so ein

friedlicher Ort! Alle sind froh, mich wiederzusehen. Alle weinen vor Freude. (Pause.) Sie erklären mir, dass ich auf einer Mission bin. Sie sagen, dass das hart für mich sein muss und dass sie auf mich warten werden, bis ich wieder zurückkehre. Es wird allerdings noch lange dauern, bis es soweit ist. Sie sind stolz auf mich – wobei ... »stolz« ist nicht das richtige Wort. Sie freuen sich einfach für mich und lieben mich. (Lächelt.) Sie sind sehr zufrieden mit der Arbeit, die ich verrichte.

M: *Was für eine Arbeit verrichtest du?*

O: Liebe. Liebe geben und annehmen – trotz allem, was ich erlebt habe und erlebe.

M: *Du weißt nun, wie du hierhin zurückkommen kannst.*

O: Rechts ... geradeaus ... eine Linkskurve ... und ein Sprung in das Loch. (Lacht.) Ich werde das nie mehr vergessen! Ich bin so dankbar dafür. (Erstaunt.) Meine Mutter ist auch hier! Meine Mutter aus meiner aktuellen Inkarnation auf der Erde. Sie kommt auch von hier! Sie lacht. Sie ist nicht mehr am Leben auf der Erde, aber sie sagt mir, dass sie immer bei mir ist. Sie sagt, dass ich das eigentlich wüsste und dass sie mich in meinen Träumen besucht. Sie sagt, dass es sehr schwer für sie war mit meinem Vater ... Aber nun lachen wir darüber. Genauer gesagt rollen wir auf dem Boden vor Lachen! (Lacht.)

[...]

Im Vorgespräch hatte Otto erwähnt, dass sein Vater im aktuellen Leben psychisch krank gewesen war.

M: *Kommt er auch von dort?*

O: Ich glaube, nein. (Pause.) Er war als Mensch schizophren. Das war eine große Herausforderung für alle Beteiligten, aber wir sind alle daran gewachsen. Ich habe gelernt, ihm zu vergeben und die Angelegenheit gehen zu lassen. Meine Mutter auch. (Pause.) Sie ist immer bei mir. Das habe ich zuvor nicht erkannt, aber jetzt weiß ich es. (Pause.) Meinen Vater sehe ich nicht. Er ist nicht von hier. Ich sehe aber noch eine Freundin, G_____, und ihren Hund L_____! (Erstaunt.) L_____ ist hier jedoch kein Hund, sondern wie wir. Sie sagt, sie hätte sich entschieden, ein Hund zu sein. Ein sehr geliebter Hund! (Lacht.) G_____ sagt, wir alle haben jeweils unsere eigenen Aufgaben zu erfüllen, aber wir wissen nun, dass wir immer durch diese enorme Liebe miteinander verbunden sind.

M: Wo befindet sich der Planet, auf dem ihr seid, im Verhältnis zur Erde?

O: Man muss durch ein Portal. Das geht allerdings sehr schnell! Man muss nur daran denken und man ist dort. Entfernung hat dabei keine Bedeutung. Es ist ein inneres Reisen. Wenn wir aber auf eine Karte des Universums schauen würden, wäre der Planet in einer anderen Galaxie – sogar in einem anderen Universum. Es gibt viele verschiedene Universen! Man muss an sich selber gearbeitet haben, um durch diese Portale reisen zu können. Man braucht gewisse mentale Voraussetzungen, weil das einen sonst erschrecken kann. Alle hier haben so viel Schwieriges erlebt und sind durch so viele Erfahrungen hindurch. Es ist wie eine Art Belohnung, hier sein zu können in diesem grünen Paradies. (Pause.) Meine Mutter lächelt mich an. (Kichert.) Nun ja, wenn sie einen richtigen Mund hätte, würde sie lächeln, aber dieser Teil des Gesichts ist hier mit Licht vernebelt. (Lächelt.) Das sieht wunderschön aus! Sie ist auch durchsichtig-blau und hat diese Flügel.

[...]

Ich wollte etwas mehr über die Welt erfahren, in der sich Otto gerade befand, sowie über ihre Bewohner und fragte ihn, ob es dort auch so etwas wie Kinder gab.

O: Eine gute Frage. (Konzentriert.) Ja, es gibt solche Wesen hier. Ich würde sagen, dass sie einfach ein wenig unkontrollierter agieren als die »Älteren«. Alle sind so glücklich – *authentisch* glücklich. Der ganze Ort fühlt sich an wie eine große Umarmung, wie ein großer Kuss.

M: Nimmt man dort Nahrung zu sich?

O: Man muss nichts essen. Man kann einige Pflanzen und Früchte zu sich nehmen, aber das macht man einfach nur, weil sie so köstlich sind. Es ist purer Genuss. Und wenn man sie isst, verändern sich die Farben im Körper. (Kichert.) Das ist wie ein Spiel! Es ist faszinierend und alle staunen.

M: *Gibt es so etwas wie Gebäude oder Städte?*

O: Moment. (Pause.) Ja, aus einer Art Kristall. Ich sehe eine Stadt von weitem. Alles wirkt wie aus Keramik, aber durchsichtig. Ovale Fenster. Viele abgerundete Türme. Sie sollen den Eindruck vermitteln, nach oben zu steigen. (Pause.) Wenn ich in einen hineingehe, steigt man hinauf zu einem Raum, in dem man meditiert. (Pause.) Ich weiß nicht, woher das kommt, aber ich erhalte gerade mental die Information, dass sich alles hier auf der sechsten Dimension befindet und man sich in unterschiedlicher Form manifestieren kann. Man ist sich hier seiner diversen anderen Leben bewusst und kann sich nach Belieben in diese hineinbegeben. (Ernster.) Ich habe das jedoch nicht getan. Ich musste diesen Planeten komplett verlassen. Es war nötig. Die Mission ist so wichtig und schwer, dass sie meine Gesamtheit erfordert. (Pause.) Ich glaube allerdings, mein Körper auf der Erde bewältigt das nicht so gut. Es ist zu viel Energie für ihn. Er reißt quasi »an den Nähten« auf.

[...]

Die Zeit war gekommen, um mit dem Überbewusstsein zu sprechen und mehr Informationen zu erhalten. Otto erlaubte ihre Integration in den Körper und sie waren sofort zur Stelle. Im Anschluss an die gründliche Besprechung des erwähnten ersten Lebens erkundigte ich mich, warum sie ihm danach den Einblick in die Szene auf dem Planeten mit der Wüste gezeigt hatten.

ÜB: Um ihn wissen zu lassen, zu was er in der Lage ist und dass er dies auch im aktuellen Leben tun kann: in Stille und Liebe mit anderen arbeiten. Er muss keinerlei Hokuspokus veranstalten. Er kann einfach in Stille sein und viel bewirken. Wir wollten ihm außerdem seine Schwester zeigen.

M: *Sie war tatsächlich das weibliche Wesen in der Wüste?* (Ja) *Warum sind sie gemeinsam auf der Erde inkarniert?*

ÜB: Sie haben sich als Menschen eine große Herausforderung vorgenommen: eine Trennung über Kontinente hinweg und viele Jahre ohne persönlichen Kontakt. Wir wollten ihm zeigen, wie er sich einfach wieder mit ihr verbinden kann.

[...]

Wir kamen auf den grünen Planeten zu sprechen, den Otto als seine Heimatwelt, sein »Zuhause«, beschrieben hatte. Viele Reisende, die ihr ganzes Leben lang bereits das Gefühl haben, hier auf der Erde fremd bzw. »nur zu Besuch« zu sein, bringen die Frage nach ihrer kosmischen Heimat mit. Ich nutzte die Gelegenheit, das Überbewusstsein zu fragen, wie sie das Konzept erklären würden.

ÜB: Alle kommen aus der Zentralsonne, aus dem Licht. Was den Begriff »Zuhause« angeht, ist das einfach eine Frage der Perspektive. Otto hat eine Menge Zeit auf dem grünen Planeten verbracht. Für ihn ist es daher ein Ort der Liebe, der Glückseligkeit, von Familie und tiefer Verbindung. Er hat Äonen voller Erinnerungen daran.

M: Damit ist also nicht der Ursprungsort gemeint?

ÜB: Exakt. Es war der Geburtsort einer seiner Inkarnationen und ist nun ein Ort, an den er nach Missionen immer wieder zurückkehrt. Dieser existiert jedoch nicht in der feinstofflichen Welt, sondern befindet sich tatsächlich in physischer Realität.

M: Wird er in seinen Meditationen dorthin zurückkehren können?

ÜB: Wir werden mit ihm daran arbeiten. Je mehr er sich öffnet und uns erlaubt, die Angst in ihm aufzulösen, desto mehr Magie wird in sein Leben treten. Es wird wundervoll für ihn sein!

M: Hat der Planet einen Namen?

ÜB: Es ist mehr ein Geräusch ... (Pause.) »Brrrrrrr-Mm«. Ein wunderschöner Klang! Ottos Mutter ist ebenfalls von dort. Sie musste dorthin zurückkehren, ist aber vor einiger Zeit in Ottos Meditationen aufgetaucht. Er war sich nicht sicher, ob er das glauben konnte. Ja, es war tatsächlich seine Mutter.

[...]

Ich versuchte, mehr Informationen über die mysteriöse Gruppe der Zwölf in Erfahrung zu bringen, die Otto während seines Aufenthalts auf dem Wüstenplaneten erwähnt hatte, und erkundigte mich nach ihren Absichten.

ÜB: Diese zwölf Wesenheiten sind zugleich sowohl Schüler als auch Lehrer. Sie lehren, aber sie glauben auch, dass sie selbst noch viel zu lernen haben. Es gibt keine Hierarchie innerhalb der Gruppe. Sie befinden sich in einer Wolke aus Licht. Manchmal sind sie in Körpern und manchmal nicht. Sie sind füreinander da und sie lehren sich gegenseitig. Sie inkarnieren, tauschen Informationen miteinander oder helfen einander durch den Schleier hindurch. Nach ihren Inkarnationen kehren sie mit Informationen und Erfahrungen, die alle bereichern, zur Lichtwolke zurück. Und da das Universum vom Kleinsten bis ins Größte miteinander verbunden ist, profitieren tatsächlich alle davon. Es ist ein wunderschönes System! Wenn es das »Experiment Gaia« gibt, könnte man dies sozusagen das »Experiment Lichtwolke« nennen.

M: Mit wem arbeiten sie als Lehrer?

ÜB: Sie tun das auf verschieden Planeten und in verschieden Dimensionen. Sie sind dazu in der Lage, sich zwischen den Dimensionen zu bewegen und parallel zu existieren. Sie kanalisieren und leiten Liebe und versuchen, diese in direkter Art und Weise zu »destillieren«, um zu deren Kern zu kommen und ihn spürbar zu machen. Sie verwenden sie fast wie einen Heiltrank. Es ist für sie quasi wie eine Alchemie der Liebe. Die Alchemie des Goldenen Lichts. Sie fragen sich: Wie kann es noch stärker destilliert werden? Wie kann man es noch mehr betonen? Wie lässt es sich noch mehr erleuchten? (Lächelt.) »Das Licht noch mehr erleuchten« – ist das nicht wunderschön? Sie sind den Konzepten Macht und Hierarchie entgegengesetzt. Sie stehen über Religion und außerhalb von physischer Realität. Sie sind pure Liebe. Und Liebe will sich in unterschiedlichen Dimensionen und Situationen ausdrücken, um sich selbst zu destillieren. Dies kann unter Umständen Äonen dauern. Manchmal tun sie Dinge auf sehr hoher Frequenz und manchmal auch auf sehr niedriger.

M: *Um daraus zu lernen?*

ÜB: Genau. In den niedrigen Frequenzen lässt sich eine Menge über Liebe lernen; über das Destillieren von Liebe. Dort gibt es viel Feuer, viel Reibung, viel Schmelze. Es ist wie ein Schmelztiegel für alle möglichen Emotionen. Für alles Dichte, Körperliche, Leidenschaftliche.

M: *Ist die dritte Dimension ein Teil davon?*

ÜB: Ja. Die Erde ist ein magischer Ort. Aber sie ist nicht für Schwächlinge geeignet; sie ist eine harte Schule! Es gibt so viel zu lernen und so viel Liebe zu erfahren inmitten dieses Wahnsinns. Nimm dagegen beispielsweise Liebe in der fünften Dimension: Man badet dort quasi in ihr. Man *ist* sie. Das heißt nicht, dass man sie dort als selbstverständlich erachtet, aber man erfährt sie ohne Kontrast. Und alles im Universum dreht sich um Perspektive.

M: *Wir haben definitiv einigen Kontrast zu Liebe hier auf der Erde.*

ÜB: Ja. (Ergriffen.) Aber diese Momente, in denen man die Liebe dann spürt und auch sieht, sind einfach überragend.

[...]

Das Überbewusstsein eines Mitglieds einer multidimensional agierenden Forschungsgruppe schien der ideale Gesprächspartner zu sein, um nach dem Stand des Entwicklungsprozesses zu fragen, den die Erde und die Menschheit gemeinsam durchliefen.

M: *Ich habe die Information erhalten, dass unser Planet in eine höhere Dimension aufsteigt. (Ja) Könnt ihr uns Informationen zum aktuellen Stand dieses Prozesses geben?*

ÜB: Es geschieht, aber es wird nicht mit lauten Hörnern und Trompeten angekündigt werden. Stattdessen wird man auf der Erde 3D immer mehr schwinden sehen und die Dichte wird sich auf so magische Weise verändern, dass man einfach plötzlich »dort« ist. Anstelle eines dramatischen Wechsels wie in den Filmen – *Kaboooom!* – wacht man einfach eines Morgens auf und ist da. Es gibt allerdings auch eine Menge Positives an 3D, das nicht leicht zurückzulassen ist und das man vermissen wird. Das kann sich zunächst wie ein Verlust anfühlen. Daher empfehlen wir, für eine Weile das Beste aus beiden Welten zu genießen. Wenn man seine Aufmerksamkeit dann immer mehr auf die Wunder der höheren Dimension richtet, wird dies den Übergang erleichtern und weniger schmerzlich gestalten. Menschen hängen an der 3D-Realität! Sie lieben sie! Und nicht alles daran ist schlecht! Es wird daher schrittweise geschehen – so wie alles Gute. Es wird dadurch mühelos, weniger anstrengend und ermöglicht noch mehr Liebe und einen besseren Fluss.

M: Was ist Ottos Rolle in diesem Prozess?

ÜB: Er ist Teil davon, aber er muss nicht dabei sein, wenn es soweit ist. Er kann wählen, ob er hier bleibt oder in die Lichtwolke zurückkehrt. Zurück zu seiner Gruppe. Zurück zu den Zwölf.

[...]

Nach diesem kleinen Exkurs bat ich das Überbewusstsein noch abschließend, den Hintergrund eines Kindheitserlebnisses von Otto zu erläutern, das er im Vorgespräch erwähnt hatte und ihm seit damals immer in Erinnerung geblieben war: Eines Nachts hatten er und seine Schwester aus dem Fenster ihres Kinderzimmers geschaut und eine große, für sie magisch anmutende Lichtkugel über den Dächern ihrer Heimatstadt schweben sehen. Das Überbewusstsein erklärte die Sichtung.

ÜB: Das war so etwas wie eine Erinnerungsstütze, um den Kurs seines Lebens zu sichern. Damit er sich in Schlüsselmomenten wieder daran erinnern würde. Diese Kugeln existieren tatsächlich. Sie sind sowohl sichtbar als auch unsichtbar und befinden sich sowohl innerhalb als auch außerhalb der Atmosphäre. Es gibt sie hinter dem Mond und manchmal sind sie auch in der Erdatmosphäre – dort aber unsichtbar. Beide

Kinder haben sie gesehen, weil sie, wie wir vorhin erklärt haben, beide die gleiche Verbindung haben.

M: Andere Menschen konnten die Kugel nicht sehen?

ÜB: Nur noch ein weiteres Kind. Dieses Mädchen wohnte im selben Straßenblock und hat die Kugel auch durch ihr Fenster gesehen. Sie hat ebenfalls einen bestimmten Lebensweg vor sich. Ihre Pfade haben sich jedoch nicht gekreuzt. Die Kugel war wunderschön, aber sie war nicht so groß, wie sie wirkte – das lag an der Perspektive. Aber sie war definitiv da.

M: Wonach richtet sich, wer diese Kugeln sehen kann?

ÜB: Die Fähigkeit, »hinter den Vorhang« zu schauen und mehr zu wissen, existiert grundsätzlich für alle. Es ist weniger kompliziert, wenn man offen ist und sich einfach in diesen Zustand begibt. Es gibt keinen speziellen Knopf, den man dafür drücken muss. Es ist wunderschön. Und es ist Liebe. Es ist wohlwollend – sehr, sehr, sehr, sehr wohlwollend!

M: Die Kugel war also für ihn sichtbar, um ihn an seine Mission zu erinnern.

ÜB: Ja. Und daran, dass es eine direkte innere Verbindung gibt, die von irdischen Wissenschaftlern und böswilligen oder ängstlichen Wesen gekappt werden kann.* Viele Menschen befinden sich in diesem konstanten Kampf zwischen dem vermeintlichen Wissen und diesem nagenden »Was wäre, wenn ...?«. Deshalb ist es hilfreich, einmal etwas derart Sicht- und Spürbares erlebt zu haben. Man muss auch niemandem davon erzählen. Man weiß es einfach für sich.

[...]

*Eine sonderbar spezifische beiläufige Bemerkung, der ich damals, im Jahre 2015 – leider – nicht viel Bedeutung zumaß. Heute besitzt sie, nicht zuletzt aufgrund der globalen Ereignisse der vergangenen Jahre, eine ganz andere Relevanz. Worauf hatte das Überbewusstsein angespielt? War es möglicherweise eine Einladung, um mich zu einer Nachfrage zu inspirieren? Wären sie bereit gewesen, diesen Punkt näher zu erläutern? Bei der Transkription des Materials für dieses Buch wünschte ich, ich hätte damals nachgefragt, aber letztendlich haben in Sitzungen, die nicht explizit metaphysischer Forschung gewidmet sind, natürlich immer die Themen der Reisenden Priorität. Zudem ist auch die Zeit im Auge zu behalten, die die Reisenden bereits in tiefer Trance verbracht haben. So interessant und lichtvoll Seelenreisen auch sind; um das Wohlbefinden des menschlichen Systems zu wahren, das die großen Mengen an höherdimensionaler Energie nicht gewohnt ist, sollten sie nach einigen Stunden beendet werden. Und so muss ich manchmal auf die Vertiefung eines Themas, das mich persönlich enorm interessiert, verzichten. Letztendlich vertraue ich jedoch fest darauf, dass einen die Informationen, die man wirklich braucht, immer zum angemessenen Zeitpunkt finden werden. Unser eigenes Überbewusstsein wird dies stets sicherstellen.

In Position

Albert (32) war ein sehr intelligenter und wissbegieriger junger Mann. Er arbeitete auf dem Gebiet der Software-Entwicklung und studierte privat esoterische und metaphysische Literatur aus den Bereichen der antiken Geheimschulen und der Hermetik. Seine Hauptfrage für die Sitzung, die im Oktober 2018 stattfand, war eine, die sich auf den Listen vieler meiner Seelenreisenden wiederfindet. Er wollte vor allem wissen, ob er sich in seiner aktuellen Inkarnation auf dem »richtigen Weg« befand. Zudem wollte er ein paar körperlichen Symptomen auf den Grund gehen.

Kaum hatte Albert die erforderliche Ebene von Trance erreicht, landete er auf Sand: »Er ist gelb. Blassgelb. Die Umgebung wirkt wüstenähnlich.« Dort, wo er sich befand, war der Boden festgetreten, und auf seiner linken Seite konnte er eine Art Klippe wahrnehmen, die sich vom Sand aus erhob. »Es ist hügelig. Dünen sind sichtbar, aber man kann trotzdem sehr weit sehen.« Es war Tag und er beschrieb einen hellblauen Himmel. Eine Sonne konnte er zu dem Zeitpunkt nicht sehen, war sich allerdings einer bewusst. Es wehte ein kühler Wind. Ich bat Albert, an sich herabzublicken und zu beschreiben, wie er sich selbst wahrnahm.

[...]

A: Ich stehe auf einem Weg, kann meine Füße aber noch nicht so genau sehen. (Pause.) Das kommt mir vor wie Sandalen. Es sind sehr einfache, als ob einfach ein Leinenstoff genommen wurde und ich den dann um eine härtere Unterlage herumgebunden habe. Ihre Farbe geht zu einem Rostbraun hin. (Pause.) Ich habe dunklere Haut. Sie ist relativ dunkel – dunkler als zum Beispiel in Nordafrika. Die Fußsohlen sind heller.

[...]

Ich bat ihn, seine restliche Kleidung zu beschreiben.

A: Um meinen Körper habe ich so eine Art Rock oder Tuch gebunden. Das Material ist relativ dünn. Sehr luftig. Die Farben sind eher Brauntöne. Darauf sind in anderen Brauntönen gehaltene Mandalas zu sehen. (Pause.) Ich scheine nichts auf dem Kopf zu tragen. Ich habe Gurte über beide Schultern. Daran scheint aber keine Tasche befestigt zu sein, sondern ein Gegenstand ... aus Holz? (Grübelt.) Ja ... wie ein Behälter, in den man zum Beispiel Trauben bei der Ernte füllt. Er ist nach unten spitz zulaufend und nach oben hin offen. Das ist relativ angenehm zu tragen. (Pause.) In den Händen habe ich nichts.

[...]

Auf meine Frage hin, wie sich der Körper anfühle, beschrieb er sich als eine junge, vitale Frau Mitte Zwanzig.

A: Meine Haare sind sehr kurz und etwas heller, fast gräulich. Ich trage Schmuck an den Armen. Da sind ringförmige Reifen am rechten Unterarm. Sie sind metallisch und relativ dünn. Es sind mehrere ... und sie sind auch in erdigen, rötlichen, gelblichen Brauntönen gehalten.

M: Was machst du an diesem Ort?

A: Hier ist nichts. Es scheint so, als ob ich einfach am Wegesrand stehe und auf etwas warte. Ich kann sehr weit blicken.

M: Auf was oder wen wartest du?

A: Es scheint so, als ob ich auf ein Fahrzeug warte, das mich mitnimmt. Ein Bus? Ein LKW? Ich stehe auf einer Art befestigten Straße, die voller Sand ist. (Pause.) Es hat etwas mit diesem Behälter auf meinem Rücken zu tun. Er ist nicht leer.

M: Was befindet sich darin?

A: (Pause.) Ich glaube, darin befindet sich gerade Werkzeug. Werkzeug, um entweder Steine oder den Boden zu bearbeiten. Aber es kommt mir so vor, als ob ich darin auch andere Dinge transportiere. Jetzt gerade ist es Werkzeug, später wird es etwas anderes sein. (Pause.) Die Luft ist kühl, weil es früh am Morgen ist. Es ist kurz nach Sonnenaufgang. Ich fahre wohl zur Arbeit.

M: Wo hast du die Nacht verbracht?

A: Ich bin zu diesem Ort hier gelaufen. Mein Zuhause befindet sich ein paar Kilometer weit weg und ist von hier aus nicht sichtbar. Eine Ansammlung von Lehmhütten.

M: Beschreibe mir die Hütte, in der du lebst.

A: Auf der Hütte befindet sich Stroh. Sie ist rund. Relativ einfach. Der Eingang ist nicht verschließbar. In der Hütte befindet sich im Grunde nur ein Platz zum Schlafen – Reisigzweige, die sorgfältig ausgelegt sind – und ein kleiner Teppich. Ansonsten ist sie relativ klein, aber fast perfekt kreisrund. So wie es aussieht, bin ich alleine. (Pause.) Es scheint so, als ob die anderen Hütten nicht bewohnt sind. Es ist Tag, aber es ist kein Treiben draußen festzustellen. Alles wirkt sehr verlassen.

[...]

Das war seltsam. Was war in der Siedlung passiert? Warum war die junge Frau komplett alleine dort? Und was für einer Tätigkeit ging sie nach? Um mehr herauszufinden, verdichteten wir die Zeit und sprangen vorwärts zu einem bedeutenden Tag.

A: Ich nehme eine Felswand wahr. Sie ist braun, aber aus Fels. Es ist keine Erde. Ich bin unten am Boden. Sie ist sehr, sehr hoch. Es scheint mir, als ob ich jetzt an dieser Klippe stehe, die ich vorher gesehen habe, aber diesmal stehe ich unten. (Pause.) Ich bin jetzt auch älter.

M: Woran erkennst du das?

A: Meine Haut ist nicht mehr so dunkel, sondern eher gräulich und faltiger. (Erstaunt.) Ich schwitze!

M: Warum das?

A: Ich glaube, ich bearbeite diesen Fels mit dem Werkzeug. Ich scheine ihn aber nicht etwa zu gestalten, sondern bin auf der Suche nach Materialien im Fels. Nach speziellen Materialien, die ich dann abbaue.

M: Nach welchen Materialien suchst du?

A: Metallische. Das Bild von Silber baut sich auf. Jedenfalls ein glänzendes Material. Es ist in dieser Felswand vorhanden.

M: Gibt es noch andere wie dich, die das auch suchen?

A: Jetzt gerade bin ich jedenfalls alleine dort. Und ich kann in der Felswand so etwas wie eine Ader sehen. Sie ist groß! Es fühlt sich so an, als ob es sehr bedeutend ist, dass ich das gefunden habe. Es ist niemand anderes bei mir. Ich werde nicht alles tragen können, was ich gefunden habe.

[...]

Damit war die Frage beantwortet, was die Frau an diesem Ort tat: Sie suchte nach einem bestimmten Metall in der Felswand. Ich ließ Albert zu einem weiteren bedeutenden Tag springen, um zu sehen, was passieren würde.

A: Ich befinde mich in einem Fahrzeug. Ich habe alle meine Sachen dabei. Ich ziehe um. Auch hier ist wieder niemand bei mir.

M: Wie fühlst du dich?

A: Es ist ungewiss, wohin ich mich begebe. Es fühlt sich an, als ob alles vorbereitet ist. Aber ich weiß nicht, wohin ich fahre.

M: Was meinst du mit »vorbereitet«?

A: In diesem Fahrzeug befindet sich alles, was ich an dem Ort, an den ich mich begebe, brauche, um gut auszukommen. Aber ich weiß nicht, wohin ich fahre ... Ich fahre einfach weg von meiner bisherigen Umgebung.

M: Du scheinst einen guten Fund gemacht zu haben in der Felswand.

A: Ja, damit steht es in Verbindung.

[...]

Ich ließ Albert die Zeit verdichten bis zu dem Moment, an dem er bzw. die Frau an einem neuen Ort ankommen würde.

A: Ich bin an einem großen Hafen am Meer angekommen. Es ist aber immer noch eine Wüstengegend. Der Hafen ist riesig. Es ist eine Art Industriehafen. Dreckig ... Mich ruft die Weite. Ich glaube, ich möchte über das Meer. Deshalb bin ich hier.

M: Was wirst du tun?

A: (Pause.) Ich kann keine Schiffe erblicken. Ich werde auf eines warten, das mich mitnimmt. (Pause.) Aber das scheint ungewiss, denn auch dieser Ort wirkt komplett verlassen ...

M: Es ist kein Betrieb dort?

A: Nein. Es wirkt, als ob ich nach einem Ereignis hier bin, das der Grund dafür ist, dass ich hier überall alleine bin ... Ein Ereignis, dass dafür gesorgt hat, dass alle weg sind. Es fühlt sich aber nicht schlimm an. Es fühlt sich so an, als ob alle einfach woanders sind.

M: Weißt du, wie du nun weiterkommst?

A: Noch nicht. Ich glaube nicht, dass ich nach dem Meer wieder auf Land treffen werde – oder es möchte.

M: Schaffst du es auf das Meer?

A: (Pause.) Nein, ich glaube nicht. (Erstaunt.) Es scheint allerdings so, als ob das Meer gar nicht das Ziel ist, sondern dass es nach oben gehen soll ...!

[...]

Das war eine seltsame Wendung. Nach oben? Ich fragte ihn, was er damit meinte.

A: Es scheint so zu sein, als ob weit und breit überhaupt niemand ist. Als ob der gesamte Planet verlassen ist. Es ist kein einziger mehr da! Und an dem Ort, an dem ich hier bin, gibt es so ein Leuchten ... Es ist so, als ob man die Sterne auch bei Tag am Himmel sehen kann. Das war schon so, als ich angekommen bin. Es wirkt so, als ob die Atmosphäre geladen wäre.

M: Hat das etwas mit dem Ereignis zu tun, von dem du gesprochen hast?

A: Das ist durchaus möglich. Aber es fühlt sich nicht bedrohlich an. Es ist alles okay. (Pause.) Hier ist einfach niemand mehr außer mir.

[...]

Wir sprangen nochmal vorwärts zu einem weiteren bedeutenden Ereignis in der Existenz, die wir erkundeten.

A: (Pause.) Das ist jetzt relativ eindeutig. Ich bin nicht mehr auf dem Planeten, sondern im Weltraum. Ich befinde mich auf einem Raumschiff.

M: Also ging es tatsächlich nach oben?

A: Es scheint so, ja. Ich verstehe nun, dass ich auf kein Schiff für das Meer gewartet habe, sondern auf etwas von oben.

M: Befindet sich jemand mit dir an Bord?

A: Da sind jedenfalls viele Schiffe um mich herum. Das, auf dem ich mich befinde, hat eine untertassenähnliche Form. Es ist riesig! Von außen betrachtet leuchtet es in Regenbogenfarben. Man kann rausschauen und die anderen Schiffe sehen.

M: Gibt es jemanden, der dieses Schiff steuert?

A: Das ist mir nicht bekannt. Ich bin es jedenfalls nicht. Es ist riesig! Alle Schiffe bewegen sich in die gleiche Richtung ... Es fühlt sich so an, als ob wir unterwegs sind. Und es ist wichtig, wohin wir gehen ... (Erstaunt.) Es gibt noch andere Wesen hier!

M: Beschreibe sie mir.

A: (Pause.) Sie sind weiter weg. Sie scheinen blau zu sein – komplett blau. (Konzentriert.) Sie haben Beine und Arme, sind aber größer. Sie haben keine Kleidung. (Pause.) Sie scheinen Federn zu haben ... am ganzen Körper, aber der Körper ist menschenähnlich. Sie haben Arme und Beine und einen Kopf, sind aber größer als Menschen.

M: Wie sehen ihre Köpfe aus?

A: Die Köpfe sind auch menschenähnlich, aber Haare gibt es nicht. Es ist alles mit Federn bedeckt. Sie haben eine Art Schnabel statt eines Mundes. (Pause.) An der Nase sind es eher zwei Löcher. Und die Augen ... sind auch nicht menschlich. Sie sind größer. Die Ausstrahlung, die von ihnen ausgeht, ist sehr wohlwollend. (Pause.) Sie kommen mir sehr bekannt vor ...

[...]

Mir kam der Gedanke, dass sich das Äußere der Frau seit Betreten des Schiffes eventuell geändert haben könnte. Um das zu prüfen, bat ich Albert, es mir erneut zu beschreiben. Er konnte zu diesem Zeitpunkt gar keinen physischen Körper mehr spüren.

A: Ich habe keine Kleidung mehr. Ich nehme mich selbst im Grunde als blaue Aura wahr. Ich kann an mir nicht viel erkennen außer ein blaues Leuchten. Ich fühle mich mehr wie eine Präsenz an.

M: Nehmen dich die anderen Wesen wahr?

A: Sie nehmen mich wahr, ja. Sie können mich sehen.

M: Kannst du mit ihnen kommunizieren? Vielleicht können sie erklären, was mit dem Planeten passiert ist, auf dem du warst?

A: (Pause.) Es fühlt sich nicht so an, als ob ihn jemand zerstört hat, sondern eher so, dass wir ihn verlassen mussten, als er unbewohnbar wurde.

M: Waren diese Wesen mit dir auf dem Planeten?

A: Ich habe das Gefühl, dass ich einfach von ihnen aufgesammelt wurde. Und dann ging es sofort weiter zum Zielort – gemeinsam mit all den anderen.

M: Was meinst du damit?

A: Mit allen anderen Schiffen, die da draußen sichtbar sind.

M: Warum bist du alleine auf dem Planeten gewesen?

A: Ich hatte noch etwas zu erledigen. Es scheint, als ob dieses Material aus der Felswand wichtig wäre ... (Pause.) Wir scheinen es zu brauchen für das, was wir vorhaben. Ich war deshalb dort und habe es dann hierhergebracht.

M: War dafür ein menschlicher Körper notwendig?

A: Meinem Gefühl nach war er das nicht, aber *ich* war dafür notwendig – um dieses Material zu finden. Ich besitze die Fähigkeit, es zu finden.

M: Warst du dafür auf dem Planeten inkarniert?

A: Es scheint, als ob ich nur temporär dort gewesen bin, so verlassen, wie der Planet gewesen ist.

M: Warum hattest du genau den Körper angenommen?

A: Weil ich so am besten an die Umgebung angepasst war.

M: Kannst du mir sagen, wieviel Zeit du dort verbracht hast?

A: (Pause.) Ein paar Monate – in den Zyklen des Planeten. Es scheint, dass der Körper durch den Abbau gräulich wurde. Es war eine Belastung für ihn.

[...]

Es gab viele Fragen, die ich in dem Moment zu der Geschichte des Planeten und seiner ehemaligen Bewohner hätte stellen wollen. Letztendlich war es jedoch am wichtigsten, Alberts Sitzung voranzubringen und zu den für ihn wichtigen Informationen zu gelangen, und so folgte ich der bestehenden Handlung.

M: Wohin seid ihr nun auf dem Weg?

A: Es fühlt sich nicht wie Zuhause an ... Ich habe das Gefühl, dass unser Sonnensystem hier das Ziel ist. Und es fühlt sich an, als ob wir etwas zu tun hätten. Wir haben da etwas zu erledigen.

M: Erklär mir, was das ist.

A: Es scheint so zu sein, als ob die Zeit ein bisschen drängt und etwas ansteht. (Pause.) Wir wollen dorthin, um da zu sein, wenn es soweit ist ... Wir scheinen auch eine konkrete Aufgabe zu haben: uns an einen bestimmten Ort zu begeben und bereitzustehen. (Pause.) Es fühlt sich an, als ob alle schon da sind. Also wirklich *alle*!

M: Warum sind alle dort? Was steht dort an?

A: Das Bild, das kommt, ist, dass sich dieser Ort transformieren wird. Der Zustand, der kommt, ist ein sehr bunter. Ich sehe das gerade von etwas weiter entfernt. Ich sehe, dass alle Planeten in diesem Sonnensystem sehr bunt werden im Vergleich zu vorher. Sie fangen an, in Regenbogenfarben zu strahlen. Das ist die Transformation, die ansteht. Deshalb sind alle hier.

M: Um dabei zu sein?

A: Um dabei zu sein. Aber es gibt auch Aufgaben.

M: Was ist eure Aufgabe, von der du vorher gesprochen hast?

A: Wir stehen bereit. Es scheint so, als ob wir bereitstehen, um die aufzunehmen, die Hilfe brauchen. Es ist viel Platz hier auf dem Schiff, auf dem ich bin.

M: Es geht um eine physische Aufnahme?

A: Es geht zumindest um Wesen. Ob sie in Körpern sein werden, weiß ich nicht. Ich selbst habe gerade ja auch keinen.

M: Bist du von deiner Beschaffenheit her anders als die Wesen mit den Federn?

A: Ja, ich bin sozusagen ein blaues Licht. Aber das macht irgendwie überhaupt keinen Unterschied. Wir arbeiten alle zusammen.

[...]

Ich wollte mehr über die Mission herausfinden, auf der sich das blaue Lichtwesen befand, und erkundigte mich nach dem Zielort.

A: Es ist ganz konkret klar, wo wir hin müssen! Es ist ein Gefühl von: »Wir gehen dorthin, wo alle sind, die schon bereitstehen, und nehmen unsere Position ein, die uns zugewiesen worden ist.« Und von dort aus geht es dann weiter. Wir haben dieses Material von dem Planeten dabei.

M: Wie nutzt euch dieses Material?

A: (Grübelt.) Das ist mir nicht ganz klar ... Es ist irgendwie nötig. Es schimmert silbern. Aber wozu wir das brauchen ...? (Pause.) Es bleibt jedenfalls auf dem Schiff. Das Material scheint jetzt fast flüssig zu sein. Es scheint für etwas erforderlich zu sein. Wir brauchen es. Aber wofür, ist mir nicht bekannt.

M: Gibt es jemanden an Bord, den wir fragen können?

A: Die Information, die kommt, ist, dass es energetisch nötig ist. Mehr bekomme ich nicht raus. Es wird auf dem Schiff bleiben.

[...]

Da die interstellare Reise dieser Flotte aus menschlicher Sicht unter Umständen sehr, sehr lange hätte dauern können, entschied ich, Albert die Zeit verdichten zu lassen und an den Moment der Ankunft am Zielort zu springen.

A: Das Schiff ist jetzt platziert. Und es scheint ein Konsens unter uns zu herrschen, da jetzt runterzugehen. Runter auf die Erde. Da geht es jetzt weiter. Wir werden dort weitermachen. Das Schiff bleibt hier oben in Position. Für später.

M: Euer Zielort war die Erde?

A: Richtig. Dort haben wir uns positioniert – wobei wir noch nicht mal wirklich nah an der Erde dran sind. Und jetzt geht es »runter« und dort weiter.

M: Wie werdet ihr das tun?

A: Wir gehen nicht so runter, wie wir sind. Wir mischen uns unter die Leute – in menschlicher Form. Es ist ein Gefühl von »Das wird jetzt schwierig werden! Was nun ansteht, ist die schwierigste Phase!«

M: Woran liegt das?

A: Weil es ein so harter Planet ist. Weil es hier so schwierig ist. Und weil es so dunkel ist ... (Emotional.) Weil hier so viel Hilfe benötigt wird. (Tränen fließen.)

M: Was gilt es hier zu tun?

A: Wir wollen helfen. Es scheint aber, als ob wir uns da ein wenig kopflos reinstürzen. Es gibt jetzt nichts mehr zu überlegen. Wir machen das einfach! (Bestimmt.) Wir gehen da runter! (Pause.) Uns ist klar, dass wir alles vergessen werden. Uns ist klar, wie schlimm es ist. Aber wir machen, was gemacht werden muss ...!

M: Was muss gemacht werden?

A: Wir wollen die Menschen begleiten. Wir wollen sie bei diesem Prozess begleiten. Wir wollen ihnen helfen. Wir wollen ihnen die Angst nehmen. Wir wollen ihnen sagen, dass alles gut wird.

M: Erklär mir den Prozess, den die Menschen durchlaufen.

A: Sie haben leider keinen blassen Schimmer, was abgeht. Sie haben viel Angst und sind völlig überfordert. (Pause.) Wir sagen uns nun gegenseitig so etwas wie »Bis später!«, da wir uns wieder treffen werden – auf der Erdoberfläche.

M: Meinst du die anderen, mit denen du zusammen auf die Erde gehst? (Ja) *Wenn du sagst, dass ihr alles vergessen müsst, bedeutet das, dass ihr dort inkarnieren werdet?*

A: Ja. Wir sind keine *Walk-ins*. Wir sind im Grunde einfach drauf los und haben uns verteilt.

**Wenn eine Seele, die auf der Erde inkarnieren möchte, nicht in einem eigenen, neuen Säuglingskörper geboren wird, sondern sich in einen Körper integriert, in dem bereits eine Seele vorhanden gewesen ist, wird das als *Walk-in* (= Hineingehen) bezeichnet. Dabei kann entweder ein Austausch zweier unterschiedlicher

Seelen stattfinden oder auch ein weiterer Aspekt der bereits vorhandenen Seele zu dieser hinzukommen.

Damit ein Austausch erfolgen kann, realisiert beispielsweise eine inkarnierte Seele nach einer Weile, dass sie die Herausforderungen ihres angetretenen Lebens überfordern. Sie entscheidet sich, ihren Körper einer anderen Seele zur Verfügung zu stellen, die diesen nutzen und die Lebenserfahrung machen möchte. In einem solchen Fall werden in der Regel die für die Inkarnation getroffenen Vereinbarungen und Verabredungen mit anderen Seelen aufrechterhalten und von der hereinkommenden Seele übernommen. Ein Hinzukommen kann dagegen erfolgen, wenn zum Beispiel ein Aspekt der Seele, der eine spezielle Kompetenz besitzt, dem inkarnierten Teil bei der Bewältigung einer bestimmten Herausforderung behilflich sein kann.

Walk-ins erfolgen immer mit dem Einverständnis aller Beteiligten, jedoch unterhalb der Wachbewusstseinsgrenze, damit die Inkarnationsspielregeln gewahrt bleiben. Oft wird ein Unfall, ein Koma, eine Ohnmacht oder auch hohes Fieber als Zeitpunkt für einen *Walk-in* genutzt, um so unauffällig wie möglich zu erfolgen. Es kann jedoch nichtsdestotrotz vorkommen, dass Angehörige und Lebenspartner im Anschluss Veränderungen im Verhalten oder Charakter der Persönlichkeit bemerken. Dank der Tendenz des menschlichen Geistes hin zum Rationalisieren seltsamer Begebenheiten wird eine solche Veränderung jedoch in der Regel abgetan und die wahre Ursache dafür nie aufgedeckt.**

M: Habt ihr euch Eltern ausgesucht, um geboren zu werden?

A: Es scheint so zu sein, dass wir einfach draufgängermäßig irgendwohin sind. (Lacht.) Wir sind mit dem Schiff angekommen und dann ging es los! Wir wissen, was zu tun ist und dass es verdammt hart wird. Aber das ist das, wofür wir hier sind, und es wird schon alles gutgehen. So ist im Grunde der Konsens gewesen und dann ging es los! (Aufgeregt.) Es war so, dass wir es kaum erwarten konnten. Dass wir einfach die nächste Gelegenheit ergriffen haben. Als ob es uns darum ging, so schnell es geht hier zu sein, und alles andere wird sich dann schon ergeben.

[...]

Die Zeit war gekommen, um das Überbewusstsein einzurufen und mehr Informationen zu erhalten. Als sie bereit waren, fragte ich sie, warum sie Albert genau diesen Einblick gegeben hatten.

ÜB: Es geht im Grunde nur um die letzten Szenen, den letzten Prozess, bevor sich alle getrennt hatten, um das Gefühl aufzuzeigen, den Enthusiasmus, mit dem sich alle hineingestürzt haben. (Tränen fließen.) Albert erfährt gerade, dass alles gut ist. Dass alles genau so sein soll, wie es ist, und dass sich die, die beteiligt sind, wiedergefunden haben. Sie brauchen keine Angst zu haben.

M: Hat Albert bereits einige von ihnen wiedergefunden?

ÜB: Ja. A_____, S_____, N_____, A_____, C_____ und B_____. Das sind im Grunde genommen alle aus seiner *Gang* (= Bande), der sogenannten »Blauen Gang«. Sie stimmen sich ein auf das, was sein wird – so, wie es sein soll. Das Wichtigste ist dabei gewesen, dass sich alle gefunden haben.

M: Warum ist das so wichtig?

ÜB: Weil sie gemeinsam mehr erreichen können. Es werden sogar noch mehr sein. Alles ist vorbereitet. Alles läuft so, wie es sein soll. Alle sollen einfach so fortfahren, wie sie auch bisher gehandelt haben.

[...]

Wir gingen zu den Themen auf Alberts Liste über und ich fragte das Überbewusstsein, ob sie etwas zu Alberts privaten Studien der Metaphysik und Esoterik zu sagen hätten und ob es spezielle Literatur gab, die sie ihm zu diesem Zeitpunkt empfehlen würden.

ÜB: Dieses Wissen ist wichtig, und es soll den erreichen, der danach sucht. Es ist jedoch relevanter, was *gerade* passiert. Es ist wichtiger, dass das, was gerade vor sich geht, dem erklärt werden kann, der danach sucht, um die Angst zu nehmen vor den Ereignissen, die bevorstehen und in der unmittelbar nächsten Zeit ablaufen werden. Es ist wichtig, dass die Zusammenhänge aufgezeigt werden können. Dass sie vermittelt werden können, um die Angst zu nehmen. Es wird so scheinen, als ob Chaos über alles herunterbricht und die Welt untergehen wird. Es ist allerdings das Gegenteil der Fall. Es wird wichtig sein, das aufzeigen zu können, während es sich in der Illusion so anfühlt, als ob der dritte Weltkrieg ausbricht.

M: In welcher Rolle seht ihr ihn in diesem Kontext?

ÜB: Als jemand, der die Leute beruhigt. Der die beruhigt, die da sind, wenn es passiert.

[...]

Die nächste Frage auf Alberts Liste befasste sich mit der Notwendigkeit des Sich-Schützens vor geistigen Angriffen. Ich erkundigte mich, ob er als jemand mit seiner Aufgabe hier auf der Erde besonders gefährdet sei.

ÜB: Das ist nahezu irrelevant. Die, die gewöhnlich mit solchen Angriffen beschäftigt sind, sind gerade ganz woanders tätig.

M: Wen meint ihr damit?

ÜB: Die negativ Polarisierten. Sie haben gerade anderes zu tun.

M: Womit sind sie gerade beschäftigt?

ÜB: Sie versuchen, ihre Daseinsberechtigung aufrechtzuerhalten – mit allerletzten Mitteln.

M: Wie tun sie das?

ÜB: Sie konzentrieren alle ihre Macht dort, wo sie überhaupt noch etwas bewirken können, weil ihre Macht schwindet. [...]

M: Das Thema Schutz ist für Albert also nicht wichtig?

ÜB: Jetzt gerade nicht, nein. Wichtig ist der Übergang! Es wird spürbares Chaos geben. Da ist es wichtig, dass die Leute ruhig bleiben, weil alles unter Kontrolle ist. Es ist alles so in Ordnung, wie es ist. Es ist ein reinigendes Chaos. Und es ist unausweichlich. Die, die bis jetzt für den Status quo gesorgt haben und ihre Macht erhalten wollen, werden alles dafür geben, die Illusion bis zum letzten Moment aufrechtzuerhalten.

M: Das klingt, als ob es auch diejenigen geben wird, die im Zuge des Chaos ihre Inkarnationen beenden werden.

ÜB: Ja.

[...]

Alberts Atmung begann sich plötzlich zu beschleunigen. Zudem spannten sich seine beiden Hände an. Ich fragte das Überbewusstsein, was gerade mit dem Körper passierte.

ÜB: Das Signal, das empfangen wird, ist intensiv. Und es ist Emotion mit dabei. Sie handelt davon, nun zu wissen, was die Aufgabe ist: Sicherheit und Geborgenheit zu vermitteln. Zu vermitteln, dass alles okay ist.

M: Wie kann er das bei Menschen tun, die sehr stark in der dritten Dimension gefangen sind? Wie kann er auch diese Menschen erreichen?

ÜB: Das ist schwierig, wird aber einfacher sein, sobald es losgeht. Aktuell gibt es fast keine Chance. Sobald es losgeht, werden sich Fragen ergeben. Aber man kann nicht für alle da sein. Die, die Bescheid wissen müssen, werden wissen, wer zu fragen ist. Sie werden dann automatisch die richtigen Fragen stellen aufgrund der Situationen, die auf sie hereinprasseln werden.

M: Es geht also für ihn darum, darauf vorbereitet zu sein?

ÜB: Richtig. Die Informationen zu haben und denjenigen, die dafür zugänglich sind, dann mitzuteilen, wo diese Informationen verfügbar sind.

M: Wäre es sinnvoll, anderen anzukündigen, dass etwas passieren wird?

ÜB: Nur in dem Maße, in dem sie bereit sind, es aufzunehmen. Nur vereinzelt und individuell, um zu vermeiden, dass die Information abgestoßen wird.

M: Also mit sehr viel Gefühl?

ÜB: Exakt. Ganz genau. Das ist nur individuell möglich.

[...]

Eine Frage auf Alberts Liste befasste sich damit, welche seiner Fähigkeiten er aktuell fördern und entwickeln sollte. Ich fragte das Überbewusstsein, ob sie eine Empfehlung für ihn hätten. Sie ordneten ihre Antwort in einen größeren Kontext ein und gaben vor diesem mehr Informationen bezüglich der Rolle der Schiffe, die um die Erde herum in Position gebracht worden waren.

ÜB: Die Offenheit für Neues ist wichtig! Es wird viele Veränderungen geben. Man wird reagieren und improvisieren müssen – je nachdem, wie sich die Situation gestaltet. Man kann das nicht vorher wissen. Aber alles, was Menschen zusammenbringt, ist richtig. Das Leben wird sich überall radikal ändern. Nichts wird bleiben, wie es war. Und erstmal werden die Menschen auf sich alleine gestellt sein. Aber es gibt die, die draußen – außerhalb des Planeten – bereitstehen und warten. Das muss so sein. Es ist nicht anders möglich. Die Reihenfolge der Ereignisse spielt eine wichtige Rolle! Wenn die Reihenfolge anders ist, werden dem zu viele zum Opfer fallen. Die Reihenfolge muss so sein, um eine Panik zu vermeiden und so viele wie möglich auf die neue Welt mitnehmen zu können.

[...]

Ich nahm an, dass sie sich damit auf den physischen Transport von Menschen auf einen neuen Planeten – die Neue Erde – bezogen. Deshalb fragte ich, ob dieser mithilfe der Schiffe erfolgen würde, was das Überbewusstsein jedoch verneinte.

ÜB: Mithilfe ihrer selbst. Sie werden selbst ihre neue Welt gestalten. Die Schiffe sind so etwas wie eine Versicherung, falls die Bedingungen außer Kontrolle geraten.

M: Quasi als »Plan B«?

ÜB: Sozusagen.

Was meinten sie wohl genau mit »außer Kontrolle geraten«? Ich fragte leider nicht nach, entnahm der Erklärung jedoch, dass der Übergang in die Neue Erde eine Zeit radikaler Umwälzungen auf unserem Planeten beinhalten würde. Die Schiffe schienen um die Erde herum positioniert zu sein, um für alle Eventualitäten gerüstet zu sein und im Notfall – was auch immer das genau bedeutete – eingreifen zu können.

ÜB:Es wird aber so sein, dass sich die Schiffe nach einiger Zeit sowieso zeigen werden. Es geht darum, dass die Menschen einen Prozess durchmachen werden müssen, um zu erkennen, was wirklich ist. Das ist aber nicht möglich, bevor dieses perfekte System, das aktuell noch vorhanden ist und alles verschleiert, beseitigt wurde. Nach diesem Chaos wird jeder die Möglichkeit haben, zu sehen, was wirklich ist. Und dann werden die Lichter immer häufiger erscheinen. Sie werden unübersehbar sein.

M: Mit Lichtern meint ihr ...?

ÜB: ... die Schiffe.

M: Hält etwas die Menschen davon ab, sie jetzt schon zu sehen, oder wollen die Schiffe noch nicht gesehen werden?

ÜB: Die Menschen glauben nicht daran, also schauen sie nie hoch, auch wenn die Frequenz steigt. Und die Frequenz steigt! Es werden immer mehr. Die Intensität steigt, aber das System ist trotzdem noch perfekt. Hier geht es darum, dass diejenigen sehen werden, die sehen wollen – genau wie auch Albert. Er wollte sehen und hat deshalb auch gesehen ... ein rotes Licht. Das war ein Schiff. Das war in [Ort]. Es wurde tatsächlich auch von jemand anderem aufgenommen, der genau dasselbe rote Licht gesehen hat. Dieses Licht war ein Schiff. Hier geht es um so etwas wie Werbung. Es sollen die sehen, die sehen wollen.

M: Was bewirkt eine solche Sichtung?

ÜB: Dass sich die, die sehen wollen, der vorhandenen Unendlichkeit bewusst werden.

[...]

Dieser Effekt wird auch von Ra im *Law of One* bestätigt. In einem Gespräch über die Intention hinter den UFO-Sichtungen, die es im Laufe der Geschichte auf der Erde gegeben hat, erklären sie: »Das Mysterium und die unbekannte Qualität der Ereignisse, die wir anbieten dürfen, haben die erhoffte Absicht, euren Völkern die unendlichen Möglichkeiten bewusst zu machen. Wenn eure Völker die Unendlichkeit begreifen, dann, und nur dann, kann das Tor zum Gesetz des Einen geöffnet werden« (Sitzung Nr. 7). Hier muss allerdings betont werden, dass Ra sich mit diesen Worten speziell auf den Anteil der UFOs bezieht, die den positiv polarisierten Gruppen der Galaktischen Föderation angehören. An anderer Stelle bemerken sie, dass viele der Schiffe, die gesichtet werden, der Orion-Gruppe und auch unseren eigenen Regierungen zuzuordnen seien. Diese Sichtungen trügen eine andere Intention oder seien gelegentlich auch unbeabsichtigt (Sitzung Nr. 12).

Ich fragte das Überbewusstsein, ob sie noch etwas zu Alberts Mission für seine aktuelle Inkarnation zu sagen hätten.

ÜB: Er wird es spüren. Er wird spüren, wenn er jemandem begegnet, der zur selben Mission gehört, einem anderen Wanderer. Es ist ein ganz eindeutiges Gefühl.

M: Hatte Albert bereits andere Inkarnationen auf der Erde?

ÜB: (Pause.) Es gab eine weitere Inkarnation auf der Erde ... im Norden. Nördliche Halbkugel. Skandinavien. Nördlich. Im nördlichen Skandinavien.

M: Zu welcher Zeit?

ÜB: Anfang des 20. Jahrhunderts. Es ging in dieser Inkarnation darum, hier anzukommen, sich einzustimmen und sich auf dem Energieniveau und in der Schwingung zurechtzufinden. Alles ist hier anders.

M: Es muss seltsam sein für jemanden, der aus einer anderen Dichte kommt.

ÜB: Vor allem an einem Ort, an dem ein bisschen was schiefgelaufen ist ...

M: Was ist hier schiefgelaufen?

ÜB: Es wurde ein System installiert von denjenigen, die negativ polarisiert sind, das nahezu perfekt ist. Diejenigen, die tätig sind, sind derart verborgen und die Ablenkungen so umfangreich, dass es ohne geistig sehr fortgeschrittene Kapazitäten fast nicht möglich ist, dahinter zu sehen. Das System ist perfekt. Die, die dafür verantwortlich sind, sind im Grunde nicht sichtbar. Sie sind buchstäblich nicht sichtbar.

[...]

Das erinnerte mich an Informationen, die in einer anderen Sitzung gegeben worden waren und das Konzept der Archonten betrafen (siehe Kapitel *Durch die Zeit und aus der Matrix* im ersten Band). Ich erkundigte mich, ob hier ein Zusammenhang bestand.

ÜB: Exakt. Die, um die es geht, sind nicht irdischer Natur. Für die, die versklavt wurden, wurde alles von Kindesbeinen an gestaltet. Über Bildung, Medien und ihre gesamte Umgebung wurde ihnen suggeriert, dass nur diese kleinen, in Schranken gelegten Spielräume existieren und nichts anderes. Und wenn dann irgendwann nicht nur die Wahrnehmung, sondern auch das Vokabular abhandenkommt, um das, was hinter den Schranken liegt, beschreiben zu können, so bleiben tatsächlich nur die Schranken, innerhalb derer sich die versklavten Wesen hier dann bewegen und im Grunde energetisch vollkommen auslaugen lassen – bis zum Tod.

M: Sind sie sich dessen bewusst, wenn sie sich nicht in Inkarnationen befinden?

ÜB: Vollkommen.

M: Und trotzdem begeben sie sich bewusst in dieses System hinein?

ÜB: Richtig.

M: Warum tun sie das?

ÜB: Weil es darum geht, alle Erfahrung mitzunehmen. Und die schmerzhafteste Erfahrung ist mitunter die effektivste. Spirituelle Entwicklung geschieht sehr viel schneller hier, wo so viel Disharmonie herrscht. Das hier ist ein einzigartiger Ort!

M: Alle, die von dem System hier unterworfen werden und sich in diesem »aussaugen« lassen, haben auf höherer Ebene also etwas davon?

ÜB: Absolut. Es ist im Grunde genau *so* vorgesehen. Die Polaritäten sind genau *so* nötig. Sie sind jedoch extremer geworden, als sie sein müssten. Trotz alledem ist das übergeordnete Bild: Jeder profitiert davon.

M: Die Balance hat sich mehr verschoben, als es vorgesehen war?

ÜB: Richtig. Zum jetzigen Zeitpunkt, zu dem der Übergang ansteht, ist es so, dass zu viele in einem spirituellen Stadium gehalten werden, das es für sie erforderlich macht, die dritte

Dichte zu wiederholen. Es werden also nur die mitkommen, die schon darüber hinaus sind. Aber das macht nichts: Die dritte Dichte wird dann einfach woanders wiederholt.

M: War die Präsenz der Wesen, die die Illusion erschaffen haben, vorgesehen?

ÜB: Das war nicht vorgesehen, nein.

M: Wie haben sie es geschafft, sich in das Bild hineinzuschleichen? Warum wurde das nicht unterbunden?

ÜB: Es hat mit denen zu tun, die nach ihnen rufen. Sowohl die Positiven als auch die Negativen werden gerufen. Und wenn genügend rufen, dann kommen sie. Das Sonnensystem wurde unter Schutz gelegt, aber der Schutz ist nicht perfekt, um den freien Willen nicht zu beeinflussen. So konnten die, die negativ polarisiert sind, durchkommen.

Erinnern Sie sich noch an Louisas Seelenreise (*Zurück zum Anfang*), auf der sie als Wächter miterlebte, wie negativ polarisierte Wesen durch das Schutzschild der Erde geschlüpft waren? Alberts Sitzung erfolgte drei Jahre zuvor; zu einem Zeitpunkt, an dem viele Details des Themas für mich noch relativ neu waren. Rückblickend ist zu erkennen, dass das Überbewusstsein des jungen Mannes bereits einige zentrale Aspekte zur Sprache brachte und miteinander verband, die in nachfolgenden Jahren in zahlreichen anderen Sitzungen an die Oberfläche kommen sollten.

M: Die Spielregeln erlauben das?

ÜB: Das ist unbedingt erforderlich. Es ist nicht möglich, einen perfekten Schutz zu installieren. Dadurch würde der freie Wille zu sehr beeinflusst werden.

M: Und nun geht es darum, die Balance wieder herzustellen.

ÜB: Es geht vor allem darum, so viele wie möglich in die nächste Phase, in den nächsten Zyklus mitnehmen zu können. Dieser Zyklus ist universell. Er ist unausweichlich und überall im Grunde gleich.

M: Sind diese Wesen als »Störfaktor« ins Spiel gekommen?

ÜB: Das hat mit den natürlichen Polaritäten zu tun. Nur über die Polaritäten, nur wenn sowohl Positiv als auch Negativ vorhanden sind, kann die Entwicklung derart schnell geschehen. Die Polarität war nicht immer da. Es gab Zeiten ohne sie, aber dort tat sich gar nichts.

M: Man konnte also erwarten, dass so etwas passieren wird?

ÜB: Richtig. [...] Aus übergeordneter Sicht ist es überhaupt kein Drama. Nach der dritten Dichte ist all das, wie es nur hier erlebbar ist, nicht mehr möglich.

M: Es scheint, dass alle Beteiligten davon profitieren und etwas daraus mitnehmen – sowohl die positiv als auch die negativ polarisierten.

ÜB: Ja. Der Weg ist für jeden der gleiche.

M: Was ist das Wichtige an diesem Prozess, der hier ansteht? Warum sind all diese anderen Gruppen mit Schiffen hier, um dabei zu helfen?

ÜB: Es geht darum, diejenigen, die die dritte Dichte wiederholen müssen, zu anderen Planeten der dritten Dichte mitzunehmen. Dieser hier wird für sie nicht mehr bewohnbar sein – nur für die, die es »schaffen«.

M: Weil der Planet selbst in eine andere Dichte aufsteigt?

ÜB: Genau. Die Energien dafür sind jetzt schon da.

M: Diejenigen, die gemeinsam mit dem Planeten in die nächste Dichte gehen, bleiben also hier?

ÜB: Sie bleiben hier.

M: Und die anderen müssen gehen?

ÜB: Es gibt keine andere Möglichkeit.

[...]

**Das waren sehr interessante Informationen. Den Aussagen des Überbewusstseins zufolge gab es also nicht nur Schiffe, die für den Notfall positioniert waren, um die Menschen aufzunehmen, die in die vierte Dichte weitergehen würden. Einige schienen die Aufgabe zu haben, die Menschen, die nicht gemeinsam mit Gaia den Aufstieg vollziehen würden, auf andere Planeten der dritten Dichte zu bringen. Dort würden sie ihre Existenz fortführen können – ähnlich wie die Marsbewohner, die vor langer Zeit zur

Erde transferiert worden waren, als ihr eigener Planet für sie nicht mehr bewohnbar war (siehe Kapitel *»Projekt Menschheit«*).**

Da mein Fokus während der Sitzung auf Albert und seiner Geschichte lag, stellte ich keine weiteren Fragen zu dem Thema. Wir kamen stattdessen auf die blauen, gefiederten Wesen zu sprechen, denen Albert auf dem Schiff begegnet war. Ich fragte das Überbewusstsein, ob uns Menschen diese Spezies bekannt sei.

ÜB: Ja, über sie ist berichtet worden. Im Englischen werden sie als »Blue Avians« bezeichnet. Sie haben Albert gerufen.

M: Und nun arbeitet er mit ihnen zusammen?

ÜB: Ja – beziehungsweise mit den Seinigen.

M: Die, mit denen er hier inkarniert ist, sind also keine Blue Avians*?* (Nein) *Gehören sie zur gleichen Art wie er?*

ÜB: Ja. In seiner Dichte ist die blaue Aura seine natürliche Form.

M: In welcher Dichte hält er sich gewöhnlich auf?

ÜB: Über der vierten.

M: Gibt es ein Sternensystem oder einen Ort im Universum, den er als sein galaktisches Zuhause bezeichnen würde?

ÜB: Das ist mit den uns zur Verfügung stehenden Worten nicht beschreibbar.

[...]

Diesem Phänomen begegnet man in der Zusammenarbeit mit dem Überbewusstsein häufig. Wenn es um das Wiedergeben von Namen, Orten oder Konzepten geht, die unsere Bewusstseinsstufe übersteigen, reicht das – der Aussage des Überbewusstseins nach »sehr begrenzte« – Spektrum unserer menschlichen Sprache oft nicht aus, um diese Informationen adäquat zu kommunizieren.

Wir kamen schließlich auf Alberts körperliche Themen zu sprechen. Seit einiger Zeit litt er unter sporadisch auftretender Trockenheit in den Augen, vor allem im rechten, und konnte sich nicht erklären, was die Ursache dafür war. Ich fragte das Überbewusstsein, was sie dazu zu sagen hätten. Es stellte sich heraus, dass das Symptom eine wichtige Funktion erfüllte, was eventuell auch für einige Leser:innen interessant sein könnte.

ÜB: Das steht dafür, achtsamer zu sein – achtsamer mit seinem Körper. Vor allem jetzt, da es zum Chaos übergeht, ist es wichtig, auf seinen Körper zu achten, um ihn auf einem sehr hohen Niveau zu halten. Je höher das Energieniveau ist, desto mehr werden die Beschwerden verschwinden. Je wohler er sich fühlt und je mehr er andere unterstützt, desto weniger werden die Beschwerden. Das Energieniveau steigt! Und: Je harmonischer die Umgebung, desto höher das Energieniveau. Das ist ein sehr starker Indikator für Wohlbefinden. Alles, was das Energieniveau senkt, verschlimmert Symptome drastisch.

M: In seinem Fall existieren nur sehr wenige physische Symptome.

ÜB: So hat er einen Indikator. Es ist kein Zufall, dass alles optimal ist. Das ist so, um möglichst vielen helfen zu können. Und die Augen dienen dazu, den Zustand direkt feststellen zu können: Wie gut geht es ihm? Wie hoch ist das Energieniveau? Wie gesund und richtig ist die Umgebung? (Zu Albert.) Suche die Situationen, in denen die Symptome weniger werden!

M: Welche Situationen wären das für ihn?

ÜB: Welche, in denen er anderen hilft.

M: Und dann wird das Symptom nicht mehr nötig sein?

ÜB: Ganz genau.

[...]

Letztendlich ließ sich das Überbewusstsein dazu bewegen, das Symptom bereits während der Sitzung merklich zu lindern. Sie stimmten dem zu, bestanden jedoch darauf, es nicht komplett zu entfernen, weil es wichtig für Alberts Mission sei, einen Indikator für den Zustand seines Energieniveaus zu haben.

ÜB: (Pause.) Der Tränenfilm am linken Auge ist viel besser als am rechten. Die Substanzen waren in einer Dysbalance. Die Balance wird jetzt wieder hergestellt. Das rechte Auge wird sich dem linken angleichen. Das Symptom wird aber auf dem rechten Auge bestehen bleiben – minimal. Nach etwa einer Woche wird er eine Verbesserung feststellen.

M: Hat es eine Bedeutung, dass es auf der einen Seite schlechter war?

ÜB: Das hat mit der Polarität des Körpers zu tun. Auf der rechten, negativ polarisierten Seite ist ein Symptom drastischer, wenn Stress auftritt und das Energieniveau gesenkt wird. Die Symptome des trockenen Auges sind auf dem linken Auge nahezu nicht vorhanden.

[...]

Ein weiterer Punkt auf Alberts Liste war ein ebenso sporadisch auftretender, die Seiten wechselnder Tinnitus, den er ebenfalls nicht einordnen konnte. Das Überbewusstsein erklärte, dass dies ein Mittel zur Entscheidungshilfe sei, über das sie mit ihm auf körperlicher Ebene kommunizierten.

ÜB: Es ist schwierig für uns, dieses Zeichen zu aktivieren, aber es ist bedeutend.

M: Worin besteht dessen Bedeutung?

ÜB: Im linken Ohr steht dieses Zeichen für eine Bestätigung, im rechten ist es eine Verneinung.

M: Ihr verwendet die Seiten also bewusst? (Ja) *Sind das besondere Situationen, in denen ihr dieses Zeichen schickt, oder könnte er jederzeit danach fragen?*

ÜB: Wir wählen die Situation aus. Im Grunde geht es um die Kritikalität; je schwerwiegender, desto eher dieses Zeichen. Es ist unmissverständlich.

M: Er kann sich davon dann ableiten, dass es um etwas Wichtiges geht?

ÜB: Richtig.

[...]

Zum Abschluss der Sitzung bat ich das Überbewusstsein noch, sich und ihre Aufgabe in Bezug auf Albert zu beschreiben.

ÜB: Wir warten draußen auf dem Schiff, mit dem wir hergekommen sind. Wir sind nicht mitgegangen nach unten. Wir warten oben. Wir beobachten und koordinieren und leisten weitere energetische Arbeit, die in inkarnierter Form nicht möglich ist. Es gibt viel zu tun. Wir stehen in Verbindung.

M: Habt ihr noch andere Aufgaben?

ÜB: Es ist nicht nur der Planet Erde, der sich gerade wandelt. Alle Planeten im Sonnensystem verändern sich. [...] Alle machen dieselbe Verwandlung durch. Sie »erhitzen« sich. Wir helfen hier draußen mit bei der Anhebung des Energieniveaus.

M: Was unterscheidet die Erde von den anderen Planeten des Sonnensystems im Kontext dieser Transformation?

ÜB: Die Erde ist ein Planet der dritten Dichte. Hier ist ein Leben in der dritten Dichte möglich und auch vorgesehen gewesen. Andere Planeten befinden sich in anderen Dichten und werden in anderen Dichten bewohnt.

M: Machen sie Ähnliches durch wie wir?

ÜB: Ja, alle gleichzeitig. Das Energieniveau wird kollektiv angehoben. Es ist hier nur so dramatisch, weil entgegengesetzt zu dem gehandelt wurde, was für den Übergang erforderlich ist. Für alle anderen ist es vollkommen transparent. Sie freuen sich einfach und wollen dabei sein!

M: Werden diejenigen, die mit dem Planeten die Dichte wechseln, jemals mit ihnen in Kontakt treten?

ÜB: Ab einem bestimmten Zeitpunkt wird für jeden alles klar sein.

[...]

Letzte Worte: »Alles läuft nach Plan. Immer mit der Ruhe. Einfach die Ruhe bewahren. Es wird alles gut.«

Zeit zum Spielen

Ellie (35) war eine Kollegin aus den USA, die ich im Dezember des Jahres 2019 auf einer Fortbildung in Kairo, Ägypten, kennenlernte. Sie hatte selbst bisher noch keine Quantenhypnose-Sitzung erlebt und fragte mich, ob ich eine mit ihr durchführen würde. Wir spürten beide vom ersten Kennenlernen an eine starke Verbindung zueinander und so stimmte ich direkt zu.

Wir verabredeten uns für einen Vormittag, an dem keine Veranstaltungen stattfanden und entschieden uns für mein Hotelzimmer als Sitzungsort, da ich »zufälligerweise« ein Doppelzimmer mit zwei Einzelbetten erhalten hatte und so ein ungebrauchtes für die Sitzung zur Verfügung stand. Die weiteren Bedingungen schienen allerdings alles andere als ideal: In einem Gebäude nebenan wurden schwere Bauarbeiten durchgeführt und durch die schlecht isolierten Wände drangen dumpf die Streitgespräche von Anwohnern. Zudem grenzte mein Zimmer direkt an die Lobby des kleinen Hotels, so dass immer wieder Gäste und Angestellte vor der Tür hin und her liefen, miteinander redeten oder sogar lautstark diskutierten.

Dass dies dem Verlauf und letztendlich dem Erfolg dieser besonderen Sitzung jedoch nicht schaden sollte, zeigt, dass eine hypnotische Veränderung des Bewusstseins vollkommen unbeeinträchtigt von äußeren Störfaktoren induziert und aufrechterhalten werden kann, wenn die Einstellung aller Beteiligten stimmt. Ellie war – mit, wie sich später herausstellen sollte, etwas Hilfe ihres Teams – dazu in der Lage, sehr tief in Trance zu gehen und relativ lange in dieser zu bleiben. (Die Länge der Aufnahme betrug letztendlich etwas über fünf Stunden.) Dies ermöglichte es uns, einen sehr »hohen« Aspekt ihres Überbewusstseins für den Dialog zu gewinnen und extrem faszinierende Informationen über die junge Frau und ihren speziellen Weg zu erhalten. Ich bin sehr dankbar für Ellies Erlaubnis, das komplette Material in dieser Form teilen zu dürfen. (Die Sitzung wurde auf Englisch durchgeführt und ist für dieses Buch ins Deutsche übersetzt worden.)

Kaum hatte ich die Induktion abgeschlossen, befand sich Ellie auch schon auf einer lebhaften Reise durch ihre innere Welt.

[...]

E: Ich bin nach oben in irgendetwas Enormes, Weitreichendes hinein. Dann ging es rückwärts und in einer Art Spirale weiter nach oben. Fast wie in einer Achterbahn! Dann ging es hoch, hoch, hoch, hoch, hoch und jetzt wirkt es so, als ob ich wieder runterkomme, aber ich habe keine Ahnung, wo ich bin ... (Pause.) Ich bin irgendwo nah am Boden. Es ist dunkel, aber nicht so dunkel, dass ich nichts mehr sehen kann. Ich höre Tropfgeräusche. (Pause.) Und ich stehe in sehr niedrigem Wasser. Ich glaube, ich bin barfuß. (Pause.) Es ist so, als ob es stark geregnet hätte und dieser Ort jetzt ein wenig unter Wasser steht. Der Boden ist nass, aber meine Füße sind nicht komplett mit Wasser bedeckt.

[...]

Ich bat Ellie, ihre Umgebung näher zu beschreiben.

E: Da sind Steine. Nein, eher Felsen. Sie haben Struktur und Beschaffenheit – so, als ob man sich tief in eine Höhle hineinbegibt. Die Wände und der Boden sind porös und haben eine dunkle Farbe. Es tut aber nicht weh unter den Füßen. (Irritiert.) Sind das überhaupt Füße?! Es fühlt sich an wie das Material, mit dem man Hornhaut von den Füßen abschrubbt. Es ist dunkel und feucht hier. Es fühlt sich so an, als ob ich irgendwo unter der Erde bin, und ich höre andauernd diese Tropfgeräusche, aber das Wasser fühlt sich nicht schlecht an und die Geräusche stören mich auch nicht. (Pause.) Huch!

[...]

Sie verzog das Gesicht. Ich fragte sie, was sie wahrnahm.

E: Ich erhalte gerade den Eindruck eines riesigen Fußes! Als ob mein Fuß riesig wäre. Gigantisch! (Lacht.) Und haarig! Wie bei *Bigfoot* oder einem Yeti! Ich sehe aber nur einen ... Das ist so seltsam! (Lacht.)

M: Was ist mit dem anderen?

E: Ich weiß nicht warum, aber ich nehme nur einen Fuß wahr. Er ist haarig – aber nicht komplett. Und ich habe das Gefühl, dass er verschiedene Farben hat. Jedes Mal, wenn ich ihn ansehe, verändert er seine Farbe. Er kann blau sein, lila, grün, gelb ...

M: Nimmst du auch noch andere Körperteile von dir wahr?

E: Alles, was ich gerade sehe, ist dieser große Fuß, der sich andauernd verändert. (Grübelt.) Und ich bin mir gar nicht sicher, ob das überhaupt mein Fuß ist ...?

M: Fühlst du eine Verbindung zu ihm?

E: Ich fühle, dass er mir gefällt. (Pause.) Er fühlt sich an wie eine Babydecke, die man überall mit sich herumträgt. (Pause.) Es wirkt so, als ob ich nach ihm greife und mich daran festhalte. Ja, dieser Fuß ist nicht mein Fuß, aber ich halte mich an ihm fest. (Verwirrt.) Warum? Es fühlt sich irgendwie an, als ob ich mich daran festhalten muss, um mich zu bewegen. Ja, ich kann danach greifen und mich festhalten.

[...]

Bevor Ellie den seltsamen Fuß weiter in Augenschein nehmen konnte, bat ich sie, den Fokus zunächst auf sich selbst zu legen und mir ihr Äußeres zu beschreiben. Was sie nun beschrieb, war allerdings noch merkwürdiger.

E: Ich habe das Gefühl, vier unterschiedliche Extremitäten zu haben, die sich da drumwickeln. (Gestikuliert.) Und ich habe das Gefühl, dass ich diese Extremitäten ausfahren und wieder einziehen kann. Sie fühlen sich elastisch an. Das Ding, an dem ich mich festhalte, sieht aus wie eine große haarige Wade mit einem Fuß daran, und ich bin eine Art elastische Masse, die ihre Extremitäten ausdehnen kann, um sich daran festzuhalten. Fast so wie ein Schleim, der seine Extremitäten drumwickelt und sie dann wieder einfährt, um sich da ranzuziehen. Sie verschwinden dann, als ob sie einfach nur diesem Zweck dienen. (Kichert.) Ich habe eine Art ... phallische Form und bin wabbelig, aber dichter und fester als etwa Wackelpudding. Und wenn ich etwas anfassen will, forme ich Extremitäten. Meine Form verändert sich dann und ich kann so viele Extremitäten formen, wie ich will.

M: Besitzt du so etwas wie eine Grundform oder Gestalt?

E: Ja. Wenn ich keine Intention habe, etwas zu tun, dann sehe ich so ähnlich aus wie ... eine Yogamatte? Aber nicht wie eine flach ausgebreitete Yogamatte, sondern eher ... rundlich und klebrig wie ein Blob. (Lacht.) Das ist so komisch! (Pause.) Ich habe auch eine sehr lustige Persönlichkeit. Ich erfreue mich an ziemlich allem. Ich habe das Gefühl, ich lache viel und bin mit viel Freude erfüllt. Was ich mache, ist für mich sehr angenehm. Ich mag es. Mein Äußeres macht nicht wirklich viel Sinn, aber es dient meiner Belustigung. Ich habe das Gefühl, dass es mir einfach Spaß macht, diese Form zu haben. (Pause.) Und ich weiß nicht, warum dieses Wort wieder auftaucht, aber ich habe eine phallische, klebrige Form, und aus irgendeinem Grund bringt mich das zum Lachen. Es ist einfach etwas, dass ich lustig finde. Und ich bin gerne so. Ich könnte mich in jede andere Form verändern, aber in Bezug auf diese Form nehme ich ein Lächeln wahr – was seltsam ist, da ich weder einen Mund noch ein Gesicht habe. Ich nehme es mehr innerhalb der Gestalt wahr. Im Inneren. Ein riesiges Lächeln im Inneren einer schlanken, klebrigen, etwas dichter als schleimigen Gestalt.

M: Womit beschäftigst du dich sonst noch?

E: Nun ja, momentan lache ich. Ich habe gerade dieses haarige Ding losgelassen, und es scheint, als ob ich mich daran festgehalten habe, um mitgenommen zu werden. So, als ob ich es gesehen habe und mir dachte: »Okay, jetzt muss ich gleich aufspringen!« Das hat eine Weile lang Spaß gemacht und dann bin ich wieder abgesprungen. Scheint mich zu amüsieren.

[...]

Ich fragte sie, was sie als dieses bizarre Wesen nun tun werde. Ihre Antwort machte das Ganze noch kurioser.

E: Jetzt lasse ich mir einfach eine neue Extremität wachsen. Und es fühlt sich so an, als ob ich diese poröse Wand hier an einer Stelle reibe – oder vielmehr wische. (Kichert.) Aber nicht so, als ob ich es reinige. Ich habe das Gefühl, dass ich, wenn ich diese Stelle reibe, dann da hindurchgehen kann ...

M: Oh, okay. Möchtest du das tun?

E: Zumindest könnte ich es. Und je mehr ich wische, desto einfacher kann ich hindurch. Was mir in den Sinn kommt, sind die Worte »Vortex« und »Portal«. Ich muss aber erst wischen! Wenn ich mir eine weitere Extremität wachsen lasse, kann ich es dir zeigen! (Gestikuliert.)

[...]

Zu diesem Zeitpunkt wurde deutlich, wie intensiv Ellie in ihr Erlebnis vertieft war. Sie lag auf dem Hotelbett und bewegte ihre Arme und Hände wild durch die Luft, um mir zu demonstrieren, was sie vor sich sah, als ob ich neben ihr in der Höhle stünde.

E: Also, ich habe nun beide Extremitäten an der Wand. Mit der einen wische ich und mit der anderen nicht. Dort, wo ich nicht wische, kann ich nicht hindurch. Aber dort, wo ich diese poröse Wand wische, kann ich dann auf einmal meine Extremität hindurchdrücken. Ich weiß nicht, wie ich es beschreiben soll ... Es wird dann zu etwas, das sich sehr schleimig und dickflüssig anfühlt. (Grimasse.) Bäh! Sehr komisch, wenn man da die Hand hineinsteckt. Ich habe ein bisschen Ekel dabei. (Erstaunt.) Ah, so kann ich diesen Ort verlassen! Ich kann das in alle Richtungen so machen! Ich kann verschiedene Stellen wischen und dann durch sie hindurchgehen. Und je nachdem, wo ich wische, komme ich an verschiedenen Orten heraus. Es ist also nicht egal, wo ich wische. Und ich muss mir erst eine Extremität wachsen lassen, bevor ich irgendwohin will. Und dann muss ich diese ausfahren und durch diese schmierige Struktur hindurch dehnen – Dehnen! Dehnen! Dehnen! –, bis ich mich auf der anderen Seite an etwas festhalten kann, um den Rest von mir hindurchzuziehen. (Pause.) Das kann ich überall machen, aber das Allerwichtigste ist das Wischen. Ich höre mich selber immer wieder sagen: »Du musst wischen! Wischen! Wischen! Wischen!« Und ich muss es *richtig* wischen! Denn je stärker ich wische, desto schmieriger und seimiger wird dieses Material. Und wenn ich hier raus möchte, dann muss ich ordentlich wischen. (Ernst.) Aber es reicht nicht, einfach nur ein wenig hin und her zu wischen. Nein, nein – ich muss das ordentlich machen. Mit Intention! (Pause.) Und ich habe das Gefühl, ich kann von hier an viele, viele Orte gehen.

M: Kannst du mir sagen, wohin du gehst?

E: (Gestikuliert.) Wenn ich zum Beispiel hier an dieser Stelle zu meiner Rechten wische, dann komme ich an einen Strand mit Sand und Palmen. Wenn ich jedoch hier unten wische, dann bin ich irgendwo im Weltraum. Es ist dunkel, mit vielen kleinen Lichtern in der Ferne, und ich schwebe. An dem Strand fühle ich mich allerdings nicht leicht und schwebend, sondern viel dichter und schwerer. Ich habe das Gefühl, dass an jedem dieser Orte eine andere Umgebung existiert und sich dementsprechend auch meine Gestalt und mein Körpergefühl verändern. (Pause.) Manche Orte sind sehr dicht, andere sehr leicht. Und ich fühle mich dann entsprechend anders.

[...]

Die Existenz dieses Wesens war zweifellos ungewöhnlich – und daher enorm interessant. Ich hatte viele verschiedene Fragen, entschied jedoch, die Handlung erst einmal voranzubringen, und fragte Ellie, ob es sie an einen bestimmten Ort zog.

E: Ich mag diesen Strand, zu dem ich komme, wenn ich diese Stelle hier rechts ordentlich wische! Allerdings mag ich den Durchgang nicht, durch den ich muss, um dorthin zu kommen. Das ist definitiv *nicht* mein Lieblingsgefühl! (Verzieht das Gesicht.) Ich empfinde fast schon Ekel, wenn ich dort hindurchmuss, aber ich verstehe, dass es nicht zu vermeiden ist, wenn ich zu dem Strand will. (Grimasse.) Es fühlt sich so seltsam an, da hindurchzumüssen. Und da ist dieses glibberige, flüssige Zeug, das mit einem auf der anderen Seite rauskommt. Igitt! Aber es ist notwendig, wenn ich aus der Höhle raus und dorthin will ... in diese ... Spielzeit? Ja, genau, das ist das Wort, das ich höre: »Spielzeit«. Wenn ich also in diese Spielzeit will, dann muss ich durch diesen schmierigen Tunnel. (Überrascht.) Oh, das fühlt sich ja an wie eine ... Vagina? Ja, es fühlt sich so an, als ob ich dann aus einer Vagina herauskomme! Das ist aber nicht überall so. Wenn ich zum Beispiel hier unter mir wische, dann komme ich in eine andere Spielzeit. (Gestikuliert.) Der Tunnel dahin hat nur eine dünne, relativ glatte Schicht und ich werde dort sehr schnell hindurchgesaugt. Plopp! Dort ist es leichter. Es gibt dort keine ... Schwerkraft? Ja, das ist das Wort, das ich höre. Wenn ich aber dahin gehen will, wo der Strand ist, dann muss ich durch diesen schmierigen, schweren, dichten Tunnel und es fühlt sich so an, als ob ich sogar einen Teil davon mit nach draußen nehme. Eine Art pinkes, beiges Zeug. Ja, es fühlt sich an, als ob ich aus einer Vagina herausgedrückt werde. Das ist zwar mühsam und unangenehm, aber dann kann ich dahin, wo ich es so gerne mag! (Pause.) Ich habe das Gefühl, dass ich von diesem Sand irgendwie »besessen« bin. Aber es ist nicht so, dass ich jetzt unbedingt dahin muss oder will, sondern eher, dass ich es dort einfach sehr mag. Ich könnte dorthin, wenn ich das wollte, und hätte auch nichts dagegen – so, wie ich auch nichts dagegen hätte, überall zu wischen und an alle diese verschiedenen Orte zu gehen. Aber dieser Sand fasziniert mich besonders! Ich weiß allerdings nicht, warum das so ist ...

M: *Es wirkt so, als ob du von hier aus überall hin gehen könntest. Welchen der Orte möchtest du erforschen?*

E: Ich habe das Gefühl, dass ich bereits viele von ihnen besucht habe. (Lacht.) Ich glaube, ich habe in dieser Höhle schon überall so heftig gewischt, dass ich viele, viele Spielzeiten erleben konnte. (Pause.) Oh! Und wenn ich gut aufpasse, dann kann ich erkennen, was sich hinter den Stellen befindet, an denen ich schon gewischt habe. So wie eine Art Karte: Wenn ich hier wische, dann komme ich da hin, und wenn ich hier wische, dann lande ich dort usw. ...

M: So wie Koordinaten?

E: Genau. Ich habe das Gefühl, dass ich auf diese Art schon viel Fläche kartiert habe. (Überrascht.) Oh! (Pause.) Jetzt verstehe ich das: Die Mulden in den Wänden sind das Resultat meines Wischens! Sie schrumpfen danach nur zusammen und werden kleiner und das wirkt dann porös. Und wenn ich wieder hindurch will, wische ich sie und sie werden wieder größer. (Zufrieden.) Genau, so funktioniert das!

[...]

Ich bat Ellie, mir mehr Informationen über den Ort zu geben, an dem sie sich gerade befand.

E: Ich glaube, dass ich hier gelandet bin, damit ich von hier aus gehen kann, wohin auch immer ich möchte. Ich bin in dieser Höhle alleine. Das hier ist sozusagen »mein« Ort. Er fühlt sich sehr vertraut an. (Pause.) Und ich habe das Gefühl, dass dies hier das Zentrum von etwas ist, das eine runde Form hat; eine dichte, runde Form. Diese Form ist viel, viel größer als ich, und ich befinde mich im Zentrum von ihr. Und wenn ich hier in dieser Höhle dieses poröse Material wische, dann kann ich in ganz viele Spielzeiten hinein. Aus irgendeinem Grund bin ich gerade auf diese Spielzeit mit dem Sand fokussiert. Vielleicht ist das der Ort, an den ich gehen möchte? (Grübelt.) Aber das Problem ist, dass ich den Tunnel nicht mag, durch den ich muss, um dorthin zu kommen ... Ich habe das Gefühl, dass ich schon mal in ihm gewesen bin, aber er ekelt mich an. Ich mag nicht, dass ich das tun muss, um dorthin zu kommen.

M: Du hast das schon mal gemacht?

E: Ich habe definitiv das Gefühl, dass ich schon mal in dem Tunnel gewesen bin. Ich weiß aber nicht, ob ich schon mal bis zu dem Sand gekommen bin. (Pause.) Ich glaube, dass ich schon mal in dem Tunnel steckengeblieben bin ... Dass ich schon mal zu dem Ort gehen wollte und in den Tunnel hinein bin, dass ich aber so angeekelt war, dass ich es mir anders überlegt habe und wieder zurückgekehrt bin in diese Höhle, dieses Nest. Ich bin nicht in die Spielzeit hinein. Ich bin wieder zurück, weil ich so von dem Tunnel angewidert war. Da wollte ich nicht hindurch! (Seufzt.) Aber man muss da durch, wenn man in diese Spielzeit will, und am anderen Ende wird man dann richtig rausgedrückt. Es sieht wirklich wie eine Vagina aus.

M: Hast du es danach nochmal versucht?

E: Ja. Ich habe das Gefühl, dass ich schon viele Male in diesem Tunnel festgesteckt habe. Die ersten Male war ich einfach angewidert, weil ich die Beschaffenheit des Tunnels nicht so erwartet habe. Sie hat nicht gut mit meiner eigenen Beschaffenheit zusammengepasst. Also bin ich direkt umgedreht und wieder zurück. Aber ich wollte wirklich gerne mit diesem Sand spielen, also hab ich es wieder probiert. Und dieses Mal hatte ich richtig viel und gut gewischt, damit der Tunnel angenehmer sein würde. Ich wollte so sehr zu dem Sand! Aber es schien so, dass sich, je weiter ich kam, immer mehr schmieriges Zeug in meinem Weg befand. Und ich hatte das Gefühl, einfach nicht genug Energie zu haben, um an dem Zeug vorbeizukommen und es da hindurchzuschaffen.

Langsam dämmerte mir, was Ellie beschrieb. Im Vorgespräch hatte ich erfahren, dass ihrer Geburt eine sehr hohe Zahl von Fehlgeburten vorausgegangen war. Ihre Eltern hatten über viele Jahre lang versucht, ein Kind zu bekommen, bis es letztendlich dazu kam. Ellies Schilderungen schienen einen höchst interessanten Einblick in *ihre* Seite dieser Geschichte zu gewähren.

M: Hast du es denn jemals geschafft?

E: Ich bin nicht sicher ... Der Eindruck des Sandes kommt mir sehr bekannt vor, was bedeutet, dass ich es ja mal irgendwie geschafft haben muss. Allerdings habe ich auch das Gefühl, dass man nicht direkt bei dem Sand landet, wenn man es aus dem Tunnel herausgeschafft hat. Ich glaube, dass ich zunächst woanders herauskomme.

M: Wo kommst du heraus?

E: (Perplex.) In einer Hand! Ich lande in einer Hand. (Verwirrt.) Moment, das macht irgendwie keinen Sinn ... (Pause.) Diese Hände sind sehr, sehr groß und ich bin sehr, sehr klein. Ich lande in ihnen ... und sie packen mich und ziehen mich aus diesem Tunnel heraus. (Grimasse.) Ein Teil dieses ekelhaften Tunnels befindet sich noch auf mir.

M: Was passiert nun?

E: Ich mag diese Hände. Sie sind angenehm. Und ich fühle mich nun weniger angeekelt. Moment. (Pause.) Hm, ich habe das Gefühl, dass sie mich irgendwohin tragen ... näher zu etwas hin. Sie tragen mich zu etwas, das sich wie ein Herzschlag anhört. *Du-dum, du-dum, du-dum.* Ja, sie bringen mich zu einem Herzschlag. Ich fühle mich jetzt sehr gut. Der Tunnel war schlimm, aber den Herzschlag mag ich! (Lächelt.) Er ist friedlich und sehr beruhigend.

M: Wie nimmst du dich selbst auf dieser Seite des Tunnels wahr?

E: Ich bin glatzköpfig. Ich habe keine Haare und bin sehr faltig. Eine schleimige Masse klebt auf mir. (Erstaunt.) Ich sehe wie ein Baby aus! Ja, ich bin ein Baby!

Ellie war ein hervorragendes Hypnosesubjekt. Ihre Ausführungen zeigen, wie hypnotische Trance funktioniert: Verstand und Analytik des Wachbewusstseins werden umgangen, um Zugriff auf andere Ebenen des Bewusstseins zu erlangen, die die wertvollen, authentischen Erinnerungen tragen. Es kann dann passieren, dass Reisende erst spät einen intellektuellen Zusammenhang herstellen, der einem als Außenstehender bereits früher klar gewesen ist. Dies weist auf einen hohen Grad der Vertiefung der Person in ihr Erlebnis hin, da der bewusste Verstand an dessen Produktion nicht beteiligt ist.

M: Was geschieht nun?

E: Nicht viel. Es sieht so aus, als ob ich ganz in der Nähe dieses Herzschlags ... chille. Und die Hände, die mich jetzt halten, sind andere Hände. Es sind nicht die Hände, die mich herausgezogen haben. Diese Hände hier sind weicher. Sie fühlen sich liebevoller an. (Pause.) Es ist seltsam, aber die Hände fühlen sich wie die meiner Mutter an. Wow, das ist tatsächlich meine Mutter! Ich sehe sie jetzt. (Verblüfft.) Sie sieht so jung aus! Und ihre Haare sind ganz anders! Ich erinnere mich gar nicht daran, dass sie ihre Haare jemals auf diese Art getragen hat. Das ist dann also ihr Herzschlag. (Lächelt.) Ich mag sie. Sie wirkt sehr glücklich, aber gleichzeitig auch sehr erschöpft. (Pause.) Da ist auch mein Vater! (Lacht.) Und er hat Haare! Ich mag die Haare, ich mag den Herzschlag und ich mag die Art und Weise, wie mich beide ansehen. Sie sehen mich an, als hätten sie sehr, sehr lange auf mich gewartet ... Und ich fühle mich glücklich, dass ich es endlich geschafft habe. Dass ich endlich in dieser Spielzeit bin.

M: Du scheinst das schon sehr lange gewollt zu haben.

E: Ja, aber es war echt schwierig für mich! Ich wollte so sehr hierher, aber der Tunnel widerte mich extrem an. Glücklicherweise haben mich dann diese beiden riesigen Hände da rausgezogen!

M: Wie denkst du jetzt über die Reise? War sie es wert?

E: Oh, ja! (Lächelnd.) Du müsstest sehen, wie sie mich anschauen. Sie sind wie in Ehrfurcht erstarrt. Sie schauen mich an, als ob ich ein Wunder wäre. Als ob ich alles bin, was sie sich jemals gewünscht haben. Und ich habe das Gefühl, dass ich alles mitbringe, was sie brauchen. (Grübelt.) Ich sehe da etwas Glänzendes an mir ... (Berührt ihren Solarplexus.) Ich habe hier oben diese beiden Babybrustwarzen. (Kichert.) Und ein Stückchen weiter unten, da in der Mitte, ist eine kleine Aushöhlung. Und darin befindet sich ein ... Kristall? Nein, kein Kristall. Es ist nicht fest, sondern mehr ein Energieball. Dieser Ball ist sehr hell und strahlt in alle Richtungen. Es ist ein sehr,

sehr helles weiß-blaues Licht. Und es fühlt sich so an, als ob diese beiden Menschen sehr lange auf etwas gewartet haben, sich etwas aus vollem Herzen gewünscht haben, und dann kam mein Baby-Ich mit diesem Energieball in der Aushöhlung. Und ich habe das Gefühl, dass sie mich nicht mit solchem Staunen anschauen, weil ich ihr Baby bin, sondern weil sie das sehen, was ich in mir trage. Das, was sich in diesem Ball befindet, ist die Antwort darauf, was sie sich gewünscht haben.

M: *Was ist das genau?*

E: Es wirkt so, als ob diese beiden Menschen so voller Liebe sind, dass sie ihre Liebe kombiniert haben und damit diesen Lichtball erschaffen haben – der mich übrigens gerade sehr, sehr warm hält. Es fühlt sich so an, als ob dieses Licht eine Art Wunsch erfüllt. Wie eine Antwort auf ein Gebet, die entstanden ist, weil diese beiden Menschen so pure Liebe in sich tragen und diese dann miteinander verschmolzen haben. Das erschuf einen Energieball mit sehr, sehr hellem Licht, und ich kam dann einfach mit diesem Ball. Er befindet sich in mir. (Pause.) Um diese Spielzeit hier haben zu können, musste ich diese Form annehmen, aber diese Form ist nicht wirklich, was ich bin. Sie ist wie ein Umschlag, wie eine Hülle. Dieser Lichtball fühlt sich viel mehr wie mein wahres Ich an. Ich habe den Körper quasi als Hülle mitgebracht. (Pause.) Wow, dieses Licht ist so hell, stark und rein! Und ich erkenne jetzt, dass dieses Licht im Baby-Ich nicht mein ganzes Selbst ist. Da gibt es noch ein viel, viel, viel größeres Licht als das im Baby-Ich aus derselben Energie, das ich aber nicht mit mir bringen konnte. (Pause.) So, als ob ich ein kleines Stück von mir abgeschnitten hätte.

M: *Kannst du mir mehr über dieses große Licht erzählen, von dem du das kleine abgeschnitten hast?*

E: (Seufzt glücklich.) Ich bin riesig! (Pause.) Ich kann das nicht beschreiben. Ich habe das Gefühl, dass die Sprache, die ich gerade benutze, dafür nicht ausreicht. (Pause.) Ich fühle, dass dieser große Teil alles das ist, was möglich ist – und sogar noch mehr als das! Dieses große Ich ist unendlich. Es ist so unendlich, dass ich es nicht einmal richtig verstehen könnte, um es überhaupt in Worte zu fassen ...

An dieser Stelle begann sich Ellies Art zu sprechen zu verändern. Der für sie charakteristische quirlige und dynamische Redefluss verlangsamte sich merklich und wich einer ruhigeren, ätherischen Sprechweise; wie der von jemandem, der etwas zu sagen versucht, während er etwas extrem Faszinierendes erlebt.

E: Ich habe ... keinen Anfang ... und kein Ende. Ich bin enorm ausgedehnt. Aber nicht nur das. Ich bin alles. Ich bin eine helle, leuchtende Farbe ..., aber es ist nicht wirklich eine Farbe. Ich habe keine Dichte, kein Gefühl von Begrenzung. Ich breite mich überall hin aus. Man kann mir quasi nicht entgehen. Wer sein möchte, muss ein Teil von mir sein. Ich bin so etwas wie eine Mutter, aber ich bin nicht etwa eine Person oder ein Wesen. Ich bin die Mutter von allem und ich bin alles zugleich. Ich bin das, was alles erschafft. (Pause.) Es wirkt fast so, als ob es mir irgendwann mit mir langweilig wurde und ich mir dachte: »Ich will diese Möglichkeiten erschaffen und mit ihnen spielen.« Und um mit ihnen spielen zu können, musste ich Teile von mir ... hm, »abschneiden« ist nicht das richtige Wort, weil ich mich dadurch nicht verringere. Man kann nicht *nicht* in mir sein. Das ist nicht möglich. Ich bin alles, und sogar ich bin in mir. (Pause.)

Ellies Worte erinnerten mich an die Bemerkung von Ra im *Law of One*, dass sowohl der Erschaffung der Dichten als auch allem, was auf diesen geschieht, die Intention des Schöpfers zugrunde liege, unterschiedliche Erfahrungen machen zu können (Sitzung Nr. 30). Da alle Akteure in allen Dichten eins sind, erfahre der Schöpfer in jeder Interaktion von Wesenheiten, »ganz gleich, wie [sie] aussieht«, letztendlich sich selbst (Sitzung Nr. 31).

Es wirkte so, als ob sich Ellie in die Perspektive von Allem-was-ist bzw. in das Schöpferbewusstsein eingestimmt hatte. Sie hielt einige Sekunden inne und fuhr dann etwas geerdeter fort. Sie schien sich innerlich neu ausgerichtet zu haben.

E: Okay, ich bin jetzt das »Große Ich«. Und dieses Große Ich ist sehr ruhig ... und sehr friedlich ... und unendlich. Aber dann wurde mir sehr ... langweilig. Und weil mir so langweilig war, hatte ich das Verlangen, Teile meiner Energie so zu manipulieren, dass ich ... Welten erschaffen konnte. Ja, ich möchte das Wort »Welten« sagen, bin mir aber nicht sicher, ob es angemessen ist. Es geht nämlich nicht nur um Welten, sondern um alles, was man sich vorstellen konnte. Ich manipulierte also mich selbst, um Spielzeiten zu erschaffen, da mir langweilig war. (Pause.) Ich konnte entscheiden, alles zu sein, was ich sein wollte. Und je mehr ich mich selbst manipulierte und in diesen Manipulationen dann lebte, desto mehr Ideen bekam ich, noch mehr zu manipulieren und noch mehr Spielzeiten zu erschaffen, an denen ich mich dann noch mehr erfreuen konnte.

M: Du erschaffst also Spielzeiten, in die du dich dann selbst begibst, um dich an ihnen zu erfreuen?

E: Ja. Ich erschaffe diese Spielzeiten. Ich erschaffe aber nicht nur nette Spielzeiten. Ich erschaffe auch sehr dunkle und unangenehme Spielzeiten.

M: Warum das?

E: Einfach nur, weil ich es kann. Als ich mich selbst manipuliert hatte, um Spielzeiten zu kreieren, mochte ich das. Ich mochte es. Und weil ich es mochte und so viele unendliche Möglichkeiten hatte, wollte ich das einfach ausprobieren, um zu sehen, wie es wäre, in ihnen zu spielen. Also erschuf ich dichte Dinge, nicht dichte Dinge, lustige Dinge, schwere Dinge, hässliche Dinge, schöne Dinge, lebendige Dinge, nicht-lebendige Dinge ... Es fühlt sich so an, als ob ich erst einfach ich war. Und weil ich davon gelangweilt war, nur ich zu sein, musste ich mich selbst manipulieren, um verschiedene ... Versionen – ja, das ist das Wort, das ich gerade höre – von mir zu erschaffen, damit ich weniger gelangweilt bin. (Pause.) Ich fühle mich sehr, sehr alt. Steinalt. Uralt. Ich nehme keinen Anfang von mir wahr und auch kein Ende ...

An diesem Punkt wechselte Ellies Erzählperspektive in die dritte Person, was gewöhnlich ein Zeichen für die Präsenz des Überbewusstseins ist. Der Wechsel von Wachbewusstsein zu Überbewusstsein wirkt oft wie das Eintunen in einen anderen Radiosender: Die Frequenz ändert sich und dann ist auf einmal klar und deutlich der neue Kanal hörbar. Die Integration einer nicht-menschlichen Perspektive in ein menschliches System ist generell herausfordernd – in Ellies Fall schien es jedoch noch etwas mehr Anstrengung zu erfordern. Dies hatte möglicherweise damit zu tun, dass sie sich als das mysteriöse Wesen in der Höhle nicht in das »klassische« Überbewusstsein, sondern in ein Bewusstsein auf Schöpfungs-Ebene eingestimmt zu haben schien.

ÜB: (Seufzt.) Es ist zu schwer für ihr Gehirn. Es ist zu schwer für sie. (Seufzt.) Sie ist so niedlich. Ich kann fühlen, wie sie versucht, alles zu verstehen. (Kichert.) Sie hat den Drang, alles verstehen zu wollen. Deshalb versucht sie gerade zu verstehen, wie etwas existieren kann, das keinen Anfang und kein Ende hat. (Lacht.) Das ist allerdings nichts, was wir ihr erklären können, wenn sie versucht, es in ihr bestehendes Verständnis von Zeit und Schöpfung einzuordnen. So funktionieren wir nicht. Sie muss ein für alle Mal akzeptieren, dass es keinen Anfang und kein Ende gibt. Wir wissen, wovon wir sprechen! (Lacht.) Wir waren dabei! Alle Manipulationen des Selbst waren einfach da, ohne irgendwann »angefangen« zu haben.

M: Für uns Menschen ist das nicht so leicht zu begreifen.

ÜB: Ja, das verstehen wir.

[...]

Ich fragte das Überbewusstsein zunächst, ob sie sich der Tatsache bewusst seien, dass sie gerade durch einen menschlichen Körper sprachen, den wir Ellie nannten.

ÜB: Oh, ja! Wir nehmen wahr, dass wir gerade durch sie sprechen. Wir tun das, weil wir ihr helfen wollen. (Seufzt.) Sie ist eine der Manipulationen von uns, auf die wir besonders stolz sind. Ihre Eltern bedeuten uns sehr viel!

M: Aus welchem Grund?

ÜB: Weil sie Manipulationen unseres Selbst sind, denen die Fähigkeit verliehen wurde, wahrlich bedingungslos zu lieben, um sich diese Liebe aber nicht nur gegenseitig zu geben, sondern sie auf viele weitere Manipulationen des Selbst auszuweiten. Und weil diese beiden Wesenheiten bewältigen konnten, was sie zu erleben bestimmt waren, ohne jemals zu vergessen, auch denjenigen bedingungslose Liebe zu geben, die daran glauben, sie nicht zu verdienen, wollten wir sie mit einem Geschenk – was ist das Wort, das ihr dafür benutzt? – »belohnen«. Also versuchten wir, ein Wesen aus der reinsten Energie, die wir finden konnten, zu erschaffen. Dies geschah allerdings nicht nur, damit die bedingungslose Liebe der beiden von jemandem erwidert und so auch von ihnen selbst empfangen werden konnte, sondern auch, um sie nach außen hin zu erweitern und zu transformieren. Ellie trägt also eine Manipulation in sich, die für ihre Eltern, diese beiden wundervollen Versionen des Selbst, quasi handgefertigt worden ist. (Sehr ernst.) Und wir haben wirklich hart an dieser Manipulation des Selbst gearbeitet, die wir vor allem der Mutter zukommen lassen wollten! Wir hatten sehr oft versucht, ihr dieses Geschenk zukommen zu lassen – *viele* Male! – aber es gelang nicht.

Mir wurde plötzlich klar, dass ich gerade Einblick in eine weitere Perspektive auf die ungewöhnlich große Anzahl an Fehlgeburten erhielt, die Ellies Eltern in den Jahren vor der langersehnten Ankunft ihrer Tochter erlebt hatten.

ÜB: Wir mussten also noch härter an der Manipulation der Energie arbeiten; immer und immer und immer wieder, damit die

Energie die reinste sein würde. Das war notwendig, damit die Mutter sie eine Zeit lang in ihrem Körper tragen und in ihrer aktuellen Spielzeit manifestieren konnte. Also mussten wir uns sehr, sehr große Mühe geben, um diesen Energieball zu fertigen, den wir in Ellie gegeben haben. Er ist sehr, sehr machtvoll! Er ist so machtvoll, dass Ellie Schwierigkeiten hat, ihn in sich zu tragen und die Kraft dieser puren Energie zu verstehen. Sie scheint sie nicht vollständig zu akzeptieren. Die Eltern nahmen diese große Kraft wahr, als Ellie geboren wurde, und verstanden direkt die unglaubliche Belohnung, die sie darstellte. Aus diesem Grund zeigten wir ihr heute, wie sie in dieses Leben hier gekommen war und wie ihre Eltern sie angesehen hatten, als sie die Energie wahrnahmen, die von uns in Ellies physischem Selbst platziert worden war. Obwohl sie zunächst für einige Jahre in der Lage gewesen war, diese Kraft, die sich in ihr befand, zu sehen, zu fühlen und zu sein, bekam sie irgendwann Angst davor, als sie erkannte, zu was sie in der Lage war. Dabei sind ihre Intentionen für diese Kraft stets die reinsten gewesen! Sie können gar nicht anders als rein sein, da wir die Möglichkeit für unreine Intentionen gar nicht erst in dem Energieball in ihrem Solarplexus verankert haben. Wir entschieden uns dafür, ihr diese Optionen von Anfang an gar nicht zu geben, weshalb sie gar nichts anderes sein und empfinden kann als pure Liebe. Dies erstreckt sich sowohl auf Schöpfungen, die eurer Empfindung nach »lebendig« sind, als auch auf die, die eurer Empfindung nach »leblos« sind. Es ist der Grund dafür, warum sie bereits als kleines Kind der Meinung war, dass alles eine Seele und ein Herz habe – sogar Gabeln in der Geschirrspülmaschine! Als Kind steckte sie viele Jahre lang Gabeln, die sich alleine in der Maschine befanden, zu anderen Gabeln, weil sie davon überzeugt war, dass die Gabeln, wie alles andere auch, lebendig waren und es ebenfalls verdienten, Freunde zu haben und geliebt zu werden. (Lächelt.) Sie ist ein Teil der reinsten Energie, die wir je manipuliert haben, um sie in einem physischen Körper zu platzieren – auch, wenn ihr wahrer Körper nicht wirklich physisch ist. Ihre anderen Körper sind in dieser Spielzeit aktuell nicht sichtbar. Das wird sich zwar eher früher als später ändern, aber derzeit ist es noch nicht möglich. Daher werden wir sie erstmal als einen physischen Körper betrachten, obwohl wir präzisieren müssen, dass diese Aussage von uns eigentlich nicht akkurat ist. Verstehst du, was wir sagen?

M: (Zögerlich.) Ja.

Meine Antwort war ebenfalls nicht ganz akkurat. Der Satzbau von Ellie hatte sich deutlich verändert. An die Stelle der quirligen und spontanen Sprache der jungen Frau war ein melodiöser, sorgfältig konzipierter Redefluss ohne Pausen getreten, bei dem ich mich sehr konzentrieren musste, um ihm folgen zu können. Das Überbewusstsein nutzte offensichtlich das Sprachrepertoire der sich in tiefer Trance befindlichen Ellie, um die Informationen, die sie vermitteln wollten, in komplex konstruierte Schachtelsätze zu formen. Alle Beteiligten gaben ihr Bestes.

ÜB: Als Ellie realisierte, wie rein das Licht war, das wir in ihr platziert hatten, und es zunächst akzeptierte und annahm, begann eine Phase der Interaktion mit anderen Manipulationen des Selbst, die wir in anderen physischen Körpern dieser Spielzeit platziert hatten. Der Zweck davon war auf keinen Fall, diese Kraft zu vergessen, nicht mehr an sie zu glauben und sie nur als ein Produkt des Egos zu betrachten – was leider geschehen ist. Es ging vielmehr darum, dass Ellie sich auch im Angesicht aller anderen Energien dieser Spielzeit dieser Kraft bewusst sein sollte. Aus irgendeinem Grund dachte sie jedoch das komplette Gegenteil von dem, was wir für sie geplant hatten. Statt diese Kraft zu erweitern, verringerte sie sie. Ihr habt einen Ausdruck dafür, den wir sehr amüsant finden: Sie »hockte mit dem Hintern darauf« - über viele, viele Jahre. Sie dachte, dass dies notwendig sei, um von anderen in der Spielzeit geliebt zu werden und so zu etwas dazuzugehören, zu dem sie von Vorneherein jedoch nie gehört hat. Sie wurde aus einem anderen, sehr bestimmten Grund hier platziert! Zudem ist es das erste und wahrscheinlich letzte Mal, dass sie diese Spielzeit betreten hat. Sie hat es viele Male versucht, aber wir hatten aus den Partikeln der Energiekomponenten des Selbst noch keine akkurate Version dieses Balls fertigen können, der es ihr ermöglichen würde, auf eurer physischen Ebene zu existieren. Dies hier ist also das erste Mal, dass wir sie überhaupt in dieser Spielzeit platzieren konnten. Leider ist nicht das geschehen, was wir als ursprüngliche Intention im Sinn hatten. Das hat uns, ehrlich gesagt, ein wenig unvorbereitet erwischt. Wir hatten ihr diese Spielzeit nur gestattet, weil sie sie schon so lange erleben wollte. Aus dem Grund waren wir davon überzeugt gewesen, dass Ellie ihre Kraft viel mehr nutzen, schätzen und entwickeln würde. Außerdem hatte sie sich freiwillig angeboten, weil sie von Nutzen sein wollte. Wir waren damit einverstanden gewesen und entschieden, uns die Zeit zu nehmen und diese Energiekugel anzufertigen. (Seufzt.) Wir sind nicht *per se* enttäuscht, sondern einfach überrascht von dem, was passiert ist: Sie hat vergessen, dass sie nicht zur Erde gehört. (Seufzt.) Sie liebt es hier sehr. Sie ist eine sehr verspielte Seele. Spielen ist ihre liebste Beschäftigung! Deshalb hat sie so viel Zeit in der Höhle verbracht und einen Weg gefunden, um die Materie dort zu wischen und dadurch Spielzeiten zu erschaffen.

[...]

Ich bat das Überbewusstsein, mir mehr über diesen Ort zu erzählen, an dem Ellies Reise als das schleimartige Wesen mit den ausfahrbaren Extremitäten begonnen hatte.

ÜB: Dieser Ort ist im Grunde das Zentrum von Sirius. Sie hat sich dort aufgehalten, weil wir uns dort das erste Mal gespalten haben, um ihre Seele zu erschaffen. Und dann hat sie sich einfach gelangweilt. Wir verstehen das. Auch wir langweilen uns öfters! Deshalb haben wir Wege gefunden, alles zu erschaffen, was nötig ist, um Lektionen zu lernen und auch ein wenig spielen zu können. Und auch Ellie begann sich so sehr zu langweilen, dass sie eine Menge unterschiedliches Zeug erschuf, um sich zu amüsieren. Ein Beispiel war dieser haarige Riesenfuß mit dem Stück Bein daran – der übrigens auch aus unserer Perspektive *keinerlei* Sinn macht! Es war einfach ihr Wunsch, eine Form zu kreieren, die bisher noch nicht so kreiert worden war, und mit ihr Spaß zu haben. Wir können dir auch sagen, was sie damit gemacht hat: Es war im Grunde so etwas wie das, was ihr in eurer Spielzeit »Karussell« nennt. Sie schuf also diesen riesigen Fuß – der übrigens so haarig war, damit es für sie weicher sein würde –, um auf ihm wie auf einem Pferd zu reiten. Du kannst dir jedoch sicherlich vorstellen, wie schnell sie das langweilen würde. Also fand sie irgendwann heraus, dass sie durch das Wischen der Poren an diesem Ort eine Art Vortex manifestieren konnte, der sie zu vielen verschiedenen Spielzeiten bringen würde. Damit beschäftigte sie sich dann sehr, sehr lange. Und obwohl wir uns bewusst waren, dass wir ihr, nachdem wir sie erschaffen hatten, nicht mehr vorschreiben konnten, was sie zu tun habe, hat sie uns nichtsdestotrotz gehörig überrascht: Sie erschuf all diese Portale, um in diese vielen Spielzeiten gelangen zu können. Das war keineswegs eine erwartbare Situation!

M: Das hat euch überrascht?

ÜB: Ja, es hat mich überrascht. (Lächelt.) Ihr versteht die Bezeichnung »wir« besser, weil es für euch schwierig zu verstehen ist, dass wir alle eins sind. Aber tatsächlich ist es der Singular von uns, das »Große Ich«, das so überrascht ist, weil es nicht die Art und Weise war, wie wir den Teil des Selbst verwenden wollten, den sie darstellt. Wir hatten nicht erwartet, dass sie aus Langeweile Zugang zu so vielen Spielzeiten haben wollen würde. Und die Spielzeit, die es ihr besonders angetan hatte, war tatsächlich die Erde, weil die Erde so weit von der Dimension entfernt ist, auf der wir sie erschaffen haben. Ellie stammt von einer sehr hohen Dimension des Selbst, weil sie dazu erwählt worden ist, eine bestimmte Charakteristik unseres Eins-Seins zu repräsentieren. Kannst du uns folgen?

M: *Ich glaube schon.*

ÜB: Das Problem dabei war, dass Ellies Verlangen nach dieser Spielzeit, die ihr Erde nennt, aufgrund ihrer viel zu hohen Schwingung nicht wirklich realisiert werden konnte. Um sie zu senken, hatte sie viele, viele Male versuchen müssen, diesen Vortex zu kreieren, was jedoch zunächst nicht funktionierte. Sie musste einen Weg finden, um ihre Energie so zu manipulieren, dass sie in einem physischen Körper existieren konnte. Dies gelang nicht sofort und erforderte viele, viele Versuche. Wir sind aus diesem Grund überrascht, dass sie sich nicht mehr daran erinnert – und sogar einige Zeit damit verbracht hat, ihr Licht zu verdunkeln. Das war definitiv nicht, was wir angestrebt hatten! Es war noch nicht einmal, was sie selbst angestrebt hatte, als sie sich – wir möchten das an dieser Stelle nochmal betonen – *freiwillig* anbot, um hierherzukommen.

M: *Nun ja, es ist hier auf der Erde sehr leicht, all das zu vergessen.*

ÜB: Davon haben wir gehört. Und es ist genau der Grund, warum wir kontinuierlich Teile unseres Selbst in diese Spielzeit hier aussenden. Sie ist eine unserer interessantesten Spielzeiten, da ihr tatsächlich die einzigen seid, die vergessen. Alle anderen überall sonst erinnern sich daran, wer sie sind. Als uns die Möglichkeit des Vergessens eingefallen war, gefiel sie uns, weil sie das Spiel noch amüsanter machen würde. Die Lektion kann so noch schneller gelernt – oder besser: integriert – werden.

M: *Aber es wird dadurch auch schwerer.*

ÜB: Oh, es wird dadurch um einiges schwerer! Das geben wir zu. Aber die Herausforderung wird dadurch eine bessere: Wenn man sich auf eurer 3D-Ebene manifestiert und vergisst, woher man kommt, kann man das Spiel unter Umständen ziemlich lange spielen. Sobald sich jemand daran erinnert, ist ein großer Teil der Lektion in relativ wenig Zeit – bzw. was ihr Zeit nennt – direkt gelernt. Uns berührt das alles nicht. Zeit ist für uns einfach Spielzeit. Du verstehst?

M: Ich glaube schon.

An mehreren Stellen in diesem Buch wurde bereits der Schleier des Vergessens erwähnt, der auf Entscheidung von Wesen auf Schöpferebene in der dritten Dichte der Erde installiert worden war, um die Effizienz des Entwicklungsprozesses hier zu erhöhen. Das Bewusstsein, das durch Ellie sprach, gestattete uns nun einen direkten Einblick in die Perspektive der Schöpfungsebene und schien die Informationen zu bestätigen, die wir auch von Ra im *Law of One* zu diesem Thema erhalten: Dem Material nach ist eine der grundlegenden Intentionen unserer Ebene, dass der Schöpfer durch eine Aufspaltung in einzelne Selbst, die mit freiem Willen ausgestattet sind und mit anderen Selbst interagieren, »von sich selbst lernt« und sich selbst als Eins wiedererkennt (Sitzung Nr. 82). Vor der Errichtung des Schleiers war dieser Prozess offenbar nur sehr langsam vonstattengegangen, da die ersten Wesenheiten der dritten Dichte noch die vollkommen sichere Erkenntnis ihrer Einheit mit allen Dingen genossen und es somit nicht viel Motivation für die Suche gab. »Die Sicherheit ist vollkommen. Daher ist keine Liebe furchtbar wichtig; kein Schmerz furchtbar beängstigend; daher wird keine Anstrengung unternommen, um der Liebe zu dienen oder aus der Angst Nutzen zu ziehen«, beschreibt Ra den damaligen Zustand. Die Errichtung des Schleiers – und das dadurch bewirkte Gefühl der Abgetrenntheit eines jeden physischen Selbst vom großen Ganzen – ermöglichte ein Tempo an spiritueller Entwicklung innerhalb der Dichte, das, verglichen mit den Erfahrungen *vor* dem Schleier, von Ra »wie ein Gepard im Vergleich mit einer Schildkröte« beschrieben wird.

Die Informationen, die das höhere Bewusstsein offenbarte, welches durch Ellie sprach, waren enorm interessant – vor allem für den metaphysischen Forscher in mir. Um den Fokus jedoch wieder zurück auf Ellie zu legen, fragte ich sie, ob sie noch etwas zu den Entwicklungen in ihrem aktuellen Leben zu sagen hätten.

ÜB: Nun ja, der physische Körper hat einige Probleme ... Diese Probleme traten mit der unerwarteten Kursänderung auf, die sie einschlug, als sie sich dazu entschied, zur Erde dazugehören zu wollen. Niemand wollte, dass das geschieht. Wenn du einen Doktoranden in den Kindergarten stecken würdest, wäre klar, dass dieser nicht dorthin gehört. Verstehst du, was wir sagen?

M: Ja, das tue ich.

ÜB: Aus diesem Grund haben wir ihr vorher gesagt: »Es spielt keine Rolle, ob du von anderen akzeptiert werden wirst, weil wir dich zu zwei Wesen geben, die dich mit der bedingungslosen Liebe betrachten werden, die du brauchst, um die Frequenz der Kugel im Solarplexus aufrechtzuerhalten.« Aus diesem Grund musste sie übrigens auch im Zeichen Fisch geboren werden. Das Chakra dieses Zeichens ist der Solarplexus. Wir waren also wirklich der Meinung, dass wir sie mit allen notwendigen Werkzeugen ausgestattet hatten, um das zu erledigen, wofür sie hergekommen war.

M: Dazugehören zu wollen, ist nun mal eine sehr menschliche Charakteristik.

ÜB: Wir stimmen zu, sind uns aber nicht ganz sicher, warum das so ist. Wir versuchen es herauszufinden, indem wir viele Teile von uns hierher senden, denn es fällt uns gelegentlich schwer zu verstehen, warum irgendjemand zu diesem Ort gehören wollen würde. Gleichzeitig waren wir uns beim Kreieren dieser Spielzeit durchaus dessen bewusst, dass so etwas passieren könnte. Also akzeptieren wir es. Und es liegt nicht an uns, hier einzugreifen. Diese Energie hat sich entschieden, so zu agieren, als sie in eure Dichte gekommen ist, und das geht für uns in Ordnung. Das Problem ist nur, dass dies für Ellie Konsequenzen verursacht, denn ihr Körper hat dadurch einige Schwierigkeiten zu meistern: Die Energie, die wir in ihr platziert haben, ist extrem stark, während der menschliche Körper extrem begrenzt ist. Wenn sie also nicht versteht, wie wichtig es ist, die Energiekugel im Körper zu schätzen, zu schützen und ihre Kraft zu akzeptieren, wird das zu noch mehr körperlicher Begrenzung führen, bis der Körper schließlich versuchen wird, die Energie zu bekämpfen. Es ist fast so, als ob man etwas, das Elektrizität erzeugt, in Wasser gäbe: Es würde direkt kaputtgehen und nicht mehr funktionieren. Da der Körper vorwiegend aus Wasser besteht, ist das quasi auch, was hier passiert. Wenn wir also eine derart starke Energie – der auf eurer 3D-Ebene übrigens Elektrizität tatsächlich am nächsten kommt – in Wasser geben, kann dies einen – wie sagt ihr das? – »Kurzschluss« kreieren. Und das ist es, was manchmal mit ihrem Körper passiert. Er kann nicht mit der Energie umgehen, weil Ellie sie nicht voll akzeptiert. Stattdessen versucht sie ständig, sich zu verbiegen, um anderen zu gefallen, damit sie zu etwas dazugehört, wozu sie keineswegs gehören muss, da sie nicht für das gleiche Spiel gekommen ist wie die anderen – auch, wenn sie sich in der gleichen Spielzeit befindet!

[...]

Der Ton des Überbewusstseins wurde immer ernster und nachdrücklicher. Ihr Frust über Ellies unerwarteten Kurswechsel war mittlerweile spürbar und kam noch deutlicher zum Ausdruck, als ich fragte, was Ellie ihrer Meinung nach nun konkret tun solle.

ÜB: (Sehr bestimmt.) Wir möchten, dass sie damit aufhört – *wirklich* damit aufhört –, so zu tun, etwas zu sein, was sie nicht ist. Das ist sehr ärgerlich für uns! Wir haben versucht, sie auf viele verschiedene Weisen zu erreichen. Sie hört uns auch immer, zweifelt das aber ständig an. Das ist eine weitere Auswirkung dessen, dass sie in jungen Jahren ein so starkes Verlangen danach verspürte, dazuzugehören. Wir hätten niemals gedacht, dass das so wichtig für sie werden würde. Wir hätten dies von anderen Energien erwartet, aber nicht von ihr.

M: Ich nehme an, es ist wichtig, was von nun an geschieht.

ÜB: Korrekt. Die Zeit – lass uns diesen Begriff verwenden, da ihr ihn so gerne benutzt – auf eurer Ebene ist dabei, sich zu beschleunigen. Ein physischer Körper hat also buchstäblich nicht mehr so viel davon wie früher – selbst, wenn man sich dazu entscheidet, ihn erst im hohen Alter zu verlassen, und vor allem im Vergleich zu der Menge an Zeit, die man zur Verfügung hat, um Vorhaben zu erledigen. Sie muss sich also etwas beeilen und endlich verstehen, wer sie ist! Und sie muss endlich damit aufhören, sich kleiner zu machen als das, was sie ist! Das hier ist nicht etwa ein – wie nennt ihr das? – »Ego-Trip«. Es geht nicht darum, glänzen zu wollen, um das eigene Selbs zu befriedigen, oder etwa um das Festhalten an Materiellem aus ... Gier? Ist dieses Wort korrekt?

M: Ja.

ÜB: Ellie muss verstehen, dass wir die Möglichkeit einer derartigen Intention gar nicht erst in dem Teil platziert haben, aus dem wir ihre Energie gefertigt haben. Aber genau das ist es leider, was ihrer Meinung nach passiert, wenn diese Kraft in ihr erwacht und sie fühlt, dass sie auf eine andere Art und Weise liebt als die Wesen um sie herum. Ihre Liebe kennt weder Begrenzungen noch Bedingungen und kann sich auf alles und jeden beziehen – ohne *jegliche* Hindernisse. Diese Art von Energie kann also gar nicht – wie ihr sagt – »selbstsüchtig« oder egoistisch sein. Weil Ellies Gedanken jedoch gelegentlich sehr dunkel sind, redet ihr körperliches Selbst leider ständig ihrem energetischen Selbst ein, dass sie überhaupt nicht so anders und so mächtig sein könne. Das Problem hieran ist: Wir haben viele Male versucht, ihr zu erklären, dass Dunkelheit und Licht im Grunde das Gleiche sind. Was sie als dunkel bezeichnet, ist einfach nur der Ausdruck der gegenüberliegenden Seite von dem, was sie als Licht bezeichnet, und es ist sogar notwendig, um die Kraft ihres Lichts zu nähren und zu stärken. Sie muss also tatsächlich auch dunkle Gedanken haben und auch dunkle Schöpfungen kreieren! Und wenn sie mit sich ehrlich ist, dann muss sie zugeben, dass diese Gedanken stets in ihrem Kopf bleiben und sich gar nicht in ihrer Welt manifestieren. Das würde auch gar nicht gehen, denn die Energie, aus der sie gemacht ist, ist gar nicht dazu in der Lage, Dunkelheit zu manifestieren. Das ist so eingerichtet worden, um ihr Licht stark zu halten. Sie denkt nur leider, dass sie allein die Tatsache, dass sie dazu in der Lage ist, »dunkel« zu denken, automatisch mit allen anderen Wesen auf ihrer Ebene gleichsetzt. Sie vergisst dabei allerdings, dass sie zwar wie alle anderen dunkel denken, aber nicht wie alle anderen dunkel manifestieren kann. Es ist uns sehr wichtig, diesen Irrglauben anzusprechen, denn er hält sie davon ab, zu akzeptieren, woraus sie gemacht ist!

[...]

Ich schreckte auf: Jemand klopfte von außen an die Tür. Das Überbewusstsein bewahrte vollkommene Ruhe und sagte mir, dass ich sie ruhig öffnen könne. Dankbar für die kleine Unterbrechung, die es meinem Geist ermöglichte, sich ein wenig von der großen Menge an Informationen zu erholen, ging ich zur Tür und öffnete sie. Ein Hotelangestellter benötigte eine Information. Nachdem ich sie ihm gegeben hatte, kehrte ich zum Bett zurück, und kaum war ich wieder in Position, fuhr das Überbewusstsein direkt fort.

ÜB: Ähnlich verhält es sich übrigens auch in Ellies Wahrnehmung von uns. Wir kommen sehr, sehr oft auf sehr, sehr vielen verschiedenen Wegen zu ihr, weil wir immer wieder etwas Neues versuchen, wenn ein Weg nicht zu funktionieren scheint. Und es läuft immer gleich ab: Sie hört und versteht uns anfänglich, bis dann irgendwann die Zweifel kommen, dass es nicht möglich sei, uns so gut sehen, hören und fühlen zu können, bis sie schließlich denkt, sie wäre – wie sagt ihr? – »schizophren«. Auch, wenn sie sich scheinbar aus dem Nichts eine Fähigkeit aneignet und diese direkt besser und effizienter ausführt als die meisten der anderen Wesen, die sich auf eurer Ebene befinden, kommen ihr sofort Gedanken, dass sie arrogant sei und sich als etwas Besseres fühle. Dies ist aber nicht der Fall! Sie muss verstehen, dass sie sich nicht auf dem karmischen Rad befindet und sich auch nie darauf befunden hat. Allein schon aus diesem Grund gehört die Energie in ihrem Inneren nicht zu 3D, hat es nie getan und wird es auch nie tun. Sie ist einfach designt worden, um ein viel, viel, viel höherdimensionales Wesen zu sein. Aus diesem Grund hat sie das Gefühl, dass sie alles und jeden, dem sie begegnet, verstehen und lieben kann. Dies ist nicht so, weil sie etwa – wie sie es in den Gedanken formuliert, vor denen sie Angst hat – »besser als alle anderen« sei, sondern weil in ihrem Solarplexus eine höherschwingende Energie platziert worden ist und das Wesen, das sie dadurch ist, in seinem dimensionalen Aspekt einfach nicht verändert werden kann. Von diesen Gedanken kann sie sich also getrost verabschieden! Ist das verständlich?

M: *Ja, danke.*

ÜB: Wir sind es ehrlich gesagt leid, dabei zusehen zu müssen, wie sie das nicht akzeptiert, weil es fast eine Beleidigung uns gegenüber darstellt! Wir haben größte Bemühungen und die besten Anteile von uns in die Schöpfung dieser Energiekugel gesteckt, um ihr den Wunsch zu erfüllen, in diese Spielzeit zu gelangen. Aber kaum ist sie hier, tut sie so, als ob das nie passiert wäre und sie lieber ein anderer Teil des Selbst wäre, den wir jederzeit ohne größere Anstrengung erschaffen könnten. Dies ist aber nicht der Fall! Wir haben hart an ihr gearbeitet und eine Menge Energie investiert, um sie zu fertigen. (Streng.) Das alles ist auf unserer Seite hier sehr frustrierend!

M: *Ich bin sicher, dass sie das verstehen wird, sobald sie ihre Aufnahme anhört und alles integriert.*

ÜB: (Seufzt.) Wir hoffen es! Dies ist nicht das erste Mal, dass wir klare Kommunikation mit ihr haben. Dass sie Zugriff auf unterschiedliche Kanäle hat, weil sie einfach anders als gewöhnlich konzipiert worden ist, zweifelt sie trotzdem noch an. Wir haben hier auf unserer Ebene viele verschiedene Designs für euch, was dazu führt, dass auf eurer Ebene viele verschiedene Energien aktiv sind. Und das hat seinen Grund: Diese Spielzeit wäre nicht sinnvoll, wenn wir nur ähnliche Energien miteinander spielen lassen würden. Wir empfinden es als sehr viel interessanter, unterschiedliche Energien auf diesem Planeten zu platzieren und interagieren zu lassen, um ihnen dann beim Spielen zuzusehen. Macht das für dich Sinn?

M: *Das tut es.*

Dies bestätigen übrigens auch Informationen im *Law of One*, nach denen die kollektive Erfahrung, die wir als Menschen hier auf der Erde machen, eine besondere sei. Laut Ra besteht die Bevölkerung unseres Planeten »aus vielen verschiedenen Gruppen, die von anderen Sphären der zweiten Dichte und [...] dritten Dichte stammen« (Sitzung Nr. 6). Weiter heißt es: »Ihr seid nicht alle ein und dieselbe Rasse oder habt ein und denselben Hintergrund eures Anfangs. Die Erfahrung, die ihr teilt, ist einzigartig in diesem Zeit/Raum-Kontinuum.«

ÜB: Wir haben bereits auf jede erdenkliche Art und Weise versucht, mit ihr zu kommunizieren, aber sie hat immer noch Zweifel und ist sich immer noch nicht ihrer Kraft bewusst.

M: Ich bin sehr optimistisch, dass Ellie diese Informationen beim Verstehen helfen werden.

ÜB: Wir hoffen es. Dies hier ist unser letzter Versuch, Mario!

Ich fühlte mich mittlerweile fast wie jemand, der einer Intervention beiwohnte. In Situationen dieser Art, die auftreten können, wenn die Höhere Führung eines Menschen bei diesem schon seit längerer Zeit nur auf taube Ohren gestoßen ist, empfinde ich stets das Bedürfnis, für »meine« Schützlinge einzustehen und das Überbewusstsein zu beschwichtigen – obwohl ich natürlich weiß, dass das nicht wirklich nötig ist. Wie Kinder, die mal eine ordentliche Standpauke von ihren Eltern brauchen, damit etwas Wichtiges verstanden wird, erhalten auch manche Reisende eine nachdrückliche Botschaft, die jedoch stets auf Liebe basiert und letztendlich nur ihrem Besten dient.

ÜB: Ellie besitzt bereits seit ihrer Kindheit die Fähigkeit, andere Menschen zu heilen. Das ist übrigens der Grund, warum so viele – wie drückt sie sich aus? – »seltsame« Menschen und Außenseiter ihre Nähe suchen. Sie hilft ihnen einfach durch die Kraft ihres Seins. Da sie diese Kraft aber nie wirklich verstanden und akzeptiert hat, haben wir alles Mögliche versucht: Wir ließen sie in ihrer Jugend ihre Klassenkameraden als Tutor leiten – in der Hoffnung, dass sie verstehen würde, dass es zu ihren Fähigkeiten gehört, zu heilen und zu helfen. Dies funktionierte leider nicht. Wir gaben ihr später Verantwortung für noch größere Gruppen von Jugendlichen, weil wir dachten, das würde ihr vielleicht dabei helfen, es zu verstehen, aber auch das funktionierte nicht. Also entschieden wir, sie eine Reihe von – ihr sagt dazu »übernatürlichen« – Situationen erleben zu lassen, die sie sehen, hören, fühlen und sogar aufschreiben konnte, aber auch das war nicht gut genug für sie. Wir schickten ihr bei vielen Gelegenheiten Menschen, die mit ihr Konversationen anfingen, damit sie verstehen würde, dass sie ein besonderes Licht und eine besondere Mission in sich trägt, aber auch das zweifelte sie an. Sie konnte nicht verstehen, dass es für sie einfach genügt, zu sein. Stattdessen denkt sie konstant, dass sie nicht – lass uns das korrekte Wort finden – »würdig«, »fähig«, »gut genug« oder mit genug Potenzial ausgestattet sei. (Seufzt.) Wir verstehen ja, dass man in dieser Spielzeit von seinem Lebensplan ein wenig abdriften kann. Aber herausfinden zu wollen, wie man sich anpasst und einfügt? Da hat sie Besseres zu tun! Dies ist nicht der Ort, um sich anzupassen. Wir haben versucht, ihr heute mit dem Einblick in das – wie sagt ihr dazu? – »andere Leben« zu zeigen, dass nichts jemals einen Anfang oder ein Ende hat. Und weil es weder einen Anfang noch ein Ende gibt, kann sie alles und nichts sein, überall und nirgendwo. Daher haben wir versucht, ihr im Laufe ihres aktuellen Lebens immer wieder dieses Gefühl zu geben, sowohl überall als auch nirgendwo hinzuzugehören und sowohl alles als auch nichts tun zu wollen, um sie zu der Erkenntnis zu bewegen, dass das alles nicht wirklich wichtig ist. (Seufzt.) Aber das hat nicht funktioniert. Sie schlug einen anderen Weg ein ...

M: *Was ihr sagt, macht von eurer Perspektive aus betrachtet vollkommen Sinn. Als Mensch ist es allerdings nicht leicht, all das zu verstehen.*

ÜB: Wir verstehen, dass es für euch kompliziert erscheinen mag. Was wir jedoch nicht akzeptieren, sind die Zweifel, die einem auf eurer Ebene anhaften. Wir können sogar akzeptieren, dass *zunächst* Zweifel auftreten. Wenn wir aber unser Bestes gegeben haben, um euch das zu liefern, was ihr Beweise und deutliche Zeichen nennt, erwarten wir einfach von euch, dass ihr uns dann auch vertraut, mitmacht und das akzeptiert, was ihr in eurem Inneren tragt.

[...]

Ich bat das Überbewusstsein, noch einmal konkret Ellies Aufgabe für dieses Leben zu definieren, damit sie diese wichtige Information gesondert auf ihrer Bandaufnahme haben würde.

ÜB: Ihre Aufgabe ist es, denjenigen Heilung und Hilfe zu geben, die sich und ihre göttliche Anbindung in der 3D-Spielzeit verloren haben und auf dem karmischen Rad steckengeblieben sind. Ihre Aufgabe ist es nicht, irgendetwas Bestimmtes zu tun oder zu sein, sondern einfach die Energie, die wir in sie hineingegeben haben, zu akzeptieren, zu würdigen, zu nutzen und zu entwickeln. So kann sie diese nach außen strahlen lassen, mit ihr andere Menschen berühren und es ihnen ermöglichen, Heilung und Hilfe zu erlangen. Sie alle sind hier, um Lektionen zu lernen – Ellie jedoch nicht! Ihre einzige Aufgabe ist es, den anderen hier dabei behilflich zu sein. In ihrem Fall bedeutet das, einfach nur zu sein und dieses Licht – wir bevorzugen übrigens die Bezeichnung »Energie« – zunächst in sich selbst und dann durch sich nach außen strahlen zu lassen, um andere Menschen damit zu berühren, damit sich diese mehr in Frieden mit der Spielzeit befinden können, mit der sie konfrontiert sind.

[...]

**Obwohl ihre Ursprungsgeschichte sicherlich ungewöhnlich war – vorausgesetzt, das Wort »ungewöhnlich« hat in unserem Kontext überhaupt eine Bedeutung –, schien Ellie eine der sogenannten Freiwilligen/Wanderer/Starseed-Seelen zu sein, die auf der Erde inkarnieren, um diese und die Menschheit bei deren Entwicklung zu unterstützen. In der Regel haben sie unsere Dichte bereits woanders durchlaufen oder sind – wie Ellie – auf einer höheren Dichte erschaffen worden und kommen einfach direkt von dort hierher. Sie sind daher von sich aus nicht an das karmische Rad des Planeten gebunden, können sich aber über ihre Handlungen in inkarnierter Form durchaus daran binden, während sie hier sind. Ein Wanderer/Freiwilliger/Starseed geht mit einer Inkarnation auf der Erde also ein gewisses Risiko ein. Im *Law of One* erklärt Ra, dass ein solches Wesen körperlich und geistig vollständig zu einem Geschöpf der dritten Dichte wird und damit ebenfalls dem Vergessen unterliegt, wodurch die Gefahr besteht, dass es sich nicht an seine Mission erinnert, sich karmisch verstrickt und so »in den Strudel gerät«. Im ungünstigsten Fall kann es sogar passieren, dass es aufgrund von negativen Handlungen seine positive Polarität verliert, in die planetarische Schwingung hineingezogen wird und einen kompletten Zyklus der dritten Dichte wiederholen muss (Sitzungen Nr. 12, 16 und 63).

Es ist daher enorm wichtig, dass sich Starseeds während ihrer Inkarnation hier daran erinnern, wer sie sind – vor allem zu diesem Zeitpunkt! So können sie sicherstellen, dass sie, wie auch die auf der Erde »einheimischen« Seelen, den Aufstieg zum Ende des aktuellen Zyklus vollziehen und die dritte Dichte hinter sich lassen. In diesem Punkt sehe ich übrigens den großen Dienst, den Dolores Cannon Starseeds mit der Entwicklung von Quantenhypnose erwiesen hat – und damit einen zentralen Aspekt meiner Arbeit mit diesem hocheffizienten Werkzeug: ihnen dabei zu helfen, sich an ihre Mission zu erinnern. (Mehr exzellente Informationen zu den unterschiedlichen Generationen von Freiwilligen und Einblicke in ihre Erfahrungen vor und während ihrer Zeit auf der Erde hat Dolores Cannon in dem sehr empfehlenswerten Werk *The Three Waves of Volunteers and the New Earth* (2011) zusammengetragen, das seit 2019 auch als deutsche Übersetzung unter dem Titel *Die drei Wellen der Freiwilligen und die neue Erde* erhältlich ist.) Angesichts des potenziellen Risikos und der möglichen Konsequenzen des

Vergessens erschien die Eindringlichkeit und Ernsthaftigkeit, die das Überbewusstsein in Bezug auf Ellies bisherigen Weg an den Tag legte, mehr als verständlich.**

Es war an der Zeit, zu den körperlichen Themen überzugehen. Zunächst fragte ich nach dem Hintergrund eines merkwürdigen Spannungsgefühls am Hinterkopf, das die junge Frau bereits seit mehreren Jahren begleitete und sich im Laufe der Zeit über den Nacken und die Schultern bis in den oberen Rücken hinein ausgebreitet hatte.

ÜB: Lass uns nachschauen. (Pause.) Okay. Im physischen Körper gibt es die Wirbelsäule, die an einem bestimmten Punkt endet, an dem dann der Schädel ansetzt, korrekt? *(Ja)* Lass uns nun annehmen, dass jemand nicht die Energie akzeptiert, die in seinem Körper platziert worden ist ... In einem solchen Fall entsteht dann aus der Nicht-Akzeptanz heraus genau an dieser Übergangsstelle eine energetische Spannung, die sich im Laufe der Zeit verstärkt und schließlich in muskulärer Verspannung ausdrückt, was zudem auch noch eine Schwere in dem Teil, den ihr Kopf nennt, verursacht. Dies erzeugt schließlich – lass uns einen angemessenen Ausdruck finden – »Knoten« im Bereich des Hinterkopfs. Und weil all das mit dem physischen Körper verbunden ist – auf den wir übrigens sehr, sehr stolz sind, weil er von unserer Seite aus sehr, sehr gut designt worden ist! –, sind viele Energieflüsse im Körper nicht korrekt aktiviert worden. Je mehr Ellie also der Akzeptanz ihrer Kraft widersteht, desto mehr energetische Stagnation erzeugt sie damit. Der angesprochene Bereich, in dem sich die Knoten befinden, ist essenziell für viele Dinge, unter anderem die Wahrung des Gleichgewichts. Wir haben viele Male versucht, sie von diesem Problem zu befreien, aber sie ist nun mal diejenige, die das Ruder in der Hand hat und uns nicht unsere Arbeit machen lässt. Das Lustige dabei ist: Sie ruft uns andauernd an! Sie verbringt viel Zeit damit, uns zu kontaktieren und um Hilfe zu bitten, aber wenn wir ihr dann Hilfe zukommen lassen, lässt sie es nicht zu. Manchmal verflucht sie uns sogar! Irgendwann ermüdet uns das dann einfach.

M: Ich verstehe. Gibt es etwas, das wir hier und jetzt tun können? Sie scheint gerade in einem sehr offenen und empfänglichen Zustand zu sein.

ÜB: Oh, ja! Wir können alles Mögliche an ihrem Körper machen. Die wichtigere Frage wird allerdings sein, wie lange sie sich die Korrekturen bewahren kann.

M: Lasst es uns herausfinden.

ÜB: Okay.

[...]

Das Überbewusstsein erklärte sich dazu bereit, die Arbeit im Nackenbereich zu beginnen und die energetische Blockade dort zu lösen. In dem Zusammenhang kamen sie noch auf andere Regionen der Wirbelsäule zu sprechen.

ÜB: Wir müssen ebenfalls die Energie lösen, die durch die gesamte Wirbelsäule fließt. Wir müssen an einigen Wirbeln arbeiten, die im Laufe der Zeit – wenn wir das so sagen können – »erodiert« sind. Und wir müssen den Beckenstand korrigieren. (Beschäftigt.) Hier herrscht ein heilloses Durcheinander! Dies wird einige Zeit in Anspruch nehmen. Da die Energie, die sie in sich trägt, so stark ist, sind die Blockaden dieser Energie ebenfalls sehr stark und somit schwer und fest. Um das zu bearbeiten, werden wir mehr als einen Tag eurer Zeit brauchen. Wir können das jedoch komplett korrigieren und werden das auch tun, da wir sie so sehr lieben. Wir werden damit allerdings eine Bedingung verknüpfen: Sie muss vollständig akzeptieren, was sie ist und woraus sie gefertigt worden ist! Wir werden also einen Vertrag mit ihr schließen: Falls sie nicht akzeptieren sollte, was sie ist und woraus sie gefertigt worden ist, werden die Symptome, auch wenn wir sie jetzt korrigieren, wieder zurückkehren. Das muss sie wirklich verstehen! Wir wollen klarstellen, dass wir nicht weiterhin jedes Mal auf ihr Rufen hin kommen und alles reparieren werden, wenn sie nicht auch ihren Teil dazu beiträgt und akzeptiert, was wir in ihr platziert haben.

Und das sagen wir nicht etwa, weil wir nicht helfen möchten. Wir sagen das, weil wir nicht einsehen, warum wir weiterhin zu Hilfe kommen und ihr immer wieder Heilenergie geben sollten, wenn sie diese quasi einfach wegschmeißt. Ist das verstanden?

M: Ich denke schon.

ÜB: Wir werden uns um alle Themen im Körper kümmern. Dafür benötigen wir insgesamt 21 Tage. Wir werden die Energie in ihrem Körper wieder zum Fließen bringen, damit sie sich in der engen physischen Hülle freier fühlen kann. Aber daran sind Bedingungen geknüpft! Im Austausch dafür muss sie in diesen 21 Tagen eine Gegenleistung erbringen. Es ist sozusagen ein Handel: Wir werden unsere Energie dazu verwenden, ihren Körper zu reparieren, und sie muss dafür innerhalb dieser 21 Tage ihr Glaubenssystem ändern.

[...]

Zu dieser zentralen Bedingung fügten sie noch eine Veränderung von Ellies Essgewohnheiten hinzu: statt fester »3D-Nahrung« empfahlen sie mehr flüssige, wie beispielsweise Wasser, Obst, Suppen etc. Das Überbewusstsein erklärte, dass Ellie in der Vergangenheit häufig niedrigschwingende Nahrungsmittel für ihr Anliegen »missbraucht« hatte.

ÜB: (Seufzt.) Jedes Mal, wenn sie denkt, dass sie hier nicht hingehört oder emotional herausgefordert wird, isst sie etwas, das ihre Frequenz herabsetzt, um dann wieder das Gefühl zu haben, Teil der Realität dieser Spielzeit zu sein und dazuzugehören. Wir verstehen, was sie damit bezwecken will, wollen allerdings nicht, dass sie das macht, denn es geht gegen ihre Mission. Und wir wollen, dass sie ihre Mission erfüllt – nicht nur zu ihrem eigenen Wohl, sondern zum Wohle der vielen Menschen, die ihren Weg kreuzen werden, zum Wohle der vielen Pflanzen, an denen sie vorbeilaufen wird, und zum Wohle der vielen Moleküle, die sie berühren wird. Energien wie diejenige, die wir in ihr platziert haben, sind so kraftvoll, dass sie nichts Bestimmtes versuchen oder tun müssen, außer einfach zu sein, was sie sind. Dafür muss Ellie auch ernährungstechnisch ihre hohe Frequenz aufrechterhalten.

M: Weiß sie, welche Nahrungsmittel für sie ungeeignet sind?

ÜB: (Lacht.) Nun ja, sie hat Ernährungswissenschaften studiert ...! Sie hat bereits so viele Dinge gelernt, die ihr dabei helfen sollen, ihre hohe Schwingung aufrechterhalten zu können: Sie hat Ernährungswissenschaften studiert. Sie hat Sport studiert. Sie beschäftigt sich derzeit mit Reiki. Sie lernt Quantenhypnose. Sie fühlt sich zum Channeln von Energien hingezogen. Sie bestückt sich quasi ihren Werkzeugkoffer, in den sie nach Bedarf hineingreifen kann, um ihre hohe Schwingung aufrechterhalten zu können. Das Problem dabei ist: Zwischen dem Werkzeugkoffer, den sie sich angeeignet hat, und der Bereitschaft, diese Werkzeuge auch herauszuholen und zu verwenden, besteht eine Kluft. Wir glauben, dass die Zeit gekommen ist, um diese Kluft zu überwinden und damit aufzuhören, herumzualbern. Dass ihr Stamm (im Englischen: *tribe*) in dieser Spielzeit zusammengeführt wird, wird ihr ebenfalls dabei helfen, ihre hohe Schwingung zu halten, denn sie verrichten alle die gleiche Aufgabe wie sie. Sie alle geben diese hohen Schwingungen ab, und indem sie das tun, helfen sie sich gegenseitig dabei. Sie kann sich also durchaus zu einer Gruppe von Erdlingen dazugehörig fühlen – aber bitte nicht zur Erde an sich! Irgendwann wird sie herausfinden, dass diese Personen auch nicht wirklich Erdlinge sind, aber wir lassen sie gerne erstmal in dem Glauben. (Kichert.) Ist das verständlich?

M: Ich denke, ja.

ÜB: Es ist also jetzt an der Zeit, in die Gänge zu kommen und das Licht so stark aufzudrehen, dass das Zusammenkommen mit den Leuten, die die gleiche Art von Arbeit verrichten, einen riesigen – es ist nicht der richtige Begriff, aber wir verwenden ihn, damit du es dir bildlich vorstellen kannst – Vortex aus Energie erschafft, der sich weit über die gesamte Erde erstrecken wird – und das, ohne irgendetwas tun zu müssen, außer einfach nur wiedervereinigt zu sein. Durch die

Wiedervereinigung verstärkt sich die Energie dieses Vortex immer mehr und mehr. Und je mehr Energie er hat, desto mehr Menschen kann man damit berühren. Und je mehr Menschen man berührt, desto mehr hebt man deren Schwingung an. Es ist ein Domino-Effekt. Und der ist zu diesem Zeitpunkt nötig, weil jeder, mit dem wir in Verbindung stehen, weiß, dass eine große Verschiebung bzw. Veränderung stattfindet und dies eine sehr bedeutende Phase für diese Spielzeit darstellt! (Schmunzelt.) Da Ellie diese Spielzeit so sehr liebt, sollte es also für sie Sinn machen, ihre Schwingung hochzuhalten, denn dies erlaubt dieser Spielzeit, länger zu existieren.

[...]

Ein weiteres Thema auf Ellies Liste waren Probleme im Bereich der weiblichen Fortpflanzungsorgane. In diesem Kontext kam das Überbewusstsein auf das Thema »Einprägungen« (im Englischen: *imprints*) zu sprechen.

ÜB: Sie trägt eine Menge traumatischer Leben von weiblichen Erdlingen, die ebenfalls Probleme in diesem Bereich hatten, als Einprägungen mit sich. Das bedeutet, dass sie eine Menge *Downloads* von weiblichen Wesen erhalten hat, die körperlich oder sexuell missbraucht worden sind.

M: Warum das?

ÜB: Wenn man reine, unberührte Energie ist, kann man derartiges Verhalten nicht nachvollziehen. Und wenn man dann das erste Mal in eine Spielzeit wie die aktuelle gesendet und in dieser damit konfrontiert wird, kann dies einen Schock darstellen. Es ist etwas, das man weder kennt noch versteht. In derartigen Fällen – wenn jemand noch nie zuvor hier gewesen ist – müssen wir die Energie also vorbereiten. Im Zuge dieser Vorbereitung erfolgt quasi ein »Herunterladen« von irdischen Erfahrungen, die von anderen gelebt worden sind, um den Werkzeugkasten der Energie, die wir als Persönlichkeit dorthin schicken, zu bestücken. Macht das Sinn für dich?

M: Das tut es.

ÜB: Da aufgrund der reinen Energie in Ellies Solarplexus kein Raum für gewalttätige oder niederträchtige Erfahrungen bestand, mussten also einige Downloads dieser Art erfolgen. Weil sie durchaus real erscheinen – und es auch müssen! –, hat sie sich selbst davon überzeugt, dass sie zu ihr gehören. Dazu kam dann noch, dass sie ihre eigene Kraft als Frau nicht akzeptierte, was bei ihr gelegentlich zu Reaktionen führte, die von irritierten Erdlingen falsch wahrgenommen wurden. Weil sie damit nicht umgehen konnte, erschuf sie noch mehr Blockaden und Gründe dafür, diese gewaltige Kraft, die ihr Sexualität nennt, nicht mehr zu benutzen. Wir betrachten diese Kraft übrigens sehr anders, als ihr es tut.

M: Wie betrachtet ihr sie?

ÜB: Sexualität ist Schöpfung und Genuss. Sie ist das Miteinander-Teilen einer göttlichen Verbindung. Sie ist Vergnügen mit einer solch hohen Schwingung, dass sie einen dazu bringt, die eigene Schwingung anzuheben – mindestens so lange, wie das Vergnügen andauert. Sie ist zudem – speziell für ein weibliches Wesen – eines der mächtigsten Mittel, um sich zu beweisen, dass man ein Schöpferwesen ist! Sie ist der perfekte Beweis dafür, dass man als Mensch Energie manipulieren und ihr Form und sogar Leben geben kann. Du verstehst?

M: Ja, das tue ich.

ÜB: Sie kam also als eine weibliche Energie hierher, akzeptierte jedoch die Kraft, die sie als solche mit sich trägt, nicht. Zudem ist sie mit der reinen Intention, die ihr mitgegeben worden ist, nicht richtig umgegangen. Und dann wurde sie noch von den anderen Erdlingen als verstört wahrgenommen. All das schuf eine Abneigung gegenüber Sexualität und eine damit verbundene Verweigerung, diese als etwas Gutes, Reines und Gesundes anzusehen. Sie wurde stattdessen zu etwas Schwerem, Hässlichem und Ekelhaftem, das Hass, Gewalt, Ablehnung und Bösartigkeit zu sähen und anzuziehen schien. Dies malte quasi ein Bild des kompletten Gegenteils von dem, was wir in ihr platziert hatten, und verursachte aufgrund dessen, was sie ist und woraus sie gemacht ist, eine Art Kurzschluss in diesem Bereich ihres Systems. Verstehst du, was wir sagen?

M: Ich denke, ja.

ÜB: All das kann behoben werden, denn nichts davon kam mit ihr hierher. Es hat sich alles erst im Laufe der hier verbrachten Zeit aufgebaut, wobei es wie gesagt nicht nur auf ihren eigenen Erlebnissen beruht, sondern auch auf der Art der Downloads, die vor ihrer Ankunft hier integriert werden mussten. Wir betrachten dieses Thema als sehr wichtig für sie!

M: Ich nehme an, dies kann direkt korrigiert werden?

ÜB: Es ist ebenfalls innerhalb der 21 Tage machbar, könnte aber bedauerlicherweise länger dauern, weil hier so viele Ebenen und Verflechtungen existieren, die erstmal dekonstruiert werden müssen, und einiges an Verständnis in ihrem Inneren erfolgen muss, bevor die Energie in ihrem Körper frei fließen kann. Sie muss hier geduldig mit sich sein, da sie einige sehr traumatische Erfahrungen mit sich trägt. Wenn sie allerdings die mächtige Kraft, die wir in ihr platziert haben, direkt anerkennen würde, würde es überhaupt nicht lange dauern! Es geht für sie also mehr darum, an diesen Punkt der Akzeptanz zu kommen. [...] Wir haben die Arbeit schon begonnen und werden damit fortfahren, benötigen aber Ellies Hilfe. Sie muss ihre eigene Kraft anerkennen, damit die Energie ordentlich fließen kann.

M: Dann besteht also eine Ähnlichkeit zu dem Thema im Nackenbereich?

ÜB: Alle diese physischen Angelegenheiten sind damit verbunden, dass sie nicht akzeptiert, was sie ist, weil sie anderen gegenüber nicht arrogant erscheinen möchte. Es ist nun wirklich an der Zeit, das loszulassen! (Lächelt.) Sie hat übrigens viel Freude an den Lichtern, die wir ihr gerade zeigen! Wir lassen Lichter für sie tanzen und sie liebt das. Es wird sie noch eine Weile beschäftigen. Wir können also fortfahren.

[...]

Schließlich blieb noch das Thema chronische Müdigkeit zu besprechen. Diese begleitete die junge Frau fast täglich, obwohl sie nach eigener Aussage nachts genug Schlaf bekam. Ich fragte nach der Ursache dieses für Ellie sehr beeinträchtigenden Phänomens.

ÜB: Diese Müdigkeit rührt daher, dass Energien wie sie nicht schlafen. Ihr Körper schläft, ihre Energie dagegen nicht. Sie arbeitet nachts sehr hart! Tagsüber tut sie das auch – egal, ob es physische Arbeit, innere Arbeit oder das Projizieren von Energie für andere betrifft. Sie ist also konstant aktiv. Das Problem dabei ist, dass sie aufgrund der zuvor erwähnten Knoten, die sie in ihrem Energiefluss gebildet hat, einfach mehr Energie benötigt, um in der Spielzeit, in der sie sich jetzt gerade befindet, weiterhin existieren zu können. Ist das verständlich?

M: Ja, das ist es.

ÜB: Ohne dieses Energieleck wäre die Existenz ihres Tages-Selbst nicht so kompliziert und die Arbeit, die ihr Nacht-Selbst verrichtet, viel leichter zu handhaben. Es ist nämlich so: Ja, sie erledigt jedes Mal Arbeit, wenn sie schläft – oder zumindest *denkt*, dass sie schläft. Nachts fließt die Energie aber frei, da sie sich dann außerhalb des Körpers befindet. Sie wacht also vielmehr müde auf, weil sie mit blockierter Energie schlafen gegangen ist und morgens, wenn sie in den Körper zurückkehrt, wieder blockierte Energie vorfindet und dann den Tag in diesem Zustand verbringt. Wenn die Seele dann nachts wieder den Körper verlassen kann, ist sie also bereits ein wenig ermüdet. Ist das verständlich?

M: Ja. Wie kann dieser Zustand korrigiert werden?

ÜB: Es ist alles dasselbe Thema. Sie hat tatsächlich nur eine Sache zu erledigen, um alle Probleme zu lösen, von denen sie denkt, dass sie sie gerade hat: Sie hat einzig und allein zu verstehen, dass sie die Kraft in diesem – wir mögen dieses Wort nicht wirklich, aber werden es weiterhin verwenden – »Ball« an hochschwingender Energie, der sich in ihrem Solarplexus befindet und – wir sagen es gerne nochmal – unter *größten* Bemühungen unsererseits angefertigt worden ist, akzeptieren muss! Und sie muss endlich akzeptieren, dass sie *kein* Erdling ist – und es weder in der Vergangenheit jemals gewesen ist noch in der Zukunft jemals sein wird! Dieser Irrglaube von ihr ist übrigens auch der Grund dafür, dass sie sich so für Afrika und die dortigen Kulturen interessiert, denn dies ist der Ort, an dem das irdische Leben seinen Anfang nahm. Deshalb wollte sie auch unbedingt hierher nach Ägypten kommen.

[...]

Damit waren die körperlichen Themen abgeschlossen. Im Vorgespräch hatte Ellie beiläufig erwähnt, dass sie mit noch keinem Projekt bzw. Vorhaben jemals finanziellen Erfolg gehabt hatte, obwohl sie wusste, dass ihre Produkte und Leistungen stets von erstklassiger Qualität waren. Ich nutzte die Gelegenheit und erkundigte mich nach dem Grund dafür. Die Erklärung könnte sich ebenfalls für einige Leser:innen als hilfreich erweisen.

ÜB: (Lacht.) Weil sie es ablehnt! (Seufzt.) Sie will unbedingt irdisch sein, akzeptiert aber gleichzeitig nicht das irdische System. Geld ist in ihren Augen sinnlos. Sie denkt, es ist das dümmste Konzept, das sich die Erdlinge je haben einfallen lassen. Weil sie so denkt, vergisst sie, dass Geld jedoch ein aktueller Bestandteil dieser Spielzeit ist, und so hat sie unglücklicherweise ein Verhältnis dazu, das ihr nicht erlaubt, Fülle und Wohlstand anzuziehen. Sie denkt konstant, dass Geld idiotisch und unnötig ist – zu Recht, wie wir alle wissen –, aber es ist nun mal ein Teil dieser Spielzeit, die sie so gerne erleben wollte. Das ist also etwas, womit sie sich arrangieren muss. Sie muss verstehen, dass sie sich, auch wenn sie hier nicht dazugehört, nun mal dazu entschieden hat, in dieser Spielzeit mitzuspielen, und deshalb die gültigen Regeln akzeptieren und mit ihnen umgehen können muss. Und die Regeln besagen, dass – und wir wollen dieses Wort sehr stark betonen – *momentan* Geld eines der Instrumente ist, die notwendig sind, um gewisse Dinge erleben zu können. Sie fängt bereits an, das zu verstehen. Das bessert sich also, aber sie ist noch nicht bei vollem Verständnis angelangt. Aus diesem Grund wird ihr all das, was sie tut, erstmal nur das absolut Nötigste einbringen. Sie bittet uns, ihr dabei unter die Arme zu greifen, und es gibt viele Wesenheiten, die sich um sie und ihr Wohlergehen kümmern. Eine Energie wie ihre ist nämlich das Produkt einer Vielzahl von Energien, die alle sehr viel Wert darauf legen, dass ihrer Kreation nichts widerfährt, und daher sehr genau auf sie aufpassen! Haben wir schon erwähnt, dass wir sehr viele Bemühungen in ihre Schöpfung gesteckt haben?

M: (Lacht.) Ja, das habt ihr.

ÜB: (Lacht.) Exakt. Geld wird also kein Thema für sie sein. Das können wir ihr versichern, da sie das oft anzweifelt. Wir verstehen, dass es in dieser Spielzeit kompliziert sein kann. Und wir verstehen, dass sie hier eine Menge machen und so viel wie möglich spielen möchte, da es das erste Mal für sie ist – und wahrscheinlich auch das letzte Mal. Sie muss allerdings verstehen, dass diese Spielzeit für sie nicht nur 30 Jahre umfasst, sondern dass sie zwischen 80 und 100 Jahre hier verbringen wird – wenn nicht sogar noch mehr. Sie hat also noch Zeit, um an einem späteren Punkt die Erfahrung von Wohlstand und Überfluss zu machen. Sie braucht jetzt einfach nur zu wissen, dass sie immer haben wird, was sie benötigt, und sich daher also darüber keine Sorgen machen muss. Der einzige Grund dafür, dass sie ihrer eigenen Definition von Erfolg nach in ihren diversen Vorhaben nicht »erfolgreich« ist, ist tatsächlich, dass sie einfach nicht daran glaubt, dass sie es sein kann. Es ist genau wie mit der Kommunikation mit uns: Sie kann irgendwie nicht glauben, dass es so einfach sein kann. Und wenn es einfach ist, kann es in ihren Augen nicht gut genug sein. Sie hat bisher noch nicht verstanden, dass ihr alleine aufgrund der Energie, aus der sie gefertigt worden ist, die Dinge leicht fallen und alles, was sie anfängt, funktionieren wird. Alles ist also eigentlich ein und dasselbe Problem. Alles geht auf dieses eine Thema zurück. Du kannst ihr von uns ausrichten, dass sie, wenn sie zufrieden, glücklich und im Frieden mit sich sein will und ihr irdisches Leben genießen und dabei in

Wohlstand und Überfluss aufblühen möchte, nichts tun muss, außer darauf zu vertrauen, dass sie genug ist.

[...]

Letzte Worte: »Wir fassen sehr gerne nochmal alles zusammen, denn diese Gelegenheit heute ist sozusagen der Zauberstab, nach dem sie sich so lange gesehnt hat. (Schmunzelt.) Ellie liebt *Harry Potter*, und Magie ist schon immer ihr Ding gewesen. Dazu möchten wir ihr übrigens sagen, dass Magie definitiv existiert! Auf die Gefahr hin, sie damit zu überraschen, möchten wir aber auch sagen, dass die Quelle dieser Magie tatsächlich sie selbst ist und dass die Energie in ihrem Inneren daher nicht unterdrückt, versteckt oder verneint werden sollte. Sie trägt eine wahrlich hochrangige Energie, deren Anfertigung und Integration in den menschlichen Körper uns sehr viel Anstrengung und Energie gekostet hat. Wir wollen daher sicherstellen, dass sie das versteht, es anerkennt und endlich damit aufhört, Zeit damit zu verschwenden, zu etwas dazugehören zu wollen, zu dem sie nie gehören wird, weil es darum nicht geht. Wir haben es bereits viele Male im Verlauf dieser Sitzung gesagt und sagen es gerne noch einmal: Sie ist ein höherrangiges Energiewesen, das nichts mit der Erde zu tun hat und niemals irdisch gewesen ist und es auch niemals sein wird. Sie hat sich einfach dazu entschieden, als ein Freiwilliger zur Erde zu kommen, um zu helfen. Und da die Schwingung der Energie, die sie in ihrem Solarplexus trägt, so kraftvoll ist, muss sie dafür rein gar nichts Bestimmtes tun, versuchen oder sein. Sie muss einfach nur anwesend sein und ihre Kraft anerkennen, ohne derart schüchtern oder übertrieben bescheiden zu sein, dass es geradezu lächerlich ist; das ist das einzige, was sie tun muss. Es gilt für sie zu verstehen, dass die Form von Liebe, die sie empfindet und als so ungewöhnlich ansieht, eine wahrheitsgetreue Interpretation von dem ist, was Liebe tatsächlich ist, und keine Fantasie. Der Eindruck, dass ihr alles, was sie anfängt, leicht von der Hand geht, ist absolut korrekt. (Nachdrücklich.) Aber all diese Projekte spielen im Grunde keine

Rolle, denn sie sind nicht der Grund, warum sie hierhergekommen ist. Sie ist hier, um ihre Kraft zu nutzen und zu verbreiten und so der Erde und den Erdlingen, die sich auf dem karmischen Rad verfangen haben, dabei zu helfen, ihre Schwingung anzuheben, damit alle möglichst sanft und angenehm in die nächste Dimension aufsteigen können. Dies ist es, was sie zu tun hat! Wir möchten sie also dazu ermutigen, mehr zu vertrauen und damit aufzuhören, zu zweifeln. Denn wir haben ihr so viele Beweise dafür zukommen lassen, dass es eigentlich keinen Raum für Zweifel mehr geben sollte. Sie muss einfach loslegen! Dies ist unser letzter Aufruf an sie. Und wir mussten heute so viel Druck auf sie ausüben, wie wir es getan haben, um es unangenehm für sie zu machen und dadurch bei ihr die Einsicht zu erzwingen, dass sich etwas in der Art und Weise, wie sie sich verhält, ändern muss. Wir lieben sie!«

Das Überbewusstsein nutzte abschließend die Gelegenheit und richtete noch eine letzte Botschaft an das menschliche Kollektiv bzw. an alle, die sich von ihren Worten angesprochen fühlen – wozu sicherlich ein Großteil der Leser:innen dieses Buches gehören werden: »Ihr alle nehmt wahr, dass ihr eure Energie anhebt und euch dadurch verändert. Ihr mögt das vielleicht nicht ganz verstehen, aber wir möchten, dass ihr dem vollkommen vertraut! Wir sind uns dessen bewusst, dass es schwierig und kompliziert sein kann, etwas zu vertrauen, das man nicht komplett versteht. Wir möchten jedoch alle von euch dazu ermutigen, darauf zu vertrauen, dass sich die Energie, die sich in euch befindet, aus einem bestimmten Grund anhebt, und dass ihr eine hervorragende Arbeit erledigt und einen Weg beschreitet, den ihr tatsächlich zu beschreiten bestimmt seid – egal, ob er euer gesamtes irdisches Leben andauern wird oder nicht. Das ist irrelevant. Es spielt keine Rolle, denn alles in eurer Spielzeit unterliegt einem Timing, das darauf beruht, dass wir Zeit überhaupt erst erschaffen haben. Alles fällt zur richtigen Zeit an seinen Platz. Und wir sind wie gesagt sehr zufrieden mit dem gesamten Einsatz, den alle aufbringen – nicht nur, um für sich selbst anwesend zu sein, sondern auch, um bewusst für andere da zu sein und unsere Schöpfungen, die so viele zu zerstören versuchen, zu beschützen. Wir sind also sehr, sehr, sehr zufrieden und möchten euren Herzen an dieser Stelle unsere immense bedingungslose Liebe überbringen, die direkt aus der Quelle kommt, damit ihr das Gleiche macht und wie Ellie diese hohe Schwingung wirklich nutzen, würdigen und pflegen könnt. Setzt euch weiterhin ein! Drängt weiterhin voran und durchbrecht die ganzen schweren, irdischen Komplikationen, um weiterhin die Schwingung anzuheben – auch, wenn wir uns bewusst sind, dass das manchmal nicht so leicht ist! Und wenn doch jemals Zweifel entstehen sollten, erinnert euch bitte daran, dass ihr alle direkten Zugriff auf uns habt. Alles, was ihr tun müsst, ist, euch an uns zu wenden, und dann ein wenig Raum in euch zu schaffen, damit wir in Erscheinung treten und euch dabei helfen können, euch wieder in eine harmonische Ausrichtung zu bringen, damit ihr die Schwingungen noch mehr anheben könnt, indem ihr diese bedingungslose Liebe freigebt, die so sehr gebraucht wird! Eine Liebe, die keine Begrenzungen hat, keine Agenda und keine Regeln, sondern einfach nur ist. Und in diesem Kontext gibt es keine geringere oder größere Bedeutung von irgendetwas in Bezug auf etwas anderes. In einer irdischen Existenz kann man sich manchmal weniger wichtig oder auch unbedeutend vorkommen. Wir möchten an dieser Stelle allerdings ein Bild bemühen, um etwas klarzustellen: Wer ist wichtiger? Die Person, die einen Job hat, der Millionen scheffelt, oder die Person, die das Auto fährt, in dem die erste Person überhaupt erst zu ihrem Job gelangt, um die Millionen scheffeln zu können? Oder vielleicht die Person, die das Gebäude gebaut hat, in dem die Person, die die Millionen scheffelt, schläft? Oder die Person, die auf einer Farm die Lebensmittel anbaut, die diese Person isst? Man kann also leicht sehen, dass alles miteinander vernetzt ist. Es gibt nicht einen Spieler, der ohne die anderen spielen könnte. Es gibt keinen von euch, der einen höheren – wie nennt ihr das? – »Status« besitzt als ein anderer. Dieses Konzept ist komplett irrelevant. Und dafür ist eure Ebene auch nicht konzipiert worden. Sie ist konzipiert worden, damit verschiedene Emotionen und verschiedene Spielzeiten erlebt werden können, sich gleichzeitig aber auch an die Tatsache erinnert wird, dass man sich nicht wirklich voneinander abspalten kann. Falls ihr also glaubt, dass ihr in eurem irdischen Leben nur mit den Menschen verbunden seid, die ihr in eurer unmittelbaren Umgebung seht oder trefft, dann habt ihr komplett den Verstand verloren, weil ihr tatsächlich mit so ziemlich genau jedem einzelnen Wesen, das mit euch hier ist, verbunden seid. Und wir können euch das gerne immer und immer wieder beweisen.«

Getrennte Wege

Stella (43) war eine von zwei Freundinnen, die beide im Juli 2021 ihre Seelenreisen erlebten. Sie hatten sich etwa ein Jahr zuvor kennengelernt und direkt eine tiefere Verbindung verspürt. Schnell stellte sich heraus, dass sie beide an Themen wie Spiritualität und Metaphysik interessiert waren, was zur Formung einer intuitiven Freundschaft geführt hatte. Nachdem sie im Internet von Quantenhypnose erfahren hatten, wussten beide sofort, dass sie diese Erfahrung unbedingt machen wollten, um unter anderem mehr über den Hintergrund ihrer Verbindung zu erfahren.

Stellas Sitzung fand zuerst statt. In dieser sollte sich herausstellen, dass sich die beiden Frauen weit über das aktuelle Leben hinausgehend kannten und es keineswegs ein Zufall war, dass sie sich in diesem wiederbegegnet waren. Nicht zuletzt aufgrund ihrer herzlichen Offenheit fiel es Stella sehr leicht, sich dem Prozess hinzugeben, und landete zunächst in einem ereignisreichen menschlichen Leben zur Zeit des Zweiten Weltkriegs, das ihr viele emotionale Fragen beantwortete, für dieses Buch jedoch nicht relevant ist. Etwa eine Stunde später hatten wir die wichtigsten Stationen erkundet und den Tod der Persönlichkeit des anderen Lebens durchlaufen. Nachdem Stella deren Körper verlassen und die Lektionen des Lebens erkannt hatte, ließen wir die Inkarnation hinter uns und reisten weiter. Stella fand sich sofort in einer lichtdurchfluteten Wüste wieder: »Es ist ganz hell. Keine Menschen. Ich kann sehr weit gucken, es ist ganz flach.« Ich bat sie, sich ihre Umgebung anzuschauen und mir die Farben zu beschreiben, die sie um sich herum wahrnahm.

[...]

S: Am Horizont ist es sehr, sehr blau. Aber wenn man weiter hoch in den Himmel geht, ist es ganz weiß. Es ist ganz, ganz, ganz hell. Die Wüste hat einen warmen Sandton. Und es ist kein Sand, sondern ... wie sagt man ... fast wie Staub, und es ist steinig. Es ist nicht weich, sondern fest, und es gibt einige Steinerhebungen. (Pause) Es ist aber irgendwie nicht ganz natürlich, dieses Licht. Es wirkt, als wäre es gemacht, als wäre es ... dahingekommen.

M: Beschreibe mir das Licht.

S: Es ist weiß. Es umspannt auch ein bisschen die Szene. Da ist das Blau unten am Horizont, dann kommt das Weiß darüber ... und das ist wie ein Ring, der sich zu mir hin an den Seiten und hinter mir rumspannt, aber ganz riesig, ganz weit, ganz groß! Als ob ich ewig laufen müsste, um an diesen Horizont zu kommen. Ganz, ganz groß. Es flimmert auch ein bisschen und gibt irgendwie auch etwas ab ... energetisch.

M: Wie fühlt sich das an?

S: Wie Spannung. Es ist Spannung. Nichts Negatives! Es ist, als ob die Energie in dem Moment einen Zweck hat. Um etwas zu ... bringen? Zu transportieren? Ich weiß es nicht richtig. (Seufzt.) Es ist, als würde da gleich etwas auftauchen. (Pause.) Das geht mir jetzt direkt auf den Magen. (Lacht.) Da bekomme ich Magenschmerzen. Aber es fühlt sich nicht negativ an.

[...]

Ich bat sie, an sich selbst hinabzublicken und zu beschreiben, was sie sah.

S: Ich habe keine Schuhe an. Meine Füße sind sehr gebräunt. Da ist schwarze Farbe auf den Zehennägeln. Es ist kein Schmuck an den Beinen, aber ich habe so etwas wie ein langes Kleid oder Gewand an. (Konzentriert.) Schwarz ... eine Borte ... unten Gold. Also, der Hintergrund der Borte ist weiß, aber er ist gold bestickt. Ganz mit Gold bestickt. Dieses Gewand ist lang und schmal und hat links und rechts Schlitze. Die gehen relativ weit hoch. Bis knapp übers Knie, würde ich sagen. Und es hat Arme, die bis über die Ellenbogen gehen. Relativ weite Arme. Da ist auch nochmal eine kleine Borte an den Armen.

M: Wie ist das Gewand am Oberkörper geschnitten?

S: Relativ eng. Es hat einen runden Ausschnitt am Hals, und auch da ist es wieder gold bestickt. Und ich will nicht, dass es dreckig wird. Es soll nicht dreckig werden. Ich steh da gerade und denke: »Gleich kommt dieser ganze Kram und du wirst total dreckig!« (Kichert.)

M: (Kichert.) Mit Kram meinst du …?

S: Ich habe keine Ahnung. Es kommt irgendwas durch dieses Licht. Ich weiß nicht, ob das wie ein Sturm ist oder …? (Frustriert.) Das verstehe ich gerade nicht so richtig.

M: Trägst du sonst noch etwas am Körper oder auf der Haut?

S: Auf meinen Fingernägeln ist auch Farbe. Es ist nicht rot, sondern braun. Es ist anders als an den Füßen. Es ist ein dunkles Braun. Als hätte ich mir mit irgendeinem Stein oder einer Steinfarbe die Nägel bemalt. Ganz komisch! (Prüfend.) Schmuck an den Händen? Nein. An den Armen? (Pause.) Nein. Am Hals? Nein, sehe ich auch nicht. Nur diese goldene Borte an dem Rundausschnitt an dem Kleid, an dem Gewand. Aber ich habe sehr viel Schwarz im Gesicht. Das ist Kohlestift. Ich habe die Augen schwarz bemalt.

M: Trägst du etwas auf deinem Kopf?

S: Es ist wie ein kleiner Haarreif. Nichts Großes. Es ist Gold, es hat aber keinen Stein. Es ist wie ein Diadem, aber ohne Diamanten oder so etwas. Ein goldenes Haarreif-Ding.

M: Beschreibe mir deine Haare.

S: Meine Haare sind dunkel und ganz glatt. Sie hängen bis zu den Schulterblättern, und ich habe sie hinter den Ohren. Sie sind hinter den Ohren und der Haarreif steckt darin. Sie sind ganz glatt und irgendwie fest.

M: Wie würdest du die Farbe deiner Haut beschreiben?

S: Sehr gebräunt, ein bisschen ins Rötliche rein.

M: Du hast eben von dem Kohlestift gesprochen, mit dem die Augen bemalt sind. Was kannst du mir noch über dein Gesicht sagen?

S: Meine Augen sind grün. Sie sind *sehr* grün. Es sagt immer jeder: »Du hast so grüne Augen!« Und meine Nase ist ganz schmal und spitz. Ich habe eine ziemlich große Nase, würde ich sagen. Und ich habe auch sehr schmale und langgezogene Lippen. Auf jeden Fall keine vollen.

[...]

Als ich Stella nach ihrem Körper fragte, beschrieb sie diesen als weiblich, schlank, gesund und vital. Altersmäßig ordnete sie sich etwa Mitte Zwanzig ein.

M: Trägst du sonst noch etwas an dir, bei dir oder auf dir?

S: Ja, ich habe etwas in der rechten Hand. Es ist eine goldene Kugel. Und die scheppert ein bisschen, wenn man sie hin- und herbewegt. Sie scheppert, als wäre da etwas drin. Es ist kein Klang, sondern es scheppert. Diese Kugel ist ungefähr so groß wie– (Unterbricht sich.) Nein, sie ist größer als ein Tennisball. Ungefähr wie eine große Pampelmuse oder so etwas.

M: Und wie würdest du ihr Äußeres beschreiben?

S: Sie ist wie aus Gold ... geklopft? (Grübelt.) Als hättest du ein Goldblech mit einem Hammer zu einer runden Kugel geklopft und irgendwie ... zusammengebracht. Sie hat also ein paar Dellen. Das Ding ist nicht besonders schön. (Lacht.)

M: Es ist aus Gold? (Ja) *Und es befindet sich etwas darin?* (Ja) *Weißt du, was sich darin befindet?*

S: Nein. Aber es hat auch nicht den Sinn, dass es aufgemacht werden soll! Es ist einfach darin, um dieses Geräusch zu erzeugen.

M: Ist das der Zweck dieser Kugel?

S: Ja. (Pause.) Das hängt irgendwie mit diesem Licht zusammen. Ja, diese Kugel hängt mit dem Licht zusammen. Es fühlt sich gerade so an, als würde ich da stehen und darauf warten, dass irgendetwas kommt. (Pause.) Und ich soll etwas abgeben. Aber ich weiß nicht, ob es die Kugel ist oder einfach eine Information. Ich bin mir nicht sicher, warum die Kugel dabei ist. (Pause.) Ich glaube, es ist eher so, dass ich eine Information abgeben muss.

M: Ist noch jemand anderes bei dir?

S: Es ist gerade noch keiner da, aber ich warte auf jemanden. Es kommt jemand. (Pause.) Ich denke gerade: »Sie muss sich beeilen. Sie müsste jetzt kommen, sonst verpasst sie das mit dem Licht.« Und das ist ... das ist meine Schwester.

M: Erzähl mir von ihr.

S: Ich nenne sie E_____. Ich weiß nicht, ob das ihr richtiger Name ist, aber ich nenne sie so. Ich nenne sie E_____. (Lächelt.) Wir sind immer zusammen! Wir lieben uns sehr! (Kichert.) Und wir haben auch immer sehr viel Spaß zusammen. (Lacht.) Wir nennen das so: »Lass uns doch heute Abend nochmal die Männer bezirzen!« (Schmunzelt.) Es ist ganz verrückt. Und es ist auch eigentlich nicht das, was wir machen sollen! Wir werden dafür auch gerügt, dass wir so oft in diese profanen Sachen verfallen, aber wir haben einfach wahnsinnig viel Spaß daran. Wir gehen sehr gerne zu Festen, und dann ist das wie ein fester Plan, den wir da haben. Dann sage ich zu ihr: »Okay, du gehst jetzt so und so vor und ich mache das und das, und dann treffen wir uns nachher wieder und sehen, ob es auch so passiert ist ... ob es auch so geworden ist, wie wir wollten!« (Ernster.) Das tun wir aber nur mit den Männern und nicht mit den Frauen. Zu Frauen haben wir kein gutes Verhältnis ...

M: (Lachen.) Aufgrund der Dinge, die ihr mit den Männern treibt?

S: (Kichert.) Würde ich sagen, ja.

M: Seid ihr Teil einer Gemeinschaft?

S: Ja, aber wir werden mit Vorsicht betrachtet ... oder vielmehr mit Argwohn. Man vertraut uns nicht wirklich. Man denkt, wir gehören nicht dazu. Niemand weiß, wo wir hergekommen sind, und wir sind auch ... anders. So wird es gesagt.

M: Unterscheidet ihr euch äußerlich von der Gemeinschaft? (Nein) *Wo seid ihr hergekommen?*

S: Wir sind von oben gekommen. Wir sind vom Himmel gekommen. Es ist wie dieses Licht, das ich da gerade sehe. Durch so etwas sind wir gekommen.

M: Warum habt ihr das getan?

S: Wir haben eine Aufgabe bekommen. Wir sollten hier etwas regeln ... oder richten. (Pause.) Etwas ging in die falsche Richtung und dann wurde uns gesagt: »Ihr geht jetzt dahin, und dann müsst ihr das so beeinflussen, dass sich etwas ändert. Sonst haben wir ein Problem ... Das geht nicht mehr lange gut!«

M: Und warum seid ihr dort? Hat das mit dieser Gemeinschaft zu tun?

S: Die Gemeinschaft ist, glaube ich, nicht so wichtig. Es geht um die Machthaber in dieser Zeit. Es war wie ein Infiltrieren oder wie Spionage. Wir sollten uns den Machthabern anbieten, um für sie gewisse Dinge zu erledigen; Dinge, die nur wir tun können aufgrund gewisser Kräfte, die wir haben. Im Grunde genommen sollten wir nur für »oben« Informationen sammeln – und gegebenenfalls die Dinge auch umlenken.

M: Würdet ihr Letzteres eher indirekt tun, indem ihr die Machthaber beeinflusst, oder würdet ihr Dinge aktiv umlenken?

S: Es reicht nicht mit der Beeinflussung. Wir müssen mehr machen. Es läuft auch gar nicht gut ... Das ist etwas, das wir überhaupt nicht hinbekommen. (Seufzt.) Ich glaube, ich bin nicht richtig »dabei«. Insbesondere dieser eine stößt mich total ab. Da denke ich mir jedes Mal: »Oh, nein, das willst du jetzt alles eigentlich gar nicht.« Es ist hier auch wieder ein Bezirzen und ein Auf-sie-Zugehen auf sexueller Ebene, und das will ich gar nicht. Da bekomme ich immer wieder von oben gesagt: »Halt! Wieso hältst du dich mit diesem niederfrequenten Verhalten auf? Setze das bitte um!« Aber es funktioniert nicht. Und E_____ hat auch ganz andere Sachen im Kopf. Sie kann sich darauf einlassen – und das tut sie auch –, aber ihre Kräfte gehen in die falsche Richtung. (Seufzt.) Wir haben auch Sachen zerstört, die wir nicht hätten zerstören sollen ...

M: Zum Beispiel?

S: Gebäude. (Lacht.) Wir fanden es nicht schlimm. Wir fühlen uns eigentlich schon sehr wohl da, weil wir mehr Kräfte haben als die anderen. Und wir spielen auch damit und haben unsere Freude daran. Aber das ist eben nicht der Sinn der Sache ...

M: Ich verstehe. Wie kommt es, dass ihr für diese Aufgabe ausgesucht wurdet?

S: Wir haben uns dafür bereiterklärt. Wir haben gesagt: »Wir machen das!« Wir wurden darauf vorbereitet. Wir wurden sogar sehr lange darauf vorbereitet. Ja, und so ist das geschehen.

M: War zu dem Zeitpunkt schon bekannt, dass ihr ... leicht ablenkbar seid?

S: Nein, ich glaube, das haben wir zurückgehalten. (Lacht.) Das war uns auch klar. Wir waren auch vorher schon, bevor wir da hingekommen sind, sehr eng miteinander. Wir haben uns gekannt – durch und durch. Und ich will nicht ausschließen, dass wir auch da schon ein bisschen gespielt haben und es so haben aussehen lassen, als wären wir absolut dazu in der Lage und würden ... tja, den ganzen Blödsinn weglassen.

M: Erzähle mir von der Mission, auf der ihr euch befindet. Was ist euer Ziel?

S: Das ist jetzt nur ein Teil – und noch nicht mal der größere Teil – aber das kommt mir jetzt direkt. Es geht um die Pyramiden, die dort sind. Und es geht darum, dass die Erdatmosphäre, die Atmosphäre dieser Erde, geändert werden soll. In die Pyramide soll von oben ein Stoff zugeführt werden. Durch ihre Spitze soll der Pyramide ein Stoff zugeführt werden, der die energetischen Bedingungen auf der Erde ändert. Wir sind nicht dafür zuständig, dass dieser Stoff in die Pyramide kommt; das wird alles von oben geregelt. Aber die Pyramide an sich wird von den Irdischen nicht in der Art und Weise benutzt, dass die oben das vernünftig tun können. Und so ist unsere Aufgabe die, dass wir die Basisenergie der Pyramide – oder das, wofür sie genutzt wird – ändern müssen, damit das geschehen kann.

**Bezog Stella sich hier möglicherweise auf die Große Pyramide im heutigen Gizeh? Im *Law of One* wird erwähnt, dass deren ursprünglicher Zweck im Laufe der Zeit verlorengegangen sei (Sitzung Nr. 2). Laut Ra war die Große Pyramide von ihnen selbst vor etwa 6000 Jahren im Rahmen eines nicht-physischen Besuchs auf der Erde konstruiert worden – durch die mentale Manipulation der in den Steinen vorhandenen Energie (Sitzung Nr. 23). Die Intention hinter ihrer Errichtung sei es zum einen gewesen, den zu der Zeit in dieser Region lebenden Menschen einen »möglichst effektiven« Ort der Initiation und Heilung zu geben, an dem sie mit dem Gesetz des Einen und dessen Prinzipien in Kontakt gebracht werden konnten (Sitzung Nr. 3), und zum anderen die Vervollständigung eines »Rings an kristallhaltigen Strukturen um die Oberfläche der Erde«, dessen Konstruktion bereits andere Gruppen der Konföderation in früheren Zeiten begonnen hatten (Sitzung Nr. 2). Obwohl einzelne Pharaonen (wie z. B. Echnaton) das Prinzip des Gesetzes des Einen aufgriffen und zu etablieren versuchten, konnte es sich jedoch innerhalb der damaligen Kultur nicht gegen das vorherrschende polytheistische Weltbild durchsetzen. Dies führte laut Ra letztlich dazu, dass die ursprüngliche Funktion der Pyramide in Vergessenheit geriet und diese von nachfolgenden Herrschenden vielmehr als Symbol der Macht und Repräsentation genutzt wurde (Sitzung Nr. 23).

Stellas Beschreibung ihrer Mission erinnerte mich an die Geschichte der Wesenheit im Kapitel *»Projekt Menschheit«*, die sich gemeinsam mit ihrer Gruppe in die Große Pyramide hineinbegeben hatte, um von dort aus durch die Spitze Energie in die Welt zu geben. Bei Stellas Auftrag schien es genau andersrum zu sein. Hier ging es darum, Energie von außen durch die Spitze der Pyramide in diese *hinein*zugeben. In jedem Fall schien dieses Bauwerk eine wichtige energetische Rolle für die Erde zu spielen bzw. gespielt zu haben. Als Ra im *Law of One* nach der Bedeutung der Großen Pyramide in unserer aktuellen Zeit gefragt wird, erwidern sie, dass diese durch den »Missbrauch für weniger barmherzige Zwecke« und aufgrund von »Verschiebungen im elektromagnetischen Feld des Planeten« mittlerweile wie ein »verstimmtes Klavier« zu betrachten sei, welches »die Melodie zwar noch spiele«, dies aber nur »sehr schlecht« (Sitzung Nr. 4).**

M: Habt ihr einen konkreten Plan, wie ihr das bewerkstelligen wollt?

S: Ja. (Pause.) Aber wir sind zu abgelenkt. Wir reden viel zu wenig darüber. Wir haben eine Vorgabe bekommen, wie das zu tun ist, aber wir beschäftigen uns zu viel mit anderen Dingen. Und deswegen stehe ich jetzt auch wieder in der Wüste und bekomme gleich irgendetwas gesagt. Um uns wieder auf den Weg zu bringen. So fühlt es sich an. (Pause.) Wir beide können große Energie erzeugen – insbesondere gemeinsam! Wir müssen im Grunde auch gemeinsam agieren, um das hinzubekommen. Wir gehören zusammen! Wir müssen es zusammen tun! Wir sind dazu in der Lage, energetische Veränderungen herbeizuführen, die es möglich machen, dass das von oben geschickt werden kann. (Verwirrt.) Aber ich weiß gerade nicht, was uns davon abhält ...? Im Grunde genommen wissen die Irdischen nicht besonders viel mit den Pyramiden anzufangen. Das ist unser Gefühl.

M: Wie nutzen sie aktuell diese Pyramiden?

S: Ich sehe das so, dass es für sie eigentlich eher ein Zurschaustellen von Macht ist, im Sinne von: »Diese Pyramide gehört zu mir, zu meiner Herrschaft, zu meinem Reich!« So fühlt sich das an.

M: Und was ist die eigentliche Intention dieser Struktur?

S: Energie abzugeben. Es ist ein energetisches Konstrukt. Es soll die Irdischen eigentlich weiterbringen. Sie sollen diese Energien aufnehmen und sich weiterentwickeln – in die richtige Richtung. Aber das tun sie nicht. Das passiert nicht.

M: Und deshalb seid ihr nun dort?

S: Ja. (Nachdenklich.) Aber es gibt noch eine andere Aufgabe ... (Pause.) Es ist etwas, das relativ großen Einsatz und Kampf erfordert - also wortwörtlich Kampf, körperlichen Kampf. Wir müssen eine Schlacht schlagen, und ich glaube, auch darauf bereiten wir uns vor. Es ist keine große Schlacht, aber wir müssen ... (Hat Schwierigkeiten, Worte zu finden.) Meine Schwester E_____ bereitet sich definitiv auf einen Kampf vor. Wie ein Drachen. Ich sehe immer einen Drachen.

M: Was für eine Rolle spielt er?

S: Der gehört zu ihrer Energie. Er ist auch nötig, damit sie dieses volle Energiepotenzial entfalten kann. Und ich bin eher ein Schirm. Ich bin ein Schutz. Ich sehe das so: Ich stehe und schütze mit meinen Händen. Ich halte auf und wende ab. Ich kann auch zurückdrängen. Das habe ich schon mal mit dem Meer gemacht. Ich habe das Meer zurückgedrängt. (Kichert.) Ich weiß aber gar nicht, warum ...? Ich glaube, das war auch einfach wieder aus Spaß. (Lacht.)

M: Gegen wen würdet ihr eure Fähigkeiten einsetzen?

S: Das sind noch nicht einmal Irdische. Das ist eine Macht von oben, die dagegen spielt. Gegen das, was uns die gesagt haben, die uns geschickt haben. So, wie auch wir von oben kommen.

M: Von außerhalb des Planeten?

S: Ja. (Pause.) Ich merke diese Kraft gerade so stark in meinen Händen. (Bewegt die Finger.) Das ist der Wahnsinn!

M: Erzähl mir von der Gruppe, die gegen euch wirkt. Was ist ihre Intention?

S: Die Irdischen kleinzuhalten. Sie sollen diese erweiterten Fähigkeiten nicht entwickeln. Unsere Mission ist es, dass sich das friedlich entwickelt. Dass sich die Erde entwickelt. Dass es im besten Sinne der Erde weitergeht und größer wird. Es soll keinen Hass und keinen Krieg geben. (Pause.) Das wollen die anderen aber auch nicht! Sie wollen auch keinen Hass und keinen Krieg. Sie möchten aber nicht, dass die Irdischen Fähigkeiten entwickeln, die über das zu der Zeit Normale hinausgehen und als Zauberei bezeichnet werden.

M: Warum möchten sie das nicht?

S: Wir haben, glaube ich, beide das gleiche Ziel. Wir möchten, dass die Erde sich weiterentwickelt und in Frieden und in Liebe lebt, und wir möchten sehen, wo das alles hinführt. Wir glauben aber, dass das geschehen kann, indem wir den Menschen mehr Fähigkeiten zur Verfügung stellen, und die anderen glauben das Gegenteil. Sie glauben, dass die Menschen kleingehalten werden müssen, weil sie sonst größenwahnsinnig werden.

Das waren überraschende Informationen. Ich dachte zunächst, dass es sich bei der anderen Gruppe, von der sie sprach, wahrscheinlich um eine negativ polarisierte handelte, deren Absicht es war, die Menschen auf der Erde kleinzuhalten, um sie leichter unterdrücken bzw. erobern zu können. So, wie Stella die

Situation beschrieb, erweckte es jedoch vielmehr den Eindruck, als ob hier zwei positiv polarisierte Gruppen miteinander im Konflikt standen, weil sie gegensätzliche Auffassungen davon hatten, auf welche Weise sich die Menschheit zu ihrem eigenen Besten entwickeln würde. Eine neue Facette der »galaktischen Politik«, in dessen Mittelpunkt sich unsere Spezies befand, offenbarte sich.

M: Ich verstehe. Es scheint, als ob ihr euch diesbezüglich nicht einigen könnt.
S: Genau. Und das ist dieser Kampf, vor dem wir stehen könnten.
M: Sind die anderen genau wie ihr auch nur deswegen auf die Erde gekommen?
S: Die anderen sind noch nicht da. Nur wir sind da. Aber wir wissen eben, dass es passieren könnte. Darauf wurden wir vorbereitet, und es wird auch passieren, dass sie kommen.
M: Kommen die anderen dann nur wegen euch? (Ja) *Das heißt, ohne euer Agieren wäre es genauso weitergelaufen mit der Menschheit, wie die andere Gruppe es gerne gehabt hätte?* (Ja) *Was für ein Interesse habt ihr überhaupt an dieser Spezies und dem Planeten?*
S: Ich denke jetzt erstmal nur an uns beide. Für uns war es ein großes Abenteuer. Wir wollten da hin, um zu sehen, wie es dort ist. Und wir wollten auch auf jeden Fall das Beste für die Irdischen. Aber in erster Linie war es für uns ein Abenteuer. Deshalb sind wir gekommen. Die große Mission ist eigentlich die, die Erde zu erhalten, den Planeten zu erhalten – und zu Zwecken des Davon-Lernens, wie sich jetzt diese Irdischen verhalten und entwickeln. Davon wollten wir profitieren, indem wir für uns selbst lernen. Es fühlt sich ein bisschen wie ... ein Puppenhaus an. (Kichert.) Es ist so etwas wie eine Studie, eine Feldstudie, die betrieben wird. Aber nicht im negativen Sinne. Wir wollen ihnen nichts Böses.
[...]

So interessant es auch war, in das Bewusstsein der anderen Wesenheit einzutauchen und mehr über den Kontext ihres Lebens sowie der damit verbundenen Mission zu erfahren, war es jedoch letztendlich an der Zeit, die Handlung voranzutreiben. Ich lenkte Stellas Fokus daher wieder zurück auf die Szene, in der sie sich befand, und bat sie, mir zu beschreiben, was weiter in der Wüste geschah, nachdem das Licht erschienen war.

S: Ich bin froh, wenn meine Schwester dabei ist – wenn ihre Kraft dabei ist –, weil ich gerade nicht wirklich weiß, was auf mich zukommt. (Unsicher.) Ich bin mir jetzt auch nicht ganz sicher, wer kommt. Ob es unsere Leute sind ... oder die anderen? Wenn sie kommen, können wir unseren Schild aufbauen. Ich kann das auch alleine, aber es ist dann nicht so groß wie mit ihr. Dann ist es viel größer und wir haben viel mehr Macht. (Pause.) Ich habe das Gefühl, als bräuchten wir diesen Schutzschild gegen das, was da kommt. Ich glaube nicht, dass gleich dieser Krieg stattfinden wird oder sie uns von hier wegholen wollen, aber es fühlt sich so an, als würde eine Delegation der anderen kommen, um eventuell Verhandlungen zu führen.

M: Wo befindet sich deine Schwester aktuell?

S: Sie kommt einfach zu spät. Sie kommt von irgendwo her. Sie ist zu spät, aber sie kommt. Ich fühle, dass sie kommt.

M: Was geschieht, nachdem deine Schwester zu dir stößt?

S: Wir machen das, was wir immer tun. Wir stehen hintereinander. Meistens sitze ich und lehne mich an sie, während sie hinter mir steht. Dann baue ich diesen Schild auf, und sie baut ihre Kräfte auf, um gegebenenfalls verteidigen zu können. So stehen wir jetzt und warten auf das, was kommt. Sie macht sich eigentlich überhaupt keine Gedanken.

M: Warum, glaubst du, macht sie sich keine Gedanken?

S: Weil sie sowas immer weiß. Sie weiß eher, was kommt, als ich. Sie hat ein Gespür dafür, was kommt. Sie kann das von der Stimmung her vorhersagen. Und sie sagt: »Da kommt jetzt nichts Großes. Mach dir nicht so viele Gedanken! Lass uns einfach hier verharren und abwarten. Da kommt nichts Großes. Es sind unsere. Es sind unsere, die kommen!«

M: Was geschieht?

S: Es ist unser ... ähm ... »Kontakt-Alien«. (Kichert.) Er ist klein und ganz sicher nicht menschlich. Er ist niedlich und höchstens einen Meter groß. Hell und durchscheinend. Und er hat schwarze Augen. Wir sprechen nicht. Das läuft telepathisch. (Pause.) Er kommt und ... ist gut gelaunt! (Erleichtert.) Er ist tatsächlich gut gelaunt. Damit habe ich jetzt nicht gerechnet.

M: Ist das nicht oft der Fall?

S: Na ja, das rührt daher, dass wir meistens wieder etwas falsch gemacht haben und wissen: »Okay, wir können uns denken, was da jetzt kommt.« Er ist diesmal relativ zufrieden. Er sagt uns: »Ihr wisst genau, was ihr seinlassen müsst.« (Pause.) Es ist wohl so, dass sie momentan »oben« mit den anderen verhandeln – auf friedlicher Basis – und dass eigentlich alles ganz gut aussieht. Wir müssten aber einfach mal ein Stück vorwärtskommen. Wir sollen das nicht so lange hinziehen. Und wir sollen auch bewusst nochmal zu den Machthabern gehen. (Grübelt.) Aber warum ...? (Pause.) Wir sollen nochmal zu ihnen gehen und mit ihnen sprechen und sie in Sicherheit wiegen und so tun, als würden wir alles geben, um die Aufgaben, die sie uns gegeben haben– (Unterbricht sich.) Ah! Okay ... Was sie von uns wollen, diese Machthaber, ist nicht so gewaltfrei und schön. Da werden Sachen verlangt, für die wir eigentlich gar nicht da sind: zum Beispiel Menschen verschwinden lassen – und das haben wir auch schon getan. Wir haben schon Menschen verschwinden lassen. Nicht umgebracht! Verschwinden lassen. (Nachdrücklich.) Wir haben ihn nicht umgebracht. Wow, das ist so ein Durcheinander ...

M: Sind das Dienste, die von euch verlangt werden?

S: Ja, genau. Die werden von uns verlangt.

M: Und das ist im Rahmen dessen, was ihr tun dürft oder sollt? (Ja) *Mit welchem Ziel?*

S: Das verstehe ich auch nicht. (Nachdenklich.) Das Ziel ist mir noch nicht klar ...

M: Geht es darum, Vertrauen zu gewinnen?

S: Ablenkung. Vertrauen. Und es hat auch so ein bisschen was von: »Wenn wir diese Dienste jetzt für euch im Vertrauen ausführen und ihr aber nachher herausfindet, dass wir an den Pyramiden

Sachen ändern wollen, und ihr das nicht wollt ...« Also so eine Art gegenseitiges Ausspielen: »Ich weiß, dass du mit unserer Hilfe Menschen verschwinden lässt. Dann lass uns bitte auch die Pyramiden.« Irgendwie so etwas ist das.

M: *Worüber sprecht ihr noch mit eurer Kontaktperson?*

S: Er sagt, dass er möchte, dass wir bald wieder mitkommen. Wir sollen das nicht mehr lange machen. Wir sollen das zu Ende führen. Es sollte eigentlich auch nicht so ein großes Ding werden. Wir haben das viel zu lange herausgezögert. Es dauert viel zu lange ... (Pause.) Es geht auch darum, wohin wir dann zurückgehen. Das ist nämlich noch nicht ganz klar. Sie haben uns von Sirius geschickt, aber es ist noch nicht klar, ob wir dann wieder dorthin zurückgehen können oder sollen.

M: *Wisst ihr, warum nicht?*

S: Es gibt da nichts mehr für uns zu tun. Wir sind da gewesen, um zu lernen. Was wir lernen konnten, haben wir gelernt, und damit ist es erledigt. (Pause.) Ich will eigentlich zurück, aber meine Schwester will nicht. Und das macht es schwierig, weil ich sie auf keinen Fall im Stich lassen werde und wir ja zusammengehören.

M: *Möchte sie nicht mehr zurück nach Sirius oder nicht von der Erde weg?*

S: Sie möchte noch nicht von der Erde weg. Sie möchte das noch ein bisschen weiterspielen. Es macht ihr einfach furchtbar Spaß! Mir macht es auch Spaß, aber ich habe halt auch Sehnsucht danach, zurückzugehen. (Pause.) Wir waren auch schon da oben ... einfach nur als Licht. Aber als Eins. Irgendwo da oben im Universum ... Wir waren Licht. Und wir waren eins. Das war absolute Glückseligkeit! Das vermisse ich.

M: *Das klingt, als ob ihr eine Form annehmen musstet, als ihr hier auf diesen Planeten gekommen seid.* (Ja) *Aber nur temporär?* (Ja) *Kannst du mir die Gestalt deiner Schwester beschreiben?*

S: Sie sieht mir sehr, sehr ähnlich. Wir sind fast gleich. Sie ist so groß wie ich. Sie ist auch sehr schlank. Ihre Haare sind ein bisschen kürzer. Ihre Augen sind blauer. Meine sind sehr grün. Ansonsten ist die Gesichtsform gleich. Sie hat ein schmales

Gesicht mit schmalen Augen und einer spitzen, langen Nase und schmalen Lippen. Wir sind uns sehr, sehr ähnlich.

[...]

Ich bat sie, mir zu beschreiben, was bei diesem Treffen mit der Kontaktperson in der Wüste noch geschehen würde.

S: Er möchte wissen, was wir vorhaben. Was wir jetzt als nächstes tun. Und auch da fehlt uns ein bisschen der Plan. (Kichert.) Im Grunde genommen sagen wir: »Wir müssen zu – mir kommt die ganze Zeit der Name Ramses in den Kopf, aber ich bin mir nicht ganz sicher – zu Ramses gehen und das Ganze intensivieren, damit wir ohne Probleme– (Unterbricht sich frustriert.) Ich verstehe nicht, warum das so ein großes Ding ist! Warum können wir nicht einfach zu den Pyramiden gehen und das energetisch ändern?! (Seufzt.) Für mich stellt sich das alles sehr verwirrend dar. Es fühlt sich gerade irgendwie so an, als hätte ich überhaupt keinen Plan. Als wüsste ich gar nicht wirklich, was ich da tue. Und meiner Schwester geht es nicht wirklich besser ...

M: Kann eure Kontaktperson euch helfen?

S: (Pause.) Er sagt jetzt: »Dann tut es einfach. Tut es. Macht das mit den Pyramiden. Wir versuchen es.« (Pause.) Er sagt auch noch ein Wort, das ich nicht verstehe, ... (Angestrengt.) Ayosana? (Phonetisch.) Ayosana! Das ist der Prozess, glaube ich. Wie das gemacht wird. Ich habe keine Ahnung. (Pause.) Wir sollen hiernach also zu Ramses gehen und ihn ablenken. Wir sollen ihn beschäftigen – *lange* beschäftigen – mit dem, was wir tun und was wir für ihn sind. Wir sollen diese wahrscheinlich intimen Beziehungen knüpfen, um ihn abzulenken von dem, was passiert – oder von dem, was wir tun.

M: Damit meinst du das, was ihr mit den Pyramiden vorhabt?

S: Ja, genau. Weil er das nicht will. (Grübelt.) Spürt er das denn überhaupt? Keine Ahnung, warum das so wichtig ist. [...]

M: Beschreibe mir, wie die Begegnung mit dem Wesen endet.

S: Wir haben Handkontakt mit ihm. Wir berühren uns so. (Legt beide Handflächen aneinander.) Damit überträgt er etwas. (Konzentriert.) Ich muss das gerade mal fühlen ... (Pause.) Er überträgt einfach nur Liebe. (Emotional. Lacht.) Das ist aber auch manipulativ! Ich habe das Gefühl, damit bringt er uns wieder in die Spur. (Pause.) Das war die Verabschiedung. Wir wissen, dass er wiederkommt. Wir sollen uns beeilen. Wir drehen uns um und haben es schon wieder vergessen! (Lachen.)

[...]

Ich wies Stella an, die Zeit zu verdichten und zu einem bedeutenden Ereignis in der Existenz weiterzuspringen.

S: Wir sind jetzt bei Ramses. Ja, das ist Ramses. Wir sind da jetzt beide, und wir haben eine ganz besondere Position– (Hustet.) Das war wegen der Dämpfe. Da sind irgendwelche Dämpfe! (Mehr Husten.) Das schleppe ich schon lange mit. Auch, wenn ich mich da gar nicht aufhalte und irgendwo anders bin, habe ich immer dieses Kratzen im Hals von diesen– (Unterbricht sich. Grimasse.) Die haben da Räucherdinger oder so ein Zeug.

[...]

Ich schaltete den Raumlüfter des Sitzungsstudios ein und gab ihr beruhigende Suggestionen, um die Atembeschwerden zu lindern. Anschließend bat ich sie, die Räumlichkeiten zu beschreiben, in denen sie sich befand.

S: Es ist alles sehr hoch. Sehr hohe Räume! Und da ist nicht viel Schnickschnack. Es sind klare Formen. Alles ist klar aufgebaut in diesem Gebäude. Also nicht etwa irgendwie verschlungen, sondern quadratisch oder viereckig und ganz klar zueinander angeordnet. Es hat irgendein System, wenn du es von oben betrachten würdest. Du merkst es aber auch, wenn du darin bist. Und es gibt relativ viele lange Gänge, die zu Räumen führen. Der höchste Raum ist der, in dem er Audienz hat. Keine Ahnung, ob man das jetzt Thronsaal nennt, aber dieser Raum ist sehr hoch und es fällt auch sehr viel Licht rein. Dieser Raum ist also nicht abgeschlossen, sondern er ist nach außen offen.

M: Was für Materialien siehst du verarbeitet?

S: Es ist helles Gestein. Es ist sehr helles Gestein. Beige. Marmor? Nein, es ist kein Marmor. Es ist Sandstein. Ich kann das nicht richtig benennen. Es sind Säulen, und der Raum, in dem er Audienzen hat, liegt ganz vorne in diesem ... Bereich, Tempel – keine Ahnung, wie man das nennt. Ich sehe ganz klar, wie man da reingeht, wie man offiziell reingeht. Es gibt auch Nebeneingänge, aber man geht offiziell über viele, flache, breite Stufen nach oben. Und dann befinden sich da auch Säulen und – natürlich – Wächter. Man geht aber offen rein. Da ist jetzt keine Tür. Es ist offen und man geht rein … dann durch einen schmaleren Gang … und kommt dann in diesen offenen Bereich, in dem er seine Audienzen abhält. Da waren wir früher auch immer, als wir noch nicht zum Hof gehört haben. (Starkes Husten.) Man läuft dann auch noch ziemlich lange, bis man in die eigentlichen ... Wohnräumlichkeiten kommt. (Pause.) Vorne ist auch ganz viel, wo nichts ist. Da sind einfach nur Säulen. Es hat keinen Sinn. Es sieht einfach nur hübsch aus.

M: Repräsentativ.

S: Genau, repräsentativ, ja. Man läuft und läuft und läuft, und dann kommen diese ... strukturiert angelegten Räumlichkeiten. Und wir gehören auch nicht – oder besser: wir *wollen* es auch gar nicht erst; das ist uns sehr wichtig! – zu diesen vielen Frauen gehören, die ihm alle gehören ... Wir haben also eine Art Sonderstellung, die aber innerhalb des Hofes nicht anerkannt wird – auch von seinen Beratern nicht! Schon aufgrund dessen, weil wir eigentlich nicht zu diesem ... Volk gehören. Das weiß man. Zudem haben wir diese spezielle Stellung als Frauen – das ist auch nicht gerne gesehen. Es ist tatsächlich auch eine intime Beziehung mit uns beiden, die er hat – was wir in Kauf nehmen. (Überrascht.) Ach, guck mal! Dann haben wir uns scheinbar doch ein bisschen an die Regeln gehalten ... (Lachen.) Ich finde das alles nicht toll, aber es ist okay, denn ich bin mit meiner

Schwester zusammen. Das ist für mich die Hauptsache: dass ich mit ihr zusammen bin.

M: *Hättet ihr euch auch männliche Körper aussuchen können?* (Nein) *Obwohl es so vielleicht einfacher gewesen wäre, anerkannt zu werden?*

S: Wir sollten als Frauen dorthin gehen. Und es läuft auch alles so, wie wir es wollen.

M: *Diese intime Verbindung war also ein Bestandteil des Plans?*

S: Genau. Die war ein Bestandteil des Plans. Das haben wir jetzt erfüllt, und es läuft auch so, wie wir das wollen. Das hat irgendwie auch wieder einen manipulativen Charakter. Wir nutzen seine Schwäche in diesen intimen Momenten absolut aus und schieben ihm was unter – gedanklich und energetisch. Wir beeinflussen ihn also und er bekommt es gar nicht mit.

M: *Was verändert sich dadurch?*

S: Wir müssen diese Menschen nicht mehr verschwinden lassen. Ich bin sehr froh. Und er ... Wir schneiden da immer etwas ab, wenn wir merken, dass er wieder versucht, zu viel an sich zu reißen. Er hat diesen Größenwahn. Er will immer mehr und immer größer ... und geht dabei über Leichen. Wir beeinflussen auch die Stimmung innerhalb dieses Hofes, weil die sehr schlecht war. Gerade das Verhältnis von ihm zu den Frauen war ein einziges Ausnutzen. Und auch das Behandeln der Untergebenen und der Bediensteten war sehr unmenschlich! Es war alles sehr ... hart. Da hatten auch seine Berater mitgemischt.

M: *Inwiefern beeinflusst ihr diese Dynamik?*

S: So, dass es friedlicher ist. Dass es positiver ist. Dass es freundlicher ist.

M: *Schafft ihr das?*

S: Nicht immer. Nicht immer, nein. Ich empfinde es am schwierigsten, diese Energie die gesamte Zeit über aufrechtzuerhalten. Ich merke, wenn ich das tue und versuche, ihn zu beeinflussen, ist er immer nur kurz beeinflussbar. Man muss diese Verbindung mit ihm immer wieder neu herstellen, weil dieses Energiefeld, diese Energie, die man da übertragen hat, so schnell wieder weg ist.

M: Ist das generell der Fall bei Menschen oder ist das speziell bei ihm so?

S: Es ist generell so, wobei man an die Menschen, die – positiv ist so ein blödes Wort ... freundlich auch –, ich sage jetzt mal, an die »guten« Menschen ... die, die nicht an Gewalt denken und einfach mehr Liebe als Hass im Herzen haben, leichter rankommt – aber auch nicht *länger*, habe ich das Gefühl!

M: Birgt eure Position am Hof auch eine gewisse Gefahr für euch? Du sagtest, nicht alle sind mit eurem Einfluss einverstanden.

S: Ja. Wir haben permanent Bedenken, dass sein Berater ... (Pause.) Oliris ... O-li-ris ... (Phonetisch.) Oliris redet Ramses ständig ein, dass das ganz übel mit uns ist, und versucht, ihn gegen uns einzunehmen. Wir haben keine Freunde. Sie merken zwar, dass wir nichts Negatives machen, und sie merken auch, dass wir die Stimmung verbessern – ohne zu wissen, *wie* wir das machen –, aber das Misstrauen bleibt trotzdem. Es öffnet sich uns keiner, aber ich glaube, wir wollen das auch gar nicht. Nein, wir wollen das gar nicht. Da sind wir sehr fokussiert auf uns. Das ist uns auch sehr wichtig! Wir akzeptieren auch keine anderen Freundinnen daneben.

M: Außer dem allerhöchsten Herrscher habt ihr also keine Verbündeten? (Nein) *Seid ihr verwundbar? (Ja) Man könnte euch angreifen und ihr würdet damit diese Existenz verlassen?* (Ja) *Wie schützt ihr euch davor?*

S: Ich habe dieses Energieschutzschild. Damit kann ich einiges abwehren, ich bleibe aber trotzdem verwundbar. Ich muss diese Energie aktiv aufbauen, denn sie ist nicht ständig bei mir! Und wenn sie nicht da ist, bin ich verwundbar. Diese Energie ist immer viel größer, wenn meine Schwester bei mir ist. Dann kann ich sie auch besser halten. Ich brauche sie also dafür. Und sie ist dann da mit drin. Ich schütze sie mit.

M: Wäre das Besuchen dieses Tempels oder Palastes eine Situation, in der du diesen Schutz aufrechterhalten würdest?

S: Nein, denn das Gute ist, wir spüren beide, wenn Gefahr naht. Sie noch mehr als ich. Sie kann das ein bisschen ... früher fühlen. Ich spüre es meistens erst in der Situation selbst. Ich spüre, ob mir jemand etwas Gutes oder Böses will. Ich spüre das dann schon, aber sie kann es meistens vorhersagen.

[...]

Wir fokussierten uns wieder auf die Handlung. Ich bat Stella, mir zu beschreiben, was an diesem Tag am Hof geschehen würde.

S: Wir sind gerade aufgestanden und ziehen uns an. Wir machen uns fertig und dann gehen wir los. Wir sind gerufen worden. Wir sollen zu ihm kommen. Wir gehen los. Das findet nicht im Audienzsaal statt. (Konzentriert.) Ich muss gerade mal schauen, wie wir laufen ... Es ist ein kleinerer Raum. Da ist eine große Tafel. Er ... er speist und bittet uns auch, uns zu setzen. Er bietet uns aber kein Essen an. Wir sitzen uns gegenüber. Er sitzt am Kopfende, meine Schwester sitzt links von ihm und ich sitze rechts von ihm. Er sagt erstmal gar nichts. Er isst und ... (Seufzt.) Irgendwie kennen wir das schon; so läuft es anscheinend öfter ab. (Pause.) Er sagt, er wird jetzt länger weg sein. (Grübelt.) Wo geht er denn hin? Er sagt, er wird länger weg sein, aber wir wären ja sicher aufgehoben und Oliris und seine anderen Berater sind da. (Pause.) Wir fragen, ob wir dann auch gehen dürfen.

M: Mit ihm?

S: (Kichert.) Nein, woanders hin. Moment. Ich muss ihn erstmal reden lassen. (Pause.) Nein, er möchte eigentlich nicht, dass nochmal das passiert, was auch das letzte Mal passiert war: dass wir uns einfach entfernen. Er fragt, warum wir das denn überhaupt tun würden. Und wir sagen ihm, dass wir einfach zu unserer alten Wohnstätte zurückgegangen sind. Wir sagen, es gab irgendeine Festivität, bei der wir dabei sein wollten. Er sagt dann, dass wir das nicht dürfen. Das wollen wir natürlich nicht. Wir wollen uns das nicht vorschreiben lassen. Ich sehe aber auch gerade, dass wir uns ansehen und nicht wirklich wissen, wie wir uns verhalten sollen ... Wir beschließen, das alles auf sich beruhen zu lassen, sagen ihm aber auch nicht, dass wir dableiben werden. Für ihn ist es jedoch damit erledigt, dass er gesagt hat: »Ihr bleibt hier!« Damit ist das Ganze dann auch schon beendet und wir dürfen gehen. Wir denken jetzt darüber nach, was das für uns bedeuten könnte, dass er nicht da ist ... Wenn er nicht da ist, werden eigentlich auch keine Entscheidungen getroffen. Seine Berater treffen an seiner Stelle keine Entscheidungen. Das wird alles aufgeschoben, bis er wieder da ist. (Seufzt.) Wir überlegen jetzt tatsächlich, ob wir Oliris irgendwie beseitigen sollten, während Ramses nicht da ist. Ob wir das nicht irgendwie tun könnten, ohne dass es groß jemandem auffällt und einfach nachher gesagt werden kann, er wäre verschwunden.

M: *Um es für euch einfacher zu machen?* (Ja) *Wärt ihr nicht die Hauptverdächtigen, wenn es darum geht, Leute verschwinden zu lassen?*

S: Mit Sicherheit, ja. Ich sage meiner Schwester auch, dass ich keine Lust mehr auf sowas habe. Da ist wieder dieses Thema des Leute-verschwinden-Lassens. Ich finde auch wieder, wir sind schon viel zu lange an diesem Hof, und es wurde uns ja eigentlich auch gesagt, dass wir bald wieder zurückgehen können. Eigentlich sollten wir doch jetzt – ich weiß gar nicht, wie wir das genau machen – wieder den Kontakt zu unserem Führer von oben suchen, um da nochmal Rücksprache zu halten. Es stimmt, es ist eigentlich ein total blöder Gedanke, das zu tun ... (Erstaunt.) Aber wir haben das überlegt.

M: *Erfahrt ihr mehr darüber, wo Ramses hinreist? Ist das relevant?*

S: Es fühlt sich relevant an, aber ich sehe nichts und ich kann mich auch nicht erinnern. Er hat es uns nicht gesagt, aber es fühlt sich schon relevant an ... (Pause.) Es ist ein Treffen mit einem anderen Machthaber. (Grübelt.) Gibt es da überhaupt jemand anderen in der Nähe? Es ist jedenfalls ein anderer Machthaber, eine andere Macht, mit der er sich trifft.

M: *Und das ohne seinen Hofstaat?*

S: Nein, nicht ohne seinen Hofstaat, aber seine Berater sind dageblieben – zumindest zum größten Teil. (Pause.) Ich wollte zu diesem Zeitpunkt auf jeden Fall zurück. Ich wollte nicht mehr. Und meine Schwester sagt immer noch: »Lass uns hierbleiben.« (Verwirrt.) Ich erwidere: »Aber das ist total sinnlos! Wenn du das Ganze betrachtest, ist das doch ein einziges Chaos!« Das war ohne Sinn und Plan und Verstand, was wir da gemacht haben.

M: Es wirkt in der Tat etwas vertrackt.

S: Ja. Chaotisch.

M: Was geschieht dann? Wie endet dieser Tag für euch?

S: Dieser Tag endet ganz normal für uns. Wir haben die Entscheidung verschoben.

M: Meinst du die Entscheidung in Bezug auf Oliris?

S. Ja, genau. Und auch die Entscheidung dahingehend, was wir tun sollen. Wie wir die Zeit für uns nutzen sollten, während Ramses nicht da ist.

[...]

Ich wies sie an, die Zeit zu verdichten und zu einem weiteren bedeutenden Tag der Existenz zu springen.

S: Wir sind wieder in der Wüste, meine Schwester und ich. Und ich gehe ... Ich darf gehen! Wieder zurück. (Pause.) Dieses Licht ist wieder da ... und ich kann in dieses Licht gehen. Meine Schwester bleibt aber zurück. (Betrübt.) Sie bleibt da. Aber ... ich will zurück. Ich kann nicht mehr! (Großer Seufzer.)

M: Das bedeutet, dass sich eure Wege trennen?

S: Ja. Sie sagt: »Bleib doch!«, aber ... ich kann nicht mehr. Ich muss gehen. Ich hätte so gerne, dass sie mitkommt, aber ... sie kann nicht gehen. Sie muss dableiben.

M: Was drängt dich dazu, gehen zu wollen? Und warum will sie bleiben?

S: Für mich war es alles zu viel und so sinnlos. Ich habe keinen wirklichen Sinn darin gesehen, weil ich nicht wirklich wahrgenommen habe, dass sich irgendetwas verändert hat. Die Sache mit den Pyramiden haben wir nicht fertiggestellt ... und das, was wir verändert haben, war nur punktuell und hat sich nicht auf die Entwicklung dieser Menschen ausgewirkt. Wir haben versucht, etwas besser zu machen, aber ich habe nicht gesehen, dass wir dauerhaft etwas verändern konnten. (Seufzt.)

Das hat mich absolut traurig gemacht und ich fand es furchtbar sinnlos. Ich hatte auch sehr viel Heimweh gehabt und wollte einfach zurück. Ich wollte weg von der Erde und weg von diesen Menschen und weg von Ramses und ... diesen ganzen anderen Verrückten da! Ich wollte einfach nicht mehr dableiben. Sie war, glaube ich, der Meinung, dass man da noch etwas verändern könnte, und deshalb ist sie dageblieben. Sie wollte es dann allein versuchen.

M: Ich verstehe. Für dich war die Mission also gescheitert, aber sie denkt, dass sie damit noch erfolgreich sein kann.

S: Ja. Obwohl uns eigentlich bewusst ist, dass wir allein gar nicht so gut sind wie zusammen. Das hat aber auch nichts geändert.

M: Beschreibe mir, was geschieht, nachdem du gehst.

S: (Seufzt.) Es dauert erstmal ganz lange, bis ich irgendwo ankomme. Das ist jetzt einfach nur ein ganz schnelles Nach-vorne-Bewegen. Es ist ganz still.

M: Auf welche Art und Weise bewegst du dich?

S: Vorwärts. Wie durch eine Röhre. Ganz schnell. Es ist aber keine Röhre. Es ist unendlich weit und es ist dunkel. Aber es fühlt sich so an, als würde ich mich in einem Raum, in nur einer Röhre, nach vorne bewegen, in dieser ... Unendlichkeit. Also ganz gezielt vorwärts und ganz schnell und ... das Abgefahrene ist, dass ich dieses Leben mit meiner Schwester gefühlsmäßig direkt hinter mir gelassen habe. Also jetzt gerade bin ich in so einem »Nichts-Gefühl«. Da ist gar nichts. Keine Belastung. Als ich eben gegangen bin, war das ganz schlimm, aber jetzt ist es direkt weg! Ich weiß es noch. Es ist also nicht so, als ob ich es vergessen hätte. Das Wissen ist da, aber das Gefühl ist weg.

M: Wie nimmst du dich selbst wahr in dieser Situation?

S: Als Licht. Das ist ein Lichtfunke.

M: Die Form, die du auf der Erde hattest, hast du also auch zurückgelassen?

S: Ja. Ja! Es ist einfach nur ein Licht. Von der Größe her gefühlt wie ein Tennisball oder so. So fühlt es sich zumindest von der Weite her an. Und auch diese Röhre, in der ich mich scheinbar »bewege«, ist etwa so groß. (Pause.) Es fühlt sich so an, als gäbe es diese unsichtbaren Röhren auch überall neben mir. Als wäre das wie so eine Art Bienenstock in der Unendlichkeit mit ganz vielen Röhren, durch die sich Lichter bewegen.

M: *Wohin führt dich deine Röhre?*

S: (Pause.) Ich sehe es noch nicht. Dieser Weg dient dazu, mir bewusst zu machen oder mich zu entscheiden, wohin ich gehen möchte. Er geht so lange, bis ich mich entschieden habe. So fühlt es sich an.

M: *Es gibt also kein festgelegtes Ziel?* (Nein) *Wofür entscheidest du dich?*

S: (Seufzt.) Zu Sirius will ich nicht mehr zurück, weil sie nicht mehr dabei ist. Das heißt, ich bin jetzt allein. (Seufzt.) Ich würde jetzt furchtbar gerne zu meinem Planeten zurückkehren. Dorthin, wo ich war, bevor ich meine Schwester getroffen habe. Das lag davor. Da war ich alleine und sehr glücklich. Ich weiß aber nicht, ob ich dorthin zurückkehren kann ...

[...]

Ich fragte sie, ob sie es versuchen wolle. Als sie dies bejahte, bat ich sie, mir zu beschreiben, was nach dieser Entscheidung geschah.

S: (Pause.) Es kommt jetzt ein Planet ins Blickfeld. (Seufzt.) Also, das ist gefühlsmäßig nicht ganz einfach! Ich will wieder dahin, aber es hält mich andererseits auch etwas zurück ... Es ist gerade schwierig. Und das merke ich jetzt auch in dieser Röhre. Es wird langsamer, weil ich mir wahrscheinlich nicht ganz sicher bin. So fühlt sich das an. (Seufzt frustriert.)

M: *Was würde dich davon abhalten, zurückzukehren?*

S: Ich habe Bedenken, dass es dort nicht mehr so ist, wie es war. Dass es mich schockieren oder traurig machen würde. Ich mache das jetzt nicht an Personen – oder: Wesen – fest, die nicht mehr da sind. Darum geht es nicht, sondern um den Planeten an sich, glaube ich. (Seufzt.) Von diesen Wesen, die dort für mich wichtig waren, weiß ich, dass es sie gab, sie aber nicht mehr da sind. Ich weiß, dass ich sie wiedersehen werde – in irgendeiner Form, in irgendeiner Zeit. Aber ich habe Angst, dass der Planet sich verändert hat und nicht mehr so ist, wie ich ihn kannte ..., und dass ich dann die falsche Entscheidung getroffen habe. Ich entscheide mich nämlich *jetzt* gerade für meinen nächsten Seelen- oder Lebensabschnitt. Das läuft nicht so, dass ich da drauf und direkt wieder wegkann! (Seufzt.) Aber ich denke, ich werde es tun. (Pause. Erleichtert.) Er sieht noch so aus, wie er damals aussah. Die Oberfläche erscheint in der Farbe einer Grapefruit oder so ähnlich ... da ist ein bisschen rosa ... mit viel Weiß. (Pause.) Das ist jetzt wie so ein Fallenlassen. Ich merke, die Röhre ist jetzt zu Ende und ich muss mich einfach fallenlassen.

M: In Richtung des Planeten?

S: Ja, aber langsam. Ich falle langsam ...

M: Wie nimmst du dich in diesem Moment selbst wahr?

S: Jetzt schon wieder körperlicher. Es ist eher wie ein Körper, aber ein anderer Körper als vorher. Kleiner. Kompakt. (Pause.) Er ist relativ kompakt in der Mitte. Er ist menschenähnlich. (Prüfend.) Es gibt Arme, es gibt Beine. Er hat keine wirkliche Kontur. Es verschwimmt und ... ist hell! Es strahlt. Es ist schon eine Art Licht. (Seufzer.) Ich sehe auch nur Beine und nicht wirklich Füße ... auch nur Arme und nicht wirklich Hände. (Fokussiert.) Und mein Kopf ... ist auch relativ klein ... und hell! Das geht so in die Richtung von Weiß, vielleicht ein bisschen bläulich. Ja, es ist alles hell-bläulich in Richtung Weiß. So sieht das aus. Es flimmert. Es ist verschwommen. Als würde der Körper an sich permanent sichtbar Energie abstrahlen.

M: Hat der Körper so etwas wie eine Oberfläche?

S: (Nachdenklich.) Ja ... Ja!

M: Beschreibe mir ihre Textur.

S: Körnig. Im Ganzen schon glatt, aber kleinporig, wie Poren oder Körner. Es fühlt sich auch eher wie eine Oberfläche an; also nicht so, als wäre da viel drin, sondern eher, als wäre es leer. Und mein Blickwinkel ... Ich gucke anders. Das ist wie eben in der Röhre. Es beschränkt sich auf ein schmales Sichtfeld, das nur so nach vorne geht. (Gestikuliert.) Ich habe also nicht so ein großes Sichtfeld, wie ich es vorher hatte.

M: Warum ist das so?

S: Der Kopf ist viel schmaler und länger, aber die Augen scheinen auch anders auszusehen. Daran muss es irgendwie liegen.

[...]

Ich wollte mehr über die äußerliche Erscheinung des Wesens in dessen Heimatwelt erfahren und bat Stella, mir ihre Sinnesorgane zu beschreiben.

S: Die Augen sind schmaler und stehen nach vorne. Sie gehen nach vorne raus und sind dunkel. Das ist auch eher eine Fläche statt einer Iris, Pupille usw. Es ist eine glänzende Farbfläche. (Pause.) Ich kann riechen, aber ich habe in diesem Sinne keine Nase. Es gibt eine Öffnung – oder eher *zwei* Öffnungen –, aber das ist keine Nase, die nach vorne steht. Also die Augen stehen mehr nach vorne, aber die Nase ist nicht da. Und einen Mund sehe ich auch nicht. Nein, das ist kein Mund. (Prüfend.) Keine Ohren. Nein, keine Ohren – aber ich kann hören. Nein, halt! Das ist ein Hören *im* Kopf, nicht wie das menschliche Hören.

M: Du meinst, du kannst innerlich Klangwellen empfangen?

S: (Grübelt.) Aber scheinbar nicht aussenden. Ich muss doch irgendwie kommunizieren können?! (Pause.) Telepathisch wahrscheinlich.

[...]

Wir verlagerten den Fokus von ihrer Erscheinung auf ihre Umgebung und ich bat sie, mir zu beschreiben, was geschah.

S: Es sind ganz viele Schichten, durch die ich gehe. Alle sind ganz dünn. Also ganz viele dünne Schichten, durch die ich ... falle, die sich aber alle gleich anfühlen. (Konzentriert.) Der Himmel ist, wenn ich gelandet bin, so rosa-weiß-Grapefruit-mäßig, wie auch der Planet an sich aussah, aber unten sieht es dann doch etwas anders aus. Das ist alles getönt in Rosa ... und da, wo ich gelandet bin, sieht es aus wie eine Wüste. Es ist keine Wüste, aber es ist trocken. Da ist kein Baum oder so etwas. Es ist ganz trocken. Da ist auch kein Wasser. (Pause.) Es ist noch, wie es war! Aber ich muss laufen. Moment. (Pause.) Nein, ich muss nicht laufen. Ich kann den Ort einfach wechseln.

M: Wie machst du das?

S: Indem ich es einfach denke.

M: Gibt es einen bestimmten Ort, an den du dich begeben möchtest?

S: Ja, es gab hier einen Ort mit viel Wasser und Grün, und den will ich jetzt suchen. (Pause.) Es gibt ihn auch noch, er ist aber irgendwie anders. Er hat sich etwas verändert. Damals gab es sehr viele Wesen hier, die so waren wie ich, und jetzt gerade bin ich alleine. (Seufzt.) Es ist keiner da ...

M: Welche Bedeutung hat dieser Ort für dich?

S: Es ist der, wo ich mich auf diesem Planeten aufgehalten habe.

M: Als Teil einer Gemeinschaft?

S: Ja, sie ist aber nicht mehr da. Das waren sehr viele! Und es war alles sehr, sehr harmonisch.

M: Womit habt ihr euch beschäftigt?

S: Einfach nur mit unserem Dasein. Es war Harmonie, es war Liebe, es war einfach nur Existieren. Es gab in diesem Sinne keine Beschäftigung. Es wurde Liebe ausgetauscht, und das war quasi unser Leben. Es ging nur um Gefühle. Das waren alles nur Gefühle, und das war alles. Es gab keine Bedürfnisse – also keine menschlichen Bedürfnisse wie Schlafen oder so etwas. [...] Es gab eine Art von körperlicher Liebe. Die kann man aber so nicht wirklich beschreiben. Es gab eine Art des Zusammenkommens, um dieses Gefühl zu erschaffen, diese Liebe und dieses Eins-Sein. Das ist das, was uns erfüllt hat.

M: Gab es dabei auch den Aspekt der Fortpflanzung?

S: Nein. Es war ein dauerhafter Zustand des Schwebens und der absoluten Glückseligkeit, des Austauschs von Liebe. Es ging nur darum. Man könnte eigentlich sagen: »Vollkommen sinnlos!« Aber andererseits ist es ja das, was wir alle wollen. Es war perfekt! (Emotional.) Für mich war es perfekt.

M: Was ist geschehen? Warum ist es nun anders, nachdem du zu diesem Ort zurückgekehrt bist?

S: (Konzentriert.) Es wurde dunkel. Das Licht ist weggegangen, und dann war da nur noch Chaos. (Pause.) In dem Dunkel gab es eine Menge Lichtblitze. Wir kannten das. (Seufzt.) Wir wussten, was das ist. Es wurde dunkel. Es war, als hätte jemand auf einmal den Himmel verdunkelt. Wir hatten vorher keine Dunkelheit. Und dann ... war ich einfach weg! Ich war nicht mehr da. Ich war nicht mehr an diesem Ort auf diesem Planeten. Ich war ... im Nichts.

M: Wie ist das passiert?

S: Das Dunkel hat mich ... »weggemacht« - ich weiß nicht, wie ich das anders beschreiben soll. Es hat sich ausgebreitet. Ich sehe da aber keine Wesen. Es war einfach nur dunkel, und das hat uns alle da ... »weggemacht«. Ich weiß nicht, was mit den anderen passiert ist, aber ich bin gefühlt alleine gegangen. Ich bin alleine gegangen und ich war weg! Und dann hat es sich so angefühlt, wie gar nichts zu sein ... nichts. Da war auch kein Licht oder so. Es war einfach nichts. Ich war da. Ich war irgendwo. Aber ich war nichts. [...] Ich war nur ... dieses Nichts. Ich weiß nicht, wie ich das beschreiben soll. Ich war nicht mehr existent. So hat sich das angefühlt. (Seufzt.)

M: Was ist dann geschehen?

S: Es hat sich lange so angefühlt, dass nichts passiert ist. Und dann war das wie eine Neugeburt, denn ich war nicht mehr da gewesen. Also irgendwas war noch da, denn ich konnte noch denken, aber ich konnte überhaupt nichts greifen, und dann hat es sich angefühlt wie eine Wiedergeburt. Da war dann auch wieder ein Licht! (Seufzt.) Und dieses Licht ... Da hatte ich keine Wahl. Ich glaube, ich hätte auch gar keine Wahl treffen können, wo ich dann hingehe oder was mit mir passiert. Es war einfach so: Ich bin wieder ein Licht geworden und dann ... ist das schnell geworden. Das Licht ist ganz schnell geworden. Und es ist dann gezielt – *gezielt!* – auf die Erde. Es ist nicht gefallen, sondern es ist wie ... geschossen worden! Ja, das muss dann die Erde gewesen sein, auf die ich gegangen bin. Es fühlt sich auch nicht so an, als wäre jemand anderes daran beteiligt gewesen. Ich war dieses Licht, und das wurde mit einer ganz gezielten, schnellen Geschwindigkeit auf die Erde transportiert. (Pause.) Und da bin ich dann wieder »auf die Welt« gekommen ... als ein Säugling. [...] Auch da ist erstmal wieder Licht und der Gedanke: »Bin ich jetzt wieder zurück?? Bin ich wieder auf meinem Planeten?? – (Enttäuscht.) Nein, bin ich nicht.« Es ist alles anders. Alles ist anders.

[...]

Als wir dem Verlauf der Ereignisse folgten, die sich nach der Ankunft des Bewusstseins in einem Säuglingskörper auf der Erde ereigneten, sollte sich herausstellen, dass wir uns wieder in der menschlichen Inkarnation zur Zeit des Zweiten Weltkriegs befanden, die Stella zu Beginn ihrer Seelenreise erkundet hatte. Der Kreis hatte sich geschlossen und es war nun an der Zeit, das Überbewusstsein einzurufen, um mehr Informationen zu erhalten. Aufgrund von Stellas Trancetiefe geschah dies erwartungsgemäß ohne jegliche Probleme und wir begannen die Kommunikation.

Nachdem das Überbewusstsein die Relevanz des erkundeten menschlichen Lebens für Stellas Gegenwart ausführlich erklärt hatte, kamen wir auf den Einsatz im alten Ägypten zu sprechen, den sie ihr im Anschluss gezeigt hatten. Ich fragte sie, warum sie speziell diesen Einblick für Stella ausgesucht hatten.

ÜB: Stella soll das Positive daraus ziehen. Sie soll sich an ihre Energie erinnern und an die Kräfte, die sie damals hatte. Sie soll sich dessen bewusstwerden, was sie konnte – und auch in diesem Leben noch kann –, und dies zum Wohle der Menschheit nutzen. [...] Ihre Aufgabe ist es, die Liebe unter die Menschen zu bringen – durch ihre Energie. Dies tut sie eigentlich schon allein durch ihre Anwesenheit. Es bedarf dafür nicht mehr. Aber sie ist zu weitaus mehr fähig und kann durch die Aktivierung ihrer Energie, durch die Ausweitung ihres Energiefeldes, die Menschen in ihren Stimmungen und ihren Denkweisen positiv beeinflussen und so dazu beitragen, dass sich das Schicksal der Erde zum Guten wendet.

M: In den Erfahrungen, die Stella heute gezeigt wurden, haben ihre Hände eine Rolle gespielt. Tun sie das auch in der aktuellen Inkarnation?

ÜB: Ja, ihre Hände verstärken den Effekt. Durch Körperkontakt kann sie die Energien schneller und vor allem nachhaltiger an die Menschen übermitteln. Das heißt: Durch ein Handauflegen auf dem Arm einer anderen Person oder ähnliches können die Energien schneller und besser übertragen werden. Ihre Hände haben eine große Energiekraft, die – je nachdem, wie weit sie diese Energien entwickelt – eine heilende Wirkung auf die Menschen haben können.

M: Die Funktionsweise ist also sowohl positiv beeinflussend als auch potenziell heilend? (Ja) Gibt es noch etwas, auf das ihr Stella im Kontext dieses zweiten gezeigten Lebens aufmerksam machen möchtet?

ÜB: Die Verbindung zu ihrer Freundin im jetzigen Leben ist wichtig! Zusammen können sie noch Größeres erreichen, weshalb sie sich einen Weg überlegen sollten, wie sie ihre Energien gemeinsam zum Wohle der Menschen und zur Verbreitung der Liebe einsetzen können.

M: Von welcher Freundin sprecht ihr konkret?

ÜB: Das ist Astra.

M: Ist die Vermutung korrekt, dass Astra seit dem damaligen Einsatz in Ägypten auf der Erde geblieben ist? (Nein) *So wie Stella hat also auch sie letztendlich den Planeten verlassen, um dann wiederzukommen?* (Ja)

[...]

Ich fragte das Überbewusstsein, warum sie Stella im Anschluss den kleinen Ausflug auf ihre Heimatwelt ermöglicht hatten.

ÜB: Zum einen war es ihr Wunsch, den wir gern erfüllen wollten, da er auf jeden Fall eine heilende Wirkung auf sie hat. Ihr sollte auch bewusstwerden: Ihr Ursprung auf dem Planeten ist ein Leben der bedingungslosen Liebe. Dadurch erklären sich viele Gefühle in ihrem jetzigen und im ersten [gezeigten] Leben, und indem sie das erkennt, kann sie diese zuordnen und »freilassen«.

[...]

Wir gingen zu Stellas Liste über und damit zu den konkreten Themen und Fragen, die sie für ihre Sitzung vorbereitet hatte. Ich erkundigte mich zunächst nach dem Ursprung einer mysteriösen Angst, die Stella in ihrer Kindheit und Jugend verspürt hatte: der Angst, (wortwörtlich) »von der Erde zu fallen«. Das Überbewusstsein erklärte den Hintergrund.

ÜB: Dies hatte nicht in erster Linie damit zu tun, dass sie ihren Planeten gezwungenermaßen verlassen musste und sich dann in dem Nichts wiederfand, sondern damit, was sie danach, nach dem Leben auf ihrem Planeten, auf der Erde erlebt hat: eine ganz andere Form von Liebe, die nicht so bedingungslos und weitreichend war wie die, die sie kannte. Das stellte sich für sie dar wie ein Verlust der Schwerkraft oder als habe sie keinen »Halt«. So hat es sich für sie geäußert.

M: *Ich verstehe. Könnt ihr etwas mehr Licht auf das Ereignis werfen, das damals zum spontanen Verlassen des Heimatplaneten geführt hatte? Was ist damals passiert?*

ÜB: Wesen eines anderen Planeten wollten diesen Planeten für sich gewinnen und haben ihn – wie sagt man? - »in Beschlag genommen«. Sie haben ihn für sich eingenommen und die Wesen, die dort gelebt haben, vertrieben. Das hat einen bestimmten Zweck gehabt. Es ging für diese anderen Wesen darum, ihren Lebensraum erweitern zu können. Es sollte zudem eine Art Lagerplanet entstehen für – nicht wirklich Dinge in diesem Sinne, sondern eher – Stoffe, die dort gelagert werden. So etwas wie chemische Stoffe.

M: *Haben sie diese Absicht erfüllt?* (Ja) *Würde es für Stella Sinn machen, jemals wieder zu ihrem Heimatplaneten zurückzukehren?* (Nein) *Was hat sie letztendlich dazu bewogen, zur Erde zu kommen? War es die Mission in Ägypten, in die wir heute Einblick erhalten haben, oder gab es noch etwas anderes?*

ÜB: Es war zum einen die gezeigte Mission, in anderen Leben einfach Neugier und noch eine weitere Art Aufgabe oder Mission, die sie hier zu erfüllen hatte: in ihrem Höheren Selbst weiter zu lernen und dieses weiterzuentwickeln – insbesondere hinsichtlich der bedingungslosen Liebe, die sie auf ihrem Planeten erfahren hat. Es geht da um ein Lernen, wie irdische Liebe sein kann, und darum, richtig damit umzugehen.

M: Wie würdet ihr als das Höhere Selbst diesen Lernprozess aktuell bewerten?

ÜB: Im jetzigen Leben hat sie viel dazugelernt. In der anfänglichen Beziehung zu ihrer jetzigen Mutter hatte sie zu hohe Erwartungen an die Liebe gehabt, die ihr entgegengebracht wurde. So ist es auch in ihrer ersten Beziehung gewesen. Aber sie hat erkannt, worum es geht, wie sie sich entwickeln kann und wie sie ihre Art von bedingungsloser Liebe leben kann, ohne dabei zugrunde zu gehen, wenn ihr andere nicht genau diese Art der Liebe entgegenbringen können.

[...]

Wir wandten uns der Existenz in Ägypten zu. Ich bat das Überbewusstsein, zu formulieren, was aus ihrer Sicht damals Stellas und Astras Aufgabe gewesen war.

ÜB: Zum einen war die Aufgabe die energetische Umkehrung der Pyramiden in ihrer Funktion, so dass von oben Stoffe und Energien in die Pyramide gesendet werden können, welche es den Menschen, die in dieser Zeit gelebt haben, ermöglichen sollten, ihre Fähigkeiten zu erweitern, wenn sie sich im Energiefeld dieser Pyramiden aufhalten. Zum anderen ging es darum, die Taten des damals Herrschenden zu beeinflussen, um möglichst viel Negatives oder Elend zu vermeiden.

M: Worin liegt die Aufgabe der beiden in ihrer aktuellen Inkarnation?

ÜB: Möglichst viele Menschen auf den Weg der spirituellen Erweckung zu bringen und ihre Energien durch die Bündelung weitreichend einzusetzen, um Menschen mit Liebe zu erfüllen.

M: So wie auch damals ist also eine Kombination der Fähigkeiten für beide von Vorteil. (Ja) *Könnt ihr zum Abschluss noch erklären, warum die Mission damals nicht so gelaufen ist, wie sie geplant war?*

ÜB: Astra und Stella hatten sich zu sehr den irdischen Tätigkeiten und Gefühlen zugewendet und darüber ihre Aufgabe vergessen. Das war nicht zielführend. Sie versuchten, die Aufgabe zu erfüllen, aber es fand zu viel nebenher statt, was mit der Aufgabe nichts zu tun hatte.

M: *Hat dieser Aspekt auch in der heutigen Inkarnation Relevanz oder besteht diese Gefahr diesmal nicht?*

ÜB: Sie sollten sich immer bewusst sein, dass es diesmal nicht so laufen soll wie in der letzten gemeinsamen Inkarnation. [...] Sie sollen sich eng verbinden in Bezug auf ihre spirituelle Reise und ihr spirituelles Aufsteigen und engen Kontakt halten – auch aufgrund ihrer Vergangenheit. Sie sollen ihre Kräfte verbinden und daraus Gutes für die Erde erschaffen.

[...]

Während der Erkundung der Existenz in Ägypten hatte Stella eine Gruppierung erwähnt, die die Bewusstseinsentwicklung der Menschheit verlangsamen wollte. Ich fragte das Überbewusstsein, ob sie etwas mehr zu dieser Gruppe sagen könnten sowie dazu, ob sie auch heute noch Relevanz besitze und entsprechend wirke.

ÜB: Diese Gruppe hatte sich verbunden aus verschiedenen, voneinander unabhängigen Wesen von Planeten, die sich von der Menschheit bedroht sahen in dem Falle, dass diese zu viele Fähigkeiten entwickeln würde. Diese Gruppe hatte das Ziel verfolgt, die Menschen in ihrer Entwicklung möglichst klein zu halten, damit sie nicht in ihren Machtspielraum im Universum eingreifen können. Diese Gruppe existiert heute in dieser Form nicht mehr. Allerdings gibt es ähnliche Gruppen, die hinterfragen, inwieweit die Entwicklung des Menschen jetzt noch so weitergetragen werden kann oder ob etwas unternommen werden muss.

M: *Unternommen im Sinne von ...?*

ÜB: Einschreiten.

M: *Um die Entwicklung in eine andere Richtung zu beeinflussen?* (Ja) [...] *Was könnt ihr von eurer Perspektive aus betrachtet zum aktuellen Stand der Bewusstseinsentwicklung auf diesem Planeten sagen?*

ÜB: Wir sehen das Ganze kritisch. Es entwickelt sich sehr viel in eine negative Richtung. Wir wissen aber auch, dass es eine positive Gegenrichtung gibt. Und diese wollen wir dadurch bestärken, indem wir Kontakt zu den entsprechenden Personen aufnehmen, um sie darin fördern zu können, dass sie der negativen Entwicklung der Erde entgegenwirken.

M: *Gibt es auch Wesenheiten, die diese negative Entwicklung, von der ihr sprecht, verstärken?* (Ja) *Möchtet ihr dazu etwas mehr sagen?*

ÜB: Diese Wesenheiten existieren auch auf der Erde in irdischen Inkarnationen und beeinflussen dadurch direkt das Geschehen.

M: *Was kann man sowohl als Individuum als auch als Teil des Kollektivs tun, um die Entwicklung in die positive Richtung zu unterstützen?*

ÜB: Es müssen Kräfte aktiviert und genutzt werden, die es den Wesen, die die Entwicklung in die positive Richtung unterstützen möchten, ermöglichen, Einfluss zu nehmen.

M: *Wie aktiviert oder verstärkt man diese Fähigkeiten?*

ÜB: Durch den Erweckungsprozess und die Erweckung der DNA, die von den Menschen momentan nicht genutzt wird. Dadurch werden Kräfte wiedererweckt, die einmal vorhanden waren und dann abgeschnitten oder durch Ablenkung vergessen wurden.

M: *Verläuft diese Aktivierung automatisch nach dem eigenen Erwecken oder kann man das selbst noch verstärken?*

ÜB: Es verläuft zum einen automatisch, kann zum anderen aber auch noch verstärkt werden durch intensive Beschäftigung mit der Thematik und dem Suchen nach und dem Bezug zum Unbewussten. Die Verbindung zum eigenen Unbewussten herzustellen, erleichtert und beschleunigt den Prozess.

M: *Gibt es etwas, das ihr den Menschen mitgeben möchtet, um nicht den negativen Strömungen zum Opfer zu fallen?*

ÜB: Es geht immer um die Liebe. Sich immer wieder bewusst machen, dass die Liebe die ganze Welt retten und in Ordnung bringen kann, und *das* in Alltagssituationen praktizieren. Den anderen Menschen mit Liebe begegnen – auch den Menschen, die einem Anfeindungen und Hass entgegenbringen.

M: *Gibt es in dem Kontext noch etwas, das ihr Stella mitgeben möchtet?*

ÜB: Sie soll ihren Weg genau so weitergehen und sich nicht davon beirren lassen, dass es Rückschläge gibt oder dass sie körperlich angegriffen ist durch die Änderung der Frequenzen, die in ihrem Körper stattfindet. Sie soll diesen Weg weitergehen und sich auch von Menschen, die sich ihr diesbezüglich entgegenstellen, nicht beeinflussen lassen.

M: Gibt es noch weitere relevante Aufgaben in dieser Inkarnation?

ÜB: Sie soll das Wissen, das sie hat, möglichst unter die Menschen bringen und dieses Wissen gerade in ihrem Land, im deutschsprachigen Raum, in deutscher Sprache vermitteln.

[...]

In der restlichen Zeit der Sitzung wandten wir uns noch einigen körperlichen Symptomen auf Stellas Liste zu, die das Überbewusstsein bereitwillig erklärte und bearbeitete. Zudem führten sie noch einen Body Scan durch, bei dem sie das energetische System in einen idealen Zustand zurückversetzten.

Letzte Worte: »Wir sind eins und wir lieben dich. Wir sind immer bei dir und werden alle Wege, die noch gegangen werden müssen, gemeinsam gehen.«

Vertraute Feinde

Astras (44) Seelenreise fand zwei Tage nach Stellas statt. Schon als sie das Sitzungsstudio betrat, fielen ihre natürliche Anmut und Eleganz auf, welche einen Background als professionelle Tänzerin offenbarten. Nach einem gründlichen Vorgespräch ging es los. Wie Stella wurde auch Astra von ihrem Überbewusstsein zunächst in eine menschliche Inkarnation auf der Erde geführt. Diese ereignete sich im Europa des späten 18. Jahrhunderts und erwies sich als sehr emotional und prägnant für ihr aktuelles Leben, ist jedoch für den thematischen Schwerpunkt dieses Buches unerheblich.

Nachdem die Erkundung abgeschlossen war und Astra die Lektionen des Lebens erkannt hatte, bestand die Möglichkeit für sie, in eine weitere relevante Existenz einzutauchen. Astra nutzte diese Gelegenheit prompt, fand sich diesmal jedoch außerhalb des Planeten wieder: »Ich bin weit weg von der Erde ... Ich schwebe durchs All ...«, flüsterte sie sanft. Ich hatte das intuitive Gefühl, dass uns ein besonderes Abenteuer bevorstand, und bat sie, mir zu beschreiben, was sie um sich herum wahrnahm.

[...]

A: Farben ... Ströme aus Farben ... Da ist ein Lila, aber es ist neben mir. Ich bin nicht darin. (Pause.) Da ist viel Dunkel. Und da ist ein Weiß, das glitzert wie Kristalle. Es ist um mich herum. [...] Es fließt. Es ist leicht und es ist schnell. Ich bin ein Teil davon. Und vor uns ist es noch viel heller. Viel, viel heller!

M: Wie nimmst du dich selbst wahr?

A: Es ist keine Form. Ich spüre keine Begrenzung. Es ist wie ein Teil von Allem. Und es ist frei. (Pause.)

M: Hast du ein Ziel?

A: Ja, das Helle da vorne. Ich glaube, es dreht sich ... Als würde es alles anziehen. Es ist wahnsinnig groß! Das kann man nicht beschreiben. Ich sehe kein Ende.

M: Beschreibe mir, was geschieht, wenn du dem näher kommst.

A: (Pause.) Es wird immer heller. Es ist warm ... und es gibt nichts anderes. Es gibt nur das. Nur das. Und es ist nur ... Liebe. [Unverständliches Wort]

M: Was geschieht mit dir, je näher du kommst?

A: Alles wird eins. Alles löst sich auf. Ich löse mich auf. Und es geht ... nach Hause ... zurück. Ich kenne das Licht! Ich kenne es schon. Da komme ich her. Und jetzt bin ich wieder hier.

[...]

Was Astra beschrieb, haben schon viele meiner Reisenden in ihren Sitzungen erlebt – unter anderem auch ich selbst auf meiner ersten eigenen Seelenreise: die Wiedervereinigung mit der Quelle, dem Ursprung allen Seins, einer überwältigenden Liebe und Einheit, die sich nur schwer in Worte fassen lässt. Meiner Erfahrung nach werden Starseeds/Wanderer/Freiwillige dorthin geführt, um sich daran zu erinnern, woher sie bzw. wir alle stammen, oder um sich nach anstrengenden Inkarnationszyklen zu regenerieren. Als ich Astra fragte, warum sie sich an diesem Ort befand, stellte sich heraus, das Letzteres auch bei ihr zutraf.

A: Ich hätte gerne Ruhe. Ich möchte mich erholen. Deshalb bin ich hier.

M: Wie fühlt es sich an, dort zu sein?

A: Es gibt nichts. Es ist nur Sein ... nur Liebe. (Pause.) Es gibt nicht einmal mehr einen selber. Ich verliere meine Form, meine Identität. Ich bin alles.

[...]

Da die Quelle außerhalb von Zeit und Raum existiert, können Aufenthalte dort aus menschlicher Sicht unter Umständen unvorstellbar lange sein. Nachdem Astra den Zustand eine Weile genossen hatte, beschloss ich, sie zu dem Punkt zu bringen, an dem sie von hier weitergehen würde.

M: *Weißt du schon, was du tun wirst, nachdem du dich erholt hast?*

A: Ich muss für Gerechtigkeit sorgen! Es formt sich noch ... Ich weiß es noch nicht. (Pause.) Ich mache das freiwillig. Ich muss das Licht aufrechterhalten. (Pause.) Ich falle ... Ich falle. [...] Irgendetwas zieht mich. Runter, runter, runter ... Alles wird schwer ... immer tiefer und unruhiger. Da ist kein Licht. Es ist sehr dunkel. Ich sehe niemanden ... Ich weiß nicht, wo ich bin.

M: *Überrascht dich das?* (Nein) *Hast du so etwas schon mal getan?* (Ja) *Was ist diesmal die Aufgabe, dort, wo du dich befindest?*

A: (Grübelt.) Das ist eine dunkle Übermacht! Was soll ich denn da tun?! Wie soll ich das denn schaffen?! (Pause.) Ich sehe Wesen, die sind dreimal so groß wie ich. Ich fühle, sie haben keine Emotionen. Sie sind leer ... und irgendwas saugen sie auf ..., weil sie es selber nicht haben. Ich habe das Gefühl, sie saugen mich aus. Mein Licht. Ich weiß es nicht, aber ich spüre das. Sie haben kein Licht! [...] Sie wollen nicht, dass es da ist, weil sie dann keine Macht mehr haben. (Besorgt.) Aber was soll ich denn jetzt machen? Es sind zu viele ...

M: *Was war dein Plan?*

A: (Pause.) Ich erinnere mich. Ich kann etwas aktivieren! Ich habe eine Energie. Ich kann das mit meinem Herz steuern. Ich muss sie nicht bekämpfen! Ich muss ganz hell sein. Ganz hell. Ich muss das aktivieren!

M: *Diese Energie?*

A: Ja. Sie geht aus meinem Herz raus. Ich brauche sehr viel Platz dafür. Viel Platz ... Sie breitet sich von mir aus wie ein Schild, wie eine Kugel. Ich bin das Zentrum. Aber es ist anstrengend!

M: *Was bewirkt diese Energie?*

A: Es ist ein Schutz. Ein Schild. Sie können nicht weiter ... Wenn das da ist, können sie nicht weiter ... das Leere, das Dunkle.

M: *Weißt du, wie du diese Energie aktivieren kannst?*

A: Das habe ich schon gemacht. Ich muss mich dafür verbinden. Ich muss fest auf dem Untergrund sein, und dann mache ich das auf. Dann mache ich das ganze Herz auf. Aber ich muss fest stehen! Wenn ich nicht fest stehe, klappt es nicht. Ich kann es sonst nicht halten. Ich muss es halten. (Flüstert.) Und ich brauche sehr viel Platz. Das ist sehr viel Energie! Ich brauche sehr viel Platz. Das ist so viel Energie! (Pause.) Es gibt viele, die das tun. Ich bin nur einer davon!

M: Was für einen Effekt hat diese Arbeit?

A: Es ist ein Schutz. Wo so viel Licht ist, kann das Dunkle nicht hin. Würden wir das nicht machen, würden sie alles aufsaugen. Das Licht würde verschwinden.

M: Du meintest eben, es ist anstrengend, dieses Licht auszusenden?

A: Ja! Ich muss es ja erst produzieren, um es dann auszusenden.

M: Benötigst du etwas, um es zu produzieren?

A: Ich bin dafür gemacht, dies zu tun.

M: Und in welcher Form, welcher Gestalt, tust du das?

A: Ich wechsle meine Gestalt. Ich habe keine feste. Ich habe eine Umrandung, aber ich habe keine genaue Form. Ich glaube, es hängt davon ab, wo ich bin. (Grübelt.) Aber ich sehe niemanden! Ich sehe nicht die, die ich beschützen soll. (Verwirrt.) Ich verstehe das nicht! Ich bin doch ganz alleine? Wen soll ich denn hier beschützen?

[...]

Um einen Anker zu werfen und irgendwo anzufangen, bat ich sie, mir vom ersten Mal zu erzählen, als sie das tat, sowie von der ersten Form, die sie annahm, um diesen Auftrag zu erfüllen.

A: Ich habe einen Körper. Ich habe ... Augen. Blau. Sehr groß. Sehr blau. Als wären sie selber ein Universum. Sie stehen nicht still, sondern es bewegt sich etwas darin. (Pause.) Ich bin groß. Sehr groß. (Staunend.) Das ist komisch ... Sieht aus wie aus Silikon oder so etwas? Es gibt keine Haut oder Haare. Aber ich habe Arme. Ich habe Beine. Ich habe Augen. (Pause.) Der Kopf sieht aus wie von einer Libelle. Man stellt mir diese Form zur Verfügung. Ich soll sie benutzen.

M: Warum genau diese Form?

A: Nicht auffallen. Die sehen da alle so aus. Nicht auffallen! (Pause.) Tarnung. Aber ich bleibe nicht lange. Ich bin nicht lange da.

M: Beschreibe mir die Umgebung.

A: Hier ist es nicht so dunkel. Es sieht aus wie grauer Sand. Ich sehe sehr nahe andere Planeten. Ich sehe ... zwei Sonnen. Niemand hier hat einen Mund. Keiner hat einen Mund. Es ist alles telepathisch.

M: Was ist deine Aufgabe an diesem Ort?

A: Ich soll ein Schutzschild bauen. Zu viele sind verschwunden ... Wenn sie nicht achtgeben, verschwinden alle!

M: Was ist der Grund für dieses Verschwinden?

A: Dasselbe wie eben. Ich weiß nicht, was das ist. Es ist so groß ... Ich habe keine Angst, aber es ist nicht schön. Es ist leer. Es saugt. (Grübelt.) Ich weiß nicht, was es ist. Ich weiß noch nicht mal, ob das Wesen sind. (Pause.) Mir kommt immer nur das Wort »Leere« in den Kopf. Leere, die aufsaugt. Ich habe das noch nie gesehen ... Noch nie!

M: Was verändert sich nun durch deinen Einsatz?

A: Sie können nicht weiter. Das geht nicht. Da kommen sie nicht durch! Dort, wo diese Schutzschilder sind, können sie nicht weiter. Das ist zu hell. Ich bleibe aber nicht. Ich mache das und gehe dann wieder.

M: Und was geschieht mit dem Schutz, wenn du gehst?

A: Der kann da bleiben. Ich muss den nur initiieren. Und wenn die weg sind, brauchen sie ihn nicht mehr. (Irritiert.) Warum machen sie das denn nicht selber?!

M: Könnten sie das tun?

A: Nein. (Grübelt.) Aber warum bringen wir es ihnen denn nicht bei ...? (Pause.) Sie wissen es nur nicht. Deshalb sollte ich auf die Erde! Um zu zeigen, wie es geht. (Etwas realisierend.) Sie haben das falsch benutzt! Sie haben das alles falsch benutzt! Ich kann das alleine. Ich brauche nichts dazu. Aber man kann das auch ... Es hat etwas mit den Pyramiden zu tun. (Fokussiert.) Okay, ich kann das initiieren, aber nicht jeder kann das. Man kann sich verbinden mit dieser Energie. Man kann sie umleiten. Man kann sie steuern. Man kann alles steuern! Und das ist nicht schwer. Das muss man einem nur mal zeigen. (Stirnrunzeln.) Moment, sie reden so schnell ...! (Pause.) Ich will es ihnen zeigen, aber sie sagen, ich dürfe das nicht, denn sie benutzen es falsch. Sie sind noch nicht so weit.

[...]

Es gab so viele Fragen, die gestellt werden wollten. Um den Ablauf der Ereignisse besser zu verstehen, bat ich Astra jedoch zunächst, von der ersten Form zu erzählen, die sie nach ihrer Ankunft auf der Erde angenommen hatte.

A: Ich sehe aus wie sie. Wie ein Mensch. Aber hier sind nicht nur Menschen. Hier sind auch andere. Sie kommen und gehen einfach. Andere Wesen, die nicht auf der Erde leben.

M: Warum kommen und gehen sie?

A: Es gibt verschiedene Gründe. Sie interagieren aus verschiedenen Gründen mit den Menschen.

M: Warum sind die Menschen so interessant für sie?

A: (Pause.) Ich glaube, sie sind ein Experiment.

M: Was für ein Experiment?

A: Ich habe damit nichts zu tun. Das weiß ich nicht. Ich soll nur bei ihrer Entwicklung helfen. Damit sie vorwärtskommen und es nutzen. [...] Dass sie Dinge mit Energie bewegen. Dass sie Kontakt halten können. Dass sie heilen können.

M: Wissen sie, dass sie das können?

A: Nein. Sie halten uns für Götter!

M: Weil ihr diese Dinge könnt?

A: Ja. Ich verstehe nicht, warum wir es ihnen nicht sagen, es ihnen nicht richtig erklären.

M: Warum tut ihr das nicht?

A: (Pause.) Weil sie noch nicht so weit sind. Sie würden es falsch einsetzen. Sie können nicht damit umgehen.

M: Was haben die Pyramiden, von denen du gesprochen hast, damit zu tun?

A: (Pause.) Ich sehe dauernd, wie die Spitzen abgehen. Wie sie zur Seite geschoben sind .... oder ganz weg sind ... daneben in der Luft ... und etwas Blaues direkt hineingeführt wird. Licht.

M: Von wo kommt dieses Licht?

A: Aus dem All. Ich weiß gerade nicht, von wo. Ich wusste das alles. [...] Ich war über alles informiert. (Grübelt.) Aber jetzt erinnere ich mich nicht mehr ...

M: Was für einen Effekt hat diese blaue Energie?

A: Sie bewegt Materie.

M: Warum wird sie in die Pyramiden hineingegeben?

A: Sie wird dort gehalten.

M: Im Inneren? (Ja) *Zu welchem Zweck?*

A: Man könnte alles Mögliche damit tun.

M: Wer gibt sie dort hinein?

A: Das sind verschiedene. Es ist nicht nur eine Rasse oder ein Volk. Es sind verschiedene [unverständliches Wort].

M: Welche Intention haben sie?

A: Sie wollen helfen. Sie wollen es leichter machen.

M: Und diese Energie soll dabei helfen?

A: Ja. Der Kontakt ist leichter durch diese Energie.

[...]

An dieser Stelle hatte ich das Gefühl, wir sprachen über die Gruppe, die bereits Stella in ihrer Sitzung erwähnt hatte: die Gruppe, welche die Menschen in ihrer Entwicklung unterstützen wollte. Um ihnen dabei zu helfen, ihre Fähigkeiten zu erweitern, hatte die Gruppe vor, eine bestimmte Energie in die Pyramiden einzuführen. Ich fragte mich, welche Erinnerungen wohl Astra an diese Mission haben würde.

M: Bist du ein Teil dieses Projektes? (Ja) *Was ist deine Aufgabe?*

A: Es wird nicht richtig weiter verteilt. Es kommt an, aber es wird nicht genutzt. Es wird nicht weiter verteilt. (Frustriert.) Aber ich soll es nicht zeigen, ich soll es nur machen! Ich soll es benutzen, um die Dinge vorwärtszubringen. Ich darf auch nicht darüber reden.

M: *Warum nicht?*

A: Ich bekomme immer nur gesagt: »Sie benutzen es sonst falsch. Sie sind noch nicht so weit.«

M: *Widmest du dich dieser Aufgabe alleine?*

A: (Entschieden.) Nein! Ich bin nicht alleine.

M: *Wer ist noch dabei?*

A: Du kannst sie an den Augen erkennen. Die Augen sind anders. Es sind immer die Augen ... Sie sind anders. Die Pupillen sind anders. Und sie sind tiefer. Eigentlich müsste das jeder sofort erkennen! (Kichert.)

M: *Du meinst, die Augen sind anders als die der Menschen?* (Ja) *Sprichst du von den Wesen, mit denen du deine Mission teilst?*

A: Es gibt mehrere, und wir sind alle unterschiedlich. Und irgendwie ... arbeiten alle gegeneinander. Wir dürfen da eigentlich nicht unsere eigenen Interessen reinbringen. Ich glaube aber, unsere eigenen Interessen kommen durch. Wir stehen uns gegenseitig im Weg. (Konzentriert.) Ich glaube, ich schaffe es auch nicht. Ich mach es nicht so, wie ich soll.

M: *Gibt es jemanden, der die gleichen Interessen hat wie du?*

A: Ja. (Lächelt.) Ich habe doch meine Schwester dabei!

M: *Erzähle mir von ihr.*

A: Ich weiß gerade nicht, ob das wirklich meine Schwester ist, aber wir gehören auf jeden Fall zusammen. Ich glaube, sie passt auf uns auf. Ich kann sie spüren. Wir sind auf zwei Körper aufgeteilt, aber wir sind eins.

M: *Wie meinst du das?*

A: Wir sind ich. Ich bin wir. Es war klüger, es aufzuteilen auf zwei.

M: *Ich verstehe. Beschreibe mir die äußere Form, die der andere Aspekt, den du deine Schwester nennst, für diese Aufgabe annimmt.*

A: Es ist eine Frau. Wie die anderen auch. Wir sollen nicht auffallen, aber ich glaube, wir fallen auf ... durch unsere Art und Weise. Die Menschen merken, dass wir anders sind. Wir können das nicht einschätzen.

M: *Wie gehen sie mit euch um?*

A: Respekt. Distanz.

M: *Ihr seid nicht in Gefahr?* (Nein.) *Du sagtest eben, dass deine Schwester für euren Schutz zuständig ist. Wofür bist du zuständig in diesem Team?*

A: Ich habe mehr Kraft. Wenn sie nicht wäre, würde ich zerplatzen. Sie muss das regulieren. Es ist sehr schwer, diese Energie in einem menschlichen Körper zu haben. Sie reguliert. (Pause.) Ich glaube, sie ist viel besonnener als ich. Ich habe keine Geduld. Ich möchte nicht ausführend sein. Ich will nicht Befehle ausführen. Ich möchte selber entscheiden! Aber ich darf nicht. Ich denke, dass *sie* richtig entscheiden würde.

M: *Von wo erhaltet ihr eure Befehle?*

A: Wir bekommen Instruktionen. Ich kenne ihn. (Lächelt.) Ich treffe ihn auch heute noch oft in Meditationen! (Freudig überrascht.) Ich kenne ihn! Es ist ein ... kleines Wesen ... und es ist sehr viel Liebe dahinter. (Lächelt.) Er weiß, was richtig ist, und trotzdem will ich selber entscheiden. (Pause.) Er schickt mich zurück, wenn ich nicht mehr will. Wenn ich hier nicht mehr will, schickt er mich zurück.

M: *Sagt er auch, warum er dich zurückschickt?*

A: (Seufzt.) Weil ich nicht fertig bin mit meinem Auftrag.

M: *Beschreibe mir, wie das damals gelaufen ist mit eurem Auftrag.*

A: (Traurig.) Wir haben das falsch gemacht. Wir haben uns irgendwie von der falschen Seite kaufen lassen. Wir sollten helfen. Wir sollten die Energien lenken. Wir sollten sie da einsetzen, wo sie gebraucht werden. Wir sollten den Menschen ihren Zugang zeigen. Aber ich war zu ungeduldig ...

M: *Was ist dann geschehen?*

A: Wir haben uns ablenken lassen. Es ging nicht vorwärts. Wir haben uns ablenken lassen und unsere Kraft ist missbraucht worden für andere Zwecke. Aber wir waren nicht böse! Ich glaube, wir waren einfach ... gelangweilt.

M: *Meinst du, jemand hat euch mit Intention abgelenkt?* (Nein) *Es war eure Entscheidung?*

A: Ja. Keiner hätte uns etwas gekonnt. Wir waren nicht besiegbar. (Betrübt.) Aber wir haben das nicht gut gemacht ...

M: *Was ist dann geschehen?*

A: Sie ist einfach gegangen. Meine Schwester ist einfach gegangen. Sie hat erkannt, dass es nicht lief. Sie hat gesagt: »Das bringt so nichts!« Ich habe jedoch daran festgehalten.

M: Du bist nicht gegangen?

A: Nein. Und ich habe es ihr übelgenommen, dass sie gegangen ist. (Frustriert.) Warum hat sie mich einfach alleingelassen? Und warum bin ich nicht mitgegangen?

M: Du hättest auch gehen können?

A: Ja. Aber ich wollte den Menschen mit Gewalt zeigen, wie es geht ... ihnen alles sagen. (Pause.) Dann hat man mir einen Dolch ins Herz gestoßen.

M: Wer hat das getan?

A: Eine andere Frau. Ich kenne sie nicht. Aus Eifersucht.

M: Du warst also körperlich verwundbar?

A: Ja, weil ich alleine war.

M: Ich verstehe. Mit deiner Schwester war das anders?

A: Ja. Sie hätte das abwehren können. Wir waren unbesiegbar zu zweit. Ich war aber nur noch ein Teil. Und ich hatte aufgegeben. (Flüstert.) Ich spüre immer noch diesen Dolch ... direkt im Herzen.

M: Was hast du in dem Moment gedacht und gefühlt?

A: Ich war überrascht. Ich habe es nicht kommen sehen. Und dann habe ich mich erlöst gefühlt. (Angespannt.) Ich spüre diesen Dolch ... Es tut weh. Es wird immer stärker. Mein Herz tut weh.

[...]

Wie in derartigen Situationen üblich, gab ich Astra direkt geeignete Suggestionen, die sie davor bewahren würden, jegliche unangenehmen körperlichen Empfindungen zu verspüren.

M: Was hat dieser Dolchstoß für deine menschliche Existenz bedeutet?

A: Ich verließ sie. (Grübelt.) Warum bin ich nicht schon vorher gegangen? Ich verstehe das nicht ...

M: Du schienst noch Hoffnung zu haben, deine Aufgabe erfüllen zu können.

A: Ich wusste, ich kann es nicht alleine. Aber ich wollte nicht aufgeben.

[...]

Wir hatten nun erfahren, wie das Ende der damaligen Existenz aus Astras Sicht ausgesehen hatte. Ich wies sie an, den Körper der Frau im alten Ägypten vollständig hinter sich zu lassen und auf das Leben zurückblicken, um Erkenntnisse zu sammeln.

A: Es fühlt sich nicht gut an, darauf zurückzublicken. Ich war zu sehr Mensch geworden. Ich war mit ganz anderen Absichten gekommen – mit höheren, reineren Absichten.

M: Was ist passiert? Warum haben sie sich verändert?

A: Ich hatte all das übernommen, was Menschen machen. Ich wurde oberflächlich ... eitel. (Pause.) Ich habe mir erst nicht verziehen. Ich will nicht sein wie ein Mensch! Ich hatte das Gefühl, ich habe mich selbst beschmutzt. (Frustriert.) Warum haben sie *mich* geschickt? Warum schicken sie immer mich? Sie sehen doch, dass es nicht klappt!

M: Du scheinst an anderen Orten erfolgreich gewesen zu sein.

A: Das stimmt.

M: Vielleicht ist die Erde einfach nur ein sehr schwieriger Ort und die Aufgabe dadurch eine große.

A: (Nüchtern.) Zu groß für mich.

M: Ich bin sicher, dass sie die Besten dafür genommen haben. Und dass man die Eigenschaften der Menschen übernimmt, wenn man sich unter sie mischt, war wahrscheinlich ein Risiko, das von vorneherein bestand. Was kannst du noch erkennen, wenn du auf das Leben zurückblickst?

A: Es sind keine schönen Sachen, die ich erkenne. Ich erkenne, wie einfach Manipulation ist.

M: Wie hast du das in dem Leben erfahren?

A: Ich konnte alle dazu bringen, das zu machen, was ich wollte – alleine durch mein Wirken, meine Art, durch das, was ich gesagt hatte. Es war so leicht.

M: Und wie hast du diese Fähigkeit eingesetzt?

A: Zu meinem Vergnügen. Für Wohlstand. Für Spaß.

M: Wie würdest du sie das nächste Mal einsetzen, wenn du die erneute Gelegenheit dazu hättest?

A: Nicht dafür. Um das zu tun, was ich tun soll: helfen, Licht bringen, da sein. Ich muss eigentlich nur da sein! Und wenn ich immer weg will, bin ich nicht da ...

M: Was würdest du noch anders machen, wenn du erneut die Gelegenheit hättest, diese Aufgabe zu erfüllen?

A: Ich hätte darauf vertrauen müssen, dass das, was ich gesagt bekomme, richtig ist, statt zu denken, dass mein Weg der richtige ist, nur weil ich *will*, dass mein Weg der richtige ist. Es gab genug, die sich Gedanken darüber gemacht haben. Die wissen, wie es geht. Und ich habe das infrage gestellt. Ich habe da nicht drauf vertraut. (Pause.) Es ging mir nicht schnell genug. Ich wollte weiter ...

M: Was würdest du in dem Kontext das nächste Mal anders machen?

A: Vertrauen und mich konzentrieren.

M: Gibt es noch etwas, das du anders machen würdest? Wie du an die Sache herangehen würdest?

A: Ich hätte einfach ausführen müssen, was ich gesagt bekommen hatte. Es stand nicht in meiner Macht, selber zu entscheiden.

[...]

Wir schlossen damit den Rückblick auf die Mission ab und ließen diese hinter uns. Ich fragte Astra, was sie nun tun würde, worauf sie erwiderte: »Ich muss lernen. (Pause.) Es dauert lange, bis ich zurückgehe. (Flüstert.) Ich lerne.« Als ich mich danach erkundigte, was und wo sie lernte, wurde schnell klar, dass wir uns nun an einem komplett anderen Ort befanden.

A: (Pause.) Sieht aus wie Wasser um mich herum. (Pause.) Ich habe einen Körper. Er ist sehr hell. Aber ich habe das Gefühl, er ist nicht fest. Er verändert sich. Die äußere Form kann sich verändern. Er ist wie Licht. Er hat eine Umrandung, aber innerhalb der Umrandung ist es wie Licht. Ich bin weder männlich noch weiblich.

M: Du befindest dich im Wasser?

A: Ich bin in einem Raum ... und ich sehe, dass um diesen Raum herum Wasser ist. Das ist wohl eine ganze Stadt unter Wasser.

Da sind Gebäude. Es geht sehr weit runter und es geht sehr weit hoch. Aber es ist hell. (Pause.) Es ist schön hier!

M: *Bist du alleine in diesem Raum?*

A: Nein, da ist jemand, der mir Sachen erzählt. Er sieht anders aus als ich. Er hat einen festen Körper. Aber er redet nicht; das ist telepathisch. Wir bekommen Informationen ... Bilder. (Pause.) Sie löschen Programme in mir.

M: *Weißt du, warum sie das tun?*

A: Diese Programme haben nichts genutzt. Sie stören mich und stehen mir im Weg. Es muss Platz gemacht werden für anderes.

M: *Wie fühlt es sich an, wenn diese Programme entfernt werden?*

A: Gut. Leicht.

M: *Womit werden sie ersetzt?*

A: Ich kann es im Körper spüren. Es geht immer höher ... Alles verändert sich. (Angespannt.) Aber ich will das nicht dauernd körperlich spüren. Jetzt. Das alles. Ich will es nicht spüren.

M: *Du meinst das, was dort mit dir gemacht wird?* (Ja)

[...]

Erneut gab ich Astra geeignete Suggestionen, um den Prozess für sie angenehmer zu machen. Zudem bat ich diejenigen, die sich an diesem Ort im Wasser um sie kümmerten, alles Unangenehme so herunterzufahren, dass sie einfach als Beobachterin beschreiben könne, was geschah. Sie entspannte und beruhigte sich sofort.

A: (Pause.) Ich bin jetzt wieder reiner. Es ist viel höher ... eine viel höhere Frequenz. Ich weiß, dass ich mit dieser Frequenz nicht zurück auf die Erde kann. Deshalb weiß ich auch, ich komme jetzt von hier aus nicht auf die Erde zurück.

M: *Wie denkst du darüber?*

A: Ich bin erleichtert. Für den Moment.

M: *Was wirst du stattdessen tun?*

A: Eine Pause machen. Wir haben Sachen aufgearbeitet. Ich möchte nun eine Pause machen. Ich gehe nach Hause zurück.

M: *Erzähl mir von deinem Zuhause.*

A: Es ist ruhig, aber es geht konstant ein Wind. Nein, das ist kein Wind ... Doch! Aber er ist sehr angenehm. Es gibt keine Temperaturunterschiede. Man muss nichts ausgleichen. Es gibt Tiefen ... Täler ... Höhen. Ich komme dort überall hin, indem ich mir einfach vorstelle, dorthin zu wollen! Ich muss mich nicht fortbewegen mit Rennen oder Objekten. Ich löse mich einfach auf und erscheine wieder woanders.

M: Ist dies ein bestimmter Ort oder ein Planet, auf dem du dich befindest?

A: Ja. Es sieht aus wie Wälder, aber es sind nicht Bäume. Es ist kühl, aber nicht kalt. Es ist grün. Es gibt da keine Luft wie hier, aber es ist ganz klar ... wie Kristall. Es wird nicht dunkel. Es bleibt hell. Grün. Ganz viel Grün. Alles ist grün! Es gibt Orte, an denen man sich aufhalten kann. Es sieht aus wie in den Felsen gebaut. Da ist etwas davor – kein Glas, aber man kann hindurchgucken –, und wenn ich es berühre, ist es weg und ich kann hineingehen. Wenn ich drin bin, ist es wieder da, und es gibt einen Bereich, in dem ich liegen kann. (Pause.) Ich kann über die ganzen Wälder gucken.

[...]

Ich fragte sie, wie sie sich selbst an diesem Ort wahrnahm.

A: Ich habe Haare. Lange, schwarze Haare. Ich gucke auf meine Hände und sehe vier Finger. Die Finger haben drei Gelenke. Der Körper ist sehr dünn. Die Statur ist wie die eines Menschen. Arme, Beine ... aber weniger einen Oberkörper. Der ist kürzer. Wenn ich rausgehe, muss ich etwas überziehen. (Konzentriert.) Das ist ein ... Es passt sich mir direkt an. Es ist dunkelgrau. Es ist wie ... Silikon? Andere Kleidung gibt es nicht.

M: Beschreibe mir die Farbe und Textur deiner Hülle.

A: Elfenbeinfarben. Ganz glatt. Man kann die Blutgefäße durchschimmern sehen. Etwas Blaues läuft durch sie hindurch.

M: Beschreibe mir dein Gesicht und deine Sinnesorgane.

A: Ein Gesicht wie bei einem Menschen. (Pause.) Die Augen sind aber größer. Sie sehen aus ... Moment, ich wechsle – mal stehe ich vor mir und dann bin ich im Körper drin. (Pause.) Das sind

Augen wie von einer Schlange, aber eigentlich schön. Gelbgrün. Eine längliche Pupille. Da ist so etwas Ähnliches wie eine Nase. Aber so etwas brauchen wir hier nicht. (Pause.) Es gibt einen Mund. Zum Essen. (Pause.) Und es gibt Ohren.

M: *Was wäre ein typisches Nahrungsmittel?*

A: (Kichert.) Ich sehe immer Grün. (Konzentriert.) Ich weiß nicht, was das ist ... Irgendetwas Pflanzliches? Es ist flüssig und es ist grün. Aber nicht oft.

M: *Ist es notwendig zum Existieren?*

A: Nein, es ist unterstützend. Wir bräuchten es nicht, aber es hilft.

M: *Welchen Zweck erfüllen die Ohren und wie sehen sie aus?*

A: Ich höre sehr viel damit. Ganz andere Frequenzen. Ganz hohe Töne. Ich höre mehr hohe Töne als tiefe. Sie sind nicht oval, sondern fast dreieckig! (Erstaunt.) Alle haben diese langen Haare. Ganz schwarz.

M: *Fühlt sich der Körper männlich oder weiblich an?*

A: Männlich.

M: *Unterscheiden sich männliche und weibliche Körper?* (Nein) *Gibt es aber diese Unterscheidung?* (Ja) *Worin unterscheidet sich eine männliche von einer weiblichen Existenz in dieser Form?*

A: In ihrer Energie. Es gibt keine klare Abtrennung.

M: *Das heißt, Fähigkeiten, Tätigkeiten, Funktionen sind vergleichbar?*

A: Ich weiß es nicht. Ich bin alleine. Ich kämpfe. Ich habe keine Familie.

M: *Gibt es dieses Konzept dort?*

A: Nein, es gibt keine Familien. Wir klonen. Es gibt Partner. (Nüchtern.) Ich habe keinen.

M: *Ihr habt also keine Form der organischen Fortpflanzung?* (Nein) *Wie geht das mit dem Klonen vonstatten? Und wann erfolgt es?*

A: Nicht oft. Es wird ... Ich bekomme so viele Antworten im Kopf. Sie nehmen das, was am besten ist, und reproduzieren es.

M: *Welche Qualitäten werden als am besten angesehen?*

A: (Grübelt.) Hm, wer entscheidet das?! Ich weiß es nicht ... Es ist hochentwickelt. (Pause.) Ich sehe nichts Böses. Ich sehe, dass wir bewusst gehen. Wir beschließen irgendwann zu gehen. Aber ich sehe nicht, wie wir kommen.

M: (Verwirrt.) Gehen? Was meinst du damit?

A: Den Körper verlassen. *(Ah!)* Aber es ist ein viel längeres Leben.

M: Kannst du die ungefähre Länge in unseren Jahren wiedergeben?

A: Fünfhundert ... sechshundert.

M: Könnt ihr den Planeten verlassen? (Ja) *Wie macht ihr das?*

A: Mit Schiffen. Es gibt ein Portal. Dieses Portal gibt es auch auf der Erde! Ich kann von da direkt dorthin. (Pause.) Es gibt auch kleine Maschinen, mit denen man fliegen kann. Aber auf dem Planeten braucht man sie nicht. Wo ich hinwill, da bin ich.

M: Hat deine Spezies so etwas wie einen Fokus oder einen Schwerpunkt? Interessensgebiete, denen ihr euch widmet?

A: (Lacht.) Wir feiern gerne! Wir sind nicht so viele. (Betrübt.) Um uns herum ist viel Krieg auf anderen Planeten.

M: Seid ihr ein Teil davon?

A: Ich bin ein Teil davon. Aber unser Planet ist in Sicherheit.

M: Inwiefern bist du ein Teil davon?

A: (Pause.) Das sind keine schönen Bilder ...

M: Meinst du Krieg im Sinne von Kampf?

A: Ja. Hochentwickelter Kampf! Massenzerstörung. Viele Planeten sind besetzt.

M: Was ist die Intention hinter diesen Kämpfen?

A: Freiheit. Nicht unterdrückt zu werden. Nicht besetzt zu werden. (Pause.) Wir haben ein Schiff – ein großes! Ich sehe uns damit über einen Planeten fliegen. Da kommt etwas, das ist wie Feuer, aber es ist kein Feuer. Es zerstört die komplette Oberfläche.

M: Warum würdet ihr so eine Waffe benutzen?

A: Wir *haben* sie benutzt.

M: Zu welchem Zweck?

A: Wir helfen anderen. Unterdrückten. Wir sind frei. Wir haben uns die Freiheit bewahrt! Wir helfen anderen um uns herum.

M: Ihr setzt diese Waffe also gegen Unterdrücker ein?

A: Ja. Aber ich weiß nicht, ob nicht auch alle anderen sterben ...

M: Warum bist du als ein Vertreter deiner Spezies bei diesen Kämpfen dabei?

A: Man hat mich zu Rate gezogen. Ich sollte mitentscheiden ... Strategien mitentwickeln. Ich glaube, ich bin sehr bekannt. (Grübelt.) Ich scheine ... irgendeinen Freiheitskampf gewonnen zu haben – in leitender Funktion. Sie kennen mich und sie respektieren mich.

M: *Wie empfindest du diese Position?*

A: (Seufzt.) Es ist meine Aufgabe. Es ist eine große Verantwortung! Sie setzen Hoffnungen in mich. Aber ich löse es ja nicht alleine. Ich glaube, wir machen das gut.

M: *Du glaubst an das, was du tust, und stehst dahinter.* (Ja!) *Was ist die Intention, die du in diese Aufgabe mithineinbringst?*

A: (Entschieden.) Niemand darf irgendjemanden unterdrücken und für seine Zwecke einsetzen oder benutzen! Niemand! Und wenn sie sich nicht selber wehren können, muss ich helfen. Ich kann das nicht zulassen!

[...]

An dieser Stelle fragte ich das Kriegerwesen, ob es sich bewusst sei, dass es gerade durch einen menschlichen Körper sprach, der sich auf der Erde befand und den wir Astra nannten. Als es dies bejahte, bat ich es, mir zu erzählen, was zu der Entscheidung geführt hatte, diese Existenz auf der Erde anzugehen.

A: Es war dringend an der Zeit! Was glaubt ihr, wie viel Zeit ihr noch habt? Ihr habt ja keine Ahnung ... Wenn wir jetzt nichts tun, dann passiert der ganze Mist wieder!

M: *Was meinst du damit?*

A: Emotionslos. Abgeschnitten vom wahren Kern. Leer. Nur Gebilde aus Angst ... ohne Zugang zu ihrer wahren Natur. Wenn wir nicht helfen ... was wird dann?!

M: *Was meinst du damit, dass das Ganze dann »wieder« passiert?*

A: (Flüstert.) Es ist der Menschheit doch schon mal geschehen. Es gibt sie, die degenerierte Form der Menschheit, der Emotionslosen ... halb Maschine, halb Mensch.

M: *Hier auf der Erde?*

A: Es ist auf der Erde geschehen.

M: Wann war das?

A: Es ist jetzt. Alles passiert gleichzeitig. Ihr könnt eine andere Welt erschaffen. Ihr müsst nicht wieder diesen Weg einschlagen. Aber es müssen mehr verstehen! Viel mehr! (Pause.) Wir können nur von innen heraus helfen.

[...]

Ich fragte ihn, wie er genau vorhatte, dies in der Form von Astra zu bewirken.

A: Ich muss Menschen helfen, zu ihrem Kern zurückzukehren. Zu ihrem wahren Kern. Sie müssen ihr angstbesetztes Denken überwinden. Meine Energie muss ihnen helfen. Ich muss darüber sprechen. Ich muss es vorleben.

M: Warum ist es wichtig, dass du das so tust?

A: Das sind meine Fähigkeiten. Ich kann es nicht anders tun. Ich tue es schon.

M: Wie schätzt du den bisherigen Verlauf dieser Mission ein?

A: Gut. Es läuft nach Plan, aber es ist eine kritische Phase! Das ganze Dunkle kommt jetzt hoch. Es kann nur hochkommen, weil Licht da ist. Es *muss* hochkommen, weil Licht da ist. Aber es muss genug Licht aufrechterhalten werden! (Flüstert.) Es wird genug da sein.

M: Wie gelingt die Arbeit in dem Körper, in dem du dich nun hier befindest? Bewältigt der Körper die Energien, die du mitbringst?

A: Das könnte besser laufen. Ich denke, er ist manchmal überfordert. Manches geht so schnell. Aber es ist so wenig Zeit!

M: Wie äußert sich das?

A: Er schaltet sich aus. Er schaltet sich ab. Er funktioniert für eine Zeit nicht, muss sich regenerieren und geht dann wieder.

M: Was geschieht mit dem Bewusstsein im Körper während dieser Phasen?

A: Es ist zu dünnhäutig. Es fühlt zu viel. Es spürt zu viel. Braucht viel Zeit alleine. Aber das wird schon ... Das braucht noch etwas Zeit. Es ist noch nicht so weit.

M: Warum ist das Bewusstsein so feinfühlig?

A: Weil es sonst das Positive nicht spüren würde. Es muss so feinfühlig sein, um die feinen Dinge wahrzunehmen, das Positive zu spüren. Nur, wenn es das weiß und sich an alles erinnert, alles fühlt und alles spürt, dann kann es das auch weitergeben und dafür kämpfen. Ich weiß, es ist nicht leicht ... Das ist eine harte Umgebung! Aber das wird schon.

[...]

Da wir an diesem Punkt der Seelenreise bereits mehrere Stunden unterwegs gewesen waren, beschloss ich, den Fokus auf Astras Themen- und Fragenliste zu lenken. Wenn ich auf Seelenreisen auf Aspekte der Seele stoße, die bereits eine höhere Perspektive besitzen als die menschliche Persönlichkeit, die durch meine Tür gekommen war, erkundige ich mich stets danach, wer die angemessenere Instanz für das Besprechen der persönlichen Themen ist: der präsente Aspekt oder das Überbewusstsein. In Astras Fall erwies sich der präsente Aspekt als mehr als qualifiziert und offenbarte sogar seinen Namen, der an dieser Stelle jedoch nicht veröffentlicht werden braucht.

M: *N_____, wir haben eben etwas über deine Heimat erfahren und über die Aufgaben, denen du dich dort widmest. Kannst du uns noch mehr über deine Heimatwelt erzählen? Wo befindet sie sich?*

N: Ihr kennt es als Orion-Sternensystem. Wir sind am äußersten Rand, von der Erde nicht sichtbar.

Das machte Sinn. Nach allem, was ich bisher im *Law of One* über die sogenannte Orion-Gruppe erfahren hatte, war es nicht überraschend, dass der Freiheitskämpfer seine Heimatregion als von Unterdrückungs- und Eroberungsversuchen geplagt beschrieb. Positiv polarisierte Gruppen in diesem Teil der Galaxis hatten es wahrscheinlich schwer und erlebten viele Konflikte.

M: *Wir empfindest du deine Verbindung zu Astra und wie siehst du ihren bisherigen Weg hier in dieser Inkarnation?*

N: Sie macht sich zu viele Gedanken. Alles ist gut. Ich passe auf sie auf. Sie ist so mutig und weiß es gar nicht! Sie hat so viel geschafft ... Nur solche können wir hierher schicken!

M: Wodurch charakterisieren sie sich?

N: Es sind die reinsten Absichten. Es ist ein reines Herz. Es ist uneigennützig. Es ist stark und es ist klar. Sie hat schon so vieles gemacht ... Das hier sollte nicht das Schwierigste für sie sein.

M: Wie siehst du in dem Kontext die Erfahrung, die sie als erstes auf diesem Planeten gemacht hat? Die in dem Zeitalter, das wir als das »alte Ägypten« bezeichnen?

N: Es ist nichts Schlimmes passiert. Sie hat gelernt. Vielleicht waren wir zu unbedarft. Vielleicht war es zu früh. Sie hätte es nicht schaffen können. Andere haben es auch nicht geschafft. Wir können nicht in den Willen der Menschen eingreifen. Sie entscheiden selber. Wir können es nur versuchen.

M: Sie hatte vorhin von einem Experiment gesprochen, von dem die Menschheit ein Teil sei. Was kannst du von deiner Perspektive aus dazu sagen?

N: Wir waren nicht daran beteiligt. Es sind dabei verschiedene Perspektiven zu beachten. Ich halte es für riskant, DNA-Material abzuschalten. Letzten Endes ging es darum, wie viel man vergessen und wieder erinnern kann. Es ist nicht der natürliche Lauf, zu vergessen, wer oder was man ist. Ich habe davon nichts gehalten. Die Erde war so nicht geplant.

M: Was war der ursprüngliche Plan? Und wie ist es zu der Entscheidung gekommen, den Kurs zu verändern?

N: (Pause.) Ich darf nichts dazu sagen. Wir waren nicht beteiligt. Es steht uns nicht zu.

M: In welcher Funktion nehmt ihr heute Anteil an dem, was mit der Erde und der Menschheit geschieht?

N: Unser aktueller Anteil ist gering. Wir hatten damals einen viel größeren Anteil. Es gab eine Bitte, zu helfen. Wir haben die Besten genommen und in das System geschickt.

M: Welchen Punkt in unserer Zeitrechnung meint ihr mit »damals«?

N: Eure Zeitrechnung ist komplex. Ein Anhaltspunkt wäre Atlantis. Ich spreche von der Zeit davor.

M: *Wäre das der Zeitpunkt, an dem diese Entwicklung, von der ihr vorhin gewarnt hattet, das erste Mal erfolgt ist?* (Ja) *Ist das mit Atlantis verbunden gewesen oder davor geschehen?*

N: Das ist mit Atlantis verbunden. Es ist auf der Erde dasselbe, was wir auch bei uns haben: Kräfte müssen ausgeglichen sein. Es darf nicht eine Seite dominieren!

M: *Astra hat zuvor von einer Leere, einer Dunkelheit, gesprochen, die das Licht »absaugt«. Sind das die Kräfte, von denen auch ihr sprecht?*

N: Das sind ausführende Organe dieser Kräfte. Ich kann sie nicht als schlecht beschreiben. Es ist einfach der Gegensatz, aber keine Seite darf dominant sein!

M: *Wie ist das Verhältnis dieser Kräfte aktuell auf der Erde?*

N: Es hatte die Übermacht, aber es schwindet. Es bäumt sich auf, aber es schwindet.

M: *Unter anderem auch dank des Einsatzes von Wesenheiten wie Astra?*

N: Das Bewusstsein der Erde verändert sich. Das ist es letzten Endes, was dagegen ankommen kann. Inkarnationen wie Astra stärken energetisch das allgemeine Bewusstsein, aber alleine bringen sie nichts. Wir sprechen vom Bewusstsein des Planeten und seiner Bewohner – vom kollektiven Bewusstsein. Es war immer ein angstbesetztes kollektives Bewusstsein und nur deshalb beherrschbar ... führbar.

[...]

Wir gingen zu Astras Themenliste über. Im Vorgespräch hatte sie erwähnt, dass ihr Herz von Geburt an ein besonderes, aus medizinischer Sicht nicht ungefährliches Merkmal aufgewiesen hatte, das ihr verständlicherweise Sorgen bereitete. Bevor ich meine Frage zu diesem Thema vollenden konnte, unterbrach mich N____ mit der Erklärung des physischen Phänomens.

N: Es ist nicht problematisch und es wird ihr nichts passieren. Sie ist so eigen ... Sie hat sich diese Form selber ausgesucht. Sie ist mit Versagensängsten auf die Erde gegangen – mit *großen* Versagensängsten! Sie war nicht von ihrer Kraft überzeugt und hält sich permanent eine Hintertür auf, um diesen Planeten wieder verlassen zu können. Dieses Herz bietet ihr jegliche Möglichkeit dazu. Sie kann es einfach ausschalten. Sie hat es direkt zu Beginn wieder ausschalten wollen. Sie kann nicht helfen, wenn sie nicht damit aufhört! Wenn sie ihr Vertrauen in sich nicht wiederfindet, kann sie nicht helfen ... (Eindringlich. An Astra gerichtet.) Erinnere dich daran, wer du bist! Erinnere dich! (Pause.) Sie hat viele Leben auf der Erde hinter sich, in denen sie die Wahrheit gesprochen hat und dafür getötet wurde. Sie ist viele Male als Märtyrer gestorben. Jetzt ist es *wirklich* wichtig und sie traut sich nicht ... Aber sie ist hier, um das zu überwinden – zu einem Zeitpunkt, der von großer Bedeutung ist! Und es wird ihr diesmal nichts geschehen. Ihr wird nichts passieren.

M: *Das heißt, dieses körperliche Thema stellt keine Gefahr für sie dar?*

N: Nein. Aber sie soll damit aufhören, zu versuchen zu gehen! Sie fühlt Leid zu sehr. Sie weiß, dass es Orte gibt, wo man das nicht fühlen muss ... und da will sie hin. Aber jetzt noch nicht. Später.

M: *Gibt es einen Weg, wie ihr Astra ihre Existenz hier ein wenig erleichtern könnt oder ihr mehr Vertrauen und Zuversicht ermöglichen könnt?*

N: Wir arbeiten bereits daran. Es passiert nur in ihrem Kopf. Um sie herum ist alles in Ordnung. Es geht ihr gut.

M: *Gibt es etwas, das wir hier und heute auf energetischer Ebene tun können, um Astra auf ihrer Mission zu unterstützen?*

N: Wir sollten die Märtyrerleben energetisch neutralisieren. Das sitzt zu tief, um echtes Vertrauen zu haben. (Pause.) Sie hat kranken Menschen geholfen und gegen eine unterdrückende Kirche gesprochen. Dafür hat man sie verbrannt. Wir können das jetzt aus ihrem Energiefeld löschen.

[...]

Ich erkundigte mich nach dem geeignetsten Vorgehen.

N: Sie hat dasselbe heute schon gespürt. Sie hat berichtet von dem Raum unter Wasser. Sie hat den Prozess des Löschens dort schon einmal erlebt.

M: *Ihr benutzt den gleichen Prozess?*

N: Ja. (Lange Pause.) Es ist wie verschiedene Stränge an Informationen auf einer bestimmten Frequenz. Wir sind in der Lage, diese Frequenz in ihrer Schwingung zu beeinflussen. Es ist so, als hätte man einen Kristall unter einem dunklen Fleck. Durch das Ändern der Frequenz verschwindet der dunkle Fleck und an der Stelle ist wieder ein Kristall sichtbar.

M: Was wird sich dadurch für Astra verändern?

N: Wir nehmen ihr die Angst davor, durch das, was sie sagt, aufzufallen. Sie will nicht sichtbar sein, aber das geht nicht! Sie ist es ja ohnehin. Sie weiß im Grunde, dass sie diesmal nicht sterben wird, und trotzdem hindert es sie daran. (Pause.) Der Vorgang ist nun abgeschlossen.

[...]

Wir gingen zum nächsten Thema weiter, das sich auf Astras Liste befand – und interessanterweise auch auf den Listen vieler anderer Menschen, mit denen ich arbeiten darf: Sie wollte mehr über die Aktivitäten erfahren, denen sie sich während des Schlafens auf anderen Ebenen widmete, da sie morgens sehr lange brauchte, um »richtig wach« zu werden und wieder »voll da« zu sein. Auch hier kam die Antwort bereits, bevor die Frage fertig formuliert war.

N: Sie kommt permanent nach Hause. Sie ist permanent hier.

M: In Orion? (Ja) *Warum tut sie das?*

N: Weil sie hier nichts Schlimmes fühlen muss. Sie wird wieder hier sein, aber nicht jetzt. Sie kann nicht auf der Erde wirken, wenn sie hier ist. Sie meint, sie wäre nicht freiwillig auf der Erde, aber sie ist es! Sie hat nur Angst vor ihrem Versagen. Sie wollte sich dem stellen. Jetzt denkt sie, sie schafft das nicht. [...]

M: Damit meint ihr konkret welche Erfahrung?

N: Sie hatte ein Leben, in dem sie ihre Kräfte falsch eingesetzt hat. Zu niederen Zwecken.

M: Sind wir diesem Leben heute begegnet? (Ja) *Wir sprechen von Ägypten?*

N: Ja. Sie wurde mit starken Fähigkeiten auf die Erde gesetzt.

M: Kann sie sich sicher sein, dass es nicht wieder so kommen wird?

N: Das wird es nicht.

M: Es wird sehr wichtig für sie sein, dies zu hören.

[...]

M: *Was möchtest du Astra aus deiner Perspektive noch dazu sagen?*

N: Es bringt nichts, vor sich selber wegzulaufen – auch nicht, indem sie sich hierher zurückzieht. Sie muss den Mut haben, sich zu stellen, sich selber zu stellen, und das Großartige sehen und nicht das Versagen – was kein Versagen war!

M: Wie würdest du es stattdessen beschreiben?

N: Es war ein Lernen. Es hat nicht an ihr gelegen. Wir können die Menschen nicht zu ihrem Glück zwingen. Sie haben sich dagegen entschieden. Es lag nicht in ihrer Macht.

M: Was würdest du Astra in Bezug auf ihr nächtliches Heimreisen empfehlen?

N: Sie braucht das nicht, um mit mir in Kontakt zu sein. Ich bin jederzeit abrufbar. Wenn sie sich nicht bewusst ist, soll sie sich lieber erholen. Und solange sie nicht voll auf der Erde ankommt, kommt sie nicht da an, wo sie helfen soll! Sie kämpft gegen die Angst auf der Erde und hat doch am meisten Angst vor sich selbst ...

M: Wie kann sie diese kontraproduktiven Heimreisen unterbinden?

N: Die Erde nicht als feindlich betrachten. Die Schönheit des Planeten und der Menschen sehen und annehmen, dass sie gerade ein Mensch ist. Wenn sie das integriert hat, wird sie keinen Drang mehr verspüren, immer zurückzukommen.

[...]

Als ich N_____ fragte, ob er noch etwas zu Astras Verbindung zu ihrer Heimatwelt oder zu sich selbst sagen wolle, entwickelte sich ein interessantes Gespräch über die unterschiedliche Positionierung galaktischer Reptilien-Spezies, die von uns Menschen oft pauschal als negativ polarisiert eingeordnet werden.

N: (Pause.) Sie ist nicht ich. Ich helfe nur. Wir warten auf sie und sind stolz. Wir sind immer für sie da und sie wird wieder hierher zurückkommen.

M: Wäre die Formulierung korrekt, dass ihr Aspekte der gleichen Seele seid?

N: Das ist korrekt.

M: *Du bist ihre Verbindung zu Orion?* (Ja) *Und Astra ist deine Verbindung zur Erde?* (Ja) *Du hast dich zuvor mit schlangenartigen Merkmalen beschrieben. Erkenne ich darin die Präsenz einer Reptilienenergie?*

N: Ja, eine ursprüngliche Reptilienenergie. Wir kämpfen gegen andere Ausformungen dieser Energie, aber das ist nicht unsere Energie. Es gibt hier unterschiedliche Entwicklungen.

M: *Man kann Reptilien also nicht pauschal mit etwas Negativem gleichsetzen.*

N: Nein. Sie ist in vielen Menschen vorhanden. Es geht um die Ausprägung dieser Energie. Wir sind keine Reptilien, aber wir haben einen Kern darin. Gleichzeitig bekämpfen wir Reptilienenergien, die in einen Machtwahn verfallen sind.

M: *Existiert eine Verbindung zwischen Reptilienenergien, die diesem Machtwahn verfallen sind, und der Erde?*

N: Ja! In einigen DNA-Programmierungen ist bewusst diese Energie verwendet worden. Diese Wesen sind leichter von außen zu steuern. Sie sind in Bezug auf Emotionen abgeschotteter. Sie haben weniger Bezug zu ihren Emotionen und sind dadurch leicht führbar. Viele in euren Machtsystemen unterliegen diesen Strukturen, ohne es zu wissen.

M: *Du meinst, viele Menschen, die sich weiter oben in unseren Hierarchien befinden, haben diese genetischen Anteile?*

N: Nicht alle, aber wichtige Entscheidungsträger. Sie sind leicht steuerbar.

M: *Von was oder wem werden diese Entscheidungsträger gesteuert?*

N: Von denjenigen, die ein Interesse an diesem Planeten haben. Es gibt unter ihnen vielfältige Interessen an diesem Planeten, aber es gibt nicht das Interesse, dass dieser Planet aufsteigt. Er wäre dann nicht mehr steuerbar. Und diese Seelen könnten hier nicht mehr inkarnieren. Ihre Frequenz wäre zu niedrig.

M: *Diejenigen, die zu hoch sind in ihrer Frequenz, sind nicht mehr steuerbar?*

N: Richtig.

M: *Was werden [die Kontrollierenden] dann tun? Woanders hingehen?*

N: Das haben sie nicht vor. Ich denke nicht, dass sie aufgeben. Aber die Erde wird so oder so ihr Bewusstsein erhöhen.

M: Was passiert, nachdem die Erde ihr Bewusstsein erhöht hat, mit denjenigen, die dem entgegengewirkt haben?

N: Sie werden den Planeten verlassen müssen und können auch nicht mehr zurück. Das haben wir in unserem System mehrfach gehabt – nicht in dieser Größe, nicht in dieser Geschwindigkeit, aber mit gleichem Ursprung.

M: Sind sie sich dessen bewusst, dass sie hier keine Zukunft mehr haben?

N: Ja. Deshalb haben sie Angst. Deshalb wehren sie sich. Deshalb passieren so viele Dinge ...

M: Statt einfach aufzugeben, tun sie also alles, was sie können.

N: Sie verteidigen sich.

[...]

Das war eine neue, sehr interessante Perspektive. Mir war bewusst, dass ein zentraler Antrieb negativ polarisierter Gruppen offenbar darin bestand, andere Welten zu erobern und deren Bewohner zu unterwerfen. Ich hatte mich allerdings schon öfter gefragt, was wohl ihre Intention speziell in Bezug auf unseren Aufstiegsprozess sei. Dass sie laut der Wesenheit, die durch Astra sprach und mit der berüchtigten Orion-Gruppe sehr vertraut zu sein schien, versuchen würden, besagten Aufstieg zu verhindern, machte sehr viel Sinn. Wenn das Bewusstsein von Gaia und der Menschheit einen weiteren Zyklus in der dritten Dichte durchlaufen müsste, würden sie in der Lage sein, über beide weiterhin Kontrolle auszuüben. Bei einem erfolgreichen Aufstieg wäre dies wahrscheinlich nicht mehr möglich. War der Einfluss, den die Orion-Gruppe auf die Entwicklung der Erde und der Menschheit hatte, möglicherweise von dieser Intention gefärbt? Nicht, dass ich uns Menschen die Verantwortung für unseren Weg und den Zustand des Planeten, auf dem wir leben, absprechen möchte! Es existieren jedoch vielfältige Hinweise darauf – nicht zuletzt auch in dem Material, aus dem sich dieser Band zusammensetzt –, dass Kräfte auf unserem Planeten agieren, die erheblichen Einfluss auf uns nehmen, und daher eventuell nicht alles, was hier geschieht, ausschließlich »auf unserem eigenen Mist gewachsen« ist. Gibt es vielleicht einen sehr konkreten Grund für die Förderung niedriger Schwingungen auf globaler Ebene in Form von Kriegen, Konflikten, Terror und Angst genau zu diesem Zeitpunkt des galaktischen Kalenders? Etwa, um sicherzustellen, dass die Gelegenheit zum Aufstieg hier verpasst werden würde?

Ein weiteres Thema auf Astras Liste waren diverse Situationen in der Vergangenheit, in denen sie sich auf energetischer Ebene attackiert gefühlt hatte. Ich erkundigte mich bei N_____ nach dem Hintergrund dieser Erlebnisse. Auch diese Frage konnte ich nicht bis zum Ende stellen, bevor er bereits zu antworten begann.

N: Sie *wird* attackiert, denn sie hat maßgeblich dazu beigetragen, dass eine bestimmte Gruppe von Wesen vernichtet werden sollte. Ihre Energie ist bekannt. Sie wollen sie nicht auf der Erde sehen, und durch ihre Angst macht sie es ihnen leicht. Sie können dann jedes Mal wieder den Hebel umlegen. Jeder andere hätte schon lange aufgegeben ...

M: Was kann Astra tun, um sich diesen Attacken nicht mehr auszuliefern?

N: Vertrauen. Vertrauen in ihre Stärke. Ihre Stärke zulassen und die Wahrheit aussprechen! Ich kann ihr dabei nicht helfen. Ich kann auch niemanden davon abhalten, das zu tun. Sie ist selbst dazu in der Lage, denn sie hat ihnen schon öfter ihre Pläne durchkreuzt. Sie wollen nicht, dass sie das wieder tut.

M: Wie hat sie das getan? Auf welcher Ebene hat das stattgefunden?

N: Sie konnte ihrer Macht etwas entgegensetzen, so dass sie machtlos waren, und konnte sie vertreiben. Sie konnte töten. Sie konnte beschützen. Das war in Orion. Sie war an Kriegen beteiligt. Wir hatten dort dasselbe wie hier auf der Erde über Millionen von Jahren eurer Zeitrechnung. Sie hatte mit dafür gesorgt, dass dies ein Ende nahm. Wen hätten wir Treffenderes auf die Erde schicken können als sie?!

M: Sind ihr ihre Widersacher bis hierher gefolgt?

N: Nein, sie waren schon auf der Erde. Sie spielen eine große Rolle bei der Unterdrückung der Erde.

M: Sie sind für Astra also so etwas wie »vertraute Feinde«? (Ja) *Ich verstehe. Spielt hier das Konzept »Schutz« eine Rolle?*

N: Nein, sie braucht keinen Schutz. Sie hat nur Angst vor sich selbst! Wenn sie die nicht hätte, könnte niemand etwas bei ihr ausrichten.

M: Wäre demnach die Formulierung korrekt, dass einem Schutz vor allem dient, wenn man Angst hat?

N: Ja, das ist korrekt. Sie kannte Angst vorher nicht. Es ist eine Emotion, die ihr fremd war. Die Dinge auf der Erde bereiten ihr keine Angst. Es ist nur ihre Erfahrung sowie die Erinnerung an ihre Größe, die mit einem menschlichen Leben eigentlich nicht vereinbar ist. Mit dieser Gabe war sie zuvor auf der Erde und hat – in *ihren* Augen – versagt. Das ist ihr Hauptproblem. Sie traut sich nicht, das voll zu spüren. Eigentlich müsste sie das auch nicht, aber sie darf davor keine Angst empfinden und sich wegwünschen. Es würde ihr nichts bringen, jetzt zu gehen. Das ist ein Lernprozess! Sie würde sonst wiederkommen und erneut diese Erfahrungen machen.

[...]

Schließlich kamen wir noch auf die Verbindung zwischen Astra und Stella zu sprechen. Da ich bereits wusste, was in Stellas Sitzung zur Sprache gekommen war, war es sehr interessant, zu erfahren, was Astras Höhere Führung zu diesem Thema sagen würde.

N: Stella ist nicht von hier. Unsere Energie des Krieges sollte reguliert werden. Wir brauchten ein Gegengewicht und haben diese Energien auf Sirius zusammengeführt. Sie haben seitdem mehrere Leben zusammen gehabt. Jetzt müssen sie sich gegenseitig unterstützen. Jede dient der anderen durch ihre Fähigkeiten. Sie sollten in ihrem Umfeld jemanden haben, damit sich keine von ihnen alleine fühlt. Sie können sich ergänzen und helfen. Es ist schwierig, von anderen verstanden zu werden ...

M: Ich nehme an, das ist auch nicht notwendig?

N: Das ist es nicht, aber sie fühlen sich dadurch alleine in ihrem engeren Umfeld. Es gibt noch andere, aber nicht in ihrem engeren Kreis.

M: Gibt es eine konkrete Aufgabe, die beide in dieser aktuellen Inkarnation verbindet – abgesehen von der gegenseitigen Unterstützung?

N: Es geht um die gegenseitige Hilfe bei der Heilung. Und wenn sie geheilt sind, können sie wirken. Das muss nicht zwangsläufig zusammen erfolgen. Es kann so kommen, aber ich sehe nicht, dass es einen solchen Plan gibt.

[...]

Wir gingen zur Besprechung der menschlichen Inkarnation im späten 18. Jahrhundert über, die Astra zu Beginn ihrer Seelenreise erkundet hatte. Im Anschluss bat ich das Überbewusstsein noch um einen kompletten Body Scan. Dabei identifizierten sie einige Fehlstellungen im Knochenapparat, die auf die Auswirkungen einer vergangenen Operation zurückzuführen waren, und erklärten sich bereit, zu tun, was möglich war, um diese zu korrigieren: »Es sind Knochen weggebrochen und an anderen Stellen wieder fixiert worden. Die Stellen sind nicht optimal. Wir können versuchen, das zu richten. [...] Wir können nicht alles korrigieren, aber wir arbeiten daran. [...] Es muss Weite geschaffen werden. Alles wurde damals eng zusammengenäht. Wir müssen es lösen ... lockern ... freimachen ... weichmachen. Es gibt Nervenbahnen, die nicht mehr funktionieren. Diese Bahnen müssen sich wiederfinden. (Lange Pause.) Das ist das, was wir tun konnten.« Ich fragte, was für einen Unterschied Astra in Zukunft wahrnehmen würde. Sie antworteten: »Mehr Weite zum Atmen. Keine Schmerzen mehr an der Wirbelsäule. Keine Beklemmungen mehr von fehlgeleiteten Nerven. Ihr Körper war zu fest. Er wird wieder weicher.«

[...]

Letzte Worte: »Es ist genau so, wie sie es bereits gewusst hat; dass es nur um dieses Thema gehen wird. All das, was sie sich anhören kann, weiß sie bereits. Sie hat es etliche Male erfahren und gehört. Vielleicht ist das hier die überzeugendere Form.«

Auf der Neuen Erde

Zoran (43) erschien im Juli 2022 zu seinem Sitzungstermin. Er war ein zurückhaltender und sanft wirkender Mann, der seit Jahren im IT-Bereich arbeitete. Seine Intention für die Seelenreise war im Grunde eine klassische: Er wollte mehr über sich herausfinden und erfahren, was er sich für sein aktuelles Leben vorgenommen hatte. Hinzu kamen noch der Wunsch nach mehr Klarheit bei ein paar wichtigen Entscheidungen, die von ihm zu treffen waren, sowie das Beleuchten von einigen persönlichen Themen.

Obwohl es sich beim folgenden Material technisch betrachtet nicht um eine Starseed-Sitzung handelt, ist Zorans Reise dennoch sehr prägnant für dieses Buch, denn sie erlaubt uns einen direkten Einblick in das Leben auf der Neuen Erde – und damit in einen wichtigen Grund für die starke Präsenz von Starseeds auf unserem Planeten. Von allen Sitzungen, die in meiner Praxis bisher mit der Neuen Erde in Verbindung gestanden haben, finden sich in Zorans lebhaften Schilderungen mit Abstand die meisten Details. Aus diesem Grund möchte ich sie gerne mit meinen Leser:innen teilen. Ich glaube, dass viele sie interessant finden werden.

Nachdem sich Zoran mit meiner Hilfe in die erforderliche Ebene von Trance begeben hatte, führte ihn sein Überbewusstsein meiner Anweisung entsprechend an den für ihn angemessensten Ort. Dort angekommen, nahm er zunächst eine Wiese wahr: »Das sind Grashalme. Ich bin barfuß. Gras. Grün. Berge. Ich sehe nichts anderes ... Berge und Gras. Grüne Berge. Sehr grün. Keine Bäume, nichts. Wiese.« Diese Eindrücke blieben für eine Weile konstant, während sich Zoran in Ruhe umsah. Als ich ihn fragte, wie sich der Boden unter ihm anfühle, begann er schließlich damit, auch sich selbst wahrzunehmen: »Flauschig. Grün. Grüner, saftiger Rasen [...] Ich habe meinen Fuß gesehen. Barfuß auf grünem Rasen. Ich sehe nichts anderes.«

[...]

Ich bat ihn, an sich hinabzublicken und sich zu betrachten. Er sah nun zwei nackte Füße auf grünem Rasen. Am Körper trug er seiner Beschreibung nach eine helle, beige Hose und ein weißes Unterhemd. Bevor wir weitergehen konnten, meldete sich Zorans Verstand und zweifelte an dem Ort, an den ihn sein Überbewusstsein gebracht hatte. Das passiert gelegentlich bei Reisenden, bei denen das Wachbewusstsein in tiefer Trance immer noch aktiv ist. Diese Menschen können ihr Bewusstsein auf mehreren Ebenen parallel aktiv halten, was an sich sehr beeindruckend – und zeitgemäß – ist, sie jedoch vor die Herausforderung stellt, ihren kritischen Verstand beruhigen zu müssen, um sich einer Erfahrung hingeben zu können, die die begrenzten Kompetenzen des Verstandes übersteigt.

Z: Mein Kopf fragt sich gerade, ob das, was ich sehe, das ist, wo ich sein soll, oder ob es etwas ist, das ich mir einbilde. Bin ich schon da, wo ich hin soll? (Pause.) Es ist ganz seltsam ... Ich bin auf diesem grünen Berg gelandet, aber hier ist weit und breit nichts anderes ... Ich frage mich, ob da vielleicht etwas schiefgegangen ist? Ich sehe nichts anderes außer diesen Füßen, der Hose und dem Unterhemd. [...]

[...]

Ich erinnerte ihn daran, sich selbst und der höheren Intelligenz zu vertrauen, mit der wir zusammenarbeiteten, und bat ihn, einfach weiter zu beschreiben, was er wahrnahm. Wie jedes Mal, wenn die Person es schafft, in dieses Vertrauen einzutreten, konnte auch bei Zoran das Überbewusstsein den nächsten Schritt einleiten, der sich in diesem Fall als sehr kreative Brücke in die Szene erweisen sollte.

Z: (Erstaunt.) Das erste, was mir auffällt, ist ein Notizbuch. Ein schwarzes. Oder eine Art Block. Den trage ich in der Hand. Es ist ein A5-Format. Ich habe ihn in der Hand. Schwarzes Cover, weiße Seiten. Auf der ersten Seite steht »Hallo«. (Beginnt überraschend zu schluchzen.)

M: Was geschieht gerade?

Z: (Emotional.) Ich habe das Wort vorgelesen und auf einmal kamen diese Gefühle hoch.

M: Steht noch etwas auf diesem Block?

Z: »Wie geht's?« (Tränen fließen.) Ich lese das einfach und dann kommen die Tränen, kommt das Gefühl ... (Schluchzt.) Endlich ... Ich habe sie so lange nicht gesehen! Dieses Gefühl kommt hoch. Dann fragt man sich und weint vor Glück!

M: Es scheint, als ob du über diesen Notizblock mit jemandem kommunizieren kannst.

Z: (Emotional.) Es scheint so.

[...]

Ich fragte ihn, ob er selbst etwas auf den Block schreiben wolle.

Z: Ja. Wo bin ich? (Pause.) Da steht jetzt nichts drauf, aber es ist, als hätte ich »New Earth« wahrgenommen.

M: Interessant. Wie fühlt sich dieser Ort an?

Z: Frei. Als wäre alles da, um neu zu beginnen. (Emotional.) Eine grüne Oase ... für alles, was kommt. (Tränen fließen.) Für die Menschen, die kommen. »Es ist alles für euch da.« (Schluchzt.)

M: Für wen ist dieser Ort da?

Z: Für alle Menschen ... oder Wesen. (Überrascht.) Ich sehe gerade eine kleine Fee – mit Schmetterlingsflügeln und einem Zauberstab in der Hand. Sie sagt: »Ihr könnt alles schaffen, was ihr wollt!« Sie ist sehr klein, sie passt in meine Hand rein und fliegt herum. (Lächelt.) Sie zeigt mit diesem Zauberstab auf eine Wiese, und dort ist ein See. Wunderschön. Kristallklares Wasser. [...] Ein kleiner See mit großen Seerosen, auf denen Frösche sitzen und singen. (Tiefes Atmen.)

[...]

Zorans Verstand schien die Umgebung akzeptiert zu haben, wodurch sich sein Bewusstsein nun komplett in die Szene integrieren konnte. An seiner lebendigen Mimik war zu erkennen, dass er »voll dabei« war. Ich fragte ihn, was weiter geschah.

Z: Ich schaue auf diesen See. Ich gehe mit meinen Füßen hinein und spüre das Wasser. Es ist eine sehr angenehme Temperatur, als würde man es gar nicht spüren auf der Haut. Es ist ganz kristallklares Wasser. Ich wasche mein Gesicht und trinke es.

M: Wie fühlt sich das an?

Z: Belebend. Als würde ich Licht trinken. Es leuchtet – als würde mich das Wasser ... aufladen. Mit Energie. (Pause.) Ich kann hier schweben! (Emotional.) Diese Fee nimmt mich an die Hand, führt mich herum und zeigt mir wunderschöne Bäume. Das sind sehr große Bäume! Und da hängt etwas Flauschiges an ihnen. Das sind keine normalen Blätter. Es bewegt sich langsam im Wind. (Grübelt.) Das sind große, lange Äste, und von jedem Ast hängen so– (Unterbricht sich.) Was ist das? Wie ... Baumwollfasern? Sie bewegen sich im Wind und Vögelchen fliegen drüber, über diese Bäume, zum See und trinken das Wasser. (Erstaunt.) Ich bin in der Luft und schwebe!

M: Schwebst du alleine für dich?

Z: Ja. Ich kann mich auch fortbewegen. Ich liege gerade auf dem Rücken und fliege durch die Luft! (Kichert.) Das erinnert mich an Peter Pan.

M: Was zeigt die Fee dir noch?

Z: (Überrascht.) Einen Griff! Sie hat ihn gerade gezaubert. Einen C-förmigen, goldenen Griff. Wie von einer Tasche, aber er ist komplett aus Gold und in einer C-Form.

M: Was geschieht damit?

Z: Das *ist* eine Tasche. (Konzentriert.) Sie ist durchsichtig und kommt aus diesem Griff heraus. Und ich soll in diese Tasche ... Früchte packen. (Pause.) Da sind Früchte an einer Art Blume. Sie haben lange Stiele wie Sonnenblumen. Und die Früchte sind ... Säckchen. Die kann man ausquetschen und essen. Es sind Energiespender. Man kann sie sammeln in diesen Taschen, aber sie wachsen sofort wieder nach! (Pause.) Die schmecken nach Ingwer und Orange.

M: Angenehm?

Z: Ja! (Konzentriert.) Dieses Säckchen verschwindet auf dem Boden und wird von der Erde eingezogen. Es ist ein durchsichtiger, teigartiger Beutel – wie ein Teebeutel –, in dem sich eine flüssige Masse befindet. Wenn man das ausquetscht, ist das sehr angenehm. Und das Säckchen wird zwischen den Grashalmen eingezogen. (Pause.) Die Fee nimmt mich wieder mit und zeigt jetzt mit ihrem Stöckchen auf eine Brücke. Die baut sich von selbst. Eine Holzbrücke. Drunter ist ein kleiner Bach, in dem Fische schwimmen. Sie springen in die Luft und freuen sich, dass ich da bin! Sie zeigt auf diese Brücke und die baut sich von selbst ... die einzelnen runden, braunen Holzstäbe und Holzgriffe, um darüber zu kommen. Die Fische ... Ich habe gerade einen in der Hand. Er kann sprechen! (Lacht.) Er sagt: »Das ist unser Reich! Hier sind alle willkommen.«

M: Was fühlst und denkst du, wenn du das hörst?

Z: Freude. Einfach Freude. Freude, dass alle in Frieden leben können. (Pause.) Jetzt sehe ich weiße Pferde. Viele Pferde laufen vorbei. Sie sind auf der Wiese und fressen das saftige, grüne Gras. Sie sind einfach so auf der Wiese.

M: Nehmen sie dich auch wahr?

Z: Ja, aber ich störe sie nicht. Sie haben keine Angst. Sie essen in Ruhe weiter.

M: Und was tust du?

Z: Ich schwebe mit meinen Füßen angewinkelt. Die Fee hält mich an der Hand und zeigt mir alles: »Schau mal nach links! Schau mal nach rechts! Schau mal nach oben!« Sehr schön. (Emotional.) »Das alles ist eure Erde!«, sagt sie.

M: Was fühlst du in dem Moment?

Z: (Tränen fließen.) Ich fühle nicht nur für mich, sondern irgendwie für die ganze Menschheit. So lange haben wir darauf gewartet! (Schluchzt.) Das ist jetzt unser Geschenk ... für all das, was wir hier aktuell tun. Sie sagt: »Das ist ein Geschenk von uns an euch Menschen. Für alle Wesen. Damit ihr an einem Ort gemeinsam leben könnt. Es gibt noch viel zu entdecken, aber das müsst ihr selbst erschaffen. Es ist an euch. Es ist an euch, diesen Ort zur Erde zu machen. Ihr könnt machen, was ihr wollt.« (Pause.) Ich sehe Wasserfontänen. Ich spüre gerade, wie das Wasser aus einzelnen Teichen, kleineren Seen, einfach nach oben spritzt und wieder zurückfällt. Und in diesen Seen springen Delfine von einem See in den nächsten. Sie folgen quasi diesen Fontänen! (Fasziniert.) Interessant! Da sind diese Wasserspritzer von einem See in den nächsten und die Delfine springen hinterher und versuchen, diese Tröpfchen aufzufangen. (Kichert.) Es ist eine Art Spiel! (Pause.) Wunderschön. Wunderschöne Farben! Grün. Saftiges Grün. So viele Nuancen von Grün! Man kann diese riesengroßen Bäume berühren und dann ist man verbunden mit der Energie des Baumes. Dann ist man eins mit dem Baum.

M: Wie fühlt sich das an?

Z: (Lächelt.) Verbunden. Eins. Alles ist eins. Eine schöne Energie. Es vibriert, pulsiert. Als würde durch diesen Baum eine Lichtflüssigkeit hindurchfließen.

[...]

Zoran hielt plötzlich inne und wirkte wie abgelenkt. Als ob er inmitten dieser wundersamen Welt etwas wahrnahm, dass seine ganze Aufmerksamkeit auf sich zog. Ich fragte ihn, was geschah.

Z: (Fasziniert.) Ich sehe gerade, wie nicht weit von mir ein Tor aufgeht ... von einem ... Raumschiff oder so etwas? Da strömen Menschen raus. (Emotional.) Sie gehen raus aus dem Schiff. Manche drehen sich hin und her, als hätten sie sich verlaufen, andere küssen den Boden. (Tränen fließen.) Manche waschen sich mit dem Wasser aus dem See, mit Freude im Gesicht – nach dem Motto: »Endlich sind wir da!« Das spüre ich, fühle ich. (Erstaunt.) Da sind noch weitere Wesen, aber keine Menschen. Sie sind größer als die Menschen ... heller. Helle, leuchtende Wesen, die uns betreuen! Die uns das alles zeigen. Sie haben eine Art Stock in der Hand, an den sie sich halten. Manche von ihnen haben Flügel und manche sind ohne. Sie können also schweben oder auch einfach so stehen.

(Fasziniert.) Sie schweben und zeigen den Menschen, dass sie auch schweben können – so wie ich! Sie betreuen. Sie holen die Menschen aus dem ... aus einer Art Raumschiff. Da ist eine riesige Klappe, die aufgegangen ist, also ein Tor, das sich nach vorne geöffnet hat, und aus dieser Klappe strömen Menschen heraus! Von überall kommen diese fliegenden Fahrzeuge. Es sind keine Tassen oder Raumschiffe, wie man sie sich vorstellt, sondern eher wie Hubschrauber ohne Propeller. Sie sind aber groß! Da passen Hunderte, vielleicht Tausende Menschen rein! Ich weiß es nicht, aber es sind viele! Sie kommen von überall und die Klappen gehen gerade alle auf. (Emotional.) Und alle sind herzlich willkommen. Diese Wesen empfangen sie. Ich bin dabei und schaue mir das an. (Tränen fließen.)

M: Wie fühlt es sich an, das zu sehen und mitzuerleben?

Z: (Emotional.) Unglaublich. Es ist so schön! Sie kommen von überall. Und ich erkenne einige Menschen ... Ich kenne sie! (Schluchzt.) Als wären nicht alle zusammen gewesen, aber jetzt treffen wir uns alle wieder. [Unverständliche Worte]. Wir erkennen uns und ... tanzen! (Tränen fließen.) Wir umarmen uns und freuen uns, dass wir da sind – als hätten wir sehr lange darauf gewartet, hier zu sein!

[...]

Er war offensichtlich sehr berührt von dem was er erlebte und fühlte. Ich fragte ihn, wie er sich selbst und die anderen wahrnahm.

Z: Wir sind schon Menschen, aber irgendwie mit einem durchscheinenden Körper. Wir haben Füße, Arme, auch Haare, aber irgendwie strahlen oder leuchten wir ... (Fasziniert.) Wir sind wie durchsichtig! Und wir legen Klamotten ab. Ich sehe, Leute streifen sie ab. Dann ist es wie bei diesen Wesen, die uns betreuen. Sie haben eine Art blaues Gewand. Eine Schicht aus Kleidung und Körper ... Haut. Sehr eng, aber es ist eine Art ... Fieberglas? Es ist weich! (Grübelt.) Komisch. Ein robuster Stoff, aber sehr weich. Blau. Eine dunkelblaue Uniform. Das tragen diese Wesen.

M: Haben ihre Körper eine Form wie Menschen mit Armen und Beinen?

Z: Ja, aber sie sind dünn und hoch; viel höher als die Menschen, doppelt so groß! Sie haben lange Arme und Beine, sind ziemlich schmal. Sie haben auch Augen, Nase, Mund, aber sehen ein bisschen anders aus. Keine Haare ... (Irritiert.) Sie haben ein wenig ausgedehnte Köpfe. (Pause.) Wir sind alle zusammen. (Emotional.) Ich halte gerade meinen Sohn und meine Tochter in den Armen.

M: Wie fühlt sich das an?

Z: (Tränen fließen.) Unbeschreiblich schön! »Was ist das für ein Ort?«, fragt mich mein Sohn.

M: Was antwortest du ihm?

Z: Meine Tochter antwortet ihm: »Das ist die Neue Erde!« Sie nimmt ihn in den Arm und will ihm alles zeigen.

M: Wie helfen die Betreuer den Menschen noch?

Z: Als wären einige Leute ... nicht verletzt, aber ... sie helfen ihnen wie alten Leuten. Sie greifen ihnen unter die Arme und begleiten sie nach draußen und sorgen einfach dafür, dass es den Leuten gutgeht. Sie verteilen diese mit Frucht gefüllten Taschen. Die Leute nehmen sie zu sich und trinken das. Sie saugen diese Beutelchen aus. (Pause.) Und die Taschen werden von der Erde eingezogen, sobald man sie auf diese Wiese wirft.

M: Sie verschwinden direkt wieder?

Z: Genau. Und daraus wachsen dann kleine, weiße Margeriten-Blumen, sehe ich gerade. (Lacht.) Das ist so komisch!

M: Und diese Taschen nähren sie?

Z: Ja, der Inhalt dieser Fruchtbeutel ist eine Art Energienahrung. (Pause.) Jetzt gehen diese Tore wieder zu. (Grübelt.) Sind das wirklich Hubschrauber ...? (Erstaunt.) Oh, wow, sind die groß! (Fasziniert.) Da sind große Mutterschiffe oder so etwas. Und da kommen die kleineren her. Als wären sie Transporter zwischen diesen riesigen Schiffen und der Erde. Die Menschen werden überall platziert, und diese Fahrzeuge kehren dann wieder um und steigen in den Himmel. (Pause.) Ich sehe zwei Monde ... zwei Riesenmonde! Größer als den, den wir auf der

Erde haben. Riesig! [...] Einer ist kleiner, der andere ein bisschen größer. Sie sind direkt nebeneinander. (Pause.) Ich sehe wunderschöne Vögel ... Faune? *(Ich hinterfragte das Wort nicht, als ich es hörte. Da Deutsch trotz Zorans hervorragender Sprachkenntnisse nicht seine Muttersprache war, nahm ich intuitiv an, er meinte damit Pfauen.)* Faune, die fliegen. Sie bleiben auf den Kronen dieser wunderschönen Bäume und beobachten die Menschen, die ankommen.

M: Es kommen noch mehr Menschen an?

Z: Ja, ständig! Da sind hunderte von diesen Schiffen. Man kann sich das gar nicht vorstellen! Ich sehe dieses Objekt, und die große Klappe hinten – da, wo sie alle rauskommen –, ist gigantisch! (Staunend.) Es ist wie eine Stadt. So groß! So etwas Großes gibt es gar nicht auf der Erde. Es ist fast wie ein Kreuzfahrtschiff, nur viel größer. Riesenschiffe! Deswegen können sie auch nicht landen.

M: Wo befinden sie sich?

Z: Sie sind zwischen diesen Monden und der neuen Erde platziert. Sie sind sozusagen in der Luft geparkt. Sie sind riesig!

M: Und die Transportshuttles fliegen zwischen ihnen umher?

Z: Ja, sie holen ständig Menschen ab. Ich sehe gerade, da gibt es noch mehr von diesen großen Schiffen!

M: Woher haben diese großen Schiffe die Menschen geholt?

Z: Von der Erde.

M: Von einer anderen Erde?

Z: Von dieser Erde. *Unserer* Erde.

M: Wie kam es, dass die Menschen auf diese Schiffe gegangen sind?

Z: Ich sehe jetzt ein Bild ... Die Erde explodiert. (Fasziniert.) Da sind riesige Explosionen. Von Vulkanen? Ich weiß es nicht, aber das ist groß! Ich sehe diese Schiffe und die Menschen, die durch die Fenster gucken. Man kann alles sehen von diesen Raumschiffen aus, die die Erde verlassen. Ich sehe, wie die Menschen alle durch diese Scheiben in Richtung Erde gucken. Die Raumschiffe entfernen sich langsam von der Erde. Man kann sehen, wie sie explodiert, wie es Explosionen gibt.

M: Das muss ein beeindruckender Anblick sein.

**An dieser Stelle erinnerte ich mich an Alberts Sitzung (*In Position*), die knapp vier Jahre zuvor stattgefunden hatte. Damals hatte sein Überbewusstsein Schiffe erwähnt, die für diejenigen Menschen bereitstünden, die mit Gaia gemeinsam den Aufstieg vollziehen würden, falls die Situation auf der Erde »außer Kontrolle« gerate. Mir wurde plötzlich klar, was damit gemeint war, und dass Zoran sich genau in dem Szenario zu befinden schien, das Alberts Überbewusstsein damals lediglich als Eventualität beschrieben hatte. In diesem war die Situation auf der Erde offensichtlich so stark eskaliert, dass die stationierten Schiffe eingreifen mussten, um die Menschen zu retten und sie zu einem Planeten zu bringen, der für sie vorbereitet worden war und ihre neue Heimat, ihre »Neue Erde« sein würde. Sie waren in Sicherheit, mussten allerdings dabei zusehen, wie ihre alte Heimat explodierte.

Das Szenario erinnerte mich an einen vergessenen Teil der Geschichte unseres Sonnensystems, den Ra im *Law of One* in Sitzung Nr. 10 offenbart. Dabei geht es um einen ehemaligen Planeten namens Maldek, der vor langer Zeit genau wie die Erde heute auch Gastgeber einer Zivilisation in der dritten Dichte gewesen sei. Ra beschreibt die Zivilisation von Maldek als eine, »die derjenigen [eures] Atlantis [...] insofern ähnelte, als sie viel technologisches Wissen erlangte und dieses ohne Rücksicht auf die Erhaltung ihrer Sphäre anwendete«. Laut Ra verursachten »Gedanken, Ideen und Handlungen [...], die man mit der sogenannten negativen Polarität oder dem Dienst am Selbst in Verbindung bringen kann«, vor etwa 700.000 Jahren kriegerische Konflikte auf Maldek. Deren Eskalation habe nicht nur – wie im zuvor erwähnten Fall des Mars – die dortige Atmosphäre für Organismen lebensfeindlich gemacht, sondern letztendlich zum »Zerfall« des gesamten Planeten geführt. Ra erklärt weiter, dass die beteiligten Seelen durch dieses Ereignis so traumatisiert waren, dass sie sich in einen schockartigen Zustand, einen sogenannten »Knoten der Angst«, begaben. In diesem waren sie völlig isoliert –

»[...] einige Zeit verging. Keiner konnte sie erreichen. Kein Wesen konnte ihnen helfen« –, bis Mitglieder der Konföderation nach etwa 100.000 Jahren einen Weg fanden, zu ihnen durchzudringen und »den Knoten zu lösen«. Laut Ra trafen die Maldek-Seelen nach weiteren 100.000 Jahren intensiver Integration und Heilung kollektiv die Entscheidung, auf der Erde zu inkarnieren. Da diese sich zu der Zeit noch in ihrer zweiten Dichte befand, standen ihnen dafür nur »affenartige Körperkomplexe« zur Verfügung. Die Intention hinter dieser Entscheidung der Maldek-Seelen war es, durch die begrenzten Möglichkeiten, die ihr Dritte-Dichte-Bewusstsein in Körpern der zweiten Dichte erleben würde, das enorme Karma abzubauen, das sie durch die Zerstörung ihres eigenen Planeten erzeugt hatten.

Interessanterweise arbeiten einige Maldek-Seelen laut Ra auch heute noch in Zweite-Dichte-Körpern an ihrer »karmischen Rückzahlung«: »Sie hausen in euren tieferen unterirdischen Gängen und sind euch als *Bigfoot* bekannt« (Sitzung Nr. 9). Andere haben ihr Karma beglichen und inkarnieren inzwischen als Menschen in der dritten Dichte unserer Erde. Im Rahmen meiner Arbeit mit der Akasha-Chronik bin ich bereits einigen wenigen von ihnen »begegnet«. Es heißt, dass der mysteriöse Asteoridengürtel in unserem Sonnensystem, der sich zwischen den Umlaufbahnen von Mars und Jupiter befindet, aus den Überresten des zerstörten Planeten Maldek bestehen soll und auf dessen ehemalige Umlaufbahn hinweist.

Befand sich Zorans Bewusstsein eventuell auf einer Zeitlinie, auf der wir einer ähnlichen Situation entgegensteuerten? Könnte sich das, was laut Ra bereits zwei anderen Planeten unseres Sonnensystems widerfahren war, auch auf der Erde ereignen? Waren die erwähnten Schiffe etwa in Position gebracht worden, um die Menschen potenziell vor dem tragischen Schicksal zu bewahren, das die Bewohner von Maldek ereilt hatte: die Zerstörung ihres Heimatplaneten? Ich hätte persönlich gerne die Gründe für die Explosion der Erde, die Zoran beschrieb, näher beleuchtet. Da es sich bei seiner Seelenreise jedoch nicht um eine

Forschungssitzung handelte, entschied ich letztendlich, dem natürlichen Fluss der Sitzung zu folgen und zu sehen, wohin sein Überbewusstsein uns führen würde.**

Z: (Emotional.) Viele weinen, weil sie nicht wissen, was passiert. Viele sind geschockt. (Tränen fließen.) Sie schauen nur zu und haben gar keinen Gesichtsausdruck, keine Emotionen. Ich glaube, sie sind einfach schockiert. Viele sind verängstigt, haben Angst. Aber es gibt viele dieser Betreuer, die sie beruhigen.

M: Sie sind auch an Bord der Schiffe?

Z: Ja. Sie gehen da hindurch und haben eine Art beruhigende Kraft. Es ist einfach ihr Dasein. Sie sind einfach da und laufen.

M: Was verändert sich dadurch?

Z: Die Leute werden ruhiger. Sie werden ruhiger und setzen sich hin. Als würden sie es verstehen. Man sieht es in ihren Gesichtern. Ich glaube, die Menschen wussten im ersten Moment nicht, was das ist, aber jetzt verstehen sie es. Sie verstehen nun, was passiert ist, und finden sich damit ab. (Pause.) Ich sehe auch ... Glas? (Fasziniert.) Da sind riesige Glasdeckel und es liegen Menschen darunter! Einige haben eine Art Atemmaske – nicht alle –, aber sie werden wohl dadurch an das Klima dieser Raumschiffe gewöhnt. Diese Glasbehälter sind so groß wie die Menschen. Wie eine Art Tisch mit Glasbedeckung. Man legt sich darunter und wird wie beatmet.

M: Was verändert sich dadurch?

Z: (Erstaunt.) Die Struktur des Körpers. Er wird heller. Licht durchströmt einen. (Lächelt.) Man atmet Licht ein!

M: Machen das alle Menschen, die an Bord sind?

Z: Es gibt viele Tische, aber manche sitzen nur da. Manche steigen aus diesen Glasbehältern – oder Glastischen? Sie stehen auf, gucken auf den Körper und wundern sich – oder staunen – über das, was sie sehen! Sie erkennen sich nicht wieder. Es ist aber nicht so, dass sie danach Angst haben. Es ist eine Art Transformation. (Pause.) Da sind Menschenschlangen. Die

Menschen stehen dafür in einer Reihe, und nach dieser Art »Beatmung« ist man einfach leichter, heller.

M: *Nach dieser Beatmung mit Licht?*

Z: Ja. In diesen Glaskuppeln gibt es eine Art Maske. Die zieht man an und dann wird man mit Licht durchströmt.

M: *Welchem Zweck dient dieser Vorgang?*

Z: Um leichter zu sein. Um leichter zu sein wegen der Neuen Erde. Um heller zu sein.

M: *Du meinst, der Zielort erfordert es?*

Z: Ja. Das erhöht die Frequenz. Wir können da nicht mit unserem Körper einfach so hin! Unser Körper muss eine bestimmte Schwingung haben. Da können wir nicht in unseren jetzigen Körpern hin. Das würden wir nicht überleben. Wir müssen höher schwingen. Und diese Glastische ... oder Betten ... sind sehr gemütlich! Diese Glaskuppel mit der Atemmaske sorgt dafür, dass wir leichter werden, dass wir höher vibrieren und auf diese Art und Weise auf die Neue Erde vorbereitet werden.

M: *Ich verstehe. Und wie fühlen sich die, die diesen Prozess erlebt haben?*

Z: (Lächelt.) Als hätten sie einen Energy-Drink getrunken. Es ist eine Art des Loslassens, des Ablegens von allem, was einen festhält! Man fühlt sich freier, leichter, ohne Sorgen, lichtdurchströmt, transparent. Ich höre gerade: »Man kann es auswählen. Man kann es entscheiden.«

M: *Was kann man auswählen?*

Z: Wie man angezogen sein möchte. (Fasziniert.) Es gibt keine Kleider, wie wir das hier haben. Man kann sich– (Unterbricht sich.) Diese Anzüge liegen sehr eng an der Haut an, und was man sich wünscht, hat man in dem Moment dann an. Das sind sozusagen die »neuen« Klamotten. Man entscheidet das wohl einfach und in dem Moment ist es dann so.

M: *Sind sie unterschiedlich an den Menschen oder siehst du Gemeinsamkeiten?*

Z: Ich sehe gelbe Uniformen oder ... *Overalls* (= Anzüge). Und dann so etwas wie eine Krone, aber nicht auf dem Kopf, sondern eher eine Art ... Kopfschutz? (Grübelt.) Eine Krone ... auch gelb. Das ist eine Art ... Gestirn hinter dem Kopf.

M: Welchen Zweck hat das?

Z: Ich sehe einen Mond. Sterne. Das kann man sich wohl auch aussuchen. Es ist eine Art ... Ausdruck. (Grübelt.) So, wie man sein möchte. Was man– (Unterbricht sich.) Ach so! Das sind Gefühle! Ein Ausdruck der Gefühle. Man kann sich so kleiden, wie man sein möchte. Das kann jeder für sich entscheiden.

M: Kann sich das spontan verändern?

Z: Ja. Es ist so, als macht man die Augen zu und konstruiert sich praktisch diesen Anzug im Kopf, und dann ist es so. Der wird in dem Moment erzeugt oder– (Unterbricht sich.) Ah! Das ist holographisch! Es sind wie Pixel, die unsere Körper umgeben. Und das, was wir sehen und wahrnehmen, ist ein Hologramm. Das, was wir »anziehen«, ist ein Hologramm!

M: Wie wird dieses Hologramm erzeugt?

Z: Es ist ein Lichtnetz um unsere Körper herum. Ein Gitternetz an Lichtfäden. Und die Flächen dazwischen werden in der Farbe und Struktur erscheinen, die man sich wünscht. Das erzeugt eine gleichmäßige Struktur und Fläche, die man von außen als materialistisch *(Meinte er materiell?)* ansieht – ist es aber nicht. Da sind kleine .... Hexagons? Hexagons, die miteinander verbunden sind. Diese Hexagons füllen diese Flächen als unendlich viele kleine Kästchen, aus denen sich dann ein Anzug ergibt, der sehr nah am Körper anliegt – in der Farbe und Struktur, die man sich wünscht. (Fasziniert.) Interessant! Und das kann man an- und ausschalten – wie ein Schalter. Man hat am Arm so ein Band. Da kann man draufdrücken und projiziert sozusagen einen Anzug. Nein, man projiziert den kompletten Körper! »Wir brauchen keine Körper«, höre ich.

M: Der komplette Körper ist projiziert?

Z: Er *kann* es sein. Man kann einfach Licht sein und sich in Raumzeit bewegen oder man entscheidet, dass man ein Körper ist. Aber nicht so, wie wir es auf der Erde kennen, sondern ein Lichtkörper. »Kristallkörper«, höre ich. Durchströmt mit Licht, weil es leichter ist.

M: Macht man das mit seinem Bewusstsein oder hilft Technologie dabei?

Z: Es ist alles Bewusstsein! Am Anfang brauchen die Menschen die Körper, um sich an die Atmosphäre zu gewöhnen. Sie können aber später ihre Körper ablegen. Ihre Lichtkörper. Das entscheidet jeder für sich. Aber es ist möglich.

M: Wie würde man den- oder diejenige dann wahrnehmen ohne diesen Körper?

Z: Man spürt es. Wir sind alle eins und miteinander verbunden. Wir müssen nicht miteinander sprechen. Jeder ist mit allem verbunden; mit den Tieren, mit den Bäumen, mit allem. Man fühlt es einfach, weiß es einfach.

[...]

Ich wollte den Fokus wieder auf die ursprüngliche Szene lenken und fragte ihn, ob er wahrnahm, wie sich die Menschen auf der Neuen Erde organisierten, nachdem sie angekommen waren.

Z: Ich sehe Gruppen. Kleinere Gruppen. Zelte. Feuer. Feuer ist [unverständliches Wort]. Wir brauchen das, um uns zu gewöhnen. Kleinere Gruppen verlassen diese Plattformen, von denen sie gekommen sind, und erkunden die Gegend. Kinder springen herum und spielen. Jüngere unterstützen die Älteren, weil es manche gibt, die nicht so gut gehen können. Viele haben noch ein Fragezeichen im Gesicht: »Wo sind wir?« Ich höre von den Kindern: »Wir sind da! Wir sind angekommen!« (Pause.) Jetzt höre ich Wasserfälle ... Wasserrauschen. (Fasziniert.) Man kann ins Wasser reingehen, man wird aber nicht nass!

M: Würde man das in diesen Lichtkörpern tun?

Z: Ja. Es bildet sich eine Art Zwischenschicht zwischen Wasser und dem Körper. Man ist wie in einer *Bubble* (= Blase)! Und ich sehe, manche sind in einem dieser Wassertropfen »gefangen« und schweben durch die Luft – zurückgelehnt, die Arme nach hinten, einen Grashalm im Mund –, und sie genießen einfach die Sicht von oben. (Kichert.) Viele Fragen sich: »Wie mache ich das auch?« Man muss in das Wasser rein, dann wird dieses Tröpfchen um einen gebildet und man wird damit aus dem See herausgeschleudert – aber sanft. Man steigt sozusagen auf! Und jetzt sehe ich, wie es platzt und man dann wieder ins Wasser springt. (Lacht.) Das ist wie ein Karussell! Auf der linken Seite sind solche Wasserbälle, die nach oben aufsteigen, und in jedem sind Wesen unterschiedlicher Art: Menschen ... Fische ... Die machen dann eine Runde, dieser große Wassertropfen geht kaputt und auf der rechten Seite springt man wieder ins Wasser. (Kichert.) Ein Wasserkarussell! Die Kinder haben Spaß. (Pause.) Rutschen! Da sind auch durchsichtige Rutschen. Man hat die Möglichkeit, mit diesen Wassertropfen auf eine Art Rutsche aufzusteigen und dort dann diesen Wassertropfen aufzulösen und auf der Rutsche wieder in den See zu rutschen. So schön! (Pause) Viele Gruppen diskutieren, reden miteinander. »Das wird unser Zuhause.« Viele sagen: »Aber wir haben doch schon ein Zuhause!«

M: *Was meinen sie damit?*

Z: (Emotional.) Die Erde, die wir hatten, gibt es nicht mehr. Das ist jetzt unser neues Zuhause.

M: *Haben einige noch Schwierigkeiten damit?*

Z: Ja. Darüber wird gesprochen. Und dafür brauchen wir diese Lichtkörper: um den Übergang so sanft wie möglich zu gestalten. Die Menschen haben genug gelitten ... (Tränen fließen.) Das ist jetzt eine Art Ruhephase, ein Geschenk für uns, weil wir so lange gewartet haben! (Pause.) Alles, was wir uns im positiven Sinne vorstellen können, ist möglich. Es gibt keine Gewalt mehr, keinen Krieg. Alle leben zusammen in Frieden. Alle sind miteinander verbunden.

M: *Das klingt wunderbar. Wird die Gestaltung dieses neuen Lebens komplett den Menschen überlassen oder werden sie auch hier von den anderen Wesen betreut und beraten?*

Z: Am Anfang schon, aber: »Ihr könnt es selbst. Es ist in euch.« (Schluchzt.) Jeder kann es. (Tränen fließen.) Jeder von uns trägt es in sich. Das ist ein Neu-Erlernen! Es wird uns nochmal gezeigt, wie das geht, aber wir können es alle. Wir konnten es immer, aber wir haben es nur verlernt! [...] Es war in uns verborgen. Es war immer da! Aber hier auf der Neuen Erde kann sich das voll entfalten.

M: Es sind andere Bedingungen.

Z: Ja. Es ist alles viel leichter. Es gibt keinen Druck, keinen Stress, keine Last. Jahrhunderte, Jahrtausende, Jahrmillionen haben wir gelitten ... (Emotional.) Jetzt ist der Zeitpunkt gekommen, wenn wir alles loslassen können und endlich das Leben führen, das Menschen verdienen. (Schluchzt.) Das war immer der Plan! Es gab keinen anderen. Es gab nur Verzögerungen in diesem Plan. Ihr Menschen seid so wundervoll! Ihr sollt es genießen. (Tränen fließen.) Ihr habt es verdient, da zu sein und das alles zu erleben. (Schluchzt.) Wir lieben euch so sehr! Es ist so schön, dass du da bist! Wir haben so lange auf dich gewartet. Auf diesen Moment. Schön, dass du da bist. Endlich.

[...]

Anhand Zorans letzter Sätze war zu erkennen, dass er die Perspektive gewechselt hatte und nun ein höheres Bewusstsein zu den Menschen – und auch zu ihm – sprach. Ich entschied daher, diese Brücke zu nutzen und das Überbewusstsein formell einzurufen, um mehr Informationen zu erhalten. Sie waren sofort zur Stelle und ich fragte zunächst, warum sie Zoran Einblick in das Leben auf der Neuen Erde gegeben hatten sowie in die Prozesse, die die Menschen auf ihre Existenz dort vorbereiten würden.

ÜB: Weil es an der Zeit ist. Die Menschen müssen erfahren, wohin die Reise geht.

M: Warum ist es wichtig, dass sie das erfahren?

ÜB: Weil auf dieser Erde das Leben nicht mehr möglich ist.

M: Woran liegt das?

ÜB: Viele negative Kräfte haben dazu geführt, dass aus dieser wunderschönen Erde das geworden ist, was aus ihr geworden ist. Es ist irreparabel. Man kann es nicht mehr reparieren.

M: Ist das immer so geplant gewesen oder hat ein Kurswechsel stattgefunden?

ÜB: Es war immer so geplant gewesen. Durch Leiden wird man »erzogen«, kommt man weiter. So entwickelt man sich. Ohne diese negativen Kräfte wäre das nicht möglich gewesen. Daher braucht es immer den Gegenpol. Keiner kann sich entwickeln, wenn alles wunderschön ist. Es braucht die Gegenseite.

M: Alle Beteiligten haben also hier ihre Aufgabe erfüllt.

ÜB: Im wahrsten Sinne des Wortes. Es war immer das Ziel, die Menschheit weiterzuentwickeln. Aber ihr seid so träge und hört nicht, was man euch sagt. Deshalb hat es länger gedauert, als es uns lieb war. Nichtsdestotrotz ist der Zeitpunkt gekommen.

M: Hat dieses Ziel auch immer beinhaltet, dass die aktuelle Erde irgendwann nicht mehr bewohnbar sein wird?

ÜB: Nein. Sie ist vergiftet. Sie ist voll mit toxischen Pestiziden. Man kann es nicht mehr zurückdrehen. Es ist zu spät.

M: Deshalb der Transport, wie er heute hier gezeigt wurde?

ÜB: Ja. Ihr seid sicher. Wir haben immer auf euch aufgepasst und werden es immer tun. Euch wird nichts geschehen. Alles wird gut. Ihr braucht euch keine Sorgen machen. Alles ist so, wie es sein muss. Alles ist so, wie es eingeplant war.

M: Wie war der ursprüngliche Plan in Bezug auf die aktuelle Erde? Was war geplant gewesen, wenn dieser Planet nicht unbewohnbar geworden wäre?

ÜB: Das Manifestieren der Geschenke, die man immer in sich getragen hat, und deren Reaktivierung auf der Erde. Aber es ist zu spät. Es geht nicht mehr. Die Einmischung von außen hat eine große Rolle gespielt – obwohl das eigentlich nicht zulässig gewesen ist. Trotzdem akzeptieren wir es.

M: Was genau meint ihr mit »Einmischung von außen«?

ÜB: Die Einmischung von negativen Kräften. Sie waren immer da. Sie haben dazu geführt, dass aus dem Planeten das geworden ist, was aus ihm geworden ist. Ihr wurdet immer unter Druck gehalten. In Angst. Mit Angst kann man die Menschen in Schach halten. Das war leider so nicht geplant.

M: Warum wurde das gestattet?

ÜB: Sie kamen auch aus der Quelle. Es gibt nichts »Schlechtes« – oder »Gutes«. Alles ist eine Erfahrung. Und alles fließt wieder in die Quelle zurück. Alles, was ihr lernt, was ihr seht, schmeckt, fühlt – von jedem Einzelnen –, alle Erfahrungen fließen zurück und dann beginnt alles wieder von vorne. Alles ist ein Spiel. So müsst ihr das betrachten. Alles ist ein Spiel. Ihr habt das Leben zu ernst genommen.

M: Und durch den Transport, der uns heute hier gezeigt wurde, ist es für die Menschen letztendlich möglich, diese neue Form von Leben zu genießen?

ÜB: Ja, aber nur [unverständliches Wort]. Denn es ist sehr, sehr weit weg. Wir dürfen den Ort nicht verraten. Die Menschen können nicht selbst dahin – außer Einzelne mit speziellen Gaben. Dieser Transport ist gesichert. Ihr braucht euch um nichts zu kümmern. Alles wird gut.

M: Ist die gesamte Bevölkerung der Erde von diesem Transport betroffen?

ÜB: Ja. Keiner wird zurückgelassen. Keiner wird vergessen. Alle werden mitkommen auf diese Reise auf die Neue Erde. Das ist ihr neues Zuhause.

M: Vielen Dank für diese Informationen. Gibt es noch einen Grund, warum ihr diesen Einblick für Zoran ausgesucht hattet?

ÜB: Er macht sich zu viele Gedanken. Er braucht das nicht. Alles wird gut. Wir sind bei ihm. Wir sind immer bei ihm.

M: Ich bin sicher, dass diese Gewissheit in ihm nun sehr präsent sein wird.

ÜB: Ja, er hat das gebraucht. Wir schicken ihm ganz viel Liebe.

M: Erklärt bitte, was ganz zu Beginn passiert ist, als die ersten Emotionen aus ihm herausgekommen waren.

ÜB: Es hat sich so viel in ihm angestaut, das er runtergeschluckt hatte. Er ist ein sehr zurückhaltender Mensch. Aber es gibt Situationen, in denen Weinen erlaubt ist, um das Angestaute loszulassen. Alles ist gut. Weinen ist okay. Er darf keine Gefühle verstecken.

M: Was geschieht sonst?

ÜB: Es entstehen Komplikationen im Körper. Es bilden sich Knotenpunkte und die Energie kann nicht richtig fließen. Wir können dann nicht mit ihm kommunizieren. Wir können ihm dann keine Hinweise geben.

M: Was hat sich heute hier verändert?

ÜB: Alles ist frei. Energie kann fließen. Die Kommunikation ist »gerade«. Wir sind bei ihm. Er wird es spüren und merken. Wir werden immer bei ihm sein. Wir passen auf ihn auf.

M: Und er wird euch von nun an auch wahrnehmen können.

ÜB: Ja. Er muss nur zuhören und diese sanfte Stimme in seinem Kopf entdecken. Hinhören, leise sein, spüren und auf sein Herz hören, um zu entscheiden, was richtig ist. Sein Herz wird es ihm sagen. Es ist ein Gefühl der Liebe. Vertraut. Liebevoll.

[...]

Wir gingen zu Zorans Fragenliste über. Ich erkundigte mich dieser entsprechend zunächst für ihn beim Überbewusstsein, warum er sich entschieden hatte, gerade zur aktuellen Zeit zu inkarnieren, und was er sich für dieses Leben vorgenommen hatte.

ÜB: Licht zu sein. Andere, denen es schwer fällt, mit seiner Energie zu unterstützen. Es ist ein Geschenk, das er sich selber ausgewählt hat. In dieser schwierigen Zeit diese Last zu tragen, anderen zu helfen – das ist seine Rolle. Licht zu sein, Ruhe zu bewahren, andere zu unterstützen. Zu erklären, was gerade passiert. Viele sind verloren und müssen aufgeweckt werden.

M: Tut er dies bereits oder liegt diese Aufgabe noch vor ihm?

ÜB: Er tut es bereits, aber er muss öfters raus und unter Menschen. In die Menschenmengen, um diese zu energetisieren.

M: Muss er dafür etwas Bestimmtes tun?

ÜB: Einfach sein. Einfach nur dort sein.

M: Habt ihr noch eine Empfehlung oder einen Hinweis an ihn?

ÜB: Geh hinaus. Geh spazieren in der Natur. Umarme die Bäume. (Emotional.) Und wenn du auf einer Wiese bist, beobachte den Himmel. Atme. Spüre die Erde.

M: Was für einen Effekt hat das auf ihn?

ÜB: Das Negative loslassen. Sich erden. Balance. Gleichgewicht. Er sammelt in diesen großen Menschenmengen viele Energien auf. Wenn er sich auf die Erde legt, wird er davon wieder frei.

M: Worauf soll er sich fokussieren, wenn es hier auf der Erde kritischer werden sollte und die Menschen mehr in die Angst hineingehen?

ÜB: Ruhig bleiben. Er ist ein sehr guter Zuhörer – schon sein ganzes Leben lang. Er beruhigt die Menschen. Das ist seine Rolle. Das ist seine Aufgabe. Er ist hier, um Menschen zu beruhigen. Es ist seine Stärke, Menschen zu ermuntern. Alles wird gut. Er kann es. Einfach zuhören. [...] Wir sind sehr stolz auf ihn! Er macht das gut und soll sich nicht verrückt machen. Es ist genug. Er muss nicht mehr tun, als er schon macht. Meditieren – das macht er toll. Meditieren ist sehr wichtig!

M: So, wie er es bereits tut?

ÜB: Ja. Wir sind sehr stolz auf ihn!

M: Es wird sehr beruhigend für ihn sein, dies zu hören.

[...]

Im Vorgespräch hatte Zoran erwähnt, dass er bei seinen Recherchen auf Informationen gestoßen war, die besagten, dass ein bestimmtes zukünftiges »Event« große globale Veränderungen in Gang setzen würde. Ich erkundigte mich beim Überbewusstsein, was sie von ihrer Perspektive aus dazu zu sagen hätten.

ÜB: Dieses Event ist notwendig für alle Menschen dieser Erde. Der Aufstieg – bei diesem Event beginnt er. Für viele hört sich das schlimm an, aber jeder hat seine Reise auf dieser Erde bereits vorher festgelegt: was er erfahren möchte, was er erleben möchte. Alles ist gut. Es gehört alles dazu.

M: Besteht die Möglichkeit, dass Zoran dieses Ereignis noch in seiner aktuellen Inkarnation miterlebt?

ÜB: Ja, er wird es aber nicht sehen. Er und alle um ihn herum werden es spüren und wissen: »Es ist so weit.« Es wird eine klare Stimme geben und alle werden verstehen. Alle werden es hören und bereit sein für den Aufstieg. Es muss so sein. Es läuft alles nach Plan. Wir sind bei euch. Wir sind mit euch.

M: Möchtet ihr noch etwas zu diesem Prozess sagen?

ÜB: Nicht alle sind gleich weit. Deswegen muss es mehrere Wellen geben. Einige Menschen möchten noch andere Erfahrungen sammeln, und so bekommen sie die Möglichkeit, diese Erfahrungen zu sammeln.

M: Diese unterschiedlichen Erfahrungen werden möglich, indem sie zu unterschiedlichen Zeitpunkten diesen Planeten verlassen?

ÜB: Genau. Manche gehen früher und manche später, aber alle werden gehen. Manche möchten die Fluten und die Vulkanausbrüche erleben, anderen bleibt das erspart.

[...]

Da ich bereits verschiedene Perspektiven bezüglich dessen gehört hatte, wie der Prozess genau vonstattengehen würde, fragte ich das Überbewusstsein, ob die zu transportierenden Menschen die Schiffe in lebendigen Körpern betreten würden oder ob sie ihre irdischen Hüllen zurücklassen müssten.

ÜB: Auf diesen Schiffen stehen für alle von euch Kristallkörper bereit. Das sind die Körper, in die ihr hineingeht und die ihr dann weiter nutzen werdet. Eure aktuellen Körper sind wie Anzüge. Ihr müsst sie ablegen. Das ist nichts Schlimmes. Es ist kein »Sterben«. Es ist einfach ein Prozess, der schon lange geplant ist. Jetzt ist es so weit. Ihr könnt das jetzt erleben.

M: Wie stellt sich das für die Hinterbliebenen auf der Erde dar, die entscheiden, länger zu bleiben, wenn jemand seinen physischen Anzug zurücklässt? Einfach, als ob die Person zu Tode kommt?

ÜB: Ja. Viele von ihnen könnten das sonst nicht verarbeiten. Das möchten wir vermeiden. Es darf keine Panik ausbrechen und noch mehr Angst entstehen, als es schon gibt.

M: Spielen dabei dann auch die zuvor erwähnten Katastrophen eine Rolle?

ÜB: Ja. Gaia hat schon längst diese Erde verlassen. Sie ist schon in der Neuen Erde und freut sich auf die Menschen. Sie ist noch mit einem Fraktal aus Licht mit der aktuellen Erde verbunden, aber Gaia ist nicht mehr hier.

[...]

Schließlich fragte ich das Überbewusstsein noch, ob sie das »Event« und den damit verbundenen Transport der Menschen auf die Neue Erde für Zoran zeitlich näher einordnen könnten.

ÜB: Es wird in seinem Leben stattfinden, aber wann genau es geschieht, weiß nur die Quelle.

M: Von welchen Faktoren hängt es ab?

ÜB: Davon, wie schnell die Menschen ihre Frequenz erhöhen und erkennen, was sie wirklich sind. Die Menschheit ist auf einem guten Weg. Es läuft alles nach Plan. Alles ist so, wie es sein muss. [...] Das Event findet statt, aber wann, hängt von so vielen Faktoren ab. Den Zeitpunkt weiß nur die Quelle.

[...]

Und so endete eine sehr emotionale Sitzung, die uns einen faszinierenden Einblick in die Ankunft und Existenz der Menschen auf der Neuen Erde ermöglichte. Wenn man Einblicke in potenzielle zukünftige Ereignisse erhält, ist immer zu beachten, dass es eine Rolle spielt, auf welcher *Timeline* (= Zeitlinie) man sich gerade befindet. Hat sich die Menschheit zum Zeitpunkt von Zorans Sitzung möglicherweise auf einer Timeline befunden, die letztlich auf die Notwendigkeit der Rettung und des Transports der Spezies hingeführt hätte? Haben wir in der Zwischenzeit die Timeline gewechselt oder befinden wir uns etwa immer noch darauf? Wir werden sehen. Falls es tatsächlich so kommen sollte, wie Zoran es auf seiner Seelenreise erlebt hatte, sind Sie nun darauf vorbereitet und können sich auf viele wundervolle und aufregende Dinge freuen, die uns auf der Neuen Erde erwarten!

Letzte Worte: »Wir sind sehr stolz auf dich. Wir sind sehr stolz auf das, was du machst. Danke, dass du heute hier warst.«

Die letzte Heldenreise

Als Aurora (31) an einem sonnigen Junimorgen des Jahres 2022 durch die Türe meines Sitzungsstudios trat, hatte ich sofort das Gefühl, dass die bevorstehende Seelenreise eine besondere sein würde. Im Grunde gilt das für alle Reisen, die ich begleiten darf. Jede einzelne ist auf ihre Weise einzigartig! Ab und an führt eine jedoch derart weit über die gewohnten Sphären hinaus, dass sie mir auch noch Jahre später, nach Hunderten von anderen Sitzungen, präsent ist. Auroras Seelenreise gehört definitiv dazu. Da wir in ihr weiter gehen als jemals zuvor, symbolisiert sie als letzter Abschnitt unseres gemeinsamen Abenteuers auf wundersame Weise, was ich mit diesem Buch vor allem inspirieren möchte: das Bewusstsein für uns selbst als grenzenlose Wesen in einer grenzenlosen Welt.

Im Vorgespräch wurde schnell klar, dass die sehr herzliche junge Frau trotz ihres geringen Alters ein breites metaphysisches Wissen besaß und schon vielfältige Erfahrungen mit Bewusstseinsarbeit gemacht hatte. Dazu gehörten unter anderem auch sehr positive Erfahrungen mit Hypnose – was für das Erleben einer Seelenreise nicht nötig ist, meine Arbeit aber in der Regel etwas leichter macht. Nichtsdestotrotz hatte Aurora einige Themen mitgebracht, die sie mit mehr Klarheit sehen wollte. Unter anderem war es ihr ein Anliegen, mehr über das »Design« ihrer Seele, ihre Talente und Fähigkeiten sowie den Plan für ihre aktuelle Inkarnation zu erfahren. Hinzu kamen Fragen zum kollektiven Bewusstseinswandel und zu einigen körperlichen Symptomen.

Es war erwartungsgemäß leicht für Aurora, sich mit meiner Unterstützung in die erforderliche Ebene von Trance zu begeben, in der wir die Erkundung beginnen konnten. Sie nahm zunächst eine Art Gewölbe mit mehreren Strukturen wahr, die sie als Torbögen beschrieb: »Sie sehen fast aus wie verschiedene Eingänge. Portale. Und der Boden ist ... wie gläsern. Irgendwie steht man darauf. Er könnte aber auch verspiegelt sein. Ganz viele Farben ... dunkel ... hell ... ich sehe ganz viel Blau und Weiß ... Energie, die wie Blitze über diesen Bögen wabert. Ich bekomme den Eindruck wie von einer Zentrale. Da stehen Wesen vor mir.« Ich bat Aurora, sie mir zu beschreiben. [...]

Die Zentrale

A: Sehr weiß. (Pause.) Moment, ich zoome mal näher heran ... (Pause.) Sehr groß. Sehr freundschaftlich. Leicht humanoid, würde ich sagen. Sehr lichtern. Ich habe zwar das Gefühl von mehreren, aber ich sehe gerade nur einen. Gefühlt männlich. Sehr durchlässig. Es scheint, als hat er einen blauen Anzug an. Die Haare bis zur Schulter. Weiß. Sehr schön.

M: Wie würdest du sein Gesicht beschreiben?

A: Sehr einladend, freundlich. Sehr ... makellos. Die Haut ist irgendwie weiß ... wie Perlmutt. Seine Augen sind ganz leuchtend. Sehr hell ... hellblau ... [unverständliches Wort].

M: Was empfindest du, wenn du ihn wahrnimmst?

A: Er ist wie ein alter Freund, den ich wiedersehe. (Kichert.) Er freut sich auch.

[...]

Bevor wir uns der weiteren Erkundung der Szene widmeten, bat ich sie, sich selbst zu beschreiben.

A: Ich sehe mich gerade sehr groß und schlank und leicht. Ich spüre irgendetwas Katzenartiges. Das hatte ich schon zuvor kurz gespürt, als ich zu ihm bin. Ich kann es noch nicht richtig einordnen. Sehr elegant und schmal. Ich habe nicht so viele Finger. Drei oder vier. Die Bewegungen fühlen sich sehr anmutig an ... sehr bedacht ... sanft. Lange und viele Haare.

M: Wie würdest du dein Gesicht beschreiben?

A: (Kichert.) Tatsächlich katzenähnlich. Ein sehr glattgezogenes Gesicht. Die Augen sind so ein bisschen ... orientalischkatzenmäßig ... also ein bisschen spitz zulaufend. Und auch sehr hell. Ich habe keine menschliche Nase. Sie ist ein wenig kleiner.

M: Wie würdest du deine Körperposition beschreiben?

A: Aufrecht. Ich spüre Autorität und Sicherheit. Überblick. Es kommt wieder dieses ... Zentralen-Gefühl.

M: Du hattest erwähnt, dass er eine Art Anzug trägt. Wie ist das bei dir?

A: Ich habe eine weiße Robe an. Sie geht hinter mir bis auf den Boden. (Kichert.) Und irgendwie habe ich einen Schwanz.

M: Hat eure Kleidung eine Funktion oder eine Bedeutung?

A: Ich glaube, bei ihm schon. Es fühlt sich– (Unterbricht sich.) Ich sehr jetzt rechts wie durch ein Portal eine Wüste und kristallklares Wasser. Fast wie weißes Wasser ... ganz hell-türkis. Ich glaube, er ist ein Reisender und hat deswegen auch diesen Anzug an. Ich glaube, er wird irgendwohin gesendet. Aus dieser Zentrale? Es ist, als würde er mir berichten, was er erlebt hat.

M: Was machst du dann mit diesen Informationen?

A: Sie einordnen. Sammeln. (Grübelt.) Zuteilen? Aufgaben zuteilen. Verwalten. Etwas in der Art.

M: Was für eine Bedeutung hat dieser Ort für dich?

A: Es ist wie ein Schnittpunkt. Ich empfinde nicht so etwas wie ein Zuhause-Gefühl. Es ist eher wie ein Raum »dazwischen«. So fühlt es sich an; wie ein Raum zwischen den Welten. Vielleicht, um sich zu treffen?

M: Was meinst du mit Schnittpunkt?

A: Wenn ich herauszoome, sehe ich wie Tunnel oder Wurmlöcher, die sich an diesem Schnittpunkt, diesem Glasraum oder Bildschirmraum – es sind nicht wirklich Bildschirme –, treffen. (Pause.) Ich sehe viele Welten vor mir ... nebeneinander ... und könnte durch die Schnüre oder Tunnel in diese Welten reisen. Gleichzeitig sind sie auch irgendwie alle da. Also ich kann, wenn ich jetzt nach links zoome, auch sofort in der anderen Welt stehen. Aber diese eine Welt – diese wüstenähnliche – ist sehr nah, habe ich das Gefühl. Ich habe eine Verbindung dazu. Ich glaube, ich habe die auch schon einmal gesehen ...

M: Benutzt du selbst auch diese Portale? So, wie er es tut?

A: Ja. Ich kam vorhin durch ein solches Portal in diesen Raum.

M: Ich verstehe. Gibt es außer euch beiden noch andere an diesem Ort?

A: Ich habe das Gefühl von ganz, ganz vielen Präsenzen. Aber jetzt gerade sehe ich nur ihn vor mir. So, als könnte ich alle spüren, aber ich kann gerade nur uns beide sehen.

M: Kommuniziert ihr beide miteinander?

A: Nur über Blicke. Telepathisch. (Pause.) Ich spüre Schwere von seiner Seite aus. Sein Bericht ... da ist viel Gefühl. Er war auf Mission, wo viel Schwere war. Aber er freut sich auch, mich wiederzusehen. Es ist irgendwie ein überraschtes Gefühl.

M: Für wen?

A: Für ihn. Obwohl er mir ... dieses Gefühl gab von »er berichtet«, war er überrascht, dass ich dort bin ... mich dort anzutreffen. Es war, als würde er einen alten Freund wiedersehen. So war es auch für mich. Es fühlt sich an, als hätten wir schon einmal gemeinsam diese Aufgabe gemacht, die er gerade erledigt.

M: Das Sammeln von Informationen? (Mhm) *Weil du aktuell eine andere Aufgabe ausübst?*

A: Ja, so fühlt es sich an.

[...]

Ich fragte sie, ob sie den Ort kannte, von dem er ihr berichtete.

A: Hmmm ... Da kommen so viele Informationen und Orte von ihm, das es schwer einzuordnen ist. (Pause.) Ich habe auch etwas zur Erde bekommen. Und dann war da auch noch ein sehr dunkler Planet ... Der hat mir allerdings nichts gesagt.

M: Welche Informationen bringt er von der Erde zu dir zurück?

A: (Pause.) Altes und Neues. Hoffnung. (Zart.) Zuversicht, aber trotzdem auch Schmerz.

M: Worauf bezieht sich der Schmerz?

A: Auf das Chaos, das herrscht ... unter den Menschen, die an dem Alten festhalten.

M: Was ist mit dem Alten gemeint?

A: Ich sehe Fäden, die gezogen werden. Manipulationen, Kriege, Krankheit, Angst, Chaos, Verwirrung und ... Spaltung.

M: Worauf beziehen sich die Zuversicht und die Hoffnung?

A: Ich sehe andere Gruppen von Menschen auf der Erde. Jetzt sehe ich *Communities* (= Gemeinschaften) ... verschiedene kleine Dörfer. Er zeigt mir das gerade wie Bilder, die übereinandergelegt werden. (Ahmt eine schnelle Maschine nach.) Rat-at-at-at-at. Er zeigt mir die Informationen im Geiste. (Pause.) Ich sehe neue Lebensformen, neue Systeme der Bildung ... des Miteinander-Seins. Weniger Technologie, mehr Natur und Verbundenheit. Da spüre ich die Hoffnung. Verschiedene Orte und Stämme ... ethnische Gruppen.

M: Was wirst du nun mit diesen Informationen tun?

A: Ich spüre eine leichte Verwirrung, dort zu sein, wo ich gerade bin, obwohl ich auch diese Autorität spüre. Ich habe jetzt die Informationen in mich aufgenommen und reise weiter. Ich bleibe nicht an diesem Ort, und die Informationen gehen mit.

M: Was wirst du nun tun? Wohin begibst du dich von der Zentrale aus?

Der Rat

A: Ich stehe auf einmal in einem Raum, der jetzt nicht mehr dunkel, sondern sehr hell ist. Da ist so etwas wie ein Tisch mit ganz vielen weißen Stühlen. Ich sehe Fenster. Es ist wie eine Kuppel, aber es ist ein Raum im Nirgends. Trotzdem sehe ich irgendwie ganz viel Helligkeit hinter den Scheiben. Und ich sehe so etwas wie eine Versammlung an diesem Tisch.

M: Wer versammelt sich dort?

A: Irgendein Rat ... (Grübelt.) Eine Art Beraterteam?

M: Beschreibe sie mir.

A: Sie haben alle Roben an wie ich.

M: Auch weiß?

A: Mhm. Es ist alles sehr hell.

M: Haben sie auch so eine Gestalt wie du?

A: Ich habe das Gefühl, meine Gestalt hat sich nochmal geändert. Es ist sehr viel neutraler, was das Geschlecht angeht. Wenn ich zu den anderen hinspüre, spüre ich auch Neutralität. (Grübelt.)

Ich weiß nicht, ob das bedeutet, dass sie geschlechtslos sind, aber es ist so ein Gefühl. (Pause.) Ich habe so etwas wie Flügel auf dem Rücken ... immer noch diese Robe an ... und keinen Schwanz mehr. Ich fühle mich weniger katzenartig – als hätte die Katzenform etwas mit dieser Wüstenwelt zu tun gehabt. Vielleicht war ich gerade von dort gekommen?

M: *Du meinst die Welt, die du durch das Portal wahrgenommen hattest?*

A: Ja. Die war sehr präsent.

[...]

Ich wollte mehr über die Gestalt des Wesens in Erfahrung bringen, mit dem ich sprach, und fragte Aurora, was sie mir noch über ihr Äußeres an diesem Ort sagen könne.

A: (Pause.) Irgendwo doch humanoid, aber weniger fest als eben. Ein Gefühl des Schwebens. Sehr leicht ... und irgendwie transparent, aber doch irgendwie ... formhaft. Es ist schwer zu beschreiben. Ich habe das Gefühl, dass es zersetzbar ist. Ich sehe gerade, wie ich meinen Arm ansehe und ihn in tausend Teile zerspringen höre, weil ich versucht habe, ihn zu zersetzen. Das ist also möglich. Es macht ein Geräusch von zerspringendem ... Glas ... oder Teilen?

M: *Du hast die Kontrolle darüber?* (Ja) *Beschreibe mir die anderen, die sich in diesem Raum befinden.*

A: Ich sehe auf jeden Fall verschiedene Gesichter und Farben – oder Energien? –, die sie umgeben. Eines hat etwas Kupferfarbenes und die Augen und das Herz leuchten grün. Dann sehe ich Gelb ... (Pause.) Und sie alle haben etwas auf dem Rücken. Das hat irgendwie etwas von Flügeln. (Kichert.)

M: *Befinden sich diese Flügel unterhalb der Robe?*

A: Obendrüber. Sie leuchten hellgelb und es ist, als würden sie daneben schweben. Ich sehe keinen Schnittpunkt an der Robe.

M: *Vereint euch dieses Merkmal?* (Ja) *Sowohl die Roben als auch die Flügel?*

A: Ja. Ich bekomme gerade die Zahl Sieben, aber ich kann vor mir gerade nur zwei von ihnen wahrnehmen. Die anderen sind unklarer ... und weiter hinten.

M: Beschreibe mir, welchem Zweck diese Versammlung dient.

A: Aufsicht. Überprüfen. Ich habe wieder dieses Gefühl von zentraler Planung. Ich habe diese Informationen, die ich mitbringe, und ich sehe diese weißen Tafeln. Es ist nicht so, dass wir sie untereinander bräuchten, aber sie sehen aus wie kleine *Devices* (= Geräte) aus Glas, die man in der Hand halten kann, und die Schrift darauf ist wie golden eingraviert ... leuchtend, aber sie verändert sich auch, als wären es ... Codes? Es ist auf jeden Fall eine für mich gerade nicht lesbare Sprache und so, als wäre in jedem Code ein Set an Informationen enthalten. Ja, so fühlt sich das an und so sieht das aus; als würden wir das, was wir beraten, darin aufnehmen.

M: Mit diesen Geräten? (Mhm) *Und worüber beratet ihr? Worauf bezieht sich dieses Beaufsichtigen?*

A: Es geht um Ordnung. Ordnung und Ausrichtung ... der Welten. Ich weiß nicht genau, welche Ebene ... Planeten, Galaxien oder sogar darüber hinaus. Es ist ein Gefühl von ... göttlicher Ausrichtung. Sie zu ordnen und zu koordinieren ... sie durch etwas zu steuern. Hier kommt wieder dieser Reisende ins Spiel, der gesandt wird, um irgendetwas zu machen. Um zu beeinflussen, denke ich. Um zu helfen.

M: Wie macht ihr das? Wie geht ihr vor, wenn ihr entscheidet, zu helfen?

A: Es werden Informationen gesammelt. Und wenn ich jetzt dem Reisenden zurück auf die Erde folge, dann ist das wie ein Energie-Bringen. Als würde er mit den Menschen direkt arbeiten – in Meditation, aber auch physisch, glaube ich. Ich sehe gerade Wüste ... (Pause.) Und diese Informationen bestimmen, inwieweit Impulse gesetzt werden dürfen. Es ist wie ein Koordinieren der Helfer, die näher an den Bewohnern der Welten wirken.

M: Mit welchem Ziel?

A: Das Licht zu bringen. Chaos, Angst und Zerstörung zu ... nicht zu verhindern, sondern zu helfen, wenn– (Unterbricht sich.) Ich sehe jetzt Planetenwesen, die wie vor einem Scheideweg stehen: von ihren Bewohnern zerstört zu werden oder gerettet zu werden. (Pause. Angestrengt.) Das sind gerade sehr viele Informationen! Ich sehe aber auch, dass diese einzelnen Planeten ganz viel mit den Galaxien – jetzt sehe ich das gesamte Universum – und den Univers*en* zu tun haben. Nicht nur mit diesem! Als würde das alles zusammenhängen. Und wenn die Ordnung– (Unterbricht sich.) Es ist alles legitim! Ich sehe Dunkles und Lichtes und spüre absolute Wertfreiheit. Aber es ist trotzdem eine Bewegung – oder ein Bestreben – hin zu Ordnung und Licht, zu Verbindung und Rückerinnerung.

An dieser Stelle erinnerte ich mich an eine Information aus dem *Law of One*, die mit dem Entwicklungsverlauf der negativen Polarität zu tun hat. In Sitzung Nr. 36 erklärt Ra, warum Wesenheiten auf dem negativen Pfad ab einer bestimmten Bewusstseinsebene keine andere Wahl haben, als positiv zu werden. Demnach sei es einer negativ polarisierten Wesenheit auf der sechsten Dichte aufgrund ihrer erlangten Weisheit nicht mehr möglich, die Einheit mit dem Schöpfer und allen anderen Wesenheiten zu ignorieren. Sie entscheide sich dann »bewusst für eine sofortige energetische Neuausrichtung, damit sie ihre Evolution fortsetzen kann«. Es war interessant, dass Aurora in ihrem Zustand ebenfalls das Konzept der letztendlichen Tendenz von allem zum Positiven hin in ihrem Erleben wahrnahm.

A: Als würde das einen Effekt auf das Ganze haben. Ich sehe gerade eine Welt sterben ... einfach zerbersten, wie eine Kugel, die explodiert. Jetzt sehe ich viele Kugeln! So viele Kugeln! Als würde das Zerbersten in diesem Universum einen Einfluss auf das Universum daneben haben und auf das daneben und so weiter ... Es ist sehr seltsam und schwer zu beschreiben.

M: Du machst das sehr gut. Und was machst du in der Versammlung mit den Informationen, die du von dem Reisenden über die Erde erhalten hast?

A: Es gibt noch höhere Instanzen. Ich habe das Gefühl, dass wir das, was wir bereden, sammeln und dann darüber entscheiden, was wir zu diesen höheren Instanzen bringen.

M: Ich verstehe. Hast du direkt etwas mit ihnen zu tun?

A: Es fühlt sich so an.

M: Beschreibe mir, was geschieht, nachdem ihr entschieden habt, welche Informationen ihr weitergebt.

Der weiße Raum

A: (Pause.) Ich sehe nur Weiß. Wie ein Nichts. Da ist nichts ... (Grübelt.) Ich habe das Gefühl, etwas übersprungen zu haben. Ich sehe keine Form mehr. Kein Tablet, auf dem wir Informationen gesammelt haben. Ich spüre ... ich sehe nur diesen weißen Raum und ganz viele, in alle Richtungen laufende und sich ausdehnende ... Stränge von Impulsen. (Grübelt.) Wie soll ich das beschreiben? Wie ... neuronale Vernetzung.

M: Gibt es noch etwas an diesem Ort, das dir auffällt?

A: Es fühlt sich an wie ein Raum außerhalb der Körperlichkeit. (Pause.) Ich bekomme gerade den Eindruck von Mikro und Makro. Es ist wie ein riesiger Organismus in unendlich großer Form, und ich bin die kleine Zelle, die irgendwie ähnlich wirkt. Ich bekomme ein Gefühl von »außerhalb«. Außerhalb und trotzdem überall. Also über dem Raum, in dem ich eben war, aber nicht wirklich »darüber«, sondern »herausgezoomter«. Macht das Sinn?

M: Durchaus. Wie nimmst du dich selber wahr in diesem Raum?

A: Als alles irgendwie. Es ist, als ob ich von der anderen Ebene komme wie ein kleiner Lichtpunkt. Ich kann mich selbst nicht wirklich wahrnehmen, aber trotzdem alles wahrnehmen. (Pause.) Ich kann in diesen Strom einfach eintauchen und bin dann mit allem verschmolzen.

M: Wie fühlt sich das an?

A: Vereint. Irgendwie ... flüssig.

Ich fühlte mich in dem Moment an den sehr sehenswerten französischen Action/Science-Fiction-Film *Lucy* (2014) von Luc Besson und mit Scarlett Johansson in der Hauptrolle erinnert. In diesem erhält die Protagonistin durch die unfreiwillige Einnahme einer mysteriösen chemischen Substanz immer mehr Zugriff auf das Potenzial ihres Bewusstseins und transformiert sich schließlich in eine Art flüssigen Supercomputer, der mit allem verbunden ist. Die Flüssigkeit ist im Film jedoch nicht weiß, sondern schwarz.

M: *Was geschieht hier mit den Informationen, mit denen du dich auf den anderen Ebenen – in der Zentrale und im Rat – beschäftigt hast?*

A: Ich bekomme einfach nur ein friedliches, gleichgültiges Gefühl. So als würden sie fast so etwas wie ... verblassen. Weiter unten und noch weiter unten war es ein sehr viel intensiveres Gefühl von allem – von Emotionen, Dichte und Schwere. Hier ist das ein total aufgelöstes, neutrales ... Etwas. So wie: »Hier ist die Information, aber weil es so viele Informationen gibt, ist es gar nicht so bedeutend.« Es wird aufgenommen und ist dann eins.

M: *Du hast eben das Wort »übersprungen« benutzt. Was meintest du damit?*

A: Irgendwie ist da so ein Gefühl, dass es noch etwas dazwischen gibt. Ich kann mir vorstellen, dass da, wo ich gerade bin, das ist, wo alles beginnt – wenn es überhaupt so etwas wie einen Beginn gibt. Aber zwischen der Ebene des Rates und diesem weißen Raum hier gibt es noch weitere Ebenen. (Pause.) Vier. Vier. Irgendwie kommt da eine Vier ... Vielleicht vier Ebenen?

M: *Dann lass uns zurückgehen und herausfinden, welche die nächste Ebene nach der des Rates ist. Wo befindest du dich?*

Die Weltenbauer

A: (Seufzt.) Ich bekomme so ein kreatives Gefühl ... ein Erbauer-Gefühl, ein *Creator*-Gefühl. Als würden sie auf dieser Ebene entscheiden, wie eine nächste Welt gebaut wird. So kann ich es am ehesten beschreiben. Und dafür nutzen sie die Informationen des Rates, der damit beauftragt ist, zu sehen, sich aufzuteilen und zu beeinflussen. (Pause.) Ich sehe, wie viele verschiedene Informationen an verschiedene Orte getragen werden. Und diese nächste Ebene hier nimmt dann diese

Informationen und entscheidet – nein: *erbaut*, weil ja in der Stufe davor entschieden wird – und erschafft neue Strukturen, auf die dann wiederum neue Wesen – neue Planetenwesen – gesetzt werden. Es ist wie ein Gefühl von Welten-Bauen.

M: *Das klingt nach einem sehr interessanten Prozess. Wie nimmst du die Wesen auf dieser Erbauer-Ebene wahr?*

A: Ich war gerade schon wieder eine Ebene darüber. (Kichert.) Moment. (Pause.) Hier bei diesen Welten-Erbauern fühlt es sich noch fast wie ... Teams an, die zusammen wirken. Ich sehe viel Geschäftigkeit. Dinge, die einfach – »Puff!« – aufploppen. (Pause.) Ich sehe Experimente ... und eine Art Raum ... Das ist so wunderschön! Einen weißen Raum, in dem sie alle mit ihren Gaben wie Sachen zeichnen oder zaubern ... nein, denken – *er*-denken. Sie er-denken und er-sprechen ... mit ihrem Wort! Und daraus bauen sie dann Welten. (Pause.) Und die Ebene darüber ... Da zieht es mich gerade total hin!

Die Galaxienbauer

A: Das ist jetzt sehr viel größer. Ich sehe riesige Dimensionen ... ein *riesiges* Wesen! (Fasziniert.) Wie reines Licht, das einen Körper hat ... so enorm groß ... mit einem ... Kern – wie bei uns auf Herzhöhe. Und ich sehe ... die Erschaffung von ... nicht nur Welten, sondern auch von Dingen, die darüber hinausgehen.

M: *Erzähl mir mehr darüber.*

A: Ich sehe ... wie Hände, die es so vor sich hält. (Gestikuliert.) Und es ist wie ein ... Kern, um den ganz viele Ringe gesponnen und aufgezogen werden, und alles rotiert umeinander. Als würde es ganze Planetensysteme und Galaxien erschaffen. (Ergriffen.) Ich spüre gerade ganz viel Emotion.

M: *Beschreibe sie mir.*

A: (Tränen fließen.) Wunderschön. So liebend ... So unglaublich liebend! Mit was für einer Liebe es diese Sachen hin- und herwirbelt! (Lacht.) Das ist total witzig: »Hier noch was und da noch was.« (Kichert.) Wie ein riesiger Riese, der mit Kugeln, mit Murmeln, spielt.

M: *Fühlt es sich an wie ein singuläres Wesen auf dieser Ebene?*

A: Ja. Moment. (Pause.) Ja, es ist vielmehr ein Gefühl von Einzelwesen als noch auf der Ebene darunter, aber ich sehe noch andere, wenn ich jetzt rauszoome. Da ist ein Gefühl von »mehrere«, aber sie sind alle sehr viel weiter entfernt voneinander. Die *Scale* (= Maßstab) ist einfach sehr viel größer!

M: *Ich verstehe. Dann lass uns nun eine Stufe höher gehen und die zwei noch verbleibenden erkunden. Was befindet sich über den riesigen Wesen?*

Das Universum

A: (Tiefer Atemzug.) Ich habe jetzt das Gefühl des Universums ... des ganzen Universums als ein Wesen. *Dieses* Universum. (Fokussiert.) Ich sehe auch gerade nochmal die Stufe darunter.

M: *Die der Riesen?*

A: Genau. Ich sehe mehrere von ihnen darin, aber sehr weit auseinander. (Pause.) Und das Gefühl jetzt auf dieser Ebene hier ist wie ein abgeschlossenes. Ich weiß nicht, welche Ebene das ist, aber es fühlt sich an wie ein Körper eines Universums. Es ist, als würde es alles das enthalten, was darunter ist. Und ich kann gerade wie »runterblicken« in all diese Ebenen, als wären sie übereinandergelegt – bis nach ganz unten. Bis in die kleinste Pflanze, Zelle, Dichte, Mineral ... und sogar noch in Ebenen darunter ohne Form, die irgendwie noch dichter erscheinen. Nach oben wird alles nur noch mehr: farbiger ... lichter ... heller ... immer weißer. Das ist so spannend! Ich sehe diese Riesen, und es ist so ein Gefühl, als ob sie Galaxien bauen, aber ich sehe nicht die Dunkelheit, die wir vom Universum kennen. Ich sehe sie so, als wären sie auf einem weißen Grund und gleichzeitig im Dunklen. (Seufzt.) Es ist schwer zu beschreiben. Und hier oben ist alles nur noch ein Gefühl eines Systems. Als hätte es einen ... Rand. (Erstaunt.)

M: *Du meinst so etwas wie eine Grenze?*

A: Mhm! Es ist noch nicht das Ende, aber ich spüre eine Grenze.

M: *Wie nimmst du dich selbst wahr auf dieser Universums-Ebene?*

A: Als eine Kugel. Als alles und nichts. Wie etwas Unkörperliches, das alles ist ... und weiß. Eher wie Bewusstsein, das die Kugel sieht, die das Universum ist. So fühlt sich das an. Ich sehe es wirklich wie eine Kugel. Ich sehe das Universum wie eine Kugel. Und die Schichten darunter– (Unterbricht sich.) Ich spüre die Grenze des Universums, aber wenn ich mir die Schichten darunter angucke, die alle übereinandergelegt sind, dann sehe ich keine Grenzen. Wahrscheinlich, weil es so groß ist. (Grübelt.) Oder weil es vielleicht doch keine Grenze hat? (Unsicher.) Ich weiß es nicht. Die Schichten darunter sind mehr so etwas wie eine randlose Erfahrung in die Unendlichkeit. Und trotzdem habe ich auf dieser Ebene hier das Gefühl von Abgeschlossen-Sein. Begrenzt. Rund.

M: *Nimmst du auf dieser Ebene nur ein singuläres Universum wahr?*

A: Es gibt auch andere. Aber ich weiß nicht, ob das auf dieser Ebene »daneben« ist oder eventuell schon darüber? Ich sehe auf jeden Fall viele!

M: *Auch als Kugeln?*

A: Ja. Moment. Nein. (Überrascht.) Nein, nicht alle! Spannend. Das ist verrückt! (Erstaunt.) Ich sehe alle möglichen Formen. Das ist seltsam. So etwas habe ich noch nie gesehen. So wie ... wie Kleckse! (Kichert.) Da sind ganz unterschiedliche Gefühle von ... dunkel, hell, andersfarbig, keine Farbe, kein Raum. Also wieder diese Gesetzlosigkeit ... oder ... *andere* Gesetze?! Ich sehe aber auch Kugeln. Andere Kugeln, die Universen sind. (Pause.) Jetzt bekomme ich ein Gefühl von ... Ähnlichkeit.

M: *Meinst du damit die, die diese Kugelform haben?* (Ja) *Im Vergleich zu den anderen?* (Ja) *Das klingt nach einer großen Diversität.*

A: Ja, sehr. Schon in den Kugeluniversen, wenn ich da reinspüre, sehe ich zwar viel Ähnlichkeit, aber unendlich verschiedene Welten. Es ist wie ein Muster, das in diesen Universen, die kugelförmig sind, gleich angewandt wurde, weshalb die

Begebenheiten in ihnen ähnlicher waren als in den anderen, wo andere Muster benutzt wurden.

M: *Ich verstehe. Sehr interessant. Lass uns nun noch eine Ebene höher gehen, in die vierte Ebene oberhalb des Rates. Beschreibe mir, was du hier wahrnimmst.*

Die Multiversen

A: (Tiefer Atemzug. Schweres, langsames Sprechen, unterbrochen von Pausen.) Muster. Gedanken. Lichter. (Pause.) Es ist ein Gefühl von ... Zusammenfassen der Kugeluniversen. Als wenn ein Bewusstsein ... einen Haufen ... wie ein Muster sieht, das die Kugeluniversen zusammenfasst. (Flüstert.) Und auch davon gibt es verschiedene Muster, verschiedene Gedanken. Und es wird eine Gruppe von Universen ... verschiedene Gruppen von Universen – wie verschiedene Multiversen – von einem Wesen, wie ein Gedanke, ein Muster, bedient. Für diese ... vielen ... Kugeln oder andersförmigen Universen.

M: *Jeweils ein Gedanke pro Gruppe?*

A: Ja. (Pause.) Ja.

M: *Und was nimmst du auf dieser Ebene als die Quelle dieser Gedanken, dieser Muster, wahr?*

A: Es fühlt sich an, als wäre es ein Geist, eine Einheit von allen Gedanken, die eine Gruppe bilden, aber jeder hat irgendwann mal eine Aufgabe wie »zugeteilt« bekommen – oder war einfach. (Pause.) Ich sehe und ich spüre, wie eine Gruppe von Universen, die– (Unterbricht sich.) Irgendwie sieht es aus, als würde es nur Dunkelheit geben, die wieder wie so ein Klecks aussieht. Es gibt da keine Zeit ... wie Raumlosigkeit ... oder keine ... physische ... Materie. Nur ein Klecks – ich kann es nur schwer beschreiben. (Pause.) Und als wäre irgendwann der ursprüngliche Gedanke aufgeteilt worden, der ursprüngliche ... *Mind* (= Geist) aufgeteilt worden in Gedanken. Und in diesem Multiversum, wo wir jetzt gerade hier sind, sehe ich im Licht Körperlichkeit und all diese Sachen. Und dann sehe ich noch einen Universums-Haufen mit Formen. Dieser Fleck war wie ... hatte eine Gefühl von ... Arterien? Einfach nur Leben ohne Licht und Körperlichkeit. Dieser andere Haufen ist Form und ich sehe geometrische ... Formen. Eher flach ... aber auch nicht flach. (Verwirrt.) Ein anderes Raumgefühl. Ich kann diese anderen Universen gerade fühlen und sehen, aber ich fühle mich gerade jetzt identifizierter mit diesem hier, mit diesem Kugeluniversums-Gedanken.

M: *Warum?*

A: (Seufzer.) Weil es immer noch eine Aufteilung der Formen und Gedanken ist. Die Muster wirken ... fast wie eine Welle, die sich immer wiederholt, aber trotzdem auf alles zugreifen kann. Es ist ein Gefühl von ... nicht von Aufgabe, sondern von Ausdruck. (Grübelt.) Ausdruck? Ja, verschiedene Ausdrücke ... von der Ebene darüber. (Pause.) Mhm.

M: *Des zugrundeliegenden Gedankens?*

A: Ja ... und der Quelle auf der nächsten Ebene.

M: *Ist dies die Ebene des weißen Raums, die wir bereits besucht hatten?*

A: Es fühlt sich so an, ja.

M: *Kannst du noch etwas dazwischen wahrnehmen?*

A: Nein, aber ich bin mir auch nicht sicher, dass das dann die letzte Instanz ist. Da ist immer noch ein Gefühl, dass jetzt alles zusammen ist. Und ich habe auch kein Gefühl mehr von Individualisierung, so wie noch eben mit den Gedanken, die dann die Gruppen von Universen bilden, sondern es ist jetzt ein »Alles«. (Pause.) Und irgendwie ist da trotzdem eine ... eine Möglichkeit ... oder eine ... Ausdehnung – nicht nur in die Ebene darunter, sondern auch gefühlt in die andere Richtung.

M: *Hast du das Gefühl, dass du darauf Zugriff hättest?*

A: (Pause.) Ich ... Ja! Ich habe das Gefühl, ich hätte das, und dann habe ich in diesem Körper Angst gespürt, aber nur ganz kurz. Erst war da Emotion ... und Tränen. Ein Erkennen und trotzdem irgendwo ein Teil ... erschrocken? (Verwirrt.) Seltsam.

[...]

Mir kam der Gedanke, dass wir eventuell die natürliche Grenze dessen erreicht hatten, was mit einem menschlichen Verstand wahrgenommen, begriffen und wiedergegeben werden konnte – wobei ich mir sicher war, dass sich Aurora bereits die Ebenen darunter auf eine Art und Weise dargestellt hatten, die an für uns verständliche Konzepte angepasst waren. Ich fragte sie, ob es sich für sie angemessen anfühle, noch weiterzugehen.

A: Ich habe gerade so ein Gefühl bekommen ... Ich glaube, es übersetzt das, was ich mit meinem menschlichen Verstand greifen kann: ein Bild von einem Kind, das die Grenzen austestet und seinen Zeh über den Rand streckt und ihn dann erstmal wieder erschrocken zurückzieht. (Lacht.) Da ist also schon eine natürliche Grenze, aber trotzdem ist es nicht unmöglich, diese Grenze zu überschreiten.

M: Ich verstehe. Was möchtest du tun?

A: (Pause.) Ich habe das Gefühl, dass ..., dass das wie ein– (Unterbricht sich.) Also, ich habe das Gefühl von ... Geburt ... als würde es ... kein – ach, Gott! (Frustriert. Sie schien große Schwierigkeiten zu haben, geeignete Worte zu finden.) Als gäbe es kein Ende und keinen Anfang ... aber trotzdem dieses Gefühl von ... Kind und Eltern. Also, wenn ich weiter rauszoome, ist da immer ein Gefühl von »früher« oder »älter« oder »umfassender« – wie bei einem Ahnen-Konzept ... bis in die Unendlichkeit. (Emotional.) Da ist so viel Demut. Und Neugierde. Aber nach dieser weißen Ebene ist es irgendwie nur noch schwarz. (Pause.) Ich bekomme das Gefühl gegeben, dass es immer weitergeht, aber dass diese Grenzen wie dieses »Rübertippen« von der Quelle weiter auch immer noch eine Evolution ist. Ich glaube, es gibt kein Ende ...

[...]

Es war an der Zeit, mehr Informationen zu dem zu erhalten, was uns auf der Erkundung bis zu diesem Punkt gezeigt worden war. Zudem wollten Auroras Fragen besprochen werden. Ich wusste, dass sich ihr Überbewusstsein bereits bei uns befand. Da die Reise allerdings bisher sehr unorthodox abgelaufen war, wollte ich auch offen bleiben für andere Energien, die eventuell bereit waren, mit uns zu arbeiten. Ich bat daher um die Verbindung mit der Instanz, die am angemessensten sein würde.

M: Mit wem haben wir die Ehre?

A: (Pause.) Es kommt das Wort »höher«.

M: Wäre der Begriff Überbewusstsein angemessen?

A: Es ist ein Gefühl einer höheren Ebene.

M: Noch höher?

A: Ja. Ich versuche, das irgendwie einzuordnen ... Es fühlt sich einzelner an.

M: Singulärer? (Ja) *Okay. Dann begrüße ich diese – ich sage mal – höhere Intelligenz. Habe ich die Erlaubnis, Fragen zu stellen?* (Ja)

[...]

Der Einfachheit halber wird im folgenden Dialog die gewohnte Bezeichnung »ÜB« verwendet. Ich fragte, warum Aurora heute auf diese besondere Reise mitgenommen worden war.

ÜB: Um zu zeigen, dass schon alles ist. Dass *sie* schon alles ist. Um die Dichte des Schmerzes, den sie manchmal fühlt, zu nehmen.

M: Was ist die Ursache dieses Schmerzes, von dem ihr sprecht?

ÜB: Das Vergessen.

M: Das Vergessen wovon?

ÜB: Der Unlimitiertheit. Der Größe. Des Lichts.

M: Warum ist es wichtig, dass sie sich jetzt wieder erinnert?

ÜB: Heraustreten. Verirrung. Verirrung in den kleinen Dingen. Die Aufgaben. Die Wirkung ist anders. Wirkungsvoller.

[...]

Aufgrund der Flexibilität von Auroras Bewusstsein war es ihr möglich, zwischen den verschiedenen Perspektiven zu wechseln, was für mich am Ton und an der Sprechgeschwindigkeit zu erkennen war. Sie meldete sich zu Wort: »Ich sehe gerade andere Ebenen und das Erkennen, was mehr bewirken kann. Die Energie ist wie *contained* ... eingeengt. Ich sehe nun Größe ... Vereinigung.

Mehr Energie. Sammlung ... für andere Ebenen.« Ich fragte das Überbewusstsein, ob es einen weiteren Grund gab, warum sie Aurora diesen Einblick in die verschiedenen Existenzebenen gegeben hatten. Es wirkte, als ob sie die Worte sehr bedacht wählten. Der Körper atmete tief und langsam.

ÜB: Die Unwichtigkeit sowie die Wichtigkeit. Alles folgt einem größeren Plan, und doch ist das Individuelle so unwichtig. Nicht unwichtig – klein. Unbedeutend ... und doch bedeutend. Plan. Ordnung.

M: Wie ordnet ihr die aktuelle Inkarnation auf der Erde in diesen Plan ein?

ÜB: Vereinigung. Es geht um Vereinigung. Dieses Leben nach dem Fall. Heruntersteigen. Zurück. Dieses Leben hat viel Katalysator gebracht, um wieder mehr ... zurückzubringen und auf den Plan zu kommen ... wieder hoch ... höher.

M: Sprecht ihr von dem, was wir als »Aufstieg« bezeichnen?

ÜB: Ja. Jedoch ist es erst ein Fall und dann ein Aufstieg.

M: Welcher Gedanke liegt dieser Dynamik zugrunde? Was ist der Zweck dieses Fallens und Wiederaufsteigens?

ÜB: Implosion. Aus dem Zusammenziehen. Wellen. Muster. Unendlich. Wiederholend. In allen Formen. Das Ende der Implosion bringt Neues. Eine Implosion macht eine neue Ausdehnung erst möglich. Das läuft bis in die Unendlichkeit. Wege, Muster und Möglichkeiten.

M: Auf welcher der Ebenen, die wir heute besucht haben, wird dieses Implodieren und Wiederausdehnen initiiert?

ÜB: Die Ebene, die implodiert, ist die des Universums. Initiiert wird sie von dem Gedanken des Multiversums oder von dem Gedanken der Gruppe der Universen, die das Multiversum umfasst.

M: Ich verstehe. Gibt es noch einen Grund, warum ihr Aurora heute den Einblick in die verschiedenen Ebenen gezeigt habt?

ÜB: Dankbarkeit. Verbindung. Um ihr die Verbindungen zu zeigen und klarzumachen: Nichts ist einsam. Alles ist Dankbarkeit und Freude. Spaß. Sorglosigkeit. Kreation. Sie hat das alles in sich, aber manchmal vergessen. Auf dieser Ebene hier ist es ... schwerer. Schwerer. Vergessen.

M: Was ist die Ursache für dieses Vergessen?

ÜB: Ein Spiel würde keinen Spaß machen, wenn die Regeln jedem bewusst wären oder die Joker jedem zur Verfügung ständen.

M: Es ist also ein Teil des Spiels?

ÜB: Ja. Die Regeln dürfen umgeschrieben werden. Sonst wäre es ja irgendwann langweilig.

M: Ist diese Regel irgendwann umgeschrieben worden? (Ja) *Das ist also mal anders gewesen?*

ÜB: Ja. Das ist nicht überall so. Auch für sie war es nicht immer so. Das ist ein Experiment. Ein Spiel. Wie ein *advanced* (= fortgeschrittenes) Spiel mit anderen Bedingungen, um – wenn es glückt! – mehr Diversität zu erlangen.

M: Was bedeutet es für jemanden wie Aurora, wenn sie sich wieder erinnert, während sie sich im Spiel befindet? Was für Auswirkungen hat das?

ÜB: Unlimitiertheit. Jedoch folgt dieser Körper noch anderen Gesetzlichkeiten, solange er auf dieser Ebene ist.

M: Was bedeutet das für sie?

ÜB: Verwirrung. Verwirrung für diesen Anteil.

M: Was möchtet ihr Aurora von eurer Perspektive aus dazu sagen?

ÜB: (Kichert.) Dass das Teil des Spiels ist. (Lacht.) Dass sie das nicht zu ernst nehmen braucht ... diese Verwirrung. Sie weiß. (Flüstert.) Sie weiß.

M: Welche Empfehlung würdet ihr dem Aspekt der Persönlichkeit geben, der diese Umstände sehr ernst nimmt und dadurch Schwere erlebt?

ÜB: Immer wieder freimachen, sie ansprechen über jetzt separate Wesen und immer wieder die höhere Perspektive einnehmen. Noch mehr Raum für Meditation. Der Weg ist bereits angefangen. Er liegt vor ihr ... wie ausgebreitet.

M: Wie würdet ihr diesen Weg komprimiert beschreiben?

ÜB: Die letzte Heldenreise der Erde. Auch für Aurora.

M: Es ist ihr letztes Mal auf der Erde? (Mhm) *Was hat sie sich für diese letzte Reise auf diesem Planeten vorgenommen?*

ÜB: Es ist bereits vollbracht: ihr Licht zu teilen – überall dort, wo sie war. Land, Tier, Mensch – egal. Wo sie auch war, hat sie immer das Licht geteilt, nachdem sie es wiedergefunden hatte. Alles andere sind lediglich Ausdrücke des Dienens, der bedingungslosen Liebe.

M: Sie tut also bereits genau das, wofür sie hier ist?

ÜB: Ja. Und das hat sie oft nicht verstehen können. (Seufzt.) Dass hier anderes gelebt wird: diese Trennung von Licht und bedingungsloser Liebe. Die Gedanken, die Energien des Planeten haben sich wie ein Mantel – teilweise an Dunkelheit – um sie gelegt. Es war nicht ihr Naturell. Es war diese Anhäufung. Aber im Grunde ist sie es, lebt sie das ... das Licht der bedingungslosen Liebe.

M: Gibt es noch etwas, das sie aktuell davon abhält, ihr Potenzial hier komplett zu entfalten?

ÜB: Kontrolle. Loslassen. Teil des Mantels ... des Feldes. Scham. Angst. Aber der Weg ist bereits beschritten. Das liegt in der Vergangenheit und wird sich alles lösen – die letzten Sandkörner. Sie sind bereits gelöst.

[...]

Wir gingen zu Auroras Themenliste über und begannen mit der Frage nach dem ursprünglichen Design ihrer Seele, mit dem sie ihren Erfahrungsweg begonnen hatte.

ÜB: All die Bilder von heute haben gezeigt: Es gibt das im Grunde nicht bzw. die Frage nach der Seele. Wann spricht man von einer Seele? Die Ausdrucksformen, die Ebenen unter der Quelle sowie darüber – alles ist Information, Gedanke und Schwingung. Wenn wir vom Konzept Seele sprechen, ist im Grunde alles beseelt bzw. unbeseelt. Sie hat heute die Ebenen gesehen, die Ausdrucksformen. Die erste Ausdrucksform, die sie erfahren hat, war eine Ausdrucksform, ein Gedanke, aufgeteilt, der verschiedene Universen kreiert hat, gedacht hat. (Pause.) Sie meint mit dem Design der Seele jedoch vielmehr, in welcher physischen Form sie sich zuerst erfahren hat. Das ist im Grunde nicht wichtig, weil sie all diese Fähigkeiten und Gaben sowieso in sich trägt. Die ersten Inkarnationen oder die darauffolgenden in manifesten Körpern – sie wird sie alle zur Verfügung haben. Es wird diesen Schleier, dieses Vergessen, nicht mehr geben. Es wird alles zugänglich sein. Sie ist ... sehr alt. (Pause.) Es fehlen Worte für das Konzept. Es ist wie in diesen anderen Universen ... Multiversen ... Mustern. Auch da hat sie bereits erfahren und gelernt. Und so ist diese Frage schwierig in Worten zu beantworten.

M: *Vielleicht könnt ihr Aurora einfach ein Bild, ein Gefühl oder ein Konzept geben, das ihr hier weiterhelfen kann?*

[...]

Sie schienen meinem Vorschlag zu folgen, denn an dieser Stelle meldete sich Aurora wieder zu Wort: »Es ist ein Bild von ganz vielen Quellen und von Überlappungen dieser Quellen. Ich sehe immer wieder sich wiederholende Fraktale, wie Zellen, die sich neu gebären – jeder einzelne eine kleine Quelle. Und je nachdem, wie weit diese Quellen sich aufgespalten, erfahren und neu geboren haben in unendliche Aspekte, umso mehr sind sie auch. Es ist jeder Mensch – oder eigentlich jedes Wesen – eine Quelle, die irgendwann ... wie in einem »Wupp!« wieder zu sich zurückfindet. Und in der Zwischenzeit überlappt sich alles. Das ist das Bild.«

Wir gingen zur nächsten Frage über. Aurora wollte wissen, ob es einen Ort in der Galaxie oder im Universum gab, den sie als ihre Heimat bezeichnen würde. Da wir im Grunde alle aus derselben Quelle stammen, bezieht sich der Begriff »Heimat« hier mehr auf einen Planeten, ein Sonnensystem oder eine Galaxie, in der sie auf ihrem Erfahrungsweg als Seele entweder viel Zeit verbracht oder sich sehr wohlgefühlt hat.

ÜB: (Lächelt.) Davon gibt es sehr viele. Eines sehr nahe an diesem Sonnensystem. Dann in anderen Sonnensystemen in dieser Galaxie und dahinter ... und weiter dahinter. Zerstörtes. Neuerschaffenes. Und auch einen anderen Realitätenraum. Sie hat schon zahllose Orte besucht. Es beeinflusst sie je nach Phase, wo Fähigkeiten nützlich sein können.

[...]

Das Überbewusstsein schien Aurora über ihre inneren Wahrnehmungskanäle Eindrücke zu vermitteln, die sie zu beschreiben begann: »Ich sehe Bilder von Planeten, wo alles ein Geist war ... mit den Tieren und den Pflanzen. Eine *Consciousness* (= Bewusstsein), in der alles telepathisch stattfindet. Das diente dem Kontakt mit Tieren. Dann sah ich einen Ort, wo ganz viel bedingungslose Liebe war. Wunderschöne Menschen! Das diente den Beziehungen. Und dann sah ich Energien, die dem Planeten dienten; aus einem anderen Multiversum gesendete Informationen, die hier Probleme für den Planeten bedeuten, weil sie noch nicht decodiert sind. In dem anderen Gedanken, in dieser anderen Form eines Universums, gab es diese Probleme nicht, weil eben anderes erforscht wurde: andere Grundbedingungen, andere Gesetze.«

Wir gingen zum nächsten Thema weiter – und richteten damit den Fokus von der Vergangenheit auf die Zukunft. Das Überbewusstsein hatte zuvor erwähnt, dass Auroras aktuelle Inkarnation ihre letzte auf der Erde sein würde. Entsprechend der Formulierung auf ihrer Liste stellte ich in dem Zusammenhang die Frage, was die letzten Erkenntnisse und Fähigkeiten sein würden, die für sie auf diesem Planeten zu sammeln seien.

ÜB: Vertrauen. Komplettes Vertrauen. Loslassen. Da ist eine eigene Begrenzung. Angst. Angst vor Spaltung. Aber das Erkennen, dass es keine Trennung gibt, löst diese Angst komplett auf. Ihre Größe und Fülle in diesen Körper zu holen und zu teilen. Das war immer ihre größte Angst.

M: Gibt es etwas, dass ihr ihr in Bezug auf diese Angst mitgeben möchtet?

ÜB: (Flüstert.) Ein weißes Blatt. Die Angst darf gehen, indem sie alles loslässt: alle Anhaftungen ... alles, was sie an ihr Vergessen erinnern könnte. Von jetzt an geht der Weg vorwärts! Das Erinnern. Immer tiefer in das Erinnern ... in das Wissen, was sie mitbringt ... in die Geschenke, die sie ihn sich trägt und die ihr Freude bringen. Ausleben in alle Richtungen – egal was und in welchem Moment es ihr gerade Freude bringen würde. Das wird von selbst geschehen. Der Prozess ist bereits vollzogen.

[...]

An dieser Stelle lächelte Aurora und fügte hinzu: »Ich bekomme gerade Stolz zu spüren, so etwas wie ein »Gut gemacht!« (Lacht.) Und ich sehe die vielen Wochen, die ich durchgeweint und losgelassen habe. Das ist jetzt alles weg.« Ich erkundigte mich beim Überbewusstsein, was für Aurora nach ihrer Zeit auf der Erde anstünde und welchen Einfluss sie darauf habe. Sie antwortete direkt selbst: »Da ist ein Gefühl einer Gruppe ... und von Entscheidung. Vielleicht ist es eine Entscheidung, die ich noch treffen muss? Auf der einen Seite ist es etwas Individualisiertes, Singuläres. Und dann ist da auch noch irgendwie diese Gruppe. (Grübelt.) Es wäre möglich, ohne die Gruppe zu gehen ... Das ist das Gefühl, das ich bekomme. Aber das hat wohl etwas mit einer Entscheidung zu tun.« Ich wandte mich an das Überbewusstsein.

M: Wird dies eine Entscheidung sein, die sie zu treffen hat? (Ja) *Sie kann also ihren freien Willen verwenden, was die nächste Erfahrung angeht?*

ÜB: Sein. Es ist wie ein Entscheiden ... wie der Wille, zu sein. (Gleichgültig.) Möglich, aber ebenso ... unbedeutend. (Kichert. Zungenschnalzen.) Zeit ist nur hier ein Konzept.

[...]

Ich erkundigte mich, ob sie Aurora noch etwas zu ihrem nächsten Kapitel nach der Erde vermitteln wollten. Die junge Frau hielt kurz inne und begann zu beschreiben, was sie wahrnahm: »Eine Entscheidung wie: Körperlosigkeit oder manifeste Form? Es zieht mich an diesen Ort von Formlosigkeit ... vorbei an riesigen, hunderte, hunderte Meter hohen Hallen, Wolken ... zu diesem Ort aus Gold. Goldenes Licht ... oder orange? Wie eine Landschaft. Und dort sehe ich diese Spiralen, die ich schon kenne. (Fokussiert.) Wie goldene Spiralen, die sich drehen. Und da sind viele Kugeln drauf. (Pause.) Es zieht mich an diesen Ort. Ich spüre, alles und nichts zu sein. Einzeln. Aber vielleicht möchte doch noch – große

Freude! – die Erfahrung mit der Gruppe gemacht werden ... körperlich ... irgendwo. (Grübelt.) Ich weiß nicht, welche Ebenen das sind. Es kommen nur Informationen ... Wörter ... Bilder. [...]

[...]

Ich fragte das Überbewusstsein nach ihrer Perspektive darauf.

ÜB: Möglicherweise wird ein Abkommen geschlossen, dass sie, wenn sie den Körper verlässt, noch für einen Zeitraum dient, dann aber aus einer Freiwilligkeit heraus – wie eine Zelle in einem Organismus, die einen Alarm vernimmt – aus der Liebe heraus, aus der Einheit heraus, gar nicht anders kann als helfen. Aber nicht mit Obligation! Diese Fähigkeit kann sie trainieren durch das, was sie bereits tut: reisen ... außerhalb des Körpers ... mit dem Bewusstsein. Für sie ist das alles schon da. Sie braucht es nicht um ihretwillen verfeinern. Es ist eher so, dass es immer mehr Leichtigkeit bringt und immer mehr Loslösung schafft, je tiefer sich [unverständliches Wort]. Und das, was sie hier noch auf die Erde bringen darf und möchte, dient eher der Erde und der Evolution der Menschen, die bereit sind, erinnert zu werden. Samen. Wie Samen, die gesät werden. Um ihretwillen muss sie nichts mehr tun.

M: Exzellente Informationen. Ich bin sicher, es wird sie freuen, das zu hören.

[...]

Ein metaphysisches Konzept, zu dem Aurora mehr Informationen erhalten wollte, war das parallele Existieren von Bewusstsein in mehreren Formen zugleich an verschiedenen Orten und zu verschiedenen Zeiten. Ich fragte das Überbewusstsein, was sie ihr dazu vermitteln wollten.

ÜB: Eine Quelle – das Bild, das wir ihr vorher gaben. Eine Quelle, die sich erkennt, erhält immer mehr Zugriff auf alle ihre Ausdrucksformen. Sie ist all das! Energie, die groß ist, die sich schon so lange erfährt, hat sich bereits in so viele Teile aufgespalten, dass das Informationsspektrum immer größer wird. In ihrer Evolution ist jede Quelle für sich und sucht lediglich andere Ausdrucksformen ihrer Energie: unterschiedliche Schwingungen, Variationen, Vibrationen, Geschwindigkeiten, Muster, Ströme ... und Nicht-Ströme.

M: *Sind diese Ausformungen, von denen ihr sprecht, das, was Aurora in ihren Visionen, Träumen und außerkörperlichen Reisen wahrnimmt?*

ÜB: Es gibt verschiedene Konzepte. Die Konzepte, die sie wahrnimmt, die auf den verschiedenen Zeitlinien laufen – Vergangenheit, Gegenwart, Zukunft – existieren alle in einem Moment. Sie nimmt sie möglicherweise als »vergangene« Leben wahr, doch sind sie alle zur gleichen Zeit. Die Aspekte in anderen Realitäten sind andere Ausdrücke und Hauptstränge unterschiedlicher Aspekte. Und dann gibt es eine unendliche Anzahl an Zeitlinien mit unterschiedlichen Universen, Dimensionen, Entscheidungen. Die, die sie sieht, sind ebendiese. Die anderen in ihren Träumen sind oft nebeneinanderliegende Ebenen, die über die Astralebene leichter zu erreichen sind, aber die anderen Aspekte des Quellausdrucks sind es ebenfalls. Deshalb ist die Frage nicht eindeutig zu beantworten. Es ist ein Quellwesen, das, je höher es ist, sich zurückerinnert, und je höher es aufsteigt, sich an immer mehr Aspekte seines Selbst erinnert, an alle seine verschiedenen Ausdrucksformen.

M: *Heute sind diesen Erinnerungen noch einige hinzugekommen.* (Ja)

[...]

Wir gingen zur nächsten Frage weiter, die sich den Wesenheiten widmete, die wir auf der Erde als »Außerirdische« bezeichnen würden. Dolores Cannon deckte in ihren Büchern – unter anderem in ihrem großartigen Werk *The Custodians* (1998) – auf, dass viele Menschen auf unterbewusster Ebene mit außerirdischen Spezies zusammenarbeiten, was mitunter auch Prozesse beinhalten kann, die den physischen Körper betreffen, während er schläft. Aurora wollte wissen, ob auch sie ein Teil einer solchen Kooperation sei.

ÜB: Diese Aspekte, diese Wesen, sind teilweise aus Neugierde zu Besuch oder aus Absprache. Diese Wesen sind teilweise gekommen, um den Menschen dabei zu helfen, sich zu erinnern, da diese Ebene des Vergessens eine seltene ist, ein Experiment – wie zuvor erwähnt wurde. Es ist nicht üblich, sich so zu erfahren auf dieser Ebene. Die außerirdischen Wesen sind Anker und Helfer auf diesem Weg des Sich-Erinnerns – in Absprache. Wie Reisende, die vorher informiert wurden.

[...]

Aurora meldete sich zu Wort und begann zu lachen: »Sie zeigen mir gerade das Bild eines Briefings, das ich mit ihnen gemacht habe. Wie ich ihnen selber gesagt habe: »Ihr müsst dann und dann kommen und das und das sagen, oder wie auch immer!« (Kichert.)

M: Das Spiel gestattet also derartige Absprachen?

ÜB: Ja. Das Risiko ist sehr bewusst. Einige Wesen erkennen Teile von sich in Aurora, wie beispielsweise die Wesen, die eine weiße Perlenhaut haben und sich in einer metallischen, sich übereinander verschiebenden Musterstruktur-Realität befinden (Ich hatte das Gefühl, dass sie sich hier auf den Reisenden aus der Zentrale zu Beginn bezogen – und auf den Ort an sich). Der Raum, der in jede Richtung aufgezogen werden kann, ohne dass man hinunterfällt oder irgendwo steht. Man ist vor diesem Raum einfach im Nichts. Und er zieht sich in alle Möglichkeiten auf. Das ist ein Raum einer Realität, die nicht in diesem Universumskomplex zu finden ist. Und dieses Wesen hat durch das Rufen von Aurora die Brücke schließen können, so dass sie beide sich auf ihr wie »treffen« können – wie ein Faden zwischen dem anderen Gedanken/Universumskomplex mit anderen Formen, Farben, Realitäten zu diesem, weil das ein Aspekt ist, ein *anderer* Aspekt derselben Aufspaltung der Quelle, der Ur-Quelle, *einer* Ur-Quelle.

M: Ist das der Grund für das Gefühl der Vertrautheit, das sie heute zu Beginn bei der Begegnung mit dem Reisenden wahrgenommen hatte?

ÜB: Ja. Es gibt immer noch diese »Größer/Kleiner«-Bewegung – nicht Hierarchien, sondern einfach eine andere Aufgabenverteilung. Die Wesen, die als erstes durch sie gesprochen haben, waren Erinnerungen an vergangene Inkarnationen. Darauf folgten andere Wesen, mit denen Aurora eine Absprache getroffen hat. Aber sie kann gerne mithilfe der diversen Gefühle unterscheiden, um was genau es sich handelt: um einen Aspekt ihrer eigenen Essenz von Ur-Quell-Wesenseinheit oder um eine andere Einheit/Aufspaltung eines überlappenden oder jüngeren Komplexes. (Pause.) Es fehlt an Worten, aber »jünger« passt hier. Es geht um ein später entstandenes Fraktal.

[...]

Aurora hatte im Vorgespräch berichtet, dass sie bereits seit einiger Zeit immer wieder Impulse verspürte, eine mysteriöse, ihr unbekannte Sprache zu sprechen, bestimmte Codes und Symbole zu zeichnen oder spezifische Bewegungen mit den Händen auszuführen. Ich fragte das Überbewusstsein, was es mit diesen Phänomenen auf sich hatte und wo ihr Ursprung lag.

ÜB: Diese verschiedenen Formen sind sehr vielschichtig. Die Sprache hat eine eigene Schwingung. Die Vibration, die erzeugt wird durch die Stimmbänder, durch den Klang, der sie ist, den sie erkannt hat als wer sie ist, wirken auf das Körper/Geist/Seelen-System im Ganzen, heilen es und alles – sowohl diesen Körper als auch das Umfeld darum. Die Sprachen, die gesprochen werden, und die Symbole, die sie sieht und zeichnet, sind eine viel größere Flut von Informationen, die der menschliche Verstand nicht in einem Stück greifen kann. Es ist wieder wie ein Samen, der gesät wird, nach und nach, mit etwa einem Wort, das sie möglicherweise jemandem gegenüber spricht, oder an einem Ort, an dem sie sich befindet – wie ein Schloss, das sich entriegelt und die Informationen Stück für Stück freisetzt; Blöcke an Energietransmissionen und Absprachen, die vorher getroffen wurden – mit ihr oder Beratern. Eine weitere Ebene wäre das Verankern anderer multidimensionaler Aspekte für diesen Planeten zur Hilfe, zur Heilung, zur Unterstützung von elektromagnetischen Feldern, Frequenzwellen und Störungen in den Feldern, die ausgelöst werden durch ganz viel *Interference* (= Einmischung/Störung) von anderen Ur-Quell-Essenzen oder anderen galaktischen Ausdrücken, die jünger sind als eine Ur-Quell-Frequenz und ihre Informationen, ihr Spiel, in die Felder der Erde oder eines anderen Planeten einspeisen möchten, um aus Neugierde zu erforschen oder eher aus negativer Polarisierung einzugreifen. Und dafür sind diese Wellen, die hier durch diese Kanäle verankert werden, ausgesendet werden, harmonisierend.

M: Diese Informationen werden also sowohl von Aspekten ihres Selbst an sie gegeben als auch von anderweitigen Wesenheiten? (Korrekt) *Was fließt, was wirkt durch Aurora, wenn sie Heilprozesse durchführt?*

ÜB: Entschlüsselte, erinnerte Aspekte früherer und anderer Ebenen, »vergangen« im Konzept des bereits Erfahrenen und Erlernten, sowie Helfer anderer physischer oder interdimensionaler Erscheinungen, die sie nicht »war«, aber im Grunde auch ist.

[...]

Zu diesem Zeitpunkt war klar, dass Aurora aufgrund ihres fortgeschrittenen Weges als Bewusstsein – sowohl auf der Erde als auch darüber hinaus – eine Menge verschiedener Fähigkeiten und Qualitäten zur Verfügung stand, von denen sie vielen bereits Ausdruck verliehen hatte. Nichtdestotrotz empfand sie als Mensch immer wieder Unsicherheit und Zweifel in Bezug auf ihr Wissen und ihre Weisheit. Ich erkundigte mich für sie nach dem Hintergrund dieses limitierenden Musters.

ÜB: Das ist nicht sie. Das ist ein Teil dessen, was ihr als »Ego« bezeichnen würdet; der Teil, der zweifelt. Der Teil, der weiß, ist alles. Es ist der größere Anteil von ihr, der alles umfasst. Der Teil, mit dem eine Vereinbarung getroffen wurde, ist die Person, die das Leben hier als personifizierter, manifester Körper erlebt. Er geht in Resonanz mit den anderen physisch manifesten Körpern, wie ein Feld von Informationen aus

Körpern, die sich hier als Menschheit erfahren und somit ein Kollektiv an Informationen, Verwirrungen, Chaos, Ängsten, Verbundenheit oder Getrenntheit gleichermaßen alles in einem Feld tragen und sich gegenseitig beeinflussen. Und je nachdem, in welchem Umfeld – physisch oder energetisch –, ist es kein Unterschied, da alles miteinander verschränkt ist und die Information im Feld immer vorhanden ist. Auf der Ebene der Dreidimensionalität, in der sich dieser Körper, Auroras Körper, aktuell erfährt, ist es jedoch ausschlaggebend, in wessen Nähe er sich befindet, da das Frequenzfeld der Körper dann miteinander schwingt, sich anpasst, und somit ihr Körper, ihr Ego, informiert wird mit den Informationen der Unsicherheiten, der Unverbundenheit sowie der unerkannten Göttlichkeit der anderen Körper. Und daher ist es wichtig in diesem Körper, für die Zeit, in der noch in dieser Form diese Reise beschritten wird, sich mit den Körpern zu umgeben, die diese Themen, diese Informationen und Schwingungen und Vibrationen im Feld nicht mehr in sich tragen, so dass sie das, was sie bereits erkannt hat, weiterhin stabil verkörpern kann.

M: Gibt es etwas, das ihr hier und heute auf energetischer Ebene tun könnt, um sie dabei zu unterstützen, dieses Muster der Unsicherheit loszulassen?

ÜB: Dieses Muster haben wir ihr bereits genommen, nachdem sie die Entscheidung getroffen hatte, hierher zu kommen. Sie weiß, welcher Moment das war. Es war ein für den Körper und das Ego sehr ängstlich-aufregend anmutender Moment, da dieser mit einigen Personen in ihrem Umfeld zusammenhing.

[...]

Schließlich wandten wir uns noch den körperlichen Themen zu, die sich auf Auroras Liste befanden. Ich erkundigte mich zunächst nach dem Hintergrund der Schlafschwierigkeiten, die sie im aktuellen Leben schon sehr lange begleiteten.

ÜB: Das hat mehrere Schichten. Einerseits war das dadurch aktivierte Suchen wichtig, um den Prozess, den sie in dieser Inkarnation erfahren konnte, in Gang zu bringen. Es wurde vieles installiert, geplant, was so zur Vollendung führen kann/konnte. Das Nachts-Wach-Sein war also einerseits ein Suchen, ein Wachhalten, um ihr Raum zu schaffen neben den menschlichen Pflichten, die sie dachte zu haben. Um ihr Raum zu schaffen zum Lernen, zum Erfahren, zum Lesen, um sich so ihr Bewusstsein erweitern zu können. Es war auch ein Drängen darauf, zu erkennen, dass es unwichtig ist, mit welchen Mustern ein Tag gelebt wird. Jegliches »muss« ist eine Entfernung von der Göttlichkeit. Sie sollte immer mehr erkennen, dass sie, ohne auch nur einen Finger zu krümmen, alles haben könnte, was sie will, da alles Geist ist und sie alles erschaffen kann. Das ist eine Fähigkeit, die sie hat. In Ansätzen hat sie das auch bereits erlebt, jedoch sollte es sie darauf hinweisen und immer mehr von den irdischen Pflichten wegbringen. Andere Aspekte sind außerdem Arbeiten, die – wieder in Absprache mit ihr vor der Inkarnation – vorgenommen wurden, um ihren Körper so anzupassen, dass er die Energie ihres wirklichen Wesens tragen kann – was bis zuletzt nicht immer einfach gewesen war.

M: Was für Anpassungen waren das?

ÜB: Anpassungen der kristallinen Struktur, der Membranen sowie der genetischen Codes und Strukturen dieses Körpers. Anpassungen an ihren Kanälen und Meridianen, an ihrem gesamten System und allen Körpern.

M: Ist dieser Prozess das, was in den lauten Frequenzen und Vibrationen zum Ausdruck kam, die sie schon öfter wahrgenommen hat?

ÜB: Das ist teilweise eine Möglichkeit zur Kontaktaufnahme. Teilweise ist es auch ein Aufmerksam-Machen auf destruktive Verhaltensweisen. Und teilweise ist es dieses Arbeiten am Körper, das für sie dadurch, dass ihre Kanäle immer offener werden, spürbarer und stärker wurde. (Großer Seufzer.) Es ist Information, die sie empfängt, wenn sie verbunden ist. Und da sie mit so vielen Menschen auf so tiefer Ebene verbunden ist, bekommt sie Informationen, die nicht immer dienlich für ihr System sind. Auch diese machen sich durch diese Phänomene bemerkbar. Sie durfte unterscheiden lernen, was sie tragen möchte, was sie von anderen für andere auflösen möchte und was nicht vorwärtsbringt. Einige Energie ist bei einigen Fraktalen ... nicht falsch, aber ungünstig angebracht – die Aspekte, die eventuell noch nicht bereit sind, so tief zu lernen, sich zu erinnern. Es war wichtig gewesen, dass sie lernt, Grenzen zu setzen. Und das ist bis heute eine Aufgabe! Es geht darum, einerseits die Einheit zu erkennen und doch die unterschiedlichen Aspekte nach ihren Ausrichtungen, Rollen und Aufgaben dahingehend unterscheiden zu können, was sie transmutieren kann und was nicht.

M: *Hat die Schlaflosigkeit vor diesem Hintergrund ihren Zweck erfüllt oder wird sie noch weiterhin eine Funktion tragen?*

ÜB: Sie wird sogar zunehmen in dem Sinne, als dass die Ungetrenntheit immer deutlicher spürbar wird und so Schlaf für den Körper nicht mehr so nötig sein wird wie vorher. Auf dieser letzten Reise kann sie sich andere Prozesse so aufladen, dass Schlaf nicht mehr nötig sein wird bzw. das Verlassen des Körpers anders vonstattengeht. Es wird aber abgesehen davon eine Anhebung der Energie geben, da sie sich nun losgesagt hat von irdischen Verpflichtungen, die nie ihr Kern waren.

M: *Sie wird also kein Energiedefizit verspüren?* (Nein) *Gut, das ist wichtig.*

[...]

Ein weiteres körperliches Symptom, dem Aurora auf den Grund gehen wollte, war ein mysteriöses Gefühl von Schwere, das sie immer öfter im Beisein anderer Menschen empfand. Ich erkundigte mich nach dem Ursprung dieses Phänomens, das auch bereits andere Reisende, mit denen ich in der Vergangenheit hatte arbeiten dürfen, in ihrer Sitzung thematisiert haben. Die Erklärung von Auroras Überbewusstsein – und die in diesem Kontext gegebene Empfehlung – deckte sich sehr mit denen anderer.

ÜB: Die Schwere des physischen Körpers als Einheit muss erfahren werden, da die höheren Sphären Raum brauchten, um sich zu erfahren. Wäre diese Schwere rein physisch nicht aufrechterhalten worden, dann wäre die Essenz in dieser

Inkarnation zu früh für ihre Evolutionsreise aus diesem Körper ausgetreten. Das ist der eine Aspekt. Der andere Aspekt der Schwere um andere Menschen herum ist ein Gefühl der Sprengung im Sinne von zu viel Schwere/Dunkelheit, die an ihrem noch nicht voll ausgeformten Energiewesen nicht ohne Einfluss vorbeifließen konnte. Es ist – um ein Bild zu zeichnen – wie eine Kugel, die in ihrem Kern eigentlich komplett weiß ist, sich aber noch nicht erkannt hat, und durch Karma, Traumata, Frequenzfelder, Informationen im Außen sowie durch gesammelte vergangene Erfahrungen dunkle Flecken hat. Diese dunklen Flecken resonieren dann mit den eher dunklen Kugeln der anderen. Die Erde ist ein Ort, wo viel Dunkelheit in den Seelen/Wesen/Feldern existiert, und so beeinflusst das diese letzten Flecken. Da ihr System noch nicht vollends angekommen ist, geht es mit dieser Dunkelheit in Resonanz und möchte weg von ihr. Es ist wie ein Abstoßen, ein Erkennen des eigentlichen Weges hin zu Licht. Das ist ein weiterer Aspekt. Und der andere gilt der Transmutation dieser Energie in dem Versuch, dies in sich zu lösen. Aber wenn es für die Seele zu gewaltig und zu häufig ist, so dass ihr System nicht in die eigenen Wellen und Schwingungen kommen kann, ist das wie ein durchgängiger Störfaktor, der wie eine blitzartige Welle auf ihre trifft und sie irritiert. (Großer Seufzer.)

M: *Wie würdet ihr Aurora empfehlen, damit umzugehen?*

ÜB: Sie kann sich, wenn sie möchte, immer wieder Räume schaffen, in denen sie von göttlicher Energie umgeben ist. Das ist sie meist, wenn sie von Natur und Tierwesen umgeben ist, denn diese tragen eine sehr göttliche Verbundschwingung, die mit ihrer resoniert. Sie wird dann wissen, auf welchen Wegen sie wandern soll, um in der höchsten Schwingung zu bleiben.

[...]

Wir näherten uns dem Ende der Seelenreise. Im Zuge der Besprechung einiger weiterer physischer Symptome kam das Überbewusstsein noch einmal konkret auf die Aufgabe zu sprechen, die sich Aurora für die Inkarnation vorgenommen hatte.

ÜB: Die Aufgabe war es nie wirklich, eine Aufgabe zu haben, sondern zu erkennen und sich zu erinnern, denn das ist lange Zeit nicht der Fall gewesen. Hier war es wichtig, dass für sie Zeit und Raum geschaffen werden, um zu erkennen, dass es kein Tun erfordert, sondern lediglich das Sein – der reine Ausdruck dessen, was sie ist und was sie *hier* ist –, und nicht, um für irgendwen irgendein Bild zu kreieren oder zu erfüllen. Die Rollen, die es nötig war einzunehmen, wurden bereits eingenommen im Laufe des gesamten Ausdrucks der Seele. In diesem Leben ist es nun wichtig, einfach das zu sein, was sie ist, was sie im Kern ist, in ihrer Essenz, und alle Erfahrungen vereint zurückzubringen. Bestimmte Seelen nehmen sich bestimmte Aufgaben vor. Manche wollen beispielsweise Dankbarkeit lernen. Manche Demut. Das ist hier nicht der Fall.

[...]

Letzte Worte: »Es ist so viel einfacher, wenn sie alle Härte gehenlässt, denn dieser Aspekt in ihr weiß bereits, dass es *alles* braucht, um wieder den Weg zurückzufinden. Es braucht alle Dunkelheit. Alles. Und sie ist gut darin, das zu erkennen und zu vergeben. Bis zuletzt hatte sie noch mit Härte gegenüber sich selbst und anderen Menschen zu tun gehabt, die nicht so in der Liebe sein können wie sie. Jedoch ist jede Härte Trennung, und jeder Funken, jeglicher Ausdruck ohne Akzeptanz, schafft Separation und ist nicht das, was sie ist und heute gesehen und erlebt hat. Es ist nicht nötig, das noch weiter anzusehen. Es gab jedoch noch einen Aspekt, der in ihrem System saß und nun gehen darf. Alles Weitere darf sie einfach neugierig auf sich zukommen lassen, damit das, was sie als Kind träumte und wusste, eintreten kann und wird. Diese Liebe, dieser Frieden, wird mit ihr sein.«

Ein Blick in die Sterne

Wir sind am Ende dieses Buches angekommen – und damit auch am Ende unserer gemeinsamen Reise auf den Spuren von Starseeds. Sie hat uns auf ferne Planeten und wundersame Welten sowie in sonderbare Körper und anderweitige Existenzformen geführt. Entlang der Reise haben wir nicht nur miterlebt, wie auf der Erde inkarnierte Starseeds mithilfe des Überbewusstseins Einblick in ihre Geschichte und ihre Identität erhalten haben, sondern wir haben auch viel über diese Seelengruppe erfahren: was sie ausmacht, warum sie hier sind und wie sie den Planeten und die Menschheit in dieser besonderen Zeit unterstützen.

Einige von ihnen sind schon sehr, sehr lange auf der Erde aktiv. Sowohl Louisa als auch Sabrina waren nicht nur Zeugen der frühen Entstehungsgeschichte unseres Planeten, sondern haben sogar aktiv daran mitgewirkt. Andere stießen später, vor allem in Atlantis und im alten Ägypten hinzu – hochspannende Zeiten des Beginns neuer Ären, in der viele Starseeds mit spezifischen Anliegen zur Erde kamen. Sowohl die Geschichten von Diego und Lisa als auch die von Stella und Astra zeigen, dass diese Missionen nicht immer leicht und ungefährlich gewesen sind – und auch nicht immer von »Erfolg« gekrönt. Das ist mehr als verständlich: Wie wir erfuhren, war die Erde zu diesem Zeitpunkt bereits Gastgeber auch negativ polarisierter Gruppen aus anderen Welten, die ihre ganz eigenen Interessen mitgebracht hatten und diese hier seitdem sehr geschickt verfolgt haben. Indem Starseed-Seelen als Menschen auf der Erde inkarnieren, begeben sie sich also in ein extrem polarisiertes und komplexes Umfeld hinein, das nicht immer einfach zu navigieren ist und einen leicht überfordern kann. Damit machen sie sich durchaus verwundbar und setzen sich vielen Herausforderungen aus. Natürlich gilt das auch für klassische »Erdlinge«, d.h. Seelen, die sich von der Quelle direkt zur Erde begeben haben, um ihren Erfahrungsweg zu beginnen. Während sie an die Schwingungen hier gewöhnt sind, kommen Starseeds in der Regel aus lichtvolleren Welten und harmonischeren Systemen. Der Kontrast mit den schweren und dichten Energien auf der Erde ist für sie besonders stark, weshalb sie oft große Schwierigkeiten damit haben, die ausgeprägte Negativität hier nachzuvollziehen.

Dafür bringen sie erfahrungsgemäß besondere Qualitäten und Fähigkeiten mit, die sie auf ihrem bisherigen Weg entwickeln und erweitern konnten und nun zum Einsatz bringen. Starseeds wie Susan, Otto, Ellie und Aurora sind beispielsweise mit speziellem Wissen, einem ausgeprägten Fokus oder auch einzigartigen Frequenzen ausgestattet, um die Energien auf der Erde auf eine bestimmte Weise zu beeinflussen. Viele von ihnen haben sich für ihren Aufenthalt auf unserem Planeten besondere Aufgaben vorgenommen – oder, wie Karina, Albert oder Paul, auch konkrete Aufträge *an*genommen. Manche verfolgen vor allem persönliche Entwicklungsziele und haben sich einen Planeten ausgesucht, der ihnen die idealen Bedingungen und Parameter dafür bietet. Und wiederum andere wollen einfach live dabei sein bei einem ganz besonderen, intensiven Ereignis: dem Übergang von Gaia und der Menschheit in die nächsthöhere Dichte, was unweigerlich mit dem Konzept der Neuen Erde verbunden ist. Viele Starseeds, wie etwa Nathan oder Zoran, sind unter anderem hier, um den Menschen, die auf der Neuen Erde leben werden, zu helfen, dieses neue Kapitel anzugehen und sich zu organisieren.

Dabei vereint sie alle eines: ihre tiefe Liebe für uns und unseren Planeten. Aus sämtlichen Ecken der Galaxis – und vielleicht sogar darüber hinaus – sind sie gekommen, um uns zu helfen und bei uns zu sein, wenn sich der Schleier des Vergessens lüftet und wir uns daran erinnern, wer wir wirklich sind und was wir hier eigentlich gerade tun. In dem Moment, in dem das geschieht – und es hat bereits begonnen! –, emanzipieren wir uns von jeglichen scheinbar negativen Einflüssen, die uns über die Jahrtausende hinweg manipuliert und unterdrückt haben. Mit Liebe und Wertschätzung werden wir uns bei ihnen bedanken, denn im Einklang mit der Perspektive des Überbewusstseins werden wir erkennen, dass wir erst durch ihre Hilfe an den Punkt der Selbstermächtigung gekommen sind. Man könnte daher sagen, dass auch *sie* uns auf unserem Weg unterstützen, lediglich auf eine andere Weise. Vielleicht erweckt erst die Konfrontation mit Manipulation, Unterdrückung und Spaltung das starke Verlangen nach Souveränität, Harmonie und Einheit und katapultiert Seelen so weiter vorwärts auf dem langen Weg der Selbsterkenntnis.

Im Rahmen dieses Paradigmenwechsels sehe ich das enorme Potenzial von Quantenhypnose und somit das große Geschenk, das Pioniere der Bewusstseinsforschung wie Dolores Cannon uns hinterlassen haben. Die gezielte und intensive Verbindung mit der eigenen Höheren Führung hilft uns dabei, hinter die Grenzen unserer irdischen Erfahrungen zu blicken und die Weisheit unseres Höheren Selbst, welches das Konzept von Polarität bereits hinter sich gelassen hat, in unserem Leben und damit auch im Kollektiv zu verankern. Indem wir es schaffen, mit einem höheren Bewusstsein auf die scheinbaren »Bösewichte« in unserer persönlichen Realität zu schauen, gelingt uns das auch mit denen auf kollektiver bzw. galaktischer Ebene – und umgekehrt. Die Grenzen zwischen »Gut« und »Böse« verschwinden so, und alle Agierenden offenbaren sich als Facetten ein- und desselben großen Ganzen, das mit sich selbst spielt. Ich bin überzeugt: Auf diese Weise trägt jede:r Einzelne zum Entstehen der Neuen Erde bei!

Einen nicht zu unterschätzenden Beitrag leistet hier auch die enorme Kraft aktivierender Inspiration. Ich danke Ihnen daher von Herzen für Ihr Interesse an diesem Material und freue mich, wenn Sie etwas darin finden konnten, das Sie ab sofort mit Ihrem Bewusstsein in die Welt tragen. Und natürlich hoffe ich, dass Sie auch beim nächsten Mal wieder mit dabei sind, wenn »meine« wundervollen Klient:innen und ich Sie dazu einladen, gemeinsam auf Seelenreisen zu gehen. Wohin es geht, wissen aktuell nur die Sterne. Bis dahin sende ich Ihnen alles Licht, das diese Worte tragen können, und allen Segen, den ich zu geben habe. Auf bald!

Quellenangaben

https://www.llresearch.org/library/the-law-of-one

https://www.uibk.ac.at/theol/leseraum/bibel/dtn9.html

https://www.uibk.ac.at/theol/leseraum/bibel/num13.html

https://www.mfsvoila.com/2012/08/the-wands-of-horus.html

https://www.studocu.com/en-us/document/university-of-california-irvine/world-empires-and-revolutions/wands-2010-1-the-last/64470438

https://www.aegypten-geschichte-kultur.de/sachmet

https://www.selket.de/aegyptische-goetter/mahes/

https://www.selket.de/aegyptische-goetter/apedemak/

https://ourworldindata.org/population-growth

https://www.imdb.com/title/tt2872732/

Soul Journeys Band 1: Auf Seelenreise mit dem Überbewusstsein, Mario Radinger, Bookmundo, 2021.

The Ra Material: The Law of One, Book 1-5, Don Elkins, James Allen, Jim McCarty und Carla Rueckert, Whitford Press et al., 1984-1991.

Slave Species of the Gods: The Secret History of the Anunnaki and Their Mission on Earth, Michael Tellinger, Simon and Schuster, 2012.

The Wands of Horus, Valery Uvarov, 1999.

The Three Waves of Volunteers and the New Earth, Dolores Cannon, Ozark Mountain Publishing, 2011.

The Custodians, Dolores Cannon, Ozark Mountain Publishing, 1998.

Convoluted Universe Books 1–5, Dolores Cannon, Ozark Mountain Publishing, 2001–2015.

Zum Autor

Mario Radinger wurde 1983 in Frankfurt am Main geboren und begann als Kind zunächst eine langjährige und erfolgreiche Karriere als professioneller Tänzer, während der er das Potenzial seines Körpers erforschen und entwickeln konnte. Ein nachfolgendes Studium der Kulturanthropologie begründete für ihn die Phase des Geistes. In dieser erwachte der leidenschaftliche Forscher in ihm und Mario erkannte, dass seine Begabung darin liegt, Dingen auf den Grund zu gehen, was ihn zunächst in den freien Journalismus führte. Im Jahre 2014 fand ihn die Quantenhypnose, mit der schließlich auch die Seele ihre Integration in sein Wirken gefunden hatte – und Mario seine Berufung. Was Dolores Cannon mit QHHT® begann, führt er als einer der ersten und erfahrensten Quantenhypnose-Experten im deutschsprachigen Raum gemeinsam mit einer neuen Generation von Praktizierenden in das nächste Zeitalter. Seit 2022 lehrt er seinen eigenen weiterentwickelten Prozess, den »Transformativen Soul Journey« (TSJ).

Mario unterstützt Menschen aus der ganzen Welt dabei, sich mit ihrem Überbewusstsein zu verbinden, um Führung, Weisheit und Heilung in sich selbst zu finden. Er praktiziert in Frankfurt am Main, auf der Mittelmeerinsel Mallorca sowie weltweit online.

Informationen, Anfragen & Buchungen:
www.thesouljourneys.com
info@thesouljourneys.com